JN303836

Truth In Fantasy 78

騎士団

須田武郎　著

新紀元社

CONTENTS

第1章　騎士と騎士団

騎士団とは ……………………………………………………………… 6
- 騎士団　いろいろある騎士団 ……………………………………… 6
- 中世　1000年の物語 ………………………………………………… 8
- 騎士　あえていうなら騎士とは …………………………………… 9
- 中世の担い手　ゲルマン人に注目 ………………………………… 10

古代の戦士たち ……………………………………………………… 13
- 中世以前の情勢　古代 ……………………………………………… 13
- 「民族大移動」　「移動」が当たり前の世界 ……………………… 16
- 戦争　儲かるビジネス ……………………………………………… 17
- 古代の軍制　皆兵と装備自弁の原則 ……………………………… 18
- 戦士社会　武勇ハ最上ノ道徳也(ナリ) …………………………… 21
- 兵士と戦士　戦闘員の服従度 ……………………………………… 23
- 戦争の合理化　専業戦闘員の登場 ………………………………… 25
- ゲルマン人戦士　盾と槍が主要武具 ……………………………… 27
- 騎士団のご先祖さま　ゲルマン人の従士団 ……………………… 29

騎士団の興り ………………………………………………………… 33
- 中世前期ヨーロッパ　フランク王国の台頭 ……………………… 33
- フランク王国　中世の牽引役 ……………………………………… 35
- ローマ・カトリック教会　中世の最重要キーワード …………… 37
- 王または王権　王が王とされる理由、または王権の根拠 ……… 39
- 分割される王国　メロヴィング朝フランク王国 ………………… 42
- 宮廷　王の家政機関 ………………………………………………… 44
- 爵位　地方行政官から諸侯の称号へ ……………………………… 47
- カルルとピピン　カロリング朝フランク王国 …………………… 49
- 従士、馬に乗る　騎士の登場 ……………………………………… 50
- 増やすにしても費用がかかる　騎兵戦力 ………………………… 51
- 領地を貸すから仕えなさい　恩貸地 ……………………………… 52
- 従士から家士に　家士制度 ………………………………………… 52
- 中世の臣従制度　頼りとする有力者に従う ……………………… 54
- 王と領主の危うい関係　封建制度 ………………………………… 55
- 中世は身分社会　封建制度は社会も秩序立てる ………………… 58
- 文学作品中の騎士団　騎士道 ……………………………………… 60

第2章　ノルマン騎士団

イングランドを巡る情勢 …………………………………………… 66
- 持ち込まれた騎士戦術と封建制 …………………………………… 66
- 王位継承問題　ハロルドの場合 …………………………………… 67
- ブリテン島　西ゲルマン人と北ゲルマン人の国 ………………… 69
- エドワード証聖王　ノルマン贔屓王VSサクソン豪族 …………… 74

戦果をあげるノルマン騎士団 ……………………………………… 76
- ハロルドⅡ世　最後の30日 ………………………………………… 76
- センラックの丘　リンゴの木の下で会いましょう ……………… 82
- 騎士の武装　騎馬突撃に適した武装 ……………………………… 85
- ヘースティングズ　騎士団突撃す ………………………………… 92
- ノルマン・コンクェスト …………………………………………… 99

第3章　十字軍と宗教騎士団

十字軍が目指すもの ………………………………………………… 102
- 十字軍　キリスト教圏の防衛と回復と侵略 ……………………… 102
- 騎士修道会　神に仕える騎士団 …………………………………… 103
- 混沌のシリア、パレスティナ　聖地十字軍直近の状況 ………… 104
- 神、そを欲し給う　ウルバヌスの十字軍宣言 …………………… 107

十字軍熱とともに栄える宗教騎士団 ……………………………… 109
- 第1回十字軍　諸侯混成騎士団 …………………………………… 109
- 聖地のイスラム勢力　西欧騎士団の敵 …………………………… 114
- 西欧騎士団の中東での戦い　第1回十字軍の経過と成果 ……… 115

聖ヨハネ騎士団とテンプル騎士団 ………………………………… 126
- 聖ヨハネ騎士団　慈善救護施設からの出発 ……………………… 126
- テンプル騎士団　名もなき貧しき騎士たち ……………………… 127
- レーモン・ド・ピュイ　聖ヨハネ騎士団の成立 ………………… 130
- 騎士修道会大いに栄える　所領の増大と管理運営組織 ………… 131

修道騎士 ……………………………………………………………… 135
- 入団資格 ……………………………………………………………… 135
- 騎士団の城塞　防御拠点網 ………………………………………… 139

イスラム勢力の逆襲 ………………………………………………… 141
- 第2回十字軍　イスラム勢力の失地回復攻勢始まる …………… 141
- 大敗北　ハッティン ………………………………………………… 144
- 第3回十字軍　オールスター十字軍 ……………………………… 153

ドイツ騎士団 ………………………………………………………… 157
- ドイツ騎士修道会　ナショナルな騎士修道会 …………………… 157
- ドイツ騎士団の東欧進出　総長ヘルマン・フォン・ザルツァ … 160

十字軍の終結と3大騎士団 ………………………………………… 172
- その後の十字軍と3大騎士団　聖地から駆逐されるまで ……… 172
- 聖地からの撤退　3大騎士団のその後 …………………………… 176

第4章　イベリア半島の騎士団

イベリア半島に騎士団が生まれた背景 ……………………………… 188
　イベリア半島　不安定な西ゴート王国時代 …………………… 188
　アル・アンダルス　ウマイヤ朝による半島の征服 …………… 189
　レコンキスタ　国土再征服運動 ………………………………… 193

戦いのなかで生まれた各騎士団 …………………………………… 197
　イベリア半島の宗教騎士団　再征服地の防衛役 ……………… 197
　カラトラーバ騎士団　カスティーリャ王国で働く …………… 200
　サンティアーゴ騎士団　半島最大の騎士団 …………………… 202
　サン・フリアン/アルカンタラ騎士団　分裂に沈む騎士団 … 204
　エヴォラ/アヴィス騎士団　ポルトガル王国で創設 ………… 205
　キリスト騎士団　大航海時代の先導者 ………………………… 207

第5章　封建騎士団の凋落

変わりゆく戦術と騎士団の崩壊 …………………………………… 210
　騎乗の騎士、平民歩兵に敗れる　存在意義を失いゆく封建騎士団 … 210
　歩兵が騎士戦術を破る法　クールトレ、モルガルテン ……… 212
　イングランドの長弓戦術　防衛的用法 ………………………… 220
　長弓の大量採用への道　ウェールズ征服 ……………………… 222
　長弓と騎士の統合戦術　スコットランド戦争 ………………… 227
　イングランド騎士団の大敗北　バノックバーンの戦い(1314) … 232
　長弓戦術の登場　ダブリン・ムーアの戦い(1332) …………… 237

百年戦争と騎士団 …………………………………………………… 244
　英仏百年戦争　長弓戦術対騎士戦術 …………………………… 244
　クレシーの戦い　フランス大封建騎士団の敗北 ……………… 255
　傭兵団　封建軍の補完物 ………………………………………… 261
　アジャンクールの戦い　騎士道なき戦い ……………………… 263

ばら戦争と騎士団 …………………………………………………… 271
　ばら戦争　イングランドの内戦 ………………………………… 271
　領臣団の戦争　長弓戦術同士の戦い …………………………… 278

第6章　勲爵士騎士団

騎士道精神を重んじるガーター騎士団 …………………………… 282
　勲爵士団　名誉と遊戯心から創られた騎士団 ………………… 282
　ガーター騎士団　円卓の騎士を真似て ………………………… 283

各地で生まれた勲爵士団 …………………………………………… 300
　星章騎士団　王権への忠誠を求めて …………………………… 300
　バース騎士団　もうひとつのイングランド勲爵士団 ………… 304
　金羊毛騎士団　華やかな宮廷騎士団 …………………………… 318
　アザミ騎士団と聖パトリック騎士団　騎士団ではなく勲章 … 322

※本書の中で、すべて大文字で表記してある欧文はラテン語です。

第1章
騎士と騎士団

騎士団の話をする前に
騎士の成り立ちと、彼らが生きた
中世世界を見ておこう。

騎士団とは

騎士団　いろいろある騎士団

例えば「騎士団」には次のようなものがある。

　①フランス騎士団
　②円卓の騎士団
　③ガーター騎士団
　④聖ヨハネ騎士団

騎士団はその名の通り、騎士たちを集めて結成される集合体だ。だから、これらの○○騎士団は、「騎士の一団」という意味ではどれも同じ。現代英語でもknights、つまり騎士knightを複数形にした一語で騎士団を表す。次のようにだ。

　①French Knights
　②Knights of the Round Table
　③Knights of the Order of the Garter
　④Knights of St. John

しかし、それぞれの集合体としての性格と内実は大きく異なる。

①フランス騎士団→騎士群・騎士軍団
　出身地や居住地、あるいは主君を同じくする騎士たちの総称。封建騎士（家臣）団や報酬目当ての傭兵・冒険騎士たちからなっている。ときに地域性に根ざした性格や流儀・特徴を持つこともあり、ただ単にひとまとめにした呼び方というわけでもない。

②円卓の騎士団→架空の精鋭騎士衆
　中世の武勲詩や騎士物語に登場するエリート騎士たちを、その作品や作品系列ごとに総称する呼び方。構成員とされる騎士たちはいずれも英

雄・豪傑に類するが、特別な部隊や結社を結成していたわけではない。「〇〇衆」としたほうがふさわしい。

③ガーター騎士団→勲爵士団

　円卓の騎士を扱った文学作品に影響を受けた王侯や騎士らが、自らの遊戯精神と名誉心を満足させるべく、またそれらを家臣や騎士の一部に分配するべく作ったまとまり。すなわち「勲爵士団」。王侯以外の騎士が私的に結成した事例もこれに準じる。

④聖ヨハネ騎士団→宗教騎士団（騎士修道会）

　11世紀末からの十字軍運動のなかで、キリスト教の修道会として設立された救護・武闘団体。教会と信徒の守護を目的とした結社であり、騎士階級を幹部とする組織と、団員を拘束する会則を持っていた。歴史学で騎士団といえば、この騎士修道会を指す。

　これらのなかで、明確な目的と規則を掲げた団体・結社は④の騎士修道会しかない。
　②と③は、武勇や主宰者との親疎の関係を基準として、多数のなかから特別に選別された少数の有資格者の集まりだ。目的も規則も道徳・倫理の範囲にとどまり、影響力は文化・儀典上の領域にとどまる。
　①は最も広い意味での騎士団だ。いってしまえば、当時存在した普通の軍隊の上層部分。王侯配下の普通の騎士たちのことを一切合切まとめて言い表している。しかし、現実世界に最も影響力を振るっていたのはこの一団にほかならない。
　集合体としての性格づけでは、大きく次のような3種があったと理解すればいい。

> 1. 騎士をただ集合的にとらえただけの一団（body）
>   　例：①フランス騎士団
> 2. 特に区別された同卓集または騎士仲間（companions）
>   　例：②円卓の騎士団、③ガーター騎士団
> 3. 騎士を主要構成員とする結社（association）
>   　例：④聖ヨハネ騎士団

このように、ひと口に「騎士団」といっても集合体としての性格は違うわけだ。英語ではこの違いを表したいとき、あるいは正式に言い表すときに次の語が用いられる。

　①Knighthood of France
　②Round Table
　③Order of the Garter
　④Order of St. John (of Jerusalem)

　①のknighthoodは騎士身分全体を言い表し、地域名がつけられれば自ずとその地域での制度・社会的特性が加味されることになる。②はずばり「円卓」と省略しているものだが、騎士団だけでなく、背景にあるアーサー王文学の世界までをも印象づける。秩序や序列を表すorderには勲位・勲章の意味があり、③では同一勲位の受勲者集団（勲爵士団）を言い表すことに用いられている。またorderには厳格な秩序を維持するところの修道会の意味もあり、④の宗教騎士団は騎士修道会にならって創設されたことから、同じくorderが用いられている。③と④では、同じ語句を用いていても中身がまったく異なる。
　とはいえ、どの「騎士団」も騎士または騎士を特徴づける事象が土台になっているには違いなく、騎士団を知るためには、まず騎士そのものを知っておく必要がある。

中世　1000年の物語

　騎士がいたのは、ご存じのようにヨーロッパ中世である。
　しかし、実はいつからいつまでを「中世（ミドル・エイジ）」とするかは定まっていない。昨日と今日で時代が大きく変わるはずもないので、便宜のために人為的に決めるしかないのだが、それにしても確と区切られているわけではない。
　一番わかりやすく、しばしば見かける区切り方が、かつてヨーロッパ世界を席巻し、そののち東西に分裂したローマ帝国の、東西それぞれの帝国が滅亡した年をもってシンボリックに挟むやり方だ。
　すなわち、西のローマ（西ローマ）帝国最後の皇帝がゲルマン人傭兵隊長によって廃位された年（476）を始まりとし、その後も生き残った東の

ローマ(東ローマ)帝国の首都コンスタンティノープルがオスマン・トルコのスルタンによって陥落させられた年(1453)をもって中世の終わりとする。

　年単位であることにこだわらなければ、だいたい5、6世紀から15世紀頃までがヨーロッパの中世期となる。この間およそ1000年。さらにこの1000年間は、次の3期に分けて理解されることが多い。

　　前期（5〜10世紀）
　　盛期（11〜13世紀）
　　末期（14〜15世紀）

　「騎士」らしきものが誕生するのは8世紀になってから。中世が真っ盛りとなる11〜13世紀には、騎士もまた花と咲いている。ただし、わずかに300年間のことで、中世全体からすればごく短い。14世紀になると、騎士たちは役割を果たし終えたかのように消滅へと向かい始める。

騎士　あえていうなら騎士とは

　騎士の原型と呼べる「騎士」らしきものが登場するのは、西暦800年前後のこと。中世前期の終わり頃のことになる。時代の変わり目と同じで、この日このときに突然そうなったというわけもなく、やはりそれ以前にあった出来事や仕組みから登場してきた。これからしばらくは登場に至る騎士の起源を検討していくのだが、その前に「騎士」なるものの定義づけをしておきたい。実はこの定義づけが難しい。

　誰もがその人なりの騎士のイメージを持っている。恐らく、そのひとつひとつはどれもが正しい。しかしそれらをひとつにすると、恐らくは誤りになる。

　原因ははっきりとしている。騎士あるいは騎士らしきものがおよそ700年間に渡って存在したこと、またヨーロッパのほとんど、一時はシリア、パレスティナにまで存在したことによる。これだけ広い活動範囲であれば、時代と地域の違いによって「騎士」にも違いが出てくるのは当然だ。例えば、外見上の甲冑姿だけを取っても違いがある(P.11図)。だから、騎士はこうだとひと口に言い切ってしまうと、嘘ではなくても、どうしても不正確になってしまう。

そうはいっても避けてばかりもいられない。ざっくりと「騎士」なるものを定義づけておこう。そのほうが起源との関係を理解しやすいと思うからだ。

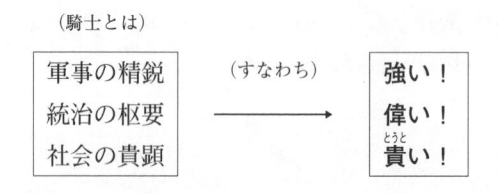

(騎士とは)

軍事の精鋭		強い！
統治の枢要	(すなわち) →	偉い！
社会の貴顕		貴い！

問題は、どれほど精鋭で、枢要で、貴顕であったかだ。それは時代と地域によって大きく差異があった。

「強い、偉い、貴い」という表現は、比較と程度を示している。「〇〇よりは、〇〇ばかり強く、偉く、貴い」のである。デジタルに「強い」か「弱い」のではない。そのあたりのことを心にとどめつつ読み進めてほしい。

中世の担い手　ゲルマン人に注目

中世ヨーロッパはゲルマン人が作った。
…といっていい。

中世より前の時代、「古代(アンシェント・エイジ)」の終わり頃に西ヨーロッパで勢威を振るっていたのはローマ人だった。その彼らにゲルマン人が代わったことで、中世が形作られていった。

きっかけはゲルマン人の「民族大移動」だ。ローマ帝国外に居住していたゲルマン人諸部族が、4世紀後半から村ごと、部族ごと、家族ごと国境のあちらこちらから帝国内へと入り込み、移住先を求めてそこかしこを移動して回った。あげくに国さえ作ってしまった。

人口上の入れ替えがあったわけではない。人数は、新たな移住者であるゲルマン人のほうが全地域人口の4〜10％と圧倒的に少なかった。支配階級がローマ人からゲルマン人に代わっただけだ。しかしこの交代により、ゲルマン流の文化・制度がかつてのローマ西部域、すなわちヨーロッパの大部でいやがうえにも存在感を増すことになった。

■騎士の甲冑姿の変遷

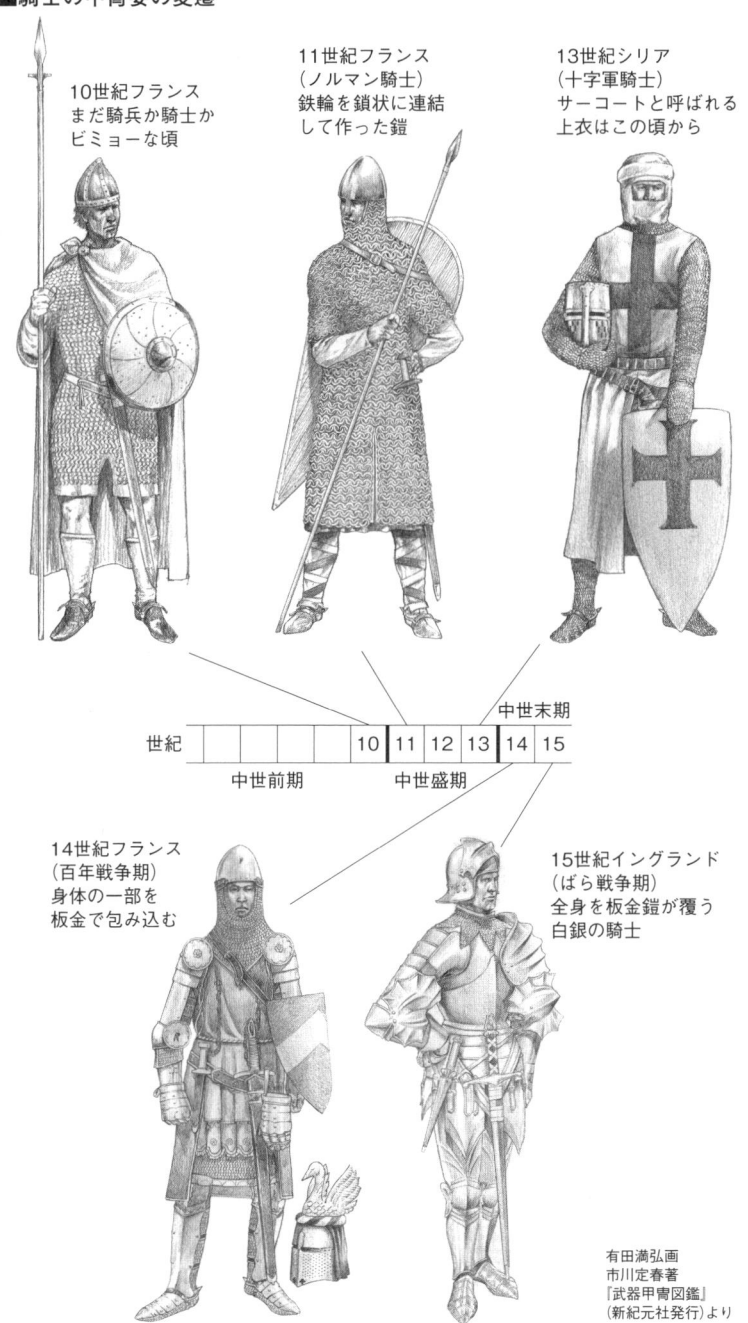

10世紀フランス
まだ騎兵か騎士か
ビミョーな頃

11世紀フランス
(ノルマン騎士)
鉄輪を鎖状に連結
して作った鎧

13世紀シリア
(十字軍騎士)
サーコートと呼ばれる
上衣はこの頃から

世紀					10	11	12	13	14	15
	中世前期				中世盛期				中世末期	

14世紀フランス
(百年戦争期)
身体の一部を
板金で包み込む

15世紀イングランド
(ばら戦争期)
全身を板金鎧が覆う
白銀の騎士

有田満弘画
市川定春著
『武器甲冑図鑑』
(新紀元社発行)より

第1章 騎士と騎士団

中世前期は「暗黒時代(ダーク・エイジ)」とも呼ばれる。民族大移動期の混乱のなか、それまで培われてきた文明の叡智が失われ、また取り立てて文明上の発展が見られなかったことからそう呼ばれる。ただしそう呼ばれる場合には、封建時代へとつながる過渡的な時代として、たいていは中世に含まれない。

　実際には破壊と喪失の一方で、ゲルマンはローマ的なものと併存することを選び、一部を受け継ぎ混淆し、やがて両者が融け合い新たな中世ヨーロッパ世界を形作っていった。だから、ゲルマン人だけで中世が形作られたというのは正確ではない。それでも、中世を作り出す化学反応の連鎖をもたらす強烈な刺激剤がゲルマン人だったことは確かだ。

古代の戦士たち

中世以前の情勢　古代

　盛者必衰の理…というのは歴史の真理だが、そもそもヨーロッパで勢威を振るっていた民族は、ゲルマン人でもなくローマ人でもなかった。中世が始まるおよそ1000年も前の前5〜前4世紀、ケルト人がヨーロッパで一番の勢力を持っていた。その時代から少しおさらいをしておきたい。

　ケルト人はヨーロッパでいち早く鉄器を使用し、前6世紀頃から各地に移住を続けてヨーロッパ中央部・西部に一大勢力を築き上げていた。その頃のゲルマン人は、現在の北欧と呼ばれる地域や北ドイツで、いくつもの部族に分かれて暮らしていた。そこがゲルマン人の故地とされている。ローマはまだ小さな都市国家で、周辺域に手を広げた微々たる勢力に過ぎなかった。

　ケルト人を中心とした勢力図が崩れ始めるのは前3世紀の後半からだ。

■前400年頃の状況

北ではゲルマン人が、それまでケルト域だったレーヌス（現ライン）川まで進出し、南では前272年にイタリア半島を統一したローマが、いよいよイタリア半島の外へと向かい始め、北イタリアのケルト人勢力圏にも進出していく。ケルト人は、南下してくるゲルマン人と北上してくるローマ人によって挟み撃ち状態だ。ケルト圏によってローマとの衝突が妨げられていたゲルマン人が、ケルト圏を抜けて初めてローマ領に侵入したのもちょうどこの頃だ。

　前1世紀の中頃、高名なカエサル（シーザー［英］、前100-前44）時代になると、ローマ人はガリア（おおむね現フランス）などの西ヨーロッパに一気に進出し、右ページ上図のような勢力圏を築いた。

　この時点で大陸のケルト圏はほぼ消滅したといっていい。

　その後、アウグストゥス（在位前27-後14）時代にゲルマン人から手痛い敗北を喫したローマは、大河とリメスと呼ばれた国境長城線からなる国境線を定めて、攻勢から防衛へと軍事方針を転換した（右ページ下図）。

　以後は、ほぼ一方的に侵入してこようとするゲルマン人を、輝かしい勝利あり、取り引きによる妥協ありと、そのときどきの情勢に左右されながらも、何とか防ぎ続けていく。国境線に沿っておおむね膠着し、かつほぼ恒常的に戦い続けるローマ対ゲルマンの図式は、早くも後1世紀

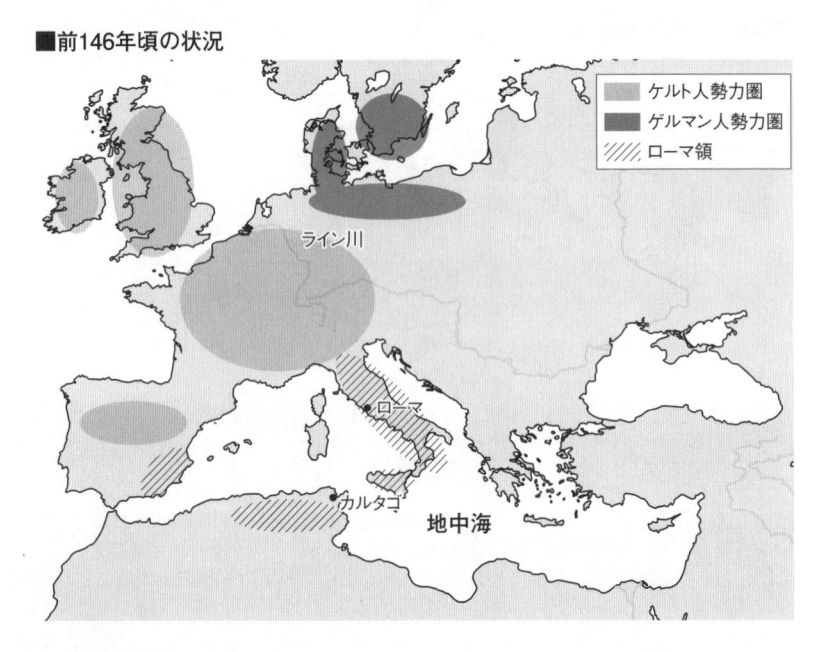

■前146年頃の状況

に定まっていたといえる。

　膠着状態が破れ、帝国領内のあちらこちらでゲルマン人の侵入と定住

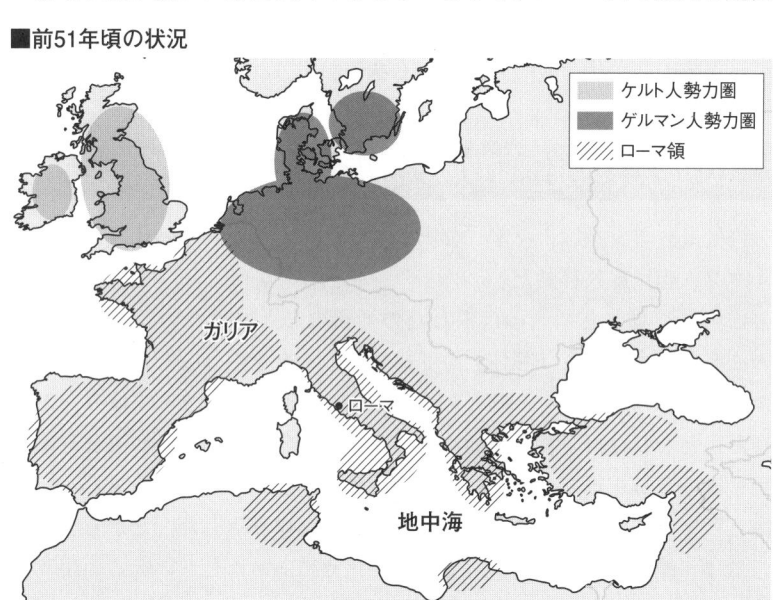

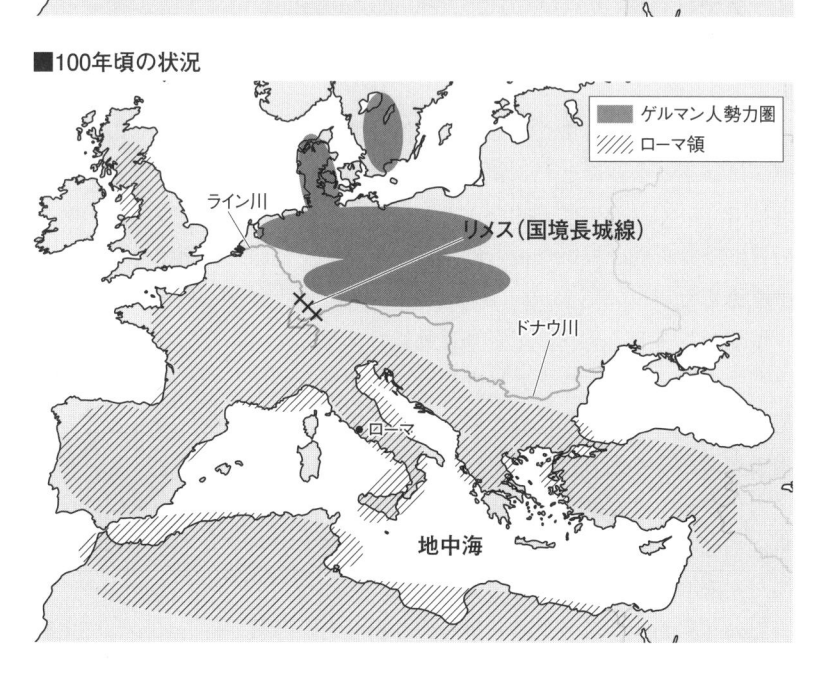

■前51年頃の状況

ケルト人勢力圏
ゲルマン人勢力圏
ローマ領

ガリア
ローマ
地中海

■100年頃の状況

ゲルマン人勢力圏
ローマ領

ライン川
リメス（国境長城線）
ドナウ川
ローマ
地中海

を許すのは、ゲルマン民族大移動期になってからのことになるが、それは結果であって、原因となる病は前2世紀から進行していた。国境警備にかかる莫大な費用、駐屯する軍団の軍閥化、広大な帝国統治の困難さと独立化に向かう地方勢力。ヨーロッパに大繁栄したローマ帝国も、美しい衣装の下には、痩せ衰えていく身体が隠されていた。

「民族大移動」　「移動」が当たり前の世界

　古代ヨーロッパは人々が「移動」する世界だった。その代表例が、ゲルマン人の民族大移動だ。

　この「移動」というのは、ただの通行のことではない。「人口移動」のことだ。すなわち「移住」や「植民」のことをいう。ただし漠然とした移住方向はあっても、確とした目的地がない。とどまってはみたが今ひとつとなれば再び移動を始め、また先住者集団との諍いに敗れれば移動を続けざるを得なかった。最終的な落ち着き先を見つけるまで、短期間とどまっては再び移動するといったことの繰り返しだ。だから実態としては「漂流」「漂泊」であって、難民状態にあったともいえる。現代ドイツ語では民族(大)移動のことをVölkerwanderung（フェルカーヴァンダルング）という。「移動」を表す-wanderungには「彷徨」の意味がある。

　のちの中世騎士もまた同じく「漂流」「漂泊」した。騎士たちの最大の望みは領主となることだ。領主になれるのなら、武器を持ってどこの土地にでもいく。その代表的な人々がノルマン騎士たちだ。ヴァイキングの冒険精神を受け継いだ彼らはイングランドを征服し、南イタリアに王国を建てた。

　聖地パレスティナへの十字軍運動は、ノルマン人だけでなく西ヨーロッパ中の騎士たち、さらには庶民の冒険精神を刺激した。そこにいけば何とかなる、よりましにはなるという希望は、いつの時代でもどこの土地でも通じる考え方だ。

　古代から中世盛期まで、人々はダイナミックに動いた。中世には部族単位ではなく個人単位となったが、どこにでもいってしまう「移動」が当たり前の世界ということでは同じだ。

　この「移動」は数多くの戦争を作り出した。時代が進むにつれて主義

や思想が戦争とセットにされるようになるが、戦争の本質を考えるには古代の戦争がいい教材となる。これより、戦争や戦争する人について少し考えてみたい。そうした人々の代表が騎士だったのだから。

戦争　儲かるビジネス

　今日、戦争を肯定する人はまずいない。肯定するにしても、生存権をかけた自衛手段だとか、報復手段だとかいった条件つきであり、紛争を解決する一手段あるいは最終手段として、戦争行為を留保したいとする場合が多い。すなわち「やむを得ない戦争」の肯定である。「余所にあるほしいものを手に入れるための戦争」、すなわち征服・侵略戦争は、少なくとも表立って肯定されることはない。

　古代の場合は「余所にあるほしいものを手に入れるための戦争」が積極的に肯定されていたといっていい。言い方を換えるなら、大規模な居座り・追い立て・強盗の類が大手を振って行われていた。戦争は儲かるビジネスのひとつでさえあった。

　このビジネスに最も手広く手を染めたのがローマである。建国以来、ローマはすべてを戦争で手に入れてきた。そのことはローマ人自身がはっきりと自認さえしていた。プルタルコス（46頃-120以後）が『対比列伝』（俗に『英雄伝』）のなかにそう書いたのは、決して嘘でも誇張でもない。

　戦争で手に入るのは、食糧であり家畜であり、財宝であり産物であった。敗者は奴隷とされたので、人さえ手に入った。土地は、特にローマにとっては最も重要な戦利品だった。

　戦利品は、そのまま共同体員たちによって分配された。戦争は、国家や部族といった共同体に利をもたらすというよりも、より直接的に共同体員に利をもたらすものだったといえる。

　ケルト人やゲルマン人もまた、戦争をビジネスとした。他部族や他村を襲撃すれば、いろいろなものが手に入った。襲撃者たちはそれを分配した。

　数々の戦争の大きな原因となった彼ら部族の集団移動癖は、当時の農業技術の水準に由来するとされる。農具も肥料も未発達であったために、同じ農地で耕作を続けると次第に地力が落ちて生産量が減っていった。土地は周囲に山ほどあったが、多くは森林や湿地で開墾することが

できず、広い土地は固く、当時の農具では深く耕すことができなかった。従って定期的に土地を求めて移動することになった。また、技術が拙いということは、そもそもの生産力が低かったことを意味する。そのために蓄えられる剰余分は少なく、洪水のような災害が起こると、復旧作業どころかたちまち生活に窮した。彼らが移動して起こされるのは「やむを得ない戦争」であった…かもしれないが、同時に「余所にあるほしいものを手に入れるための戦争」ともなった。

　これとは別に、冒険者集団による純粋な略奪戦争もよく行われた。行って、奪って、去る。そこの土地を支配したり居着いたりする気が見られない強盗である。

　中世となっても戦争がビジネスだったことに変わりはない。最大の例がヴァイキングたちだ。現在の北欧に暮らしていた北ゲルマン人たちの一部は、8世紀後半から遅れて移動を開始した。ヴァイキングたちの目的は、貿易、定住しての農耕牧畜、そして強奪である。どれを取っても武力を背景としていた。昨日の貿易相手を明日は襲撃するということも起こり得たのである。

　一方で中世になると、ビジネスとしての戦争が騎士や領主たちに独占されるようになっていく。冒険騎士たちだけが相変わらず戦利品（最上のものは領地）を求めて遠い外国へと出かけていった。圧倒的多数の庶民にとっては、最早順当な分け前を得られるビジネスではなくなっていた。それどころか多くにとっては迷惑、災難、災厄であった。騎士や領主たち、やがて一部の貿易商人たちばかりが戦争で儲けるようになっていく。

古代の軍制　　皆兵と装備自弁の原則

　戦争は実際に闘い合う人々、すなわち戦闘員がいないと、したくてもすることができない。

　英語の「戦闘員」combatant（コンバッタント）は、遡ればラテン語のBATTUO（バットゥオー）「（武器で）打ち合いする人」に語源を持つ。プロであるかアマであるかは関係ない。軍人であろうとただの農民であろうと、武器を持って闘いに加わる人は皆が戦闘員であり、参加しない人は非戦闘員である。

古代の軍制の特徴のひとつに、集落や部族といった共同体を構成する人々が戦闘員を兼ねていたことがある。彼らは戦争を仕事（職業）としない戦闘員、つまり非専業者の、またはパートタイマーの戦闘員だ。いつもはそれぞれに仕事と生活を持っている。牛を飼ったり、畑を耕したり、鍛冶を打ったり。それがいざ戦争となれば、日常生活を放り出して集まり、臨時の軍隊を結成する。事がすめば解散する。

　原則として、自由民の成人男性が戦闘員になる軍役義務を負った。だいたい17歳で成人と見なされたから、今この本を手にしている読者は、恐らくはほぼ全員が戦争に駆り出されることになる。

　もし軍役を負わなければ、共同体員とは見なされない。罰則がなかったとしても、共同体内での孤立を覚悟しなければならないだろう。共同体の利益は共同体員ひとりひとりの利益と同じ。共同体の危機はそれぞれの危機である。責任を負わないようでは構成メンバーではないというわけだ。守るだけでなくどこかを攻めるときも同じ。もし戦利品がほしい積極派なら当然に参加だ。戦争が嫌でも積極派に大きな声で圧せられれば、いかされる羽目になる。

　奴隷は自由民ではないし共同体員でもないので、戦闘員にはならない。婦女子もまた戦闘員とはならなかったが、ケルトやゲルマンの部族社会では、物資搬送や負傷者の治療のために戦場のすぐそばで働いたことが記されている。

　もうひとつの古代軍制の特徴は、装備自弁の原則である。戦争にいく際には自前の武器や甲冑を持っていく。現代であればそんなものが家にあるはずもないので、箒か傘を持っての従軍ということになるだろうか。古代なら貧者は農具、そこそこの生活レベルであれば粗末ではあっても、誰もがそれなりに武器や装具を持っていた。

　しかしである。装備がよければ戦力も向上するというのは軍事科学の常識だが、装備自弁の制度下にあっては、貧乏であればろくな装備を準備できるわけもなく、すると当然にその人物の戦闘能力は低下し、戦場での働きも限定されてくる。同じく出征しても同じく共同体に貢献するとは限らない。

　この点において、王政末期から共和政末期にかけての古代ローマでは、極めてドラスティックな制度が行われていた。

　クラシス（財産別階級）制と呼ばれるこの軍制は、貴族から無産市民

第1章　騎士と騎士団

に至る全市民を装備自弁能力に応じて7種類にクラス分けし、均質な装備を施した各隊定員100人からなる「百人隊」による部隊編制を行うというものだった。富裕層ほど自弁できる装備の質は高まり、それゆえ戦場での中心戦力となる。言い換えるなら富裕層ほどより重い軍役を負担し、無産市民は出征することすら珍しくなる。貴族や金持ちが奉仕精神でいっぱいだったというわけではなく、代償としての利があった。軍役負担の軽重は民会(兵員会)での投票権の軽重に結びついていた。兵員会では1個百人隊単位で1票を持つため、軍の主力で部隊数も多い重装備の百人隊、つまり富裕者層の百人隊だけで票決が定まることになった。

　ゲルマン社会では軍役負担の軽重が、投票権など何らかの権利と結びつくことはなかった。彼らの民会は、全部族員が盾と槍を持参して出席する部族会議である。ひとりが1票、誰もが同等の権利を持つ。もっとも、そこでは厳密な票数のカウントが行われることもなかった。長老たちが上げてくる提案に賛成する者は、激しく盾と槍を打ち鳴らし賛意を示した。反対の場合にはブーイングの嵐である。ただし部族員が同等の権利を持つといっても、オピニオン・リーダーである長老たちの、そのなかでも実力のある者の提案が通ることにはなった。

　こうした政治制度との関係ばかりでなく、古代の民族や国ごとの軍制

■王政ローマのクラシス制

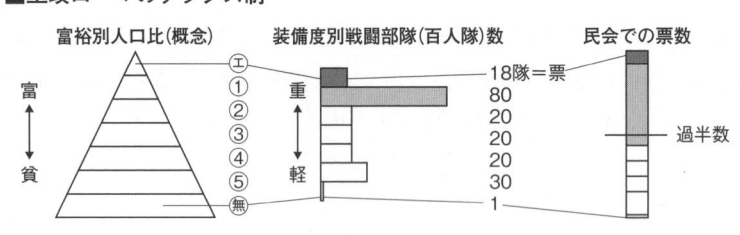

	富裕別人口比(概念)		装備度別戦闘部隊(百人隊)数	民会での票数
	富↕貧	エ①②③④⑤無	重↕軽 18隊=票 80 20 20 20 30 1	過半数

●装備負担度●

	クラス	馬	胸甲	脛甲	兜	盾	槍	剣	
エ	エクイタス	○	○	○	○	○	○	○	
1	第1クラシス		○	○	○	○	○	○	
2	第2クラシス			○	○	○	○	○	
3	第3クラシス				○	○	○	○	
4	第4クラシス					○			(武器は投げ槍等)
5	第5クラシス								(武器は投石紐等)
無	無産市民								原則的に出征せず

は、部隊編制や戦術、装備、軍律などでもずいぶんと違いはあった。しかし部族社会であろうと市民社会であろうと、皆兵制と装備自弁の2大原則自体はどこでも変わらなかった。

戦士社会　武勇ハ最上ノ道徳也(ナリ)

　ゲルマン人部族の執拗かつ著しい軍事的進出を支えた原動力は、自身の戦士社会にあった。

　先に触れたように、ゲルマン人社会は非専業ながら自由民がこぞって戦士という社会だった。自由民であることと戦士であることは、切り離すことのできないひとつの人格ですらあった。戦士であることは何ものにも代えがたい誇りであり、武勇は最上の道徳である。人と生死を賭けて戦うからではない。一人前の自由民として自身と家族、隣人たち、同じ共同体員を守り、豊かにもするからである。武張った社会に起こりがちな両者の取り違えはあったとしても、おおむね何が誇りの源泉であるかはわかっていた。少なくともタキトゥスはそう考えた。

　タキトゥス(55頃-115頃)は、著作『ゲルマニア』(97-98)のなかでゲルマン人とその居住地域のことを記したローマ人歴史家だ。ケルト人やゲルマン人の風習・社会を知る手がかりは、彼ら自身の手による文献資料がないことから、敵であると同時に観察者でもあったローマ人の著作によるところが大きい。ゲルマン人のことであれば『ゲルマニア』、ケルト人のことであればユリウス・カエサルが著した『ガリア戦記』である。ただし、著作者自身の立場や考え方というフィルターを通して眺めていることを忘れてはならない。カエサルの場合は勝利者であり、タキトゥスの場合は退廃化したローマに生き、共和政時代の活力を懐かしむ心情ゆえに、好意的にゲルマン社会を描いたとされている。それでも両著作は当時を知る第一級の文献資料として名高い。

　武勇を最上の道徳とする戦士社会の片鱗は、武器の授受という形を取って社会慣習のなかに見られた。以下はタキトゥス(泉井久之助氏訳註/『ゲルマーニア』)によった慣習だ。

(成人式)

　成人式は、少年が共同体の成員として迎えられる大切な儀式だった。

17〜20歳の年頃になると、証人となる近親縁者らが見守るなか、ふたつのものが父親や長老から少年に与えられた。酒と煙草…ではない。フラメアと呼ばれた手槍と盾だ。成人＝共同体の成員＝戦士なのである。これにより少年はひとりの共同体員として、戦争にも部族会議にも参加できるようになり、また参加しなければならない。
　以後、手槍と盾は彼らの正装のごときものとなる。部族会議にも宴席にも持っていく。だから喧嘩となればかなり危ない。部族会議での両品の使い方は既述した通りだ。

(婚姻)
　婚姻時には、花婿から結納品にあたる家畜が贈られる。そして手槍・盾・剣の3点セットもまた贈られた。花嫁もまた返礼のようにして武器をひとつ花婿に贈る。これにより、夫の武勇による保護のもと婚儀が成立する。

　武勇を尊ぶ気風は、ゲルマン人の部隊編制の仕方によって倍加されたと思われる。といっても何も凝ったものではない。その逆だ。
　ひとつの部隊は同じ家系、縁者によって編制された。同じ集落に暮らす者もまた同族視されたから、厳密な血縁・姻戚関係者だけではなく、隣近所をも含めた顔見知りの集まりだったのだろう。武器を手にして三々五々に駆けつけた者たちが、集結地で自然に肩を寄せ合うままだったともいえる。こうした部隊であれば、自然と強い絆で協力し合っただろうから心強い限りだ。すなわち「爺っつぁまを見殺しにするな」である。
　一方できつくもある。顔見知りがすぐ隣にいるのだから、誰が勇猛で、誰が臆病だったかはすぐに知れ渡る。女たちもまた戦場のすぐ後方で負傷者の手当てをしていたので、たちまちのうちに賞賛や非難の声が湧き上がる。「隣の吾作は爺っつぁまを見捨てて逃げた」である。
　武具のひとつがその戦闘社会のシンボルとされることがある。日本ではそれを用いて、戦闘員の意気や心得を短く言い表してきた。日本の鎌倉時代であれば「弓馬の道」、戦国期であれば「槍一筋」、戦争が起きなかった江戸時代であれば「刀は武士の魂」といった具合だ。
　ゲルマン社会では盾が特別な意味を持ち、それを棄てることは大きな

恥辱とされた。なぜなら、戦死者の遺体を持ち帰るときには盾の上に載せて運んだからだ。ゲルマン人はどのような状況にあっても、戦死者の遺体を持ち帰り家族に届けたという。盾を棄てることは、勇敢に戦って死んだ者を遺棄することと同じだった。顔見知りである残された家族に、どの面下げて会えようか。「婆っつぁまに顔向けできない」である。

重い制裁も待っている。彼は共同体員の資格なしとされて、不名誉なことに部族会議への出席を禁じられた。恥辱に耐えられない者は、自ら首をくくることさえあったという。

古代ギリシアでも盾の遺棄が不名誉とされたことは注目に値する。左手で大きな円盾を持ち右手で槍を構えた市民兵が、身体を寄せ合い一丸となって戦う密集方陣隊形戦術では、盾は自分の左半身だけでなく左側の戦友の右半身をも守る道具となった。ゲルマン人にしろギリシア人にしろ、古代社会の共同体員としての同胞意識が、盾を特別なシンボルにしたのだろう。武器ではなく防具が重視されたのは、共同体が行う戦争の本来あるべき姿を表しているようにも思える。

このように、武勇と戦士であることを大きな価値とする社会では、優れた戦士は崇敬され、自ずと社会的地位が上昇していく。それが戦士社会というものとなる。

兵士と戦士　　戦闘員の服従度

戦闘員を表す言葉に「兵士」「戦士」がある。どちらも戦闘員であることに変わりはない。日本語の辞書を引いても、特に厳密な区別もないようだ。でも世の中にある本を見てみると、ローマ人は兵士、ゲルマン人は戦士と、しばしば使い分けられているようでもある。なぜだろう。

どちらの語にもある「-士」は「人」を意味している。ただし、古くは一般よりも地位や身分が上位にある者。現在では危険だったり、公共的で敬意を払われるべき任務・職業に就いている者を指したりする。単なる「人」というわけでもない。

日本語の「兵士」は「兵」(ひょう)(武器のこと)を用いる「士」たちのことで、「兵」あるいは「兵隊」「兵卒」という言葉にも置き換えられる。彼らは軍隊のなかで下位にあって、上位にある指揮官(士官)の命令を受けて戦

う。厳粛なる秩序・組織に組み込まれ、服従する立場にいる者たちだ。
　英語とフランス語では「兵士」(soldier/soldat)が、おもしろいことに金貨(SOLIDUS/sol/sou)を語源としている。また、貨幣と同等の役割があった当時の塩(SAL)またはそれを買う俸給金(SALARIUM)を語源とする説もある。金貨なりの報酬を支払われたことで服従する戦闘員になったということであろうか。日本の律令時代に「兵士」となったのは、賦役のひとつとして無理矢理に徴用された農民らのことであった。自発的にしろ強制的にしろ、強い服従性を持っていたといっていい。命令を受け、かつ従ってこその兵士なのである。
　一方の「戦士」は「戦争」をする「士」のことを指す。英語とフランス語の「戦士」(warrior/guerrier)もまた、「戦争」(war/guerre)と「人」を表す接尾辞(-or/-ier)がセットになった言葉だ。しかし「兵士」と違って必ずしも軍隊や命令とは一体にはなっていない。組織に属さない戦士がいてもいいし、自分の行動が招く結果を覚悟しているなら、部隊を離脱してもいいようだ。「放浪の戦士」という表現はありそうだが、「放浪の兵士」では敗残兵か脱走兵である。
　いろいろな本を読んでみると、「戦士」と「兵士」は次のように使い分けられていることが多い。

(兵士とは)

　より合理化され、より統制された組織や戦術を持つ軍隊の一員。戦闘員個人の人格と能力は軍隊に吸収される。いうならば、優秀な軍隊に加わることによって優秀な兵士が作られる。すなわちローマ軍団兵、ギリシアの重装歩兵。

(戦士とは)

　軍隊の一員であることよりも、ある社会・階級の成員であることが尊重される戦闘員。戦闘員個人の人格と能力は軍隊から独立している。優秀な戦士が集まることによって、優秀な軍隊が作られる。例としてゲルマン人戦士。ゲルマン社会では戦士であることが当たり前で、かつ最上の価値であった。そうした社会を「戦士社会」と呼ぶ。なお「戦士」は「兵士」に対する修辞に使われる語でもある。その逆はないと思うがどうだろう。

試みに「騎士」をどちらかの語で置き換えるとすれば、「兵士」よりは「戦士」のほうがふさわしいようだ。ただし「戦士」は「騎士」に置き換えられない。「騎士」はあくまでも中世ヨーロッパに登場した「戦士」のことだからだ。
　また、騎士が登場した頃はラテン語の「兵士」（MILES）が彼らを表す語だった。騎士身分というものがまだ定まっていなかったためで、まずは貴族層の周囲にいた兵士たちが騎兵化されたことにもよると思われる。

戦争の合理化　専業戦闘員の登場

　非専業戦闘員である一般部族民や市民からなる軍隊の長所は次の点である。

（非専業の長所）
　共同体内から大量の人員を動員できる。

　やろうと思えば男どもをことごとく戦場に引っ張り出すことができる。しかしこの長所には表裏一体の短所がある。

（非専業の短所）
　訓練時間をあまり持てないので、数はいても個々人の戦闘技能が未熟。

　つまり質より量だ。古代ギリシアやローマではこの点を補うために、歩兵が肩を寄せ合うほどに密集した隊列を作り、そのまま一丸となって敵に当たる重装歩兵戦術を取った。一方で、ケルトやゲルマンでは何よりも個人の武勇を誇りとする文化だったために、一斉に攻めかかりはしても、あとは個々人がてんでばらばらに武器を振るった。
　もうひとつ非専業の長所をあげておこう。

（非専業の長所）
　平時の生活の糧は自分で得ている（自活している）。

　これこそが最大の長所といっていい。少なくとも平時のときには食事

や給料、寝る場所といったものを公的に工面する必要がない。しかし、やはり表裏一体の短所がある。最大の長所の裏だけに最大の短所といっていい。

（非専業の短所）
　軍役ばかりで働けないと平時の生活が成り立たなくなる。

　出征が頻繁だったり、長期に渡ったりすると自分の生活が破綻してしまうのだ。
　共和政ローマがカルタゴを滅ぼして西地中海の覇者となったとき（前146）には、まさにこの事態が起こった。軍隊を支えていた中産市民がイタリア半島を出て長期に出征したため、軍役を果たせないほどまでに困窮してしまった。収入源となる大切な土地を手放すほどだったらしいから、自前で用意すべき武具などとっくに売り払っていたに違いない。ローマはこのため、内部の階級闘争を激化させただけでなく、十分な戦闘員を確保できなくなり、前110年前後にあったゲルマン人部族の侵入や従属国の反乱に苦しんだ。
　生産者＝戦闘員からくるこの問題は、戦闘員の専従・専業化によって解消するしかない。
　ローマの場合は装備自弁の原則を崩し、それまで装備を自弁できないゆえに戦場に出ることがなかった無産市民または無産化した没落中産市民に装備を与え、現在・将来に渡って金銭や土地の報酬を支払うことを約束して軍務に就かせた。一般にいう「マリウス（前157-前86）の兵制改革」（前107）である。これにより、市民のなかから戦争を仕事とする専業戦闘員が生み出されることになった。言い方を換えるなら、一部市民の雇い兵化・職業軍人化である。
　この手立てによって軍事力を維持したローマは、国家壊滅の危機を脱することができた。しかし一方で、軍隊は彼らの待遇面を左右する直接の指揮官たちの私兵と化していくことになり、国家秩序混乱の病巣となっていった。
　ケルトやゲルマンの部族社会でも、次第に専業戦闘員が生まれていった。これらは部族指導層である長老たちの周囲にいた、いわゆる取り巻き連中である。非自由民もいれば自由民もいる。彼らは長老の家に住

み、食べ物をもらい、武器をもらい、戦利品をもらっていた。その代わりに日頃の警護をしたり、戦争時には長老の親衛兵・直属兵となって戦った。部族の血の気の多い若者たちにとって、己を誇示し、かつ富を得る機会を提供してくれるのが戦争だった。彼らは戦争が上手で戦利品の分配にも気前のいい指導者を選び、進んでその配下となった。

　専業戦闘員の採用は、軍隊の戦闘技能の向上をも意味する。訓練する時間を十分に持てるからだ。古代ギリシアの数ある都市国家のなかでも、スパルタの市民たちは被征服者たちの生産力の上に立って専業戦闘員化し、同じ重装歩兵戦術を取っていても、ほかの都市国家よりはるかに複雑な機動をすることができた。

　軍事技術が専門化したり軍事力不足になると、共同体員の専業化とは別の道筋で、非共同体員の専門家を雇用することが行われるようになっていく。今日いうところの報酬（金銭や除隊後の市民権の給付等）で雇われた外国人兵など、すなわち傭兵である。彼らの関心は報酬の確保であって、親疎の情を別にすれば、共同体や雇い主の運命とは無関係にある。契約上の義務・職業上の信用があるにはあるが、雇い主に殉じるまでには及ばない。

　こうした戦闘員の専業化の延長上にやがて誕生してくるのが「騎士」である。騎士は中世を代表する専業戦闘員だ。日頃から訓練を積み、戦争を仕事としていた。領地経営といった仕事はその結果生まれたものだ。

ゲルマン人戦士　盾と槍が主要武具

　ここで、ゲルマン人戦士がどのような扮装をしていたか絵で見てみよう。

　軍の主力は歩兵戦力である。一般自由民はことごとくこれに該当した。次ページの上図はスエービ族とフランク族の歩行戦士再現図だ。

　盾が特別な意味を持つことはすでに触れた。手槍（フラメア）もまたある意味でゲルマン人戦士を象徴する。長過ぎず短か過ぎない手槍は、訓練時間の少ない非戦闘員でも実戦で効果を出しやすい武器とされる。比べて剣はより修練が必要だとされる。切るより突くだ。日本の武士の経験談録によれば、実際の合戦では刀を使っていてもひたすら突くのが一番だったらしい。そうした合理性は別にしても、ゲルマン人はこの手槍

■ゲルマン人戦士

フラメア

投げ槍

スエービ族歩行戦士
5世紀頃

フランク族歩行戦士
6～7世紀頃

ゴート族騎馬戦士
5～6世紀頃

有田満弘画
市川定春著
『武器甲冑図鑑』
(新紀元社発行)より

を好んだ。

　フラメアという語は「圧迫する」という意味のゲルマン語に由来するという（泉井久之助氏）。フラメアの用法は突くか、投げつけて敵を圧迫することだからフラメアの名で呼ばれることになったのだろう。ゲルマン人の戦い方は、武勇を愛するゆえに勢い任せに力押しをするというものだった。それゆえ緒戦は滅法強いが、持久戦状態になると意外に脆いということにもなったのだが、手傷を負うのも構わずひたすら押し、敵を圧迫し続けるというのが流儀だった。フラメアはそんな彼らにピッタリの武器であり、また彼らの戦い方と武勇を象徴する武器でもあった。

　次に左ページ下図の騎馬戦士。例としたのはゴート族の騎馬戦士だ。
　歩兵が主力とはいえ、騎馬戦士はエリート戦士だ。馬はもとより兜や鎧も高価だったので、長老と呼ばれる貴族・指導層、富裕な自由民層、あるいは長老たちに馬と甲冑をあてがわれた配下の者たちだった。それでも主要武具はやはり盾と手槍だった。

騎士団のご先祖さま　ゲルマン人の従士団

　ゲルマン人部族の軍事力は、一般の部族民に依存していた。しかし彼らを引っ張り、戦場で中心的な役割を担ったのは、首長や長老級の人物のそば近くに仕えた専業戦闘員の一団だった。すでに少し触れた長老の取り巻き連中のことだ。

　現代において「従士」または「扈従（こじゅう）」と呼んでいるこの一団こそが、中世騎士団のひとつの起源になった。いわば騎士たちのご先祖さまだ。従士たちは、戦争をするために長老の下に集まった自由民戦士集団だ。

　ゲルマン人の戦士たち、特に野心的な若者たちの望みは、戦士としての自分の運と実力を試すこと。そして見事にアピールして世間から賞賛を得ること。また、それが社会的・経済的な立場の上昇を手早く獲得する道でもあった。だから戦争の機会を多く求めた。また、よりよい条件下で戦うことを求めた。

　そのために行われたのが、長老に従属することだった。債務奴隷のように、意志に反して借金の形で従属する立場に転落したわけではない。また何かの理由でやむなくそうしたわけでもない。強制されもしないのに、自由民の立場で自ら選んで従属したのである。

なぜなら、長老は共同体のオピニオン・リーダーとして戦争を企画し、富裕者として、従う戦士たちによりよい武器と活躍の場を提供することができた。だから従士たちは喜んで長老につき従い、勇んで戦争へと出かけていった。

　古ゲルマン語では従士のことをGisind（ギシンド）という。意味は「戦争（遠征）の仲間たち」といったものらしい（マルク・ブロック著『封建社会』）。また、タキトゥスは長老の「随行者」という意味でCOMES（コメス）と呼んでいる。ケルト社会にも同様の存在があったらしく、ユリウス・カエサルはそれらを「家来たち」SOLDURII（ソルドゥリィー）と呼んだ。

　従士たちは、個人と個人の関係において長老に従うことを誓っている。この行為者のことだけでなく、行為そのもののことを「扈従」という。長老からは見返りとしてある種の待遇「知遇」が与えられた。図にすると次の関係が結ばれた。

■ゲルマン人社会の長老と従士の関係

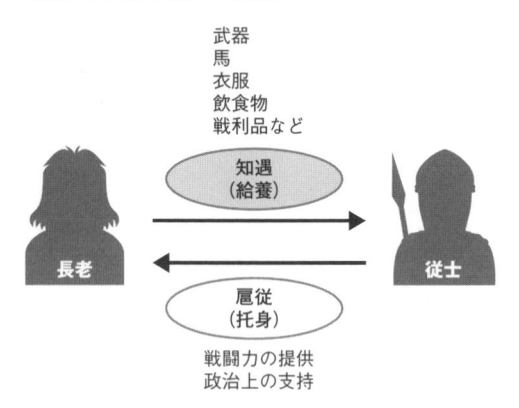

```
                武器
                馬
                衣服
                飲食物
                戦利品など

           ┌─ 知遇 ─┐
           │（給養）│
  長老  ──────────→  従士
        ←──────────
           │ 扈従 │
           │（托身）│
           └──────┘
           戦闘力の提供
           政治上の支持
```

　長老から与えられる「知遇」とは、具体的には従士たちを養い、そのために必要となる物品または待遇を給すること。すなわち「給養」だ。例えば、武器、馬、飲食物、居住場所（長老宅内など）、宴会の催しなどで給養する。戦利品の分け前ももちろんある。生活の面倒だけでなく、戦士としての働きを支援し、鼓舞する物品を給する。従士となれば農作業をする必要がなくなる。

従士からは「扈従」。つまり我が身が提供される。我が身を托す「托身」が提供品となる。具体的には、長老の配下となって戦争時の戦闘力を提供する。日常では護衛役、そのほか部族会議などでは政治的な支援を行う。
　この関係は、ドライに考えるなら互いに提供できるものを提供し、相互に益を得る取り引き関係だ。
　しかし純粋な経済上の取り引き関係というものでもない。従士たちは長老に「扈従」することを誓っている。この「誓い」が両者を人格的に結びつけ、人的結合とか人的紐帯と呼ばれる関係に置いた。その関係はもともとが戦場における結びつきだけに、文字通り生死をともにする強い絆だ。さらに戦士社会における戦士の誇りも深くかかわって、一般の取り引き関係には見られない事態が見られることになった。すなわち長老が戦死したときに、従士たちは殉死同然に、引き続き死ぬまで戦った事例が少なからず記録されている。ゲルマン人戦士にとって、長老が戦死したにもかかわらず自分が生き残ることは恥だった。雇用関係のようであっても、そのあたりが傭兵とは異なる。
　また、取り引き・雇用関係だとしても、両者のあいだには強い相互依存性がある。運命共同体といってもいいだろう。
　長老の浮沈は、従士たちにとっては我が身の待遇の良し悪しにもつながる重大事だ。よき長老の下ならば、よき知遇を得て武勇を遺憾なく発揮できた。よき指揮を得れば、戦争で成功を収めることができた。そして成功は、多くの戦利品を従士たちにもたらした。
　長老は長老で、よき従士のおかげで成功が手に入る。だから従士たちをつなぎ止めておくことに気を配る。従士たちは自由民なのだから、待遇に不満が出ればさぼるし、離脱・反逆することだってあり得る。それを避けるためには、成功を収めて戦利品を財源に大判振る舞いするしかない。従士が長老に従うのは、戦士としての誇りはさておき、長老が頼りになる人物だからには違いないのだから。
　ここで、本章の冒頭で述べた「騎士は強い、偉い、貴い」を思い出してほしい。ゲルマン人の従士制度が騎士を生み出す起源となったのは、そのうち「強い」と「偉い」においてである。

第1章　騎士と騎士団

(「強い」＝軍事の精鋭)

　従士制度は有力者の私兵のごとき専業戦士、すなわち軍事の精鋭たちを生み出したという点で、中世の専業戦士「騎士」の誕生にひと役買っている。

　ひと役というのは、ゲルマン人侵入以前のローマ貴族もまた専業戦士を抱えていたからだ。公権力がまったく当てにならなくなっていたため、ローマ人有力者は自衛のために家内兵士(家来)を抱えていた。彼らには軍団兵よりも良質のブッケラ(ビスケット)が軍用食糧として与えられていたことから、その名にちなんでBUCCELLARII(ブッケラリィー)と呼ばれた。こちらは「家士」と訳される、従属性の強いまったくの私兵である。

(「偉い」＝統治の枢要)

　有力者との人的結合は、従士たちの社会的な地位の上昇をもたらしていった。一般的には敬意と尊重を受け、肩で風を切るといった感じにとどまったとしても、王の従士となると法的にも違いが出てくる。ゲルマン社会では殺人について、人命金と呼ぶ賠償金によって償うことが可能だったが、王の従士たちを殺めた場合には、一般自由民の3倍の金額が法的に定められていた。また従士団のなかにも席次の違いがあり、席次の高い者は、側近として軍事だけでなく政治・行政上でも大きな役割を果たすようになっていった。王の従士であれば地方役人とされて、統治の枢要に配されることにもなった。

(「貴い」＝社会の貴顕)

　従士制度は騎士の「貴い」についても貢献した。しかし貴族的な身分に近づけたという程度で、王や長老たちのような特別な家系を持つ純粋貴族の仲間入りをすることはなかった。いわば下級貴族であり、平民よりも少し貴いといった程度だ。より貴くなるには、世襲と騎士文化の登場を待たなければならない。

騎士団の興り

中世前期ヨーロッパ　フランク王国の台頭

　中世前期は、ゆっくりとではあったがヨーロッパの次なる時代の枠組みが作られていった時代にあたる。それは、古代の終わりに乱立したゲルマン人諸王国が整理されていくなかで進んでいった。

　西ローマを滅ぼして作られたオドアケルの王国はわずか17年後に消滅した。滅ぼしたのは、東ゴートの王テオドリクス（在位474-526）だ。

　当時、テオドリクスと彼に従う東ゴートの一派はバルカン半島に勢力を張り、東ローマとは同盟関係にありながらも、強い独立性を持っていた。皇帝にとってはどこかにいってほしい存在だ。そこで皇帝は、オドアケルを打倒してのイタリア統治を持ちかけた。話に乗ったテオドリクスは新天地へと向かった（489）。引き連れていった兵力は2万〜2万5,000だったといわれる。彼らが出ていったことで東ローマ領は民族大移動の

■476年頃の状況

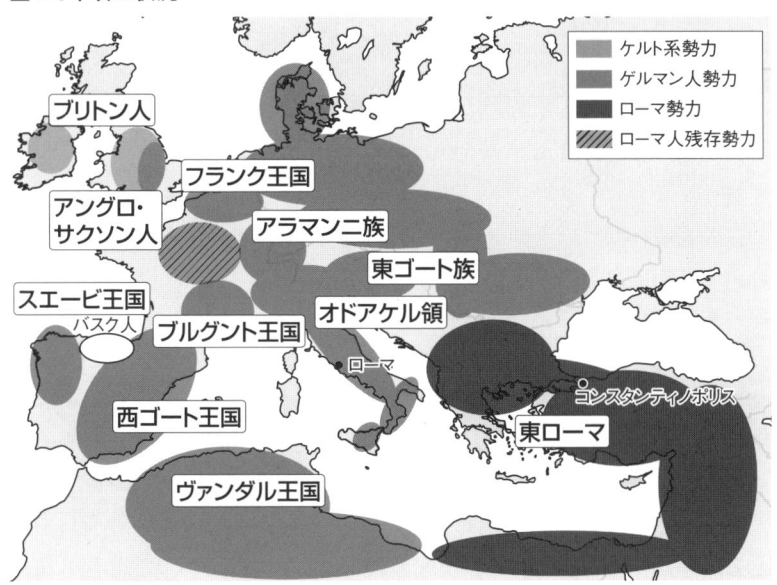

凡例:
- ケルト系勢力
- ゲルマン人勢力
- ローマ勢力
- ローマ人残存勢力

ブリトン人／アングロ・サクソン人／フランク王国／アラマンニ族／東ゴート族／スエービ王国／バスク人／ブルグント王国／オドアケル領／ローマ／西ゴート王国／ヴァンダル王国／東ローマ／コンスタンティノポリス

■ゲルマン人諸王国の興亡推移

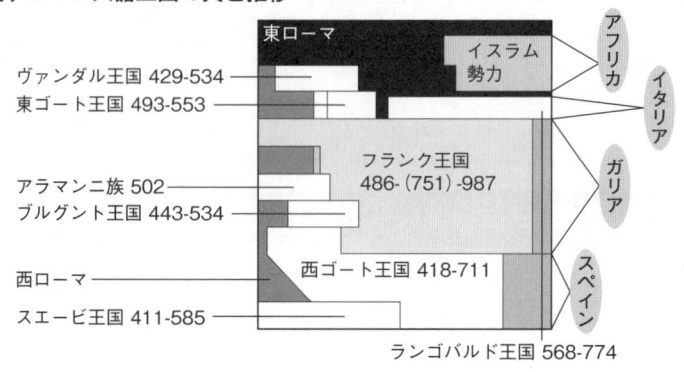

```
                              東ローマ                    アフリカ
   ヴァンダル王国 429-534                    イスラム
                                            勢力           イタリア
   東ゴート王国 493-553

                              フランク王国                   ガリア
   アラマンニ族 502              486-(751)-987
   ブルグント王国 443-534

   西ローマ                    西ゴート王国 418-711          スペイン
   スエービ王国 411-585
                              ランゴバルド王国 568-774
```

混乱から脱し、東方の一国家として旧西ローマ領の諸国家とは別個の歴史を歩んでいくことになる。

　東ゴート王国もまた、およそ60年の短命さで東ローマによって滅ぼされる。その東ローマの旧領回復も長くは続かず、16年のちには新たに移動してきたゲルマン系ランゴバルド族によって取って代わられる（568-774）。南イタリアだけは東ローマの手に残った。イタリア半島は、東ローマやその後継者たちの勢力が残ったために、またローマ・カトリック教会（キリスト教の主流宗派のひとつ）の本拠があったために、東ローマほどではないにしろ、やはりほかの西ヨーロッパ諸国とはやや距離のある歴史を歩んでいく。

　イタリアほど目まぐるしくはなかったものの、ほかの旧西ローマ領でも諸王国の整理は進んでいった。

　この当時、今日いう「ヨーロッパ」は地理的にも精神的にも存在しない。先にあげた東ローマ領、イタリア半島、そして今日の西欧、および北・東欧に分かれていたと考えればわかりやすい。

　現在の北・東欧にあたる地域は、移動することなく居残っていたゲルマン人や、スラブ人らの諸部族が昔ながらに暮らしており、旧ローマ領とはまったく別個の文明圏だった。さらに同じ西欧地域でも、現在のイギリス（ブリテン島）にあたるブリタンニアは、海を隔てた島嶼部であったことから、ガリアやゲルマニアとはひと味違う文化文明上の発展をたどる。やがてイスラム勢力に支配されることになるイベリア半島もまた

同様に、ピレネー山脈以北の地域とは長らく遮断された状態が続く。

　時を経るにつれて、これらの領域は密接な関係を持つようになり、次第に「ヨーロッパ」となって相互に影響し合い、密接な関連を持った歴史を歩んでいくようになる。

　それを進める主要な動力源のひとつとなったのがフランク王国だ。フランク王国は、ガリアやゲルマニアに割拠したゲルマン人諸王国・諸部族のなかで最後まで生き残り、最大の発展を遂げて「ヨーロッパ」の基礎を築いた。そしてこの王国から騎士が生まれることになる。

フランク王国　　中世の牽引役

　フランク王国を建国したフランク族は、ライン川下流域に暮らしていた諸部族が寄り集まった部族(集族)だ。3世紀頃にはすでにそうなっていたらしい。

　その後、軍事植民や同盟軍としての駐屯を通してローマ帝国領内に定住するようになり、民族大移動期には現在のオランダ、ベルギーあたりのライン川、モーサ(現ミューズ)川流域に一勢力を築くまでになっていた。有力者のなかにはローマの官職を得て中央政界で活躍する者もい

■フランク族の拡張経過

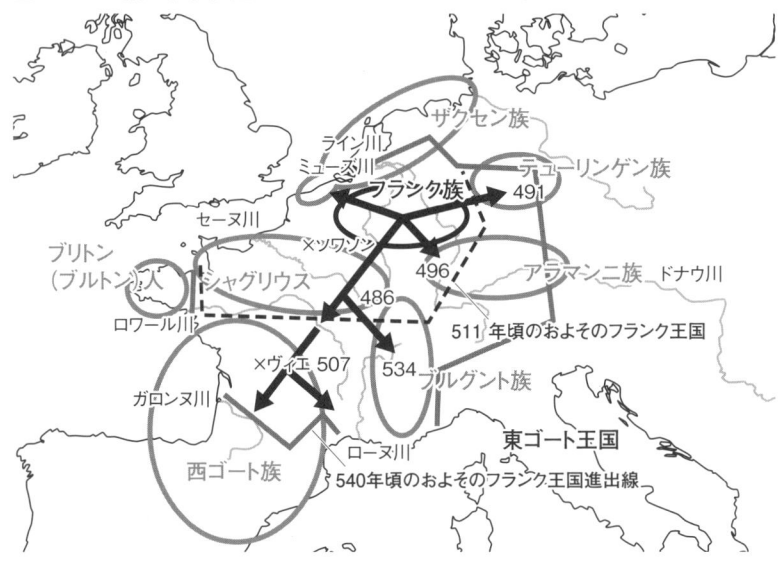

て、まったくの蛮族というわけではなかった。しかしその頃には、まだいくつもの支族や小王国に分かれており、統一されてはいなかった。

統一されたのは、サリ支族のクローヴィス王（在位482頃-511）によってだ。彼は、ほかの小王たちを配下に組み入れながら、大きく勢力を広げていった。

まず、セクアナ（現セーヌ）川のある一帯を支配していたローマ人貴族シャグリウス（430頃-486）をソワソンの戦い（486）で破り、リゲル（現ロワール）川まで進出。その後は同じゲルマン人のテューリンゲン族（491）とアラマンニ族（496）を下して東へ。南に向かってもヴィエの戦い（507）で西ゴート王アラリクスⅡ世（在位484-507）を敗死させて西ゴートをスペインに追いやり、さらにガルンナ（現ガロンヌ）川にまで至った。

ここに、広大な領域を持つフランク王国が誕生した。クローヴィスが打ち立てたこの王朝を、一門の始祖とされるメロヴィクスにちなんでメロヴィング朝（486-751）と呼ぶ。いつの時点で建国とするかは不明瞭なので、一応ソワソンの戦いがあった年を建国年としておく。クローヴィス没後にはブルグント族をも従えて（534）、旧ローマ属州のガリアとゲルマニアが、ほぼそのまま王国領となった。

■568年頃の状況

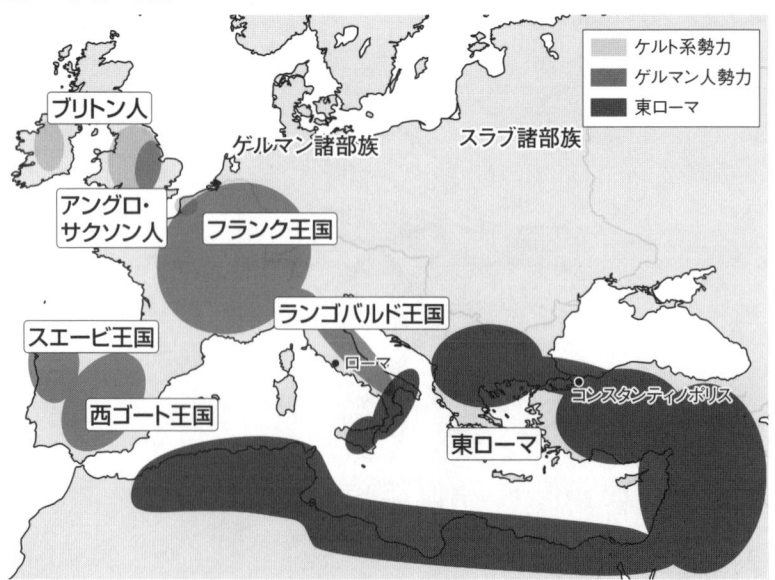

ローマ・カトリック教会　中世の最重要キーワード

　フランク王国を建国したクローヴィスは、配下の3,000名の従士団とともに、キリスト教の代表的な宗派・教団組織のひとつであるローマ・カトリック教会に改宗した(498年頃)。このことは、長老と従士たちとの密接な関係を物語るものだが、当時の政治的事件としては王国拡大と安定に向けたクローヴィスの意志をはっきりと知らしめる出来事だった。

　征服者のゲルマン人がキリスト教に入信した理由は、精神世界の問題はさておき、現世利益において次のようなものがあったからだ。

①キリスト教徒である征服された側のローマ人(人口は圧倒的に彼らのほうが多い)から、共通の価値観と思想を持つ同じ人間と見なされるようになる。少なくとも、何を考えているかわからない蛮族ではなくなるので、統合と統治がより容易になる。
②知識人層であるキリスト教の聖職者たちの協力を得られる。彼らの知識やネットワークは統治に利用できる。

　クローヴィスは、キリスト教の名において他国への征服戦争を進めていってもいる。
　キリスト教またはローマ・カトリック教会は、中世における最重要キーワードのひとつだ。武力こそ保持してはいなかったものの、その宗教的権威によってヨーロッパ中に強い影響力を持っていた。教会と修道院の組織はキリスト教圏の国々のすべて、都市から田園地帯の至るところにまで張り巡らされ、広大な領地を持つ大土地所有者でもあり、現世的な意味でも、その存在は騎士・諸侯たちはもちろん国王たちも(国王たちこそ)無視できなかった。中世の国際・国内政治は時としてカトリック教会の動向に左右された。クローヴィスはこの教会の力を最大限に利用しようとした。
　とはいえ、クローヴィスの改宗時点では未だ発展途上段階である。
　キリスト教は、中東のパレスティナ北部ガリラヤ地方に生まれたイエスを創始者とする。ではあるがユダヤ教の流れを汲み、ユダヤ教の聖典が「旧約聖書」の名でキリスト教の聖典のひとつとされている。キリス

トとは名字ではなく、ヘブライ語の救世主(メシア)をギリシア語化したもの。ユダヤ王国がローマ帝国の属国だった時代にイエスがイェルサレムで磔刑にされた(30頃)ことは、信者だけでなく一般に広く知られるところだ。

イエスの没後、信仰は彼の弟子たちによって広められた。帝国首都のローマでも、十二使徒のひとり聖ペテロ(-67または64)によって布教が行われた。カトリック教会の長である代々のローマ教皇はペテロの後継者を称し、それゆえペテロが初代教皇ともされる。

ペテロは、ネロ帝のときに弾圧に遭って殉教した。このときばかりでなく、帝国では皇帝によるキリスト教徒への迫害が断続的に行われていく。闘技場で獣に信者を襲わせて見せ物にしたという話も伝えられている。キリスト教はまだ東方の異教のひとつに過ぎなかった。それでも帝国の衰退と治安の乱れにつれてキリスト教は広まっていき、コンスタンティヌス帝とリキニウス帝がミラノ勅令により信教の自由を認め(313)、やがて国家宗教とされるまでになる(392)。

6世紀までキリスト教は各地域の5大拠点、すなわちローマ、コンスタンティノープル、アレクサンドリア、アンティオキア、イェルサレムに

■キリスト教教会・宗派の大まかな系統

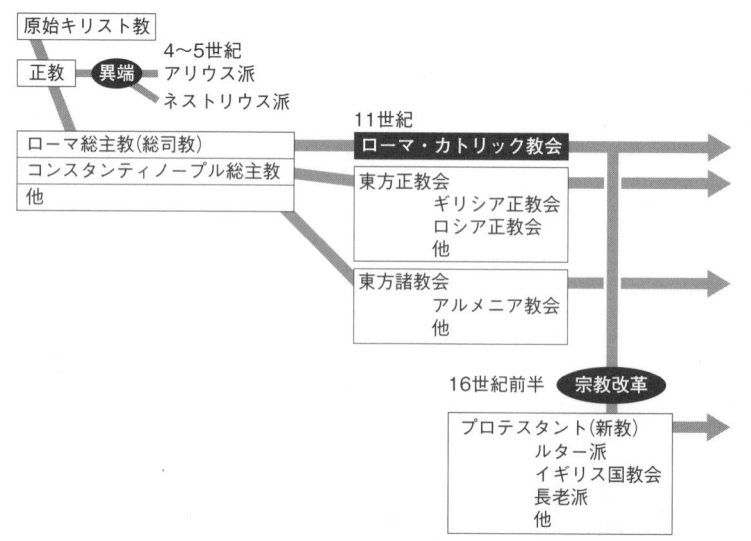

原始キリスト教
正教　異端
　4〜5世紀
　アリウス派
　ネストリウス派

ローマ総主教(総司教)
コンスタンティノープル総主教
他

11世紀
ローマ・カトリック教会

東方正教会
　ギリシア正教会
　ロシア正教会
　他

東方諸教会
　アルメニア教会
　他

16世紀前半　宗教改革

プロテスタント(新教)
　ルター派
　イギリス国教会
　長老派
　他

いる5大総主教(総司教)によって指導されていた。各地で信仰されるキリスト教は、同じキリスト教でも教義や典礼方式に差異があり、また組織として独立していることなどから、○○教会とか××派と呼ばれる。総称としては広い意味でのカトリックとされ、日本では16世紀の宗教改革運動によって誕生したプロテスタントと対置して、前者カトリックを正教または旧教、後者を新教と呼んでいる。

　教義上の問題など、全体にかかわることは司教クラスを集めた公会議によって話し合われた。4世紀から5世紀にかけては教義論争が盛んに行われ、アリウス派とネストリウス派は異端とされて弾き出された(325と431)。ゲルマン人の多くはアリウス派を信仰していたが、のちにはローマ・カトリックに変わっている。やがて残された教会も分裂の度合いを深め、そのなかの西ヨーロッパに地盤を持つローマ・カトリックと、コンスタンティノープル総主教下の東方正教会(広い意味でのギリシア正教会)が2大勢力となる(東方正教会はそののち、さらに分離が進む)。東西の両教会は11世紀の半ばには、相互に破門し合うという決定的な分裂に至る。本書ではローマ・カトリック教会の名が頻繁に登場する。

王または王権　王が王とされる理由、または王権の根拠

　クローヴィスは、フランク族を自ら統一したことでフランク王国の国王となった。いわば創業者の王であり、実力があるから王となった人物だ。

　ある王朝を開いた王は実力がある王だと考えて間違いない。しかし2代目、3代目といったその後の王となると、必ずしも実力のある強い王だとは限らない。というよりも弱い王のほうが多い。

　ある人物が王となるには、以下にあげる3種類の根拠(正当性)のうち、少なくともひとつはクリアしていなければならない。

①共同体で選ばれたから

　数いる有力者、すなわち富裕者や貴族のなかから、そのなかの第一人者として選ばれた(選挙された)王。王というよりも首長といったほうがいいタイプの王様。皆が選んだから王となっている。古代ギリシアのポリスや王政ローマでも見られた。彼に代わる資格保持者はいくらでもお

り、大きな権威と権力を与えられてはいたが、王に不適とされれば追放されたり、敗戦の責任を取らされて処刑されたりすることもあった。古いゲルマン社会でも、王は部族会議で選ばれていた。政敵との関係は往々にして妥協的だ。

■**ゲルマン人部族の共同体構造と王の選挙**
※A村に本拠を置く長老のひとりA-2が部族会議で選ばれて王(部族の首長)となる。

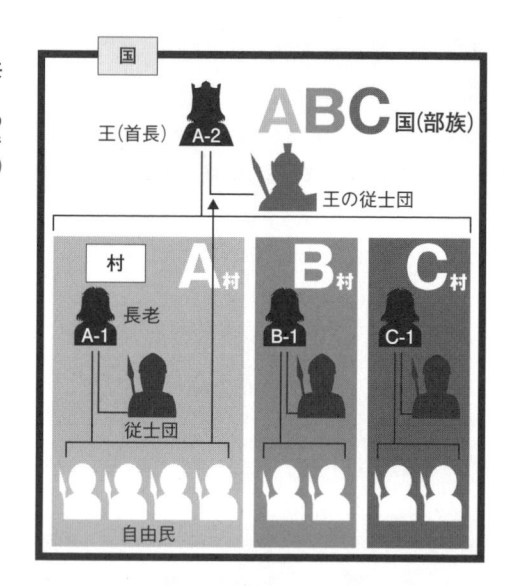

国
王(首長) A-2
ABC 国(部族)
王の従士団
村 A村 B村 C村
長老 A-1 B-1 C-1
従士団
自由民

②優秀な軍司令官だから

古くから王が持つ最大の権力は、戦争における共同体員への命令権だった。王に求められる最大の能力が軍事指導力だったと言い換えてもいい。大小の戦争が頻繁に起こり、戦争ビジネスも盛んになると、ますますその傾向は増し、王に選ばれる者も、個人が持つ指揮能力や戦闘員の動員力から選ばれるようになる。こうした王権を軍隊王権と呼び、大移動期のゲルマン人王はこのタイプだったといっていい。軍事力が背景だけに、政敵との関係は妥協的なものよりも、従属するか逃亡するかの決着が図られることが多い。共同体同士の統合も活発に起こり、王(小王)の上に立つ「上王」が現れる(右ページ図参照)。王個人のカリスマ性に依存するだけに、王が没すると王国は弱体化しがちである。

③神聖な家柄を持つから

貴族のなかでも特別な家柄に生まれた者が王となる。特別な家柄は

往々にして神話と結びつけられ、それが大きな根拠となっている王権を一般に神聖王権と呼ぶ。王の地位は、その家系(血族)のなかで代々世襲化されていくことになる。他の貴族たちは、よほどのことがなければ王位をめぐるライバルとはなり得ない。その代わり、血族内のライバルとは激しい闘争に向かうことが多々見られる。クローヴィスは血族内の粛正によってライバルを排除していき、彼の直系による王位の世襲化を実現した。

■国の統合と上王の選出

上王　A-Z王国
ABC

王国(集族／大部族)

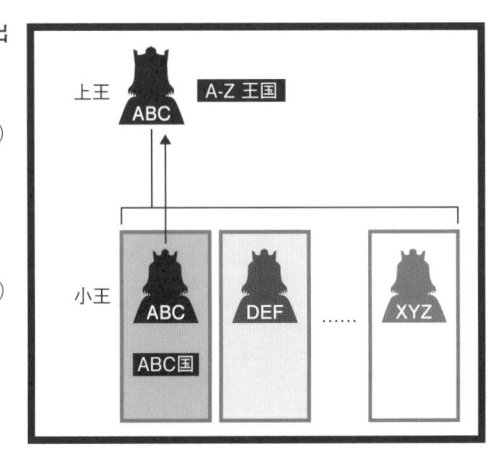

国(部族／小部族)　小王
ABC　DEF　……　XYZ
ABC国

　王が真の王であるためには、地位を認められているだけでなく、彼の命令に従わせなければならない。王だと認めているのだから命令に従うのは当然……ではない。中世では、王に敬意は払うが命令には従わないということがしばしば行われていく。
　命令に従わせるために、王はふたつのことを考える。

①**利を与える**
　品物を与える、土地を与える、宴会に招待する、特権を与える、役得を与えるといったことで、その気にさせる。
②**強制する**
　軍事力や権威を背景に、命令に従わなかった際の不利益をちらつかせて圧力をかける。

王は、これらふたつのことを用いながら自分の力を増していく。弱い王であれば強制することなどできないので、専ら利を与えることになるが、さらに弱い王となればそれすらできない。同じ王でも実態にはいろいろあるわけだ。

分割される王国　メロヴィング朝フランク王国

　クローヴィスが没すると(511)、フランク王国は4人の息子たちによって分割相続された。

　この当時のゲルマン人的感覚では、国王は国家を預かっているのではなく、国家を所有していた。つまり、国家は国王の私有物だと考えられていた。本来国家とは公有物であり、王といえども自由な処分は許されない。ローマ皇帝は国有地の用益権を自由に配分しはしたが、所有権そのものは国家のものとして勝手にはしなかった。

　ゲルマン人の相続慣習では、息子はすべて遺産の分与に与る（あずか）ことができた。嫡出・非嫡出は問わない。かたや女子は相続権を持たない。家産である以上、国家もまた息子たちのあいだで分割され、相続されていく。

　国家を国王の私有物とする考え方は、従士たちへの土地の贈与を進め

■クローヴィス後の4子相続域

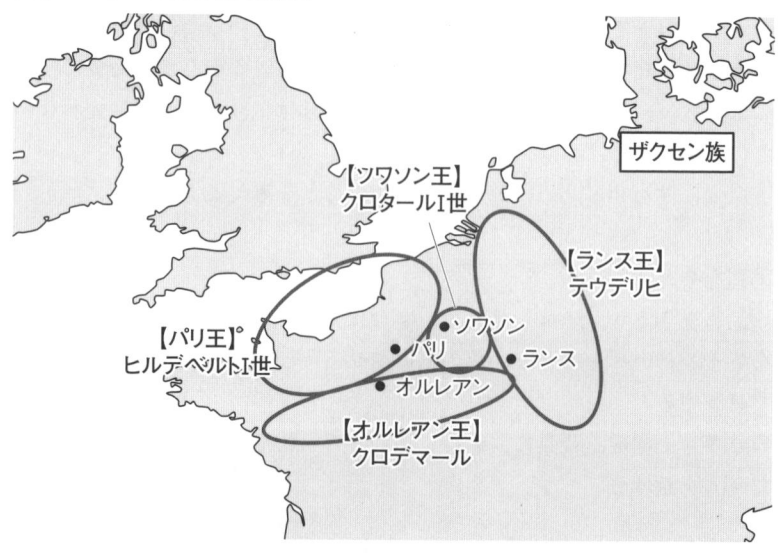

[地図：
ザクセン族
【ツワソン王】クロタールI世　ソワソン
【ランス王】テウデリヒ　ランス
【パリ王】ヒルデベルトI世　パリ
【オルレアン王】クロドマール　オルレアン]

ることにもなった。王たちは従士たちの支持を維持するため、かつての戦利品同様に所有地を積極的に分け与えた。やがて後継国王たちは土地の枯渇に直面することになる。

　分割された王国は、クローヴィスの息子たちの代にクロタールⅠ世（統一国王・在位558-561）によって再統一されるが、それは他の兄弟たちの王統が絶えたことによるもので、クロタールが没すると、またもや彼の息子たちによって王国の分割相続が行われた。567年からはアウストラシア（東分王国）、ネウストリア（西分王国）、ブルグント（ブルゴーニュ）の3分王国体制ができあがった。ネウストリア王がブルグント王を兼ねるようになると、東西分王国が並び立つことになった。財産の分割相続でももめることがあるのに、王国の分割となればなおさらだ。王家内の対立は陰惨な抗争に発展していく。

　よりおどろおどろしくしたのは、それぞれの分王国内の貴族たちの動きだった。彼らは、自分たちの国が力をつけることは望むが、王が力をつけることはまったく望んでいなかった。次第に王は無力となり、貴族たち、なかでも宮廷を牛耳る行政長官ともいうべき宮宰を務める実力者が、王国の実権を握っていった。分王国間の対立は、王同士のものか

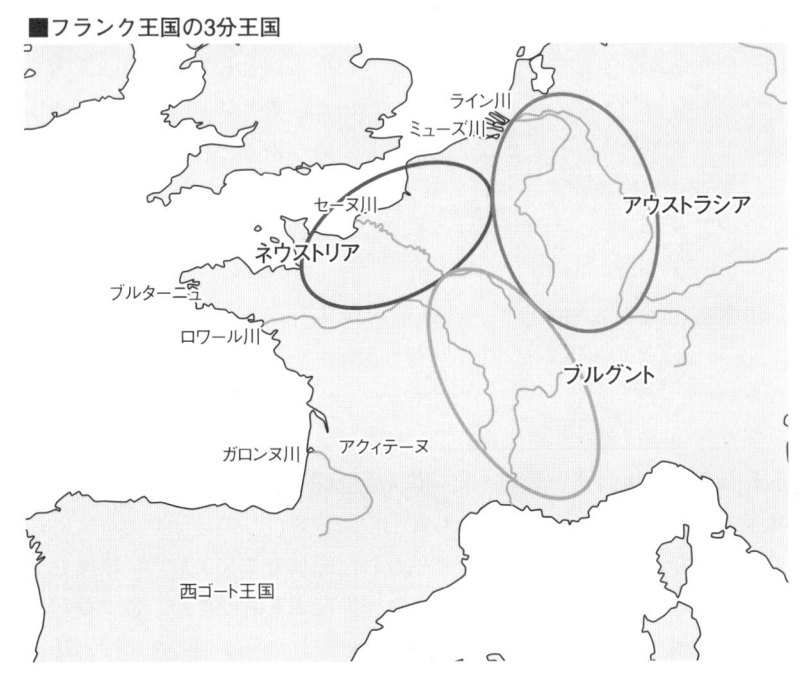

■フランク王国の3分王国

ら、それぞれの宮宰たち、貴族たちの争いとなっていった。紆余曲折があってのち、アウストラシアの貴族だったアルヌルフ=ピピン一族が全フランクの権力を手中にする。

宮廷　王の家政機関

「宮廷」とは、王の居所とそこで王に仕える人々のことをいう。中世では、この宮廷が国の統治を行う中央政府に相当し、そこで働くおもな役職の起源は、メロヴィング朝フランク王国に遡る。

この中央政府はおもしろいことに、1か所にとどまり続けるということがない。ぞろぞろと各地にある宮殿や拠点を移動して回る。理由は簡潔だ。輸送能力が未熟であったために、年貢として徴収される物資を一点に集積させることが不可能といってよかったからだ。だから、点在する集積拠点を巡っては、その土地〳〵で物資を消費するしかなかった。

ほかにも今日の行政府と違うところが多々ある。規模がはるかに小さいのもそのひとつだが、機能そのものも、今日あるような公的な政府機関とは違う。宮廷とは、王の仕事の手助けや身の回りの世話をする、私的な家政機関だったといっていい。王の仕事に公的な性格があったために、公的な政府としての機能を持つようになったとしてもいい。王国を自分の所有物だと考える王にとって、公的な国政と私的な家政の区別は曖昧であるか、あるいはまったく存在していなかった。

さまざまな役職がある宮廷のなかで、大官とされる要職は次の5つ。メロヴィング朝でのその役割はいかにも家政的だ。

①主膳長（しゅぜんちょう）

seniscalc（セニスカルク）。また別のゲルマン語ではseneschalh（セネスカル）と呼んだ。年長のあるいは主位の(sene)召使い(scalh)という意味。王と大勢の随行者たちの飲食の差配をする。ただし調理頭とも給仕頭とも異なり、食糧調達と管理・給付にかかわる事柄が最大の責務となる。宴席での食事の配分役、すなわち従士や随行者たちの身分や功績に応じて分け前を分配する役であったと思われ、それをこなすためには誰もが納得できる人物でなければならず、名誉の役でもあっただろう。やがて俸給の管理を行うようになり、宮宰が設けられていないときには宮廷役

人の筆頭だった。

②主馬長（しゅめちょう）

　COMES STABULI（コメス・スタブリー）。厩（STABULUM）と馬の管理をする。といっても飼料を与えたり厩を掃除したりするのではない。必要なときに必要な数の馬を調達できるようにしておく。軍事用途のためにはもちろんのこと、国王と宮廷が始終移動しているので、日常生活を支えるうえでも重要な役回りであった。平穏で速やかな巡幸にも責任を持っていた。主膳長の指示に従い、下僚として数名の厩役marahscalh（マラスカル）がいる。marahは馬の意味。

③酒甕長（しゅおうちょう）

　BUTICULARIUS（ブティキュラーリウス）。葡萄酒倉と葡萄畑を管理する。酒は食事の添え物ではなく、同じくらいに大切。主膳長の指示に従う。BUTICULAは酒甕のこと。

④宮房長（きゅうぼうちょう）

　CAMERARIUS（カメラーリウス）。CAMERAは部屋の意味。王の衣食住のうち衣住を管理する。より重要なのは王の財政支出の管理。

⑤尚書長（しょうしょちょう）

　CANCELLARIUS（カンセッラーリウス）。文書役を指揮して、王令などの文書作成と発布を指揮する。CANCELLARIUSはもともとは門番という意味。王宛の誓願や申請の取り次ぎもするので、そこから門番という語が用いられたのだろう。主膳長と並ぶ重要な役職である。

　これらの役職には、一般の従士ではなく、より身分が高いとされる貴顕衆とか宮人衆と呼ばれる者たちが王に指名されて就いた。しかし世襲化されていった役職もある。

　彼ら役人たちの上に立ってすべてを取り仕切るのが、やはり貴顕衆のなかから王に選ばれた宮宰だ。宮廷役人への具体的な指示や統括・給養は宮宰が直接に行うために、大きな権力を握ることになる。しかも、その地位が世襲されるようになったのだから、彼らが実権を握っていくの

は必然的だったといえる。

　宮廷が担った国政的な役割は、私的な運用を嫌う諸侯らによって次第に制約を受けるようになり、国家の行政機構整備へと向かっていく。一方で、宮廷または宮内府が中世を通じて大きな政府機能を果たしていたことには変わりがなかった。

　5大官それぞれの職務内容や重要度、呼び名は、次のように変わっていった(訳語もそれに応じて変えている)。ただし時代によって職務、権限に差異があり、また役職間の職分も不分明なことが多いので、あくまでもだいたいのことである。なお、イングランドにはノルマンディー公が興したノルマン朝から導入されている。

①主膳長→家令(かれい)

　sénéchal(セネシャル)/seneschal(セネシャル)/(lord high)steward(ステュワード)。権力集中が起こりがちな宮宰が廃止されると、家令が代わって軍事・政務を含むすべてを取り仕切るようになる。しかし、やはりこれもその悪弊を恐れて置かれなくなっていき、あるいは純粋に家内的な職務に限られていく。ただし、王領地などの領地経営と管理も担ったりした。

②主馬長→王軍長(おうぐんちょう)

　connétable(コネタブル)/(lord high)constable(コンスタブル)。厩や馬の管理を離れ、王の警護や戦場での総指揮を行う軍事司令長官となっていく。そのため王軍長といった訳語が用いられたりしている。イングランドでは、宮廷内の役職とは別に地方の治安・軍事を司る役人たちを表す語としても用いられ、そちらのほうがより広く使われていき、今日ではconstableといえば「警官」を意味する。

　maréchal(マレシャル)/(earl)marshal(マーシャル)と呼ばれるようになった厩役も、王軍長の下僚には違いないが、やはり馬の管理から離れ、宮廷の治安を預かるようになる。騎馬試合といった宮廷行事の平穏な進行も彼の重要な仕事だ。戦場ではやはり部隊司令官として働いた。今日では「将軍」の意味で用いられる。

③酒甕長→司酒長(ししゅちょう)

　bouteiller(ブティエ)/chief butler(チーフ・バトラー)。職務に変更はないが、その重要度は薄れていく。戦利品の分配、王への支持を維持する手段として酒宴が重要な役割を果たさなくなっていくにつれ、純家政的な仕事になっていった。

④宮房長→侍従長(じじゅうちょう)

　chambrier(シャンブリエ)/(lord great)chamberlain(チェインバリン)。侍従たちを従えて王の日常生活を司るが、より重要なのは財務管理の仕事である。国の財務長官といってもいいが、フランスではテンプル騎士団にその仕事が任されるようになる。イングランドでは別に財務府長官という役職もあるが、財政の主導権は宮内府が握っていた。

⑤尚書長

　chancelier(シャンスリエ)/(lord high)chancellor(チャンセラー)。法律や王令の起草、発布を行うことから、家令と並んで重要な行政官であり続けた。

爵位　地方行政官から諸侯の称号へ

　中世の貴族のうち上位の者は、公とか伯とかいった称号を持つ。彼らとその一族が、狭い意味での貴族とされる。これら上級貴族の称号は世襲され、現代まで継承されていることもある。しかし、もともとは王が自由に選任・罷免できる地方役人の称号だった。
　始まりはメロヴィング朝フランク王国のときだ。地方の行政・軍事を司る役人の名称・称号として伯が用いられた。
　フランク王国の政府機能は、中央政府に相当する国王の「宮廷」と、地方行政官に相当する地方に派遣された「役人」からなる。目指すは官僚制度による中央集権体制だ。ところが地方には、やはり無視できない地元の勢力というものがあって、なかなか思い通りにはいかない。
　いくつもの支族に分かれていたフランク族は、支族を連合させることで王国を建設した。ゲルマン人共同体の結束力の強さには定評があるものの、各支族間となると話は別になってくる。それぞれに小王や長老た

ちがいて、王のいう通りにすることが得か、あるいは従うしかないということでもない限りは、サボタージュすることもある。征服したローマ人貴族勢力や、吸収した他部族となればなおさらだ。地元の有力者を伯にせざるを得ないことも多く、中央集権体制にはほど遠かった。

そうした事情から、伯は次第に官僚的な性格を失い、実質的にその地方を統治する実力者の称号となっていく。

貴族たちの称号は今日では爵位と呼ばれ、日本語では公・伯等と合わせて公爵・伯爵などとも呼ばれる。例えばドラキュラ伯、ドラキュラ伯爵だ。しかし当初あった役人としての彼らを表すときには、歴史学上は「爵」をつけないのが一般的なようだ。では、いつ頃の貴族たちから爵としてもいいかといえば、役職としての意味を失い、家格・貴族としての意味のみが残った頃からということになるだろう。

爵位の種類には次のものがある。

①公　duc/duke/Herzog

王族や実力のある近臣に与えられる。イングランドではエドワードⅢ世が長子のブラック・プリンスをコーンウォール公としたことが最初となる(1337)。今日で王子を表すプリンスは、君主並みの実力と独立性を持つ人物に与えられ、いわば「大公」といった格になる。

②辺境伯・辺境侯　marquis/marquess

国境周辺に置かれる。近隣の伯を軍事的に統率して王国の維持・拡大を担う。ドイツ語では領邦君主である侯が公と伯の中間に位置し、選帝侯などがそれに相当する。

③伯　comte/earl/Graf

イングランドではアングロ・サクソン期のeorl(エオルル)からearl(アール)の名が州長官名として用いられ、それが伯を表す。英語では、大陸の伯はcount(カウント)の名で呼ばれる。なおドイツ語のグラーフ(伯)には、Markgraf(辺境伯)、Landgraf(方伯)、Burggraf(城伯)と呼ばれる種類がある。

④副伯・子伯　vicomte/viscount

　伯の配下である役人。次第に用いられなくなる。

⑤諸侯・男爵　baron/Freiherr

　爵位の最下位。卿(ロード)と呼ばれる爵位を持たない貴族たちを含めて、諸侯階級全体を表すことに用いられる。のちに男爵という最下位の爵位ともなる。呼びかけの敬称としてロードが用いられる。なおSir(サー)は騎士階級に用いられる敬称。

カルルとピピン　カロリング朝フランク王国

　メロヴィング朝末期には宮宰の中ピピン(宮宰在位687-714)と、その息子のカルル・マルテル(宮宰在位714-741)が全フランク王国の実権を握るようになった。

　カルル・マルテルの跡を継ぎ、フランク王国の実権を握っていた小ピピン(ピピンⅢ世)は、とうとう無力なメロヴィング家の王を廃位し、自らフランク王となってしまう(在位751-768)。彼が開いた王朝をカロリング朝と呼ぶ(-987)。フランク王国はこの王朝のもとで全盛を迎えた。

　王国の絶頂期は、小ピピンの跡を継いだカルル(カール)Ⅰ世(在位768-814)の時代だった。フランス語でシャルルマーニュ(カルル大帝)と呼ばれるカルルⅠ世は、軍事遠征を重ねてヨーロッパ中世最大の王国を作り上げた。800年にはローマ・カトリック教会の保護者とされて、ローマ教皇から西ローマ皇帝の戴冠を受けた。これによって、西ヨーロッパは東ローマとはまったく別の世界として、独自の発展を遂げていくことが宣言されたといってもいい。皇帝位は後継者に受け継がれていき、やがてドイツ、オーストリアにおける神聖ローマ帝国という概念を形作る。

　しかし、王国の繁栄と発展は長くは続かなかった。カロリング朝もまたメロヴィング朝と同様の分割相続を行ったために、王国は分裂し、次第に弱体化していった。分割された王国は、東・中・西のフランク王国となり、さらに東と西になり、その後のドイツ、フランス、イタリアの基となった。

従士、馬に乗る　騎士の登場

　メロヴィング朝末期、カルル・マルテルが宮宰を務めていた時期は、ヨーロッパ人がサラセン人と呼んだイスラム勢力が、アフリカ北岸から海を越えて、現スペイン、ポルトガルのあるイベリア半島にまで進出してきた時期にあたる。さらにサラセン人はフランク王国領までもうかがい、南仏にまで進出してきた。

　これに対して、カルル率いるフランク軍は、ロワール川にまで迫ったサラセン勢力をトゥールとポワティエ間で撃破（732）。次いで南仏からサラセン人を追い、その野望を挫いた。

　トゥール・ポワティエの戦いで、イスラムの神出鬼没な騎兵戦力を目の当たりにしたカルルは、騎兵の重要性を痛感し、従士たちを騎乗戦士化することにしたとされている。それが騎士の始まりだともされる。それまでの西ヨーロッパのゲルマン人は、歩兵戦力を主体としていた。

　この逸話が正しいかはともかく、マルテル（鉄槌）と綽名されたほどに各地へ何度も遠征を行っていたカルルには、騎兵の移動能力が大きな魅力だったに違いない。諸所に散る従士たちを呼び集める時間も速くなり、集結地から戦地に到着する時間も速くなった。敵がどこそこに現れたと聞けば、逃げられる前にそこへ到着することもできる。

　騎士と馬あるいは騎乗とのかかわりが深いことは、おもなヨーロッパ言語で、馬または騎乗を語源とする語で騎士を表していることからもわかる。

・「馬」が語源の「騎士」
　chevalier（シュヴァリエ）［仏］
　cavaliere（カヴァリエール）［伊］
　caballero（カヴァレッロ）［西］

・「騎乗」が語源の「騎士」
　Ritter（リッター）［独］

増やすにしても費用がかかる　　騎兵戦力

　従士たちが馬に乗ることで騎士が誕生した。
　では馬に乗り、かつ戦うためには何が必要なのだろうか。それには次の条件が必要だ。

---
①そこに馬がいる
②馬に乗ることができ、しかも乗ったままで闘うことができる

　当たり前のことのように思える。ところがこの当たり前のことを実現するのがなかなか難しい。上の条件を言い換えるとこういうことだ。

---
①経済的に馬を保有・飼育できる(または利用できる)
②必要な知識と技能修得に十分な時間を割ける

　どっと気分が重くなるではないか。現実的にこれを満たすのはそう簡単ではない。野良仕事に追われるような生活では、①はもちろん②もとうていクリアすることはできない。どちらにしても、経済的な負担が重くのしかかってくる。

■ローマの騎士階級

　まだ財産別市民兵制度が生きていた頃のローマの騎兵をEques(複数形Equites)と呼ぶ。これもまた馬(Equus)を語源としたものだが、彼らは従士や騎士たちと違って、もともと馬を持っていられるだけのお金持ちだった。その頃は武器を自前で用意しなければならなかった。だから貴族か、一般市民のなかでも富裕層だけが騎兵となることができた。貴族以外で騎兵になれる富裕者は騎士階級として貴族に次ぐ社会的地位を得た。富裕層または身分の高い者だけが馬に乗ることができたのは、馬を持っているのが当たり前で、飼育しやすい自然環境にあった遊牧騎馬民族を除けば、どの民族も同じようなものだった。ゲルマン部族も、長老や側近の従士、有力従士に限られていた。

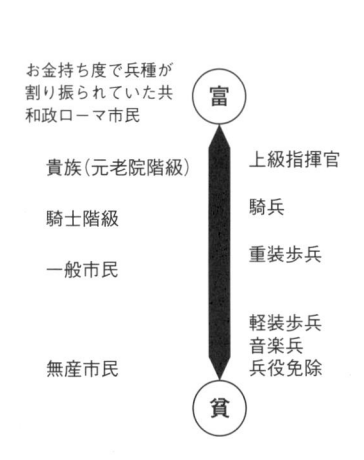

お金持ち度で兵種が割り振られていた共和政ローマ市民

富 ↕ 貧

貴族(元老院階級) ── 上級指揮官
騎士階級 ── 騎兵
一般市民 ── 重装歩兵
　　　　　　軽装歩兵
無産市民 ── 音楽兵
　　　　　　兵役免除

領地を貸すから仕えなさい　恩貸地

　従士たちの経済的な負担を除いてやるために、ゲルマンの長老たちは馬や武器などの現物を支給していた。それが次第に土地を与え、日々の生活と戦いに必要なものを、その土地を耕作したり経営したりすることで賄わせるようになっていった。

　与えられた土地は、従士として仕えていることと引き換えだったから、誠実に仕えていなければ土地を持つ権利はない。理屈としては、怠ればいつでも取り上げることができる。所有ではなく条件つきで占有させるといった感じだ。つまり自分の土地ではなく、土地を借りているようなものだ。

　土地はあくまでも特別の好意（寵愛）によって従士に預けられたものでしかない。そうして貸し与えられた土地をBENEFICIUM（ベネフィキウム［羅］）（レーエン［独］。恩貸地、恩給地）と呼んだ。ラテン語の意味は「寵遇」である。

　しかし、理屈はそうであっても現実は違う。恩貸地が従士の家産と見なされるようになるのに、そう時間はかからなかった。一度手に入れたものは簡単には手放さないし、年月が経てば伝来の家産として相続されていくことになる。

　カルル・マルテルが騎乗戦士を増やそうとした頃には、すでに恩貸地を従士に与える習慣ができあがっていた。カルルはその通りに土地を与えて、より費用のかかる騎兵を増やそうとした。しかし、たいていの土地には所有者か占有者がいる。まったくもって土地が足りない。

　思いついた案が、教会領を従士に与えることだった。ガリアには6世紀末からの伝道によって各地に教会や修道院が作られ、寄進によって領地が増えていた。王国にしてみれば遊んでいる土地だ。そこで、これらの土地を従士たちに与えることにした。引き換えに地代を教会に払うようにさせたが、それが実行されることは少なかった。カルルの息子の小ピピンの代にも教会領を収公し、騎乗戦士の数を増やしていった。

従士から家士に　家士制度

　土地を与えられるのと平行して、家の下僕といった存在だった者を含

めて、従士たちは戦闘技術で身を立てるプロの戦士としての、それなりの処遇を受けるようになっていった。仕事内容がはっきりとされてきて、従士たちはおもに軍事力の提供と限られた助言義務だけを行い、土地の耕作と経営に時間を割くようになっていく。

曖昧とした従属性から脱した彼らは、主人に仕えているものの、いわば契約関係に立った自営業者になっていったといっていい。より関係性が明快となり、そのうえでの従属または所属となった。そうなった従士たちを家士(ヴァザル[独])と呼び、主従関係を家士制(ヴァザリテート[独])と呼んでいる。この家士が騎士と呼ばれるようになる。

家士は忠誠と奉仕の見返りに、例えば誰かが彼の権利を侵害したならばそれを回復する支援を受けるといった、主人からの保護を受けた。経済的には金銭をもらう場合もあったが、多くは恩貸地を与えられて自活した。恩貸地を与え、与えられる制度を恩貸地制(レーエン制)と呼ぶ。これと家士制がセットとなった主従関係が、封建制度と呼ばれる統治秩序の土台となっていった。

封建制度の進展によって、王や諸侯に臣従したとしても独立志向の強い地方勢力が土地支配を続けられるようになり、より臣従しやすくなった。封建制度の統治システムは家士制と恩貸地制によって作られているが、主従関係において、家士制よりも恩貸地制がより大きな意味を持つほど封建化の度合いが大きい。

主従関係を語源とした「騎士」の語が英語のknight(ナイト)だ。大陸での騎士を表す語が馬を語源としているのに対し、この語はアングロ・サクソン語で「扈従」または「下僕」を意味するcniht(クニト)を語源としている。イングランド(現イギリス)に騎士が登場するのは、11世紀頃に大陸から馬上戦闘と家士制が持ち込まれて以降のことになる。その頃のイングランドは、まだゲルマン人の一派であるアングロ・サクソン社会で、騎乗したままでの戦闘もほとんど行われていなかった。だから馬に乗ることはさほど重要なことではなく、従士同様の主従関係から騎士を理解したと思われる。なお、英語の「騎兵」には、馬から派生したフランス語が借用されてcavalry(キャヴァルリィ)が用いられている。

■家士制と恩貸地制の結合

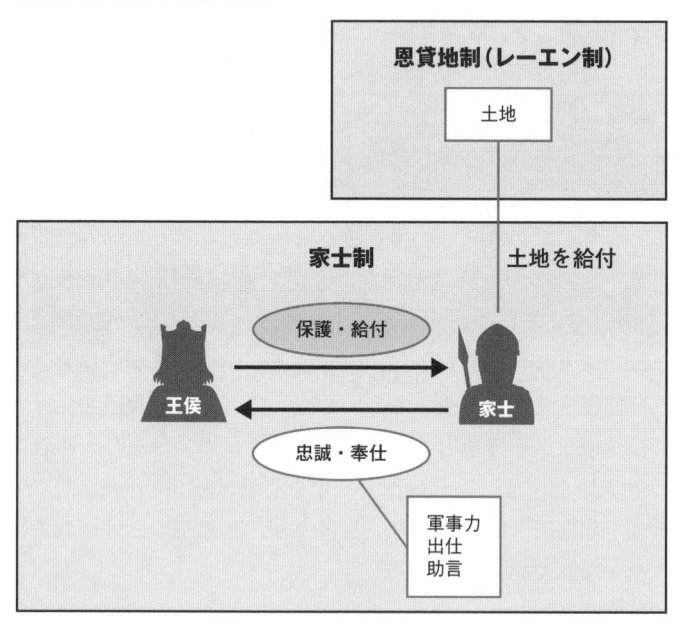

恩貸地制（レーエン制）
土地

家士制
王侯 ─ 保護・給付 → 家士
王侯 ← 忠誠・奉仕 ─ 家士
土地を給付
軍事力
出仕
助言

中世の臣従制度　頼りとする有力者に従う

　他者から受ける権利侵害を防ぐ手立てがないとき、またあったとしても公の制度としてほとんど有効とならない場合、往々にして見られるのが、公の機構に代わっての私的な保護と被保護の関係だ。つまり、社会的に実力上位にある者が、個人と個人の関係において下位の者を保護する。

　従士制度から騎士制度へと受け継がれた事柄のうち、最も重要なものは人的紐帯の関係である。軍事上の結びつきだった従士制度は、やがてより広範囲な分野に影響を与える家臣制度となる。その結果「扈従」は「臣従」に、「給養」は「保護」に、「托身」は「奉仕」へと変わるが、関係を形作るもとは個人間の「誓約」であり、「誠実」にそれを果たすという人的紐帯だった。

　人的紐帯は長老と従士間、主君と家臣間だけにあったわけではない。中世社会全般に渡るキーワードだ。

　人的紐帯とは、特定個人と特定個人の関係において事が行われることをいう。例えばAさんはXさんの身を守ってくれるが、Yさんについて

はほったらかしだ。Yさんを守ってくれるのはBさんである。私たちの時代では「公共の安全」とか「国の義務」といった、抽象的ではあるが普遍的な概念によって、国や警察などがXさんもYさんも、誰彼なく安全の維持に努めてくれる。しかし中世では、具体的ではあるが個別的な人的関係においてしか行われなかった。

中世でも国王は、王国の人々の安全を守った。ただしそれは「国王の平和」を維持するためだ。この国王とは、特定個人のCさんにほかならない。治安を乱すものは「公共の安全」や「国家の安全」を侵害したからではなく、国王のCさんがもたらす「国王(Cさん)の平和」を侵害したからだ。Cさんが没してDさんが国王になれば、すべては一旦リセットされて、また改めて「国王(Dさん)の平和」がもたらされる。しかし行政機能が十分でなかった頃には個別の安全と権利侵害にまで手が届くはずもなく、私的な保護・被保護関係がそれを補うことになった。

王と領主の危うい関係　封建制度

「封建」とは「王または天子が、彼に従属する者に封(領地のこと)を与えることで、彼に代わってそこを自立的に統治する人物または国内従属邦(諸侯と呼ぶ)を建てる」ことを意味する。中国の西周時代(前1050?-前771)に全国を統治する仕組みとして行われたことがあり、そのことを記した中国の古い書物から取って、同様の統治制度を表す言葉として用いるようになった。

封建制度は国を統治し、国の政治・社会秩序を作り上げる仕組みのひとつだ。全国の支配者である王が国全体にかかわる統治を行い、領地を与えられた地方支配者が自分の領地について統治を任される。図にすると、次ページ上図のようにして統治される。

王は外交・軍事・裁判を行うほか、全国的な規模の法律や政策を布令し、諸侯らに実行させる。通貨の鋳造も王が行う。これらを王権と呼ぶ。王はまた、一領主として直轄領(王領)を持っており、そこの局地的な統治は役人である代官を派遣して行う。

諸侯は自分の領地の治安を維持し(警察権)、裁判権を持つ。よほどの

■あるべき封建制の姿

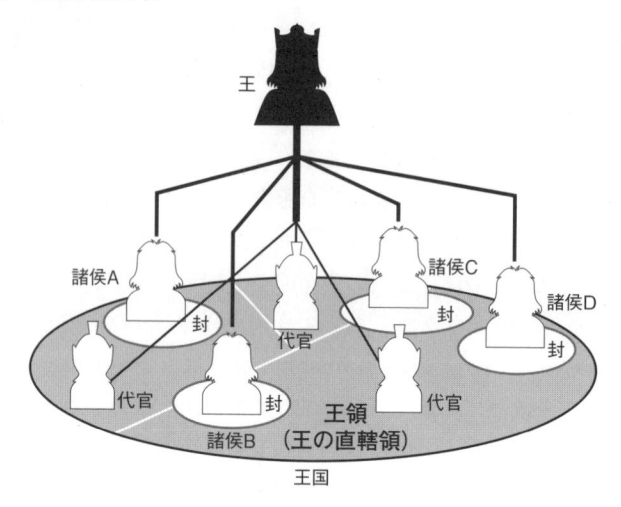

ことがない限り、領地内の政策に王から突っ込みが入ることはない。王からの軍事動員令があった場合には、自分の臣下や領民を招集して応じなければならない。

　国の一部について、極端に地方分権が進められた状態といってもいい。さらに諸侯は家臣と同様の関係を結び、封臣関係が枝木を逆さにしたようにして広がっていく。

　特徴的なのは、臣従という本来は個人的な関係が、国全体の秩序維持に利用されていることだ。ヨーロッパではメロヴィング朝後期からあった家士制と恩貸地制が土台となり、カロリング朝になって封建制度としての成立を見た。

■王と領主の関係

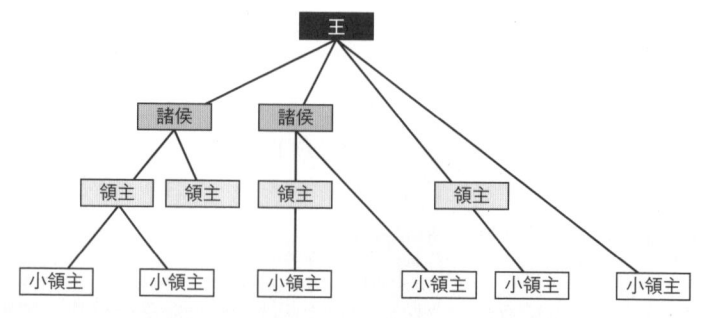

統治の完成と維持において、封建制度を行うことのメリットには次のものがある。

①全国統治がしやすい
諸侯の領地については、統治を丸投げできるので手間がかからない。軍事力などの必要なものを必要なときに手に入れられるだけとなる。
②全国統一がしやすい
領地内の支配力が地方有力者にそのまま残されるため、武力で屈服させるのに苦労しそうな相手でも従属させやすい。

しかしこれらのメリットは、デメリットと表裏一体のものだ。

①地方統治の丸投げは諸侯に独立自尊の気風をもたらす。
②不承不承の臣従をした諸侯は以前通りの実力を持ったまま。

そのため、封建制度はやがて次の図のような状態になる宿命を持っている。

■なりがちな封建制の姿

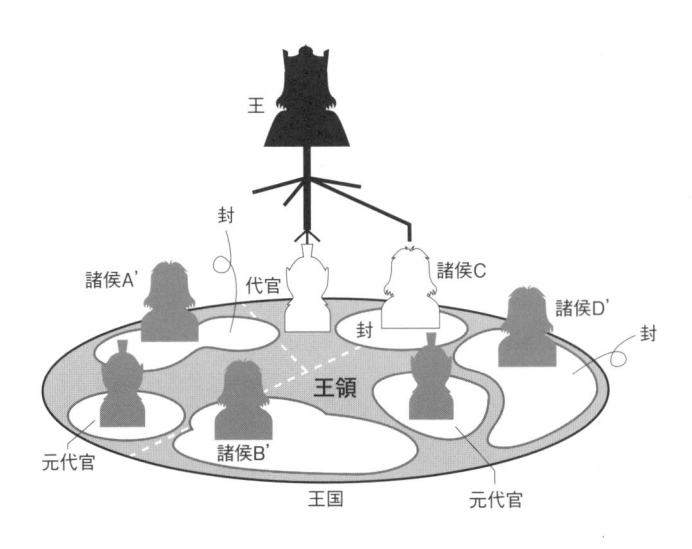

諸侯たちは王との臣従関係をできるだけ希薄にしようとし、やがては封建関係を断ち切ったと同然の者も現れてくる。彼らは王権を侵害し、王領を浸食していく。代官たちのなかにも、現地支配力を強めて諸侯として独立する者も現れる。王の力はどんどんと小さくなり、小さくなればなるほど諸侯は図に乗り、ついには領地が封であることも忘れてしまって、独立国同然となってしまう。そうなっては、最早王のいうことをなかなか聞きはしない。逆に王は王で、裁判権など諸侯たちの権能を王のものとし、できるだけ多くのものを諸侯たちから吸い上げようとするので、お互い様の状態のまま秩序が乱れ、統治制度としての機能が失われていく。

　これを脱し、あるべき封建制度の状態にするためには、王が強くなるか諸侯が弱くなればいい。しかしそのために、王たちは絶え間ない努力を続けなければならなかった。

中世は身分社会　封建制度は社会も秩序立てる

　封建制度下では、支配層のみならず民衆までもが序列をつけて秩序立てられる。日本でいうなら江戸時代の士農工商だ。身分社会にあっては身分間の移動が限られてくる。ヨーロッパでの身分関係の移り変わりを封建時代以前からたどってみると次の図のようになり、騎士は「貴い」を手にするようになる。

■身分関係の移り変わり

すべて同格の共同体員

リーダー

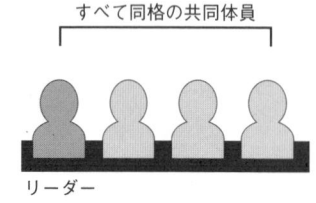

❶原初の社会
人々が集落のような共同体を作り始めた頃には、身分というものがなかったと思われる。狩りで指導的役割を担うようなリーダーはいただろうが、人格や技能に対する敬意が払われることはあっても、すべての共同体員と同格だったはずだ。

❷部族社会

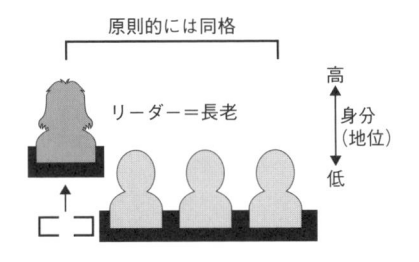

文明が進み、部族社会が営まれるようになっても、原則的に身分は発生しない。ただリーダーは長老とされて、共同体の指導者としての地位が確立していく。生産力が向上して富が蓄積されるようになると、役割に応じて長老が多くの富を蓄えるようになり、ほかの共同体員よりも高い社会的地位が認められるようになる。

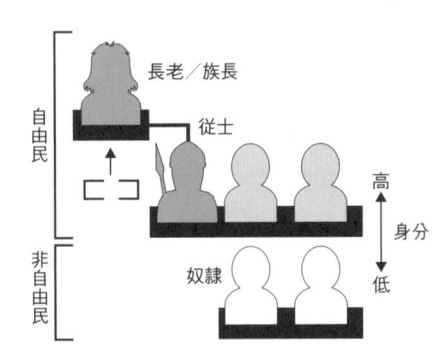

❸ゲルマン社会1

戦争がよく行われるようになると、捕虜が奴隷とされ、共同体の一員である自由民と、その外にいる非自由民の2大身分が形成される。長老たちの重要性はますます高まり、従士となって支える一般共同体員も現れる。そうした実力を背景に、誇り高き身分を意識し始めた長老たちのなかには、家系を神話と結びつけ、神聖さを強調する者も出る。

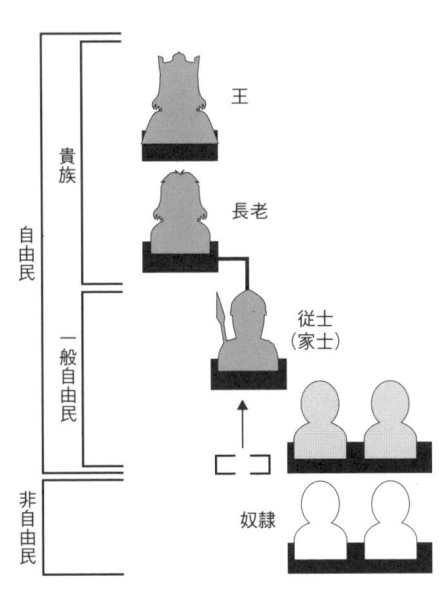

❹ゲルマン社会2

人口増加や合併により共同体の拡大が行われると、長老・族長級の人物のなかから、第一人者を選出して王とするようになる。この王は、軍隊を率いるだけの実力があることが必要で、それが彼の持つ権限の根拠となる(軍隊王権)。一方で、家系に根ざした神聖さを根拠とする者もあり(神聖王権)、王国の安定が望まれるようになると、内乱を避ける意味もあって、王統の連続が重視されていく。この頃になると、王と長老の力は一般自由民とは桁違いのものとなっており、独占的で固定的な身分としての貴族となっている。彼らの貴族化は従う従士(家士)たちの立場も上昇させ、一般自由民よりも上の身分とされるようになっていく。

❺封建社会

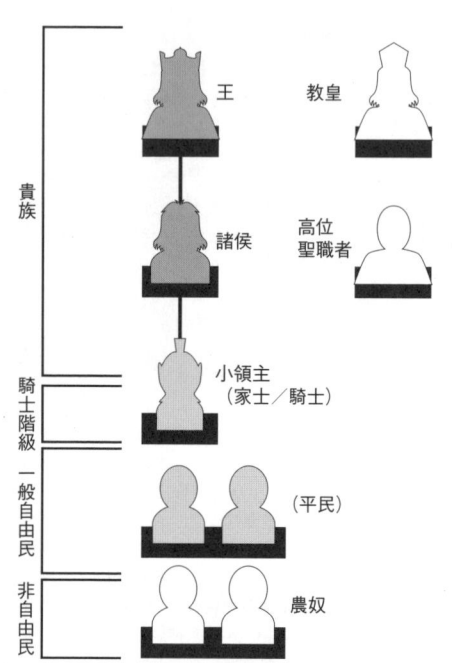

王は、封建関係を結んで封臣とした長老級の人物や有力家士(騎士)を諸侯に建てるようになる。諸侯たちも封臣を持ち、支配階層の末端に位置する騎士階級ができあがる。騎士階級の一部は貴族の末端と考えられもしたが、多くは一般自由民の上位の階層にとどまる。封建時代にはキリスト教が広まっていたため、聖職者たちも貴族とされる。それ以外の者は、自由民である平民と、非自由民である農奴とに分けられる。農奴とは土地に縛りつけられ、領主の土地を耕作する奴隷の一種をいう。平民と農奴は法的にはっきりと差別されていたが、領主たちが一般自由民を収奪していったために、経済的立場や領主への従属性の境界が曖昧となっていく。

貴族：王／諸侯／高位聖職者
騎士階級：小領主(家士／騎士)
一般自由民：(平民)
非自由民：農奴

文学作品中の騎士団　騎士道

　今までは、社会のなかでの騎士の役割や立場を見てきた。では、騎士の内面世界はどうなっていたのだろう。手がかりは文学のなかにある。

　中世盛期の初め頃、騎士の社会的な輪郭がはっきりとしてきた頃の文学は、英雄叙事詩や武勲詩だ。その代表例が、武勲詩『ローランの歌』だろう。この作品は、吟遊楽人によって歌われてきた歌謡がもととなって、11世紀後半にフランスで成立したとされている。最古の中世叙事詩ともされ、ドイツで12世紀末頃に成立した英雄叙事詩『ニーベルンゲンの歌』と並んで、中世叙事詩の傑作中の傑作とされている。

　『ローランの歌』は、シャルルマーニュが行ったヒスパニア(現スペイン)遠征の最初の年(778)に起こった出来事を題材としている。この年、ピレネー山脈を越えたシャルルマーニュは、勢力拡大のためにエブロ川沿いのサラゴッサまで遠征し、一応の成果を得て引き上げようとした。ところがその帰り道、長い行列となって峠道をいく軍の後衛部隊が襲撃

された。襲撃した者たちが誰かははっきりとしないが、地元のバスク人だったのではないかとされている。このロンスボー［仏］（ロンセスパリエス［西］）の近くで行われた襲撃は、今日でいえばゲリラ戦に相当する。襲撃者たちは森林から突然に現れて後衛部隊と輜重隊（輸送隊）を襲い、物資を略奪すると援軍がくる前にさっさと引き上げてしまった。

『ローランの歌』は、この史実をもとにしているものの、大きく創作された内容となっている。バスク人ゲリラはイスラム教徒の正規軍として語られ、また登場人物も架空であったり、シャルルマーニュの時代よりものちの人々だったりする。シャルルマーニュの時代には、すでにイスラム勢力がイベリア半島を支配してはいたが、作品にある十字軍の装いは11世紀後半当時の十字軍運動熱が色濃く反映されている。作品の雰囲気もまた、11世紀における戦士階層の心情を素直に反映していると思われる。

『ローランの歌』の主人公は武将のローランだ。作品は、このローランと義父ガヌロンとの不仲、そしてガヌロンのシャルルマーニュとフランク諸侯に対する裏切り行為によって、人間ドラマとしてのストーリー性が加えられている。粗筋は次のようなものだ。

フランス（フランク王国）の王、そして西ローマの皇帝にして教会の守護者シャルルマーニュは、キリストの旗の下、スペインの異教徒を屈服させるべく軍を進めた。王に率いられたフランスの騎士たちは次々と都市を降し、城塞を落としていった。いよいよ追い詰められた異教徒の王マルシルは、シャルルマーニュへと降伏の使者を送り、臣従と改宗を申し出た。この申し出に対して開かれた軍議の席では、申し出が策謀であるか、それとも真の降伏・帰順であるかが論じられた。

策謀と見なしたのはローランだ。彼は、かつて同様の申し出に対して送った返答の使者が騙し討ちに遭ったことをあげて、戦争の続行を主張した。一方で義父のガヌロンは、せっかくの申し出を拒むのは、ただ戦いを求めるだけのことだと真っ向から反論した。衆議はガヌロンの主張をもっともだとし、次に謀略であれば殺されるに違いない使者の人選に入る。まずローランが立候補する。ただの好戦家と名指しするようなガ

ヌロンの物言いに反発したものか。それだけではあるまい。ローランは勇猛さこそが武将の最大の価値だと考えていた。立候補は、彼の無二の親友オリヴィエが、ローランの気性の荒さを懸念して異議を申し立てたことで認められなかった。するとローランはガヌロンの名をあげた。ガヌロンは、降伏を謀略だと考えるローランが、謀略であればみすみす殺されにいく使者に自分を推薦したことに怒り出した。だがローランは思慮深さを買っての推薦だという。結局使者はガヌロンに決まり、ガヌロンはローランに対する憤怒と報復の決意を抱いてマルシルの居城へと向かう。その思いの強さと、裏切りの報酬である財宝の魅力から、ガヌロンは降伏の偽装を手伝うばかりか、撤収するフランス軍の襲撃を進言する。危険な殿軍を務めるのはローランに違いなかった。

　撤退するフランク軍の殿軍は、やはりローランが務めていた。イスラム軍はその殿軍に襲いかかった。シャルルマーニュは、もし襲撃を受けたなら角笛を鳴らすように下知しており、角笛の音が聞こえればただちに救出に駆けつけるとしていた。ところがローランは角笛を吹こうとしない。戦いで他人の助力を求めるのが嫌で仕方がなかったのだ。まさに武勇のみを尊ぶ蛮勇の騎士だ。戦いは激烈を極め、名立たる武将や騎士が奮戦するも、多勢に無勢、次々と討ち取られていく。ローラン自身もぼろぼろだ。それでも救援を求めようとしない。親友オリヴィエの忠告も無視だ。しかしいよいよ最後の最後になって、愚かだったと認めて角笛を吹いた。駆けつけた救援軍にイスラム軍は追い払われた。

　合理的な精神からは、ローランの救援拒否はまったく愚かで救いようがない。しかし中世にいた多くの騎士は、彼とさほど変わらない精神性を持っていたに違いない。実際に彼のように振る舞うかはともかくとして、ローランの取った行動と、騎士としての自尊と道徳感には共感できたに違いない。

　この本では、現代的な合理精神をおもな拠り所として中世と騎士団を眺めているが、それだけでは当時のことや騎士たちを理解したことにはとうていならない。不合理な精神もまた尊重されるべきであることを忘れてはならない。

　なお『ローランの歌』などシャルルマーニュ関連文学に登場してくる大帝配下の主要な武将や騎士たちをパラディンと呼んでいる。宮廷に集

う騎士衆という意味だ。宮廷に集う騎士たち、ただの騎士ではなく帝国の統治に大きな役割を持つ貴顕の衆を「十二人衆」ことダズピアーズとするとらえ方があり、パラディンはそれが文学中に反映されたものだ。実際の「十二人衆」は諸侯・司教クラスの人物となる。

　アーサー王の円卓の騎士団もまた「十二人衆」の考え方が反映されたものといえるが、こちらはモデルとされる歴史的背景がありはするが、より架空の作品中の騎士グループとなっている。アーサー伝承や関連文学はケルトに伝わる伝承がもとになっているとされており、別個の伝承・作品群と、それぞれ無関連だった登場人物が、年月を経てひとつの文学世界を共有するようになっていった。よく知られている作品には、12世紀前半のジェフリー・オブ・モンマスによる『ブリテン列王史』や、円卓について初めて触れたウェイスの『ブリュ物語』がある。それまで叙事詩や英雄の逸話にとどまっていた騎士物語を、個人の葛藤や成長という領域にまで広げたのが、12世紀中頃から活躍したクレチャン・ド・トロワだとされ、『ランスロットまたは荷車の騎士』『パーシヴァルまたは聖杯の物語』などがよく知られている。一方で、騎士を扱った作品は『ローランの歌』にあったような単純さと力強さを失っていき、より内面的で複雑な心理を扱うようになっていった。宮廷文化が盛んになっていくにつれて、貴婦人への奉仕や恋愛がやたらと強調されたものも登場し、本書のように騎士や騎士団を歴史的な戦士・家臣集団として見る場合や、英雄豪傑の物語を期待する場合などは、イメージの落差を感じるに違いない。しかし貴婦人への崇拝もまた騎士文化の一面だ。ただし、ここでいう貴婦人とは身分の高い女性のことで、女性一般のことではない。決して女性崇拝ではないのでご注意いただきたい。宮廷で貴婦人と優雅な社交をしている騎士が、妻に対しては暴力を振るっていたということもあり得たのである。

　なお、アーサー王伝説を集大成したのが、15世紀のトマス・マロリーによる『アーサー王の死』だ。文庫版で和訳が出版されているので、円卓の騎士団に特別な関心がある方は一度読んでみるのもいいだろう。

第2章
ノルマン騎士団

騎士の国といわれるイングランド。
そこに騎士が登場するのは
大陸よりも遅く11世紀中頃のこと。
ノルマン騎士に征服され
新たな王朝が建てられてからのことになる。
当時最も騎士らしい騎士がノルマン騎士団だった。

イングランドを巡る情勢

持ち込まれた騎士戦術と封建制

　1066年9月28日、イングランド南岸にあるペヴェンシーの海岸は時ならぬ軍勢でひどい混雑を見せていた。

　海上には300人から40人乗りの大小の船が所狭しと並び、万にも上る兵士たちが続々と上陸してくる。かねてからイングランド王位を要求し、フランス西岸からの侵攻が確実視されていたフランスのノルマンディー公ギヨーム（1027〈28〉-1087）とその軍勢の上陸であった。ギヨームは、イングランドを征服したのち英名のウィリアムⅠ世（在位1066-1087）の名で王位に就くことになる。

　上陸したノルマン人たちは大量の馬を連れてきており、兵の一部は、鉄の小環をつなげて作り上げた鎧を早々に着込むと、独特の形をした盾と槍を携えてどこへともなく馬を走らせていった。彼らこそがイングランドの地に現れた最初の騎士軍団だった。その数は2,000とも4,000ともいわれている。

■遠征の海上ルート

アングロ・サクソン人社会であるイングランドにも騎乗の戦士がいることにはいた。だが彼らは専ら移動のために騎馬を用い、戦場に着くと馬を下りて歩兵として戦うのが常だった。
　一方で騎士は歩行して戦うことはもちろん、馬に跨ったまま戦う能力を持っていた。会戦場の混乱のなかで馬を操ることができ、なかでも敵陣に向かって騎馬をけしかける騎馬突撃は、一挙に敵陣を崩壊させる威力を持っていた。こうした用途に用いられる騎兵を重騎兵と呼び、騎士とは重騎兵としての訓練を積んだ騎馬戦士のことをいう。
　ギヨームが連れてきた騎士たちの多くは、所領および保護と引き換えに、ギヨームに軍役を提供することを約束した彼の封建家臣たちだった。あるいは誘われて応じた大陸の近隣諸侯とその封臣である。なかには戦いと報償目当てに西ヨーロッパから集まった騎士もいた。遠くはイタリアから馳せ参じた騎士もいたという。
　この年、1066年に上陸したギヨームとその封建騎士団は、騎士と騎士戦術をイングランドに持ち込むと同時にイングランドの封建化を推し進めた。そして著名な騎士の国のひとつを誕生させたのである。

　ノルマン人とは「北方人」の意で、北欧スカンディナヴィアからフランスにやってきた人々のことを指す。ヴァイキングとして襲来し、時のフランス王からセーヌ川河口部を与えられて定住した。ノルマンディーとはノルマン人の住む土地という意味がある。

王位継承問題　ハロルドの場合

　1066年は、1個の彗星が地球近傍を通過した年としてよく知られている。彗星本体となる核の半径はおよそ2.5km。氷の塊から噴出されるガスは、太陽に近づくにつれて長い尾を引き始め、その姿は地球からもはっきりと見て取れるようになる。76年ごとに訪れる天の旅人、この星の名をハレー彗星という。
　まだ彗星が1個の天体運動であることが解き明かされていなかった時代、人々は突然に現れたこの星を、これから起こる大事の前兆ととらえた。なかでも大きな不安を抱えていた人々には、禍々しい凶星と映った。彼らは夜空を眺めては恐れおののいた。

1066年。イングランド国王となったばかりのハロルドⅡ世（在位1066.1-1066.10）ことハロルド・ゴドウィンソン（1022頃-1066）も、まさにそうした人物のひとりだった。

　ハロルドは、ウェセックスのアール（地方管区長官）だったサクソン貴族ゴドウィン（?-1053）の子で、血統のうえでは先代のエドワード証誓王（在位1042-1066）と血のつながりがない。証誓王は嫡子なく没し、王統のなかにも国王にふさわしい適当な人物がいなかったことから、イングランドの賢人（長老）会議によって国王に選ばれ、ハロルドⅡ世として即位したばかりだった。

　王位の継承者がはっきりとしないまま先王が没した場合、そこで起こりがちなのが継承候補者たちによる血で血を洗う抗争である。ハロルドの置かれた状況もまた例外ではなかった。しかし、多くの継承者争いでは血縁者同士が争いを繰り広げ、たいていは血統上近い距離にあった

■三つ巴な人々＋1

①ノルマンディー公ギヨーム
フランス大諸侯中、フランス王とも争い敗北させた実力者のひとり。エドワード証誓王の母エンマはギヨームの伯母にあたり、証誓王とは従兄弟同士。血のつながりはあるものの、女系によるもので王統とは無関係。しかし、証誓王が王位を譲ることを約束したという理由で王位継承を主張。しかもハロルド現王は、かつて先王の使いでやってきたときにギヨームに臣従を誓っていたので、当然、即位は許しがたい。ヴァイキングの首長を先祖に持ち、その血が脈々と流れる。軍事指揮官としての才はよく知られるところだ。折しも王をはじめとするフランスのライバルが次々と没し、イングランド侵攻への好機が到来していた。イングランドはノルマンディーのつい鼻の先にある。

②ノルウェー王ハーラルⅢ世
現役ヴァイキング。若い頃からロシア、ビザンティンを巡り、傭兵隊長として働いたバリバリの武闘派。甥の跡を継承してノルウェー王（在位1047-1066）となってからはデンマークを制圧し、証誓王以前にイングランド王だったデンマーク王たちの後継者を自認。ついた綽名は「激烈な支配者」という意味のハルドラーダ。ヴァイキングたちを率いて北方より迫る。生没年1016-1066。

③亡命サクソン貴族トスティイ
何を隠そうハロルドの実弟。兄にも劣らぬ才能を持つとされたが、何かと周囲と諍いを起こし、ハロルドとも仲が悪かった。証誓王からノーサンブリアのアールに任命されたものの、苛政を敷いたために反乱を招く。このとき、ハロルドは弟を助けようとせず、トスティイは国外追放の憂き目に遭う。かつての対ウェールズ戦では戦いの一翼を担い、兄の声望を高める一助となったことから、兄を恨むこと人一倍であった。彼の場合は王位を要求したのではなく復権を目指したのだが、ハロルドを倒すという点では同じ。妻の実家で亡命先でもある大陸のフランドル伯の支援を受けてイングランド南部を荒らし回り、その後②のハーラルⅢ世のヴァイキング軍に合流する。生没年?-1066。

強 ——（生き残れば次に対決）—— 暴
　＼　　　　　　　　　　　　／
王冠寄こせ　　　　　　　　同盟
　　＼　　王冠寄こせ　　／
　　　　→　窮　←
　　　　　　　　復権させろ　憎

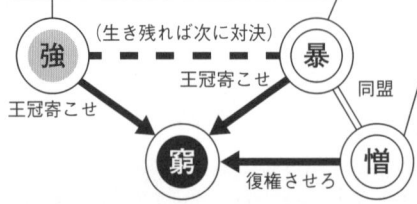

イングランド王ハロルドⅡ世
（ハロルド・ゴドウィンソン）

り、1対1であったりするので、当事者の言い分もわかりやすい。ところがハロルドの場合は極めて複雑としかいいようがなく、50年以上も前に遡って人間関係を整理してこなければわからない。その点で特殊な例となっている。詳しいことは次項以降で追々説明するとして、左ページ下図の3者がハロルドの立場を危ういものとしていた。

　攻めるは複数、守るはひとり、ハロルドは王位に就く早々、別々に攻めてくる複数の敵を同時に相手にしなければならなかった。
　実弟のトスティイはさておき、ふたりの王位要求者はいずれも大敵である。だがハロルドとて王統に人物がないという理由だけで国王に選ばれたわけではない。父ゴドウィン以来培ってきたアングロ・サクソン人随一の実力を持っていた。

ブリテン島　西ゲルマン人と北ゲルマン人の国

　ハロルドの父ゴドウィンは、一介のセイン身分からイングランド随一の有力貴族に成り上がった人物として知られている。
　セインというのはアングロ・サクソン人の制度に基づく戦士貴族のことで、首長や大貴族といった大土地所有者の従士をいう。もともとは普通の部族民だったが、専従・専属の軍事エリートとなることで相応の敬意と待遇を得るようになった。主人からは小さな土地を分け与えられ、いわば零細貴族・小貴族的な社会階層といったところだが、首長などのそば近くに仕えたことから、器量次第では思わぬ出世を遂げることもあった。分けてもゴドウィンは異例の出世を遂げた人物である。
　しかしサクソン人である彼が出世の階段を大きく歩み出したのは、外国人であるデーン人のイングランド王クヌート（カヌート）Ⅱ世（在位1016-1035）に仕えてからのことだ。デーン人とはデンマーク人のことで、789年以来、休止期を挟みながらもイングランドを襲撃し、侵入を繰り返してきたヴァイキングの一派をいう。
　侵攻を受けたアングロ・サクソン人たちも、もとを正せば外来者である。大陸にいたアングル族とザクセン（サクソン）族というゲルマン人の一派で、5世紀中頃から一部が足並みを揃えるようにして侵入し、11世紀にはすっかりとイングランドに土着していた。デーン人もまた同じゲ

■ブリテン島の歴史

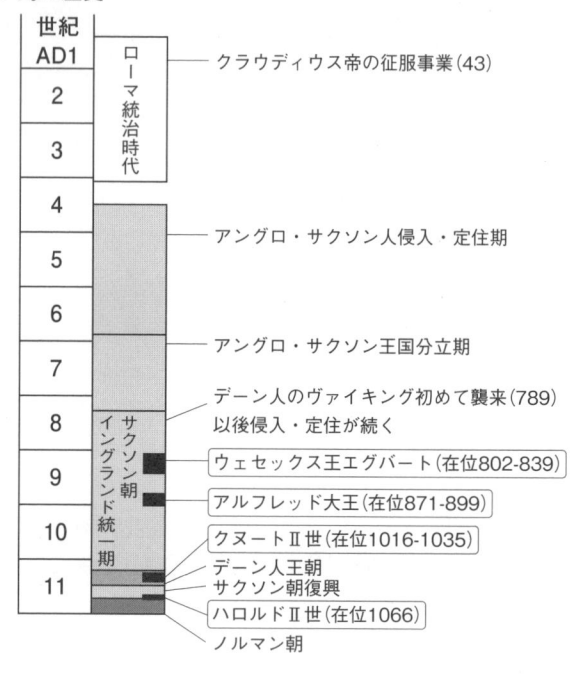

世紀		
AD1	ローマ統治時代	クラウディウス帝の征服事業(43)
2		
3		
4		アングロ・サクソン人侵入・定住期
5		
6		
7		アングロ・サクソン王国分立期
8	サクソン朝イングランド統一期	デーン人のヴァイキング初めて襲来(789) 以後侵入・定住が続く
9		ウェセックス王エグバート(在位802-839)
10		アルフレッド大王(在位871-899)
		クヌートⅡ世(在位1016-1035)
11		デーン人王朝 / サクソン朝復興
		ハロルドⅡ世(在位1066)
		ノルマン朝

ルマン人だが、アングロ・サクソン人は西ゲルマン人、デーン人は北ゲルマン人という違いがある。

　イングランドのあるブリテン島は、異なる外来者が入れ替わり立ち替わりやってきては、そのたびに先住者を追いやるか同化するという歴史をたどってきた。アングロ・サクソン人の前にはローマ人がやってきて属州ブリタンニアとしたし、ローマ人がやってくる前にはケルト人、ケルト人の前にはビーカー人がやってきた。それより古いとなると最早わかりようもないが、ブリテン島は大陸とは目と鼻の距離にある。それより西は広大な大西洋である。古来、漂泊する大陸人の行き着く先がブリテン島だったともいえる。

　さまざまな人種・民族が移住してきたなかで、イングランドという国の基礎となったのが、アングロ・サクソン人と彼らの文化・社会だった。現代でもイギリス人の民族的・文化的特質を言い表そうとするときには、良い意味でも悪い意味でもアングロ・サクソン人という語がしばしば用いられる。

　大陸から渡ってきた彼らはいくつもの小王国に分かれて暮らしていた

が、次第にブリテン島をアングロ・サクソン化し、小王国もやがては統合化へと向かっていった。デーン人たちの襲来はそうしたアングロ・サクソン社会に大混乱をもたらし、分立する小王国を衰退させた。しかしかえってそのおかげで統一がしやすくなったという面もある。何よりも猛烈なデーン人の襲撃に対抗し得る結束と、その支柱ともなるべき強力な王の必要性をアングロ・サクソン人たちに知らしめることとなった。そしてデーン人に頑強に抵抗し続けたイングランド南部のサクソン系ウェセックス王家の手で最終的な統一が果たされる。高名なアルフレッド大王（848頃-899〈在位871-899〉）も、デーン人と抗争を繰り広げたウェセックス王のひとりである。

　そうしてイングランドはひとつの王国となったわけだが、それはまがりなりにもというべきもので、完全にデーン人の脅威から脱せられるものではなかった。

①エセルレッドⅡ世時代

　かつて襲来してきたデーン人たちは、イングランド北部・東部のいわゆるデーンロウ地帯に定住し、潜在的な脅威としては変わらずにあり続けたものの、国内問題としての落ち着きを見せつつあった。ところが、エドワード証誓王の父王であるエセルレッドⅡ世（968頃-1016〈在位978-1016〉）の代になると、海外からまた新たなヴァイキング軍がひっきりなしに襲来してきた。エセルレッドはヒステリックにデーン人の虐殺で対抗しようとするが、そのことがさらなる襲来、デンマーク国王スヴェンⅠ世（在位986-1014）の到来を招くことになった。これまで戦ってきたヴァイキングは、強敵ではあっても一山当てようと海を渡ってきた冒険者集団に過ぎなかった。今度は、ヴァイキング傭兵が軍勢の中心だったとはいえ、首長ではなく国王に率いられた一国の軍隊である。

　対するエセルレッドⅡ世は小心な凡人、役立たずともいえる人物で、有効な対策を立てることができなかった。イングランド人のなかには激烈な抵抗をして果てる者も少なくなかったが、肝心の国王はといえば、兵士たちに戦う準備と覚悟を求めておきながら、自身は病気などと理由をつけては備えができていないと出撃を渋り、あげくは戦う前に逃亡することたびたびであったという。

　ついた綽名はthe Unready（アンレディー）。「覚悟なし王」あるいは

■ブリテン島とデーンロウ地帯

スコットランド
エディンバラ
ノーサンブリア
デーンロウ地帯
ヨーク
マーシア
ウェールズ
イースト・アングリア
イングランド
ロンドン
ウェセックス

「備えなし王」といったところだろうか(「無思慮王」「無分別王」などと和訳されている)。せいぜい平和金をお支払いしてお引き取り願うのが関の山だった。この平和金は地租として全国から徴収され、「デーン人への支払い資金」といった意味を込めてデーンゲルドと呼ばれた。

たびたびの平和金支払いにもかかわらず侵攻が止むことはなく、というよりも逆に誘い込むことにもなり、ヴァイキング軍はイングランド各地を荒らし回った。疲弊したイングランド人の一部は、とうとうスヴェンⅠ世を自分たちの王と認め、エセルレッド王は妻エンマの実家である大陸のノルマンディー公のもとへと逃げ出してしまった。1013年末頃の話だ。

翌年、運よくスヴェンⅠ世が没するとエセルレッドはイングランド人たちに呼び戻された。が、運悪く1016年には病没する。

②エドマンドⅡ世時代
　王位はエドワード証誓王の異母兄にあたる長子エドマンドⅡ世（在位1016）が継承した。彼は頼りにならない父王から王位を簒奪しようとしたこともある人物で、つけられた綽名がthe Ironside（アイアンサイド）。「豪の者」「がんばり屋さん」といった意味がある（「剛勇王」などと和訳されている）。父王とはまったく正反対の綽名の通り、デーン軍とはよく戦い、一進一退のほぼ互角に渡り合った。しかし追い払うことなどはとうていできず、スヴェンⅠ世の征服事業を引き継いでいた息子のクヌートⅡ世と王国を二分する妥協が成立する。いつか追い出してやるとの覚悟並々ならぬものがあったと推察されるが、図らずも在位1年足らずにしてエドマンドⅡ世は没した。
　こうして全イングランドがデーン人クヌートⅡ世の掌中に帰し、彼がイングランド国王となったのである。

③デーン人王クヌートⅡ世時代
　クヌートⅡ世は、のちにデンマーク国王とノルウェー国王にもなり、北海を内海とした北海帝国の支配者となって大王と冠されるまでになる。
　情け容赦のない侵略者も、イングランド国王となってからはアングロ・サクソン人とデーン人を同等に扱い、従来からイングランドにあった社会と制度を活かした、良い統治を行ったとされている。侵略と統治、収奪と収穫の違いがそこにはある。
　彼はイングランド統治にあたって全国を4つのアールダム（アール管区）に分けた。この地方管区の統治を任されたのがアールと呼ばれる長官たちだった。
　アールダムとアールは伯領、伯と和訳されるが、のちの封建諸侯たちの所領や爵位とは意味合いが異なる。アングロ・サクソン時代のイングランドは、封建化の兆しが見られるものの、まだ封建時代には入っていなかった。フランク王国のグラーフと同じく、中央政府が地方を統治するための官僚制度のひとつだと考えればいい。もっとも官僚制度と呼べるほどに立派な制度・組織があったわけではなく、長官に任命された者

は、封建諸侯同様に王を凌ぐ力を振るうことになる。

　アールが置かれる以前にも、同様の権能を持つエアルドルマンと呼ばれる地方貴族がいたが、彼らは古くからの点在する小首長たちで、アールほど広大な土地を治めていたわけではない。やがて彼らはアールたちの傘下に組み込まれていく。

　アールダムは時期によって増減され、数と領域が異なる。しかし4管区、すなわちノーサンブリア、マーシア、イースト・アングリア、ウェセックスが最大級のもので、そこのアールたちが当代きっての実力者と考えて差し支えない。そのなかのウェセックスのアールにゴドウィンが任命されたのである（1020）。

エドワード証誓王　ノルマン晶屓王VSサクソン豪族

　ゴドウィンは、クヌートⅡ世をはじめとして3代続いたデーン人国王たちに30年近く仕えた。が、再びサクソン人王を戴くときが到来した。

　1042年、最後のデーン人イングランド王ハルデクヌート（在位1040-1042）が没すると、ゴドウィンはサクソン王エセルレッドⅡ世とエンマの子であるエドワード証誓王の即位に力を注いだ。

　証誓王は父王が大陸に逃亡したとき同行して、そのまま母エンマの実家でおよそ30年にも渡る亡命生活を送ってきた。それがハルデクヌート王に招かれて即位前年にイングランドに戻ってきていた。ふたりはそれぞれエセルレッドⅡ世、クヌートⅡ世と父こそ違うが、同じノルマンディー公女の母から生まれた異父兄弟だった。ゴドウィンにとって、戴く王はサクソン人だろうとデーン人だろうと構わない。実はゴドウィンは、クヌートⅡ世が没した混乱時に、イングランドへ戻ってきた証誓王の実兄アルフレッドを謀殺したとされている。王にするなら、そのときどきで自分に都合のいい人物に限る。これは動乱期における地方権力者なりの選択である。しかしゴドウィンの野心はとどまることを知らない。娘のイーディス（?-1075）を証誓王の后に送り込み、長子スウェイン（?-1052）を新設されたオックスフォードのアールに、次子のハロルドをイースト・アングリアのアールとすることに成功した。ゴドウィン一族は、とうとうイングランドのほぼ半分を手中に収めてしまったのである。

　エドワード証誓王にとって、即位時のゴドウィンは頼りになった一方

で、即位してからというものは、ただだだ目の上の瘤でしかなかった。証誓王はノルマン人たちを重用し、次第にゴドウィン一族と距離を置くようになっていく。ほかのイングランド実力者とだって距離はある。思春期から中年になるまでをノルマンディーで過ごしてきた王にとって、信頼できる人材はイングランドにはなく、ノルマンディーにあった。

　ノルマンディーはフランスのなかでは粗野な土地だったが、イングランドよりはずっと洗練された文化と風習があふれていた。証誓王がイングランド宮廷の田舎ぶりに馴染めなかったことも一因だろう。王を筆頭とするノルマン人グループは、宮廷内の風習をノルマン色に染めていった。しかしこれにはゴドウィンのほうが馴染めない。脱ゴドウィン化を図る証誓王と、ノルマン色のなかで異色とされつつあったゴドウィンとその一族の対立は、最早抜き差しならぬものとなっていった。

　1051年、ささいともいえる事件をきっかけに、とうとう両者は衝突した。ここで問題となるのは、第三者がどちらにつくかということだ。イングランドの貴族たちは、王のノルマン人重用にも反発し、ゴドウィンの野心にも反感を覚えていた。しかし選ぶとすればより危険な存在の排除だ。マーシアのアールだったレオフリック（アングロ・サクソン人、?-1057）、ノーサンブリアのアールだったシヴァルト（デーン人、?-1055）も王に味方した。旗色悪しと見たゴドウィンはフランドルへ亡命、ハロルドはアイルランドのヴァイキング集団に身を寄せた。

　ところが、目の上の瘤がいなくなると王のノルマン人重用は前にも増してひどくなる。王を支持したイングランド人たちの不満は募った。こうした事態を見通して一旦は身を引いていたとすれば、ゴドウィンはやはり大したものだ。彼は部隊を率いて復権を迫り、翌年には無血で見事返り咲いてしまう。エドワード証誓王は敗れた。

　1053年、国王を凌ぐまでに成り上がったゴドウィンは、野心と権謀に満ちた生涯を終えた。ゴドウィンが没するとハロルドが後継者となり、ウェセックスのアールとなった。

　ハロルドはマーシアのレオフリック一族にアール管区を与え、同時に自分の兄弟たちにも管区を与えて勢力を養った。今やイングランドの北半分をレオフリック一族が治め、南半分をハロルドを筆頭とするとゴドウィン一族が治めることになった。証誓王はそうしたなか没した。

戦果をあげる ノルマン騎士団

ハロルドⅡ世　最後の30日

　1066年9月28日にペヴェンシーに上陸したノルマンディー公ギヨームは、抵抗をまったく受けることなく、すんなりと全軍を上陸させることができた。ハロルドが備えを怠っていたわけではない。ノルマン軍の侵攻は十分に予想されたことだったので、イングランド南岸には、これを撃退しようと動員された兵士たちが、陸でも海でもずっと待ち構えていた。ところが肝心の上陸時点というときに、兵士はいなかったのである。

　アングロ・サクソンの民兵動員は、シャイア(州)とその下のハンドレッド(郡)という単位で行われ、国王が選任したシェリフとハンドレッドマンがそれぞれの責任を持っていた。彼ら、いわば代官たちは、ほかに担当地域の警察・裁判の責任も負う。アール職が設けられてからは、アールが役人たちの上位者として、直接に間接に担当管区を統治した。
　アングロ・サクソンの軍隊は部族社会の制度そのままに動員民兵を中心とした組織で、次の3種の兵力に分かれていた。先にあげたものほど武装が整い、戦闘能力を持つと考えていい。

①ハスカール
　王や貴族に仕えた親衛の傭兵。デーン人の制度がイングランドに導入されたものと思われる。「家士」または「家中戦士」などと和訳される専従戦士。
②セイン
　土地保有の貴族的戦士層。古くからゲルマン部族にあった従士制度に由来する。軍事・行政面において上位の有力者に仕えた。古くはイェシースと呼ばれ、すでに土地を与えられることが行われており、また世襲化が見られたことから、イングランドにおける封建騎士領主の魁ということができる。

③フュルド

　一般自由民（チェオルル）戦士。成人自由民のすべてが有事の際の戦士であるという原則を持つゲルマン部族社会の伝統を受け継ぐもの。「民兵」とも和訳される。また、同じ自由民でも身分の高い者はエオルルとされた。刑事事件の賠償金ではエオルルのほうが高い金額を得るなど、法的にも区別される。チェオルルは建前としては自由民であるが、経済的に従属性が強く、事実としては半自由民または隷属自由民といった立場にあった。

　　ハスカール　　　　セイン　　　　フュルド

有田満弘画
市川定春著『武器甲冑図鑑』（新紀元社発行）より

　ハスカールを除いて、動員されるべき人数は保有する土地の量によって決められていた。

　圧倒的に人数の多かったフュルドは、1ハイドにつき1名が動員された。ハイドという土地の単位は、倍の広さでも1ハイドとされるなど一定面積を表す単位ではなく、一家族単位の生活と納税、そして何よりも軍役をひねり出せるのに必要な収入をあげられるだけの広さを表していた。つまり1家族につき1名が動員されたと考えていいのだろう。ただし普通の庶民に十分な武装を用意する余裕などなく、普段の服装姿で、手には斧か弓を持っただけでやってきた。戦闘となれば軽装の歩兵として戦うが、それよりも陣地構築など土木工事などで大いに働いた。

　時代が進むと、兜や鎧を装備したセイン級の戦士がより多く必要とされるようになり、やがて5ハイドにつきセイン並みに武装が整った戦士

を1名出すという制度が導入されていく。この仕組みは1ハイドにつき1名出兵のフュルド制度とともに併存され、複数のハイドを持つ、より恵まれたセインや一般自由民に適用された。彼らは単独で、あるいは共同して1名のセイン級戦士を送り出し、今日ではこの仕組みと送り出された戦士を選抜フュルドと呼んでいる。しかし質より量を必要とする場合や緊急時には、変わらずフュルド制による動員がなされたものと思われる。

　民兵に依存した軍隊の最大の利点は、戦時に大量の兵士を動員できるという点にある。一方で散住している民兵たちに、当時としては人伝えで動員命令を伝え回り、かつ彼らが三々五々に集まってくるのを待たねばならないため、動員時間がかかった。何よりも彼らは生産者、一般市民であるため、長期に渡る守備に就くといったことには適さない。従士であるセインも同じようなもので、フュルドよりはずっと長期に渡って軍役に就いたが、年中というわけにはいかなかった。ハスカールだけが専業の戦闘従事者だ。

　こうした事情があるにもかかわらず、ハロルドは交代制を敷きながら1066年の6月から9月初めまで、それなりの兵力を監視と守備によく就かせていたといえる。本人もサセックスの海岸地帯にあって、本格的な総動員令をアールやシェリフたちに即座に命令できるよう備えていた。しかし、待てど暮らせどやってこない敵に、いつまでも備えておくことはできなかった。兵士たちに待機するだけの状態を強いていられるのは、せいぜい3か月間が限度だったということになる。
　一方、海上ではもっと困難な事態が起こっていた。食糧の尽きた艦隊がワイト島からロンドンへの補給に向かう途中、荒天のためにひどい損害を被ってしまっていた。新たな艦隊編制をするにも時間がかかり、再度の動員そのものがしばらくはできないという有り様だった。かつてハロルドは対ウェールズ戦で海陸両面作戦に成功したことがあったのだが、これで陸兵は海軍の支援のないまま戦わなければならなくなった。
　ハロルドができ得る限りの万全の備えを敷いていたとき、肝心の敵であるギヨームは、艦隊編制と軍隊の集結に時間を取られていた。8月には準備が整ったが、今度はドーヴァー海峡（フランス語ではカレー海峡）

■ハロルドⅡ世の戦い

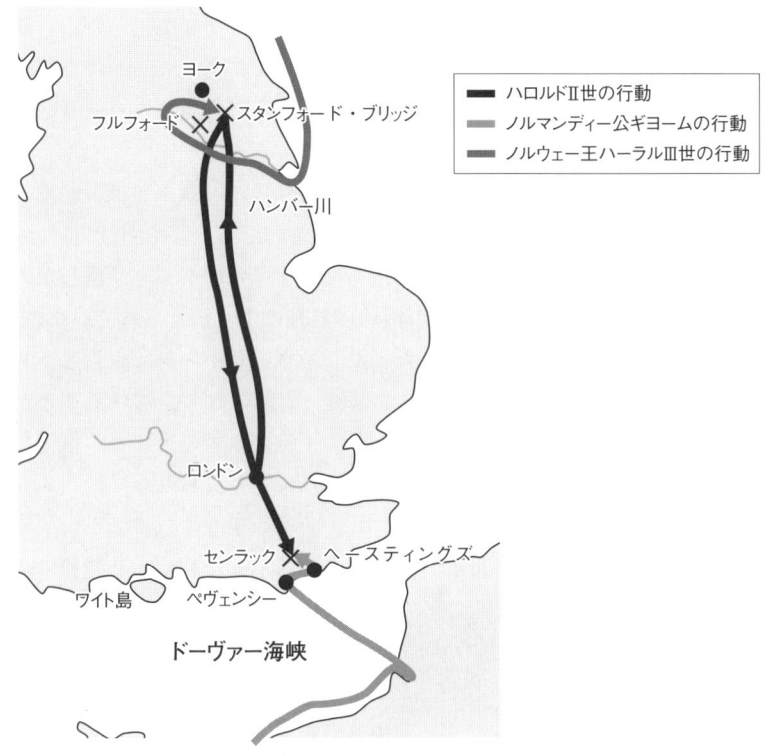

- ━━ ハロルドⅡ世の行動
- ━━ ノルマンディー公ギヨームの行動
- ━━ ノルウェー王ハーラルⅢ世の行動

（地図中の地名）
ヨーク／フルフォード／スタンフォード・ブリッジ／ハンバー川／ロンドン／センラック／ヘースティングズ／ペヴェンシー／ワイト島／ドーヴァー海峡

を渡るのに都合のいい順風を待たなければならなかった。ノルマン艦隊は、ペヴェンシーの対岸ともいえるサン・ヴァレリーで、ひたすら風が変わるのを待ち続けた。ところがこれが幸いして、備えが手薄となったときにイングランド南岸へ上陸することができたのである。

ギヨームにとってさらなる幸運、ハロルドにとってはさらなる不運となったのが、王位を狙うもうひとりの人物、ノルウェー王ハーラルⅢ世の来襲だった。ギヨームが風待ちをし、ハロルドが艦隊の遭難に頭を抱えていたまさにそのとき、ハーラルⅢ世と、これと連合したトスティイが、およそ300艘の船を率いて、イングランド南部とは正反対の北東部に上陸したのである。

知らせを受けたハロルドは、自分の抱えるハスカールを率いて9月15日にロンドンを発ち、およそ300kmも離れた地へと急行した。

ハンバー川を遡上し、ヨークシャーの地を踏んだハーラル／トスティ

79

イ連合軍を現地で最初に迎え撃ったのは、マーシアとノーサンブリアのアールをそれぞれに務めていたエドウィンとモルケア兄弟だった。しかし9月20日にヨーク近くのフルフォードで行われた戦いにあっけなく敗れてしまう。ヴァイキング集団を前に無力となった拠点都市ヨークは降伏するしかなかった。

行軍の途中で敗戦とヨーク降伏の知らせを受けたハロルドは、現地のさらなる降伏を恐れ、速戦速決すべく先を急いだ。そして9月25日に到着するや、ろくな休息も取らずにただちにヴァイキング軍を急襲した。

このスタンフォード・ブリッジの戦いの詳細はよく伝えられていない。しかし結果はハロルド軍の大勝利だった。敵軍の将ハーラルⅢ世とトスティイは戦闘のなかで倒れ、300艘で来襲した敵のうち、逃れることができたのは24艘に過ぎなかった。ひとりの王位要求者の企てと、復権を目指した身内の反乱は、あっけないほど簡単に葬り去られた。

ハロルドは祝宴を盛大に催し、自分の力を誇示した。しかし勝利の余韻を楽しむ暇などまったくなかった。今度はノルマン軍がペヴェンシーに上陸したとの知らせが届いたのである。上陸の知らせは宴席の場に届けられたとも伝えられているが、まったくもって忙しいことだ。

ハロルドはできるだけ速やかに戦後処理をすませ、エドウィンとモルケアに軍の準備が出来次第駆けつけるように約束させると、ロンドンへと再び300kmの道のりを急いだ。

ロンドンに着いたハロルドはただちに各地への総動員令を発し、3～4日を兵力の結集に費やした。しかし遠方からの兵の到着を待つことなく、近隣州からのフュルドをかき集めただけで、10月11日には敵のいる南へと向かった。今度の行軍は先のものよりは短かったが、それでも80kmほどの行軍をしなければならなかった。

ハロルドが兵の結集を待つことなく戦地へと向かったことには、今日では多くの批判が寄せられている。数日待てば兵力は倍以上になっていただろうとの指摘もあり、のちに行われた決戦でのアングロ・サクソン軍の奮闘を見れば、確かにわずかな日にちを待てば戦いの結果は変わっていたようにも思える。だがハロルドは決着を急いだ。

彼の立場からすれば、長期に渡る持久戦となることは何ひとついいこ

とがなかった。彼は紛れもなくイングランド第一の実力者ではあったが、選ばれて王となったばかりの身では、危機を乗り切る力を衆人環視の下で試されている立場だったといっていい。

　しかし数日くらいは決戦を控える時間はあったはずで、やはりハロルドが先を急ぎ過ぎた感は否めない。状況としては、兵士や有力貴族たちにあまり考える時間を与えないよう急かせ続けることが必要だったようにも思えるが、それ以上にハロルド自身が急かされた忙しい時間のなかで、立ち止まる心理的な余裕を持てなかったことが大きく影響しているように思える。

　ハロルドの性急な行動を戦術的な観点から説明しようとする意見もある。急襲しての勝利を狙ったのだろうとの指摘である。この指摘はもっともで、急襲戦術は先のスタンフォード・ブリッジの戦いではまんまと成功していた。

　果たして事実はどうだったのか。凡人としては短い時間のなかで、決定的な判断を迫られる立場に立たされた者の重圧を思うばかりだ。

　急き立てられるように動いたハロルドに比べて、一方のギヨームは用心深く落ち着いていた。

　上陸を終わったノルマン軍は、ペヴェンシーから東に25kmほど離れ

■ノルマン式の城

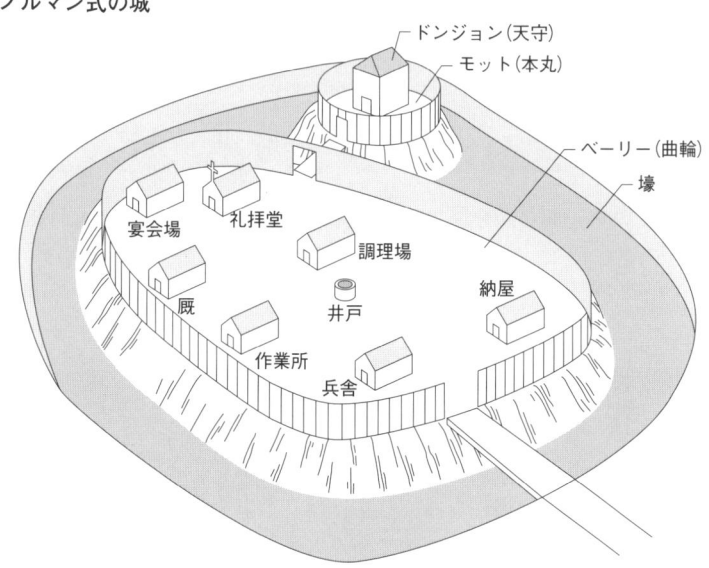

たヘースティングズに進むと、ノルマン式の城を築き、そこで数日を過ごしていた。

ノルマン式の城はふたつの郭からなり、周囲を空堀と丸太の柵で囲んだ砦といった姿をしていた。当時の城はまだ石が用いられておらず、木造である。防御のうえでは心許ないが、立て籠もるためというよりも、武器と食糧を蓄えた出撃基地としての役割を専ら期待されていたのでそれでよかった。何よりも資金も人手も石造りよりずっと少なくてすみ、工期もはるかに短い。このときは1週間とかからずに造られている。

ギヨームはこの城で休息しているあいだに周辺地域に帰順を呼びかけてもいるが、成果をそれほど期待してのことではなかった。彼は偵察と食糧調達を兼ねた部隊を出し、ケントとサセックス地方を荒らし回らせた。だが主力を大きく進撃させることはなかった。ハロルドの主力が健在なまま、艦隊の支援が届かないところまで軍を進めるのは、避けられるのであれば避けたい。ハロルドの軍隊は今どこにいるのか、彼は敵の捕捉に努めた。そしてついにハロルド軍の所在が知れた。敵はすぐそばまできている。ギヨームは主力の軍とともに出撃した。

センラックの丘　　リンゴの木の下で会いましょう

10月13日の夜、80kmの距離を2日で走破したハロルド軍は、ヘースティングズから10kmほどの距離にあるセンラックの丘に到着していた。

この丘は南北を湿地の谷で挟まれた連丘のひとつで、丘の上にはロンドンからヘースティングズへと通じる道路が、丘と丘を結ぶようにして続いていた。縁には黴びて灰色になったリンゴの木があり、丘の目印ともなっていた。あとから駆けつけてくる兵士たちは、この木を目指してやってくる手はずになっている。ハロルドはここで野営の準備をさせた。その間にも後続の兵士たちが次々と到着しては、丘の上へと広がりあふれていった。ギヨームの斥候隊が発見したのは、まさに到着したばかりのそんな様子だったのだろう。

10月14日の朝、斥候からの報告を受け即座に出撃してきたギヨームの軍が、ハロルドの眼前に現れた。ハロルドの狙いが急襲にあったとすれば、まったく逆の立場になってしまったことになる。

ハロルドはここで、戦術を防御的なものへと変えた。センラックの丘

は南北が急勾配の傾斜になっており、まったく防御のための地形といってよかった。ノルマン軍自慢の騎士団の突撃速度は大きく減じられ、威力は半減する。

　ハロルドは丘の上に大きな馬蹄形を描くようにして兵を整列させた。兵力は定かではないが7,000～1万だったといわれており、うち2,000～4,000がハスカールやセイン、選抜フュルドのよく武装された兵士だったと考えられている。

　ハロルドの兵士たちは皆が歩兵として戦列に加わった。アングロ・サクソン人たちは戦うときには徒歩となって戦うのを常としていた。また前列兵は、手にした盾をずらりと並べるシールド・ウォールを形作ったと考えられている。この防御方法は、もともとはヴァイキング流のものだが、アングロ・サクソン人たちもよくこれを用い、高所に立ってこれを行えば、ほぼ鉄壁の守備となった。

　盾はアングロ・サクソン古来の大きな円形盾がほとんどだった。なかにはノルマン軍が持っていたものと同じ、落下する水滴を上下逆さにしたような盾も見られた。この大型盾は大陸から伝わってきたもので、恐らくはノルマン好みだったエドワード証聖王の時代にずいぶんと広まったものと思われる。西洋の凧の形に似ていることから今日ではカイト・シールドと呼んでいるが、形はどうあれ、センラックの丘の上にずらりと盾が並んだ様子は、まるで長城の分厚い胸壁に見えたに違いない。

　手にしている武器のおもなものは、長柄の両手斧、槍、弓である。斧と槍を持った兵、特に兜や鎧を身にした兵ほど列の前に並び、敵の戦列突破を妨ぐ。弓は後列にあって、接近する敵に矢を浴びせかける。

　こうして丘の上には人間要塞が形作られた。

　ハロルド軍の布陣を見たギヨームは、正直げんなりとしたことだろう。とてもたやすく撃ち破れるとは思えなかったに違いない。しかしここはやるしかない。

　彼が引き連れてきた軍隊には、ノルマン人のほかにブルターニュ、フランドル、アンジュー、そのほかから集まってきた冒険騎士たちが多く含まれていた。彼らはギヨームの実力と将才を認めて統率には服しているが、戦利品を手に入れられるからこそ、そうしているのだった。

　程度の差こそあれ、ギヨーム配下のノルマン騎士団もさほど変わらない。たとえ一時的な策だったとしても、もし軍を返せば彼らは反抗し、

■ヘースティングズ布陣図(1066.10.14)

　センラック丘での両軍の布陣は定かではない。軍事史家のチャールズ・オーマンの説明に多く従うとすれば、アングロ・サクソン軍は両翼に州から動員したフュルドや選抜フュルドらを配し、中央に直属のハスカールとセインを配した。丘は道の続く方角だけが緩やかな傾斜になっており、中央の主力は右寄りになっていたとされる。中央右寄りの丘の上には1段高い場所があり、そこにスタンダード(軍旗)が2本掲げられた。ハロルドもそのあたりに陣取ったと推測される。

　ノルマン軍は3列になり、鎧や兜を着ていない歩兵たちが弓兵として最前列に立った。彼らがまず敵陣に雨霰と矢を浴びせかけることになる。第2列には鎧と兜、盾を装備した重装の歩兵を配した。彼らは弓の攻撃に怯んだ敵に近づき白兵戦を挑みかける。最後の列がノルマン自慢の騎士軍団だった。彼らは詰めの突撃を行い、その圧力で一気に敵戦列を崩壊させ勝利を決定づける。この戦列は左右の翼と中央の3つの部分からなっており、左翼にはブルターニュ人が、右翼にはその他のフランス人が、そして中央にノルマン人の部隊が配された。ギヨームは中央にあって自部隊と全軍の様子を見通せる位置に着いた。

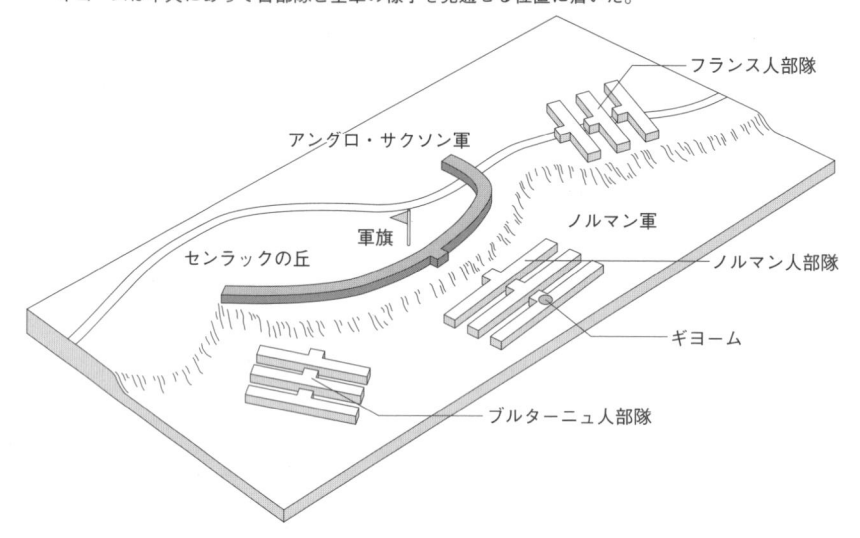

　ギヨームは統率力を失いかねなかった。もっともギヨーム本人が彼らと同時代人である以上は、気の短さと血の気の多さでは変わらなかった。王位を賭けた戦いである以上は、決戦によって手ひどい敗北を相手に与えるしかない。

　ノルマン軍の兵力もまた定かではない。今日最も多く説明されているのが総兵力7,000、うち騎士が2,000という数字である。

　1066年10月14日、恐らくは午前9時頃。のちにヘースティングズの戦いと呼ばれることになるイギリス史上最も著名な会戦のひとつが始まった。

騎士の武装　騎馬突撃に適した武装

　戦いは両軍が予想した通りの激戦となった。
　ノルマン軍の決定戦力は明らかに騎士軍団とその騎馬突撃である。
　すでに触れたように、騎馬突撃というのは騎馬に乗った戦士たちが、集団となってそのまま敵陣に乗り入れ、騎馬に跨ったまま武器を振るって戦うことをいう。大切なのは敵を斬り倒すことではなく、相手を混乱状態にし、それによって戦列を崩壊させて、敵兵に十分な戦闘能力を振るえなくさせることにある。その結果として多くの敵を斬り倒し、敗走させ、最終的な勝利を引き寄せるというものだ。
　この戦法は、騎兵同士が突撃し合えば、戦法自体がもたらす利点はないが、相手が静止状態か歩兵であれば、非常な威力を発揮する。なかでも最も洗練されて威力のあるのが、騎馬を疾走させて敵陣を駆け抜けるというやり方だ。折り返すようにしてこれを何度も繰り返せば、敵はたまったものではない。陣形はずたずたにされてしまう。
　西ヨーロッパの大陸人はこうした集団戦法で戦ったことがなかったのだが、10世紀後半あたりから採用されるようになったと考えられる。
　騎馬突撃は、ほかの地域では古い時代からあった。例えばアレクサンドロス大王は、重装歩兵とこの騎馬突撃を巧みに用いて大帝国を築いたといってもいい。また、東ローマ帝国にも重装でこれを行う騎馬部隊があった。しかし、西ローマ帝国の滅亡によってこれらギリシア・ローマの伝統戦術と断絶してしまった西ヨーロッパでは、追撃戦や掃討戦で個々に騎馬に跨ったまま戦うことはあっても、会戦場での集団戦術として行われることはなかった。彼らは戦うときには馬から降りて戦う騎馬歩兵として会戦場で戦っていた。
　ところが、はっきりとした原因はわからないものの、つまりは騎馬突撃の利点に次第に気づいていったということなのだが、西ヨーロッパ人も騎馬突撃を行うようになっていった。それに応じて騎馬戦士の武装もより適したものとなっていき、10世紀後半には、騎馬突撃に適した標準的な基本武装、すなわち騎士の武装が一応の完成を見せていた。それが、ノルマン騎士団が身に着けていた武装である。彼らの武装は当時の最新戦術に合わせて、最先端をいくものだったといっていい。
　馬上での戦闘に向けた武装改良の第一のものは、彼らの着ている鎧で

ある。
　彼らは鉄製の大量の小環を、互いに輪に通して連結した鎧を着ていた。この種の作りの鎧地を、今日では鎖のように連結することから英語でチェイン・メイルと呼び、鎧全体あるいはほとんどの部分にこの構造を用いている鎧をチェイン・メイル・アーマーと呼んでいる。
　この種の鎧の利点は、大量生産に適していることがまずあげられる。大量の小環を連結するために時間がかかるものの、特殊な技術を必要としないために、人手を増やすことで大量生産が可能だった。昔の人件費は今ほど高くはないのである。また、小環の数を調整することでサイズを簡単に変えられることも、製造に適した鎧だったといえる。修理も小環を取り換えるだけなので容易であった。
　着用者の立場に立ってみると、それこそが肝心なのだけれども、まず鉄製であるために防御力が高いという利点がある。ただし何分にも小環を連結しただけなので、矢が隙間を縫って刺さるし、アングロ・サクソン人が使う両手斧などが直撃すれば、小環が切断されて傷を負うことになる。また、体にぴったりとしているために、打撃の衝撃がほぼそのまま伝わってくる。だから、刃もついていない棍棒が意外と大きなダメージを与えることになった。それでも、それまで用いられてきた他の鎧よりはずっとましというものだった。

　金属製にするということは重くなることを意味する。確かに重いことは重い。しかし手に持てばすぐにでも放り出したくなる重さではあっても、体の上に着るため、手に持つ感覚で想像するよりもずっと軽く感じるらしい。鎧の重量はおもに肩と首回りにかかり、腰にベルトを巻けば腰でも支えることができて、重量の負荷をより分散させることができた。それでも長時間着用し続けるにはそれなりの体力がいる。
　柔軟性があることは大きな特徴で、かがんだり、伸ばしたりの動作がほぼ違和感なくできる。ただし絹の衣を着ているわけでもあるまいし、ゴワゴワ感は致し方ない。
　大きな欠点は、どの金属鎧にもいえることではあるが、冷気のなかではやたらと冷たく、暑気のなかではやたらと暑いということがある。どちらにしても、戦闘が始まればどんな天候であろうと鎧のなかは暑くなる。当たり前のことに戦闘では激しく動き回るため、体が発する熱です

ぐに鎧のなかが暑くなり、熱気もなかなか出ていかない。

　このチェイン・メイルは紀元前の時代からあった。しかし大方は半袖で、丈の長さは腰あたりまでという、今日ではメイル・シャツと総称するタイプだった。兵士たちは大きな盾に身を潜めて戦ったので、まあそれでよかった。

　一方、ノルマン人の着たチェイン・メイルは七部袖か長袖で、丈の長さが膝まであるいわゆるメイル・コートだった。重量は15kgほどにもなってしまったが、袖や裾の長さが延長されたのには、馬上戦闘向きにするという理由があった。

ノルマン騎士

有田満弘画
市川定春著
『武器甲冑図鑑』
（新紀元社発行）より

　馬上では高所に位置するため、敵の歩兵たちが振るう武器は上半身には届きにくく、下半身に届きやすい。そのため下半身の保護が必要となる。また、高所から武器を振るうということは、腕を大きく伸ばすことになる。伸び切った腕は地上からの絶好の的となった。手や脚の脛は守られていないが、これもやがてチェイン・メイル製の手袋や靴下が履かれるようになり、さらには鉄板の脛当てが装着されるようになる。

　鎧の前後面に裾から切れ目が入っていることにも注目すべきだろう。これによって鎧が捲れ上がることなく鞍に跨ることができ、左右に分かれた鎧で腿を覆うことができた。

　この種のチェイン・メイルを当時はホウバークと呼んだ。

　もうひとつ、馬上戦闘向きに変更されたのが盾の形状だ。

　それまでゲルマン系の騎乗兵が用いていたのは円形盾だったが、先にも触れたようにカイト・シールドと呼ばれる盾に持ち換えている。上下に長く、下に向かうにつれてすぼまっているのが特徴だ。上辺は大きな

弧を描いて視界を確保し、下に長いために騎乗した際には脚を守ることができる。地面に降りれば、両足を広げて立つ分だけ盾の下部分も幅が必要となるが、馬上では片足だけが馬の側面にぶら下がった状態なので、それほど幅がなくてもいい。人間の体が肩の部分で一番幅広く、脚の下にいくほど細くなっていることを考慮し、それをもとに無駄を省いて機能を追求した盾といえるだろう。円形盾と長方形盾を合わせて、余分な面を削った盾ともいえ、体の面をより多く守り、かつ視界を確保している。効果は楕円形の盾に近いが、長くても下がすぼまっているために、鞍の上で盾の位置を変えるときに、より扱いやすいものとなった。

　兜も、それまで西ヨーロッパで用いられていたものとは違う特徴を持っている。この兜は特に馬上戦闘用に考案されたものではないが、ノルマン騎士団の武装の大きな特徴となっている。以前は頭頂部がもっと丸みを帯びていた。それがより尖ったタイプのコニカル・ヘルメットになった。一見してわかるように、水滴型、椎の実（ドングリ）型、円錐型などと和訳される通りの形をしている。形自体はまったく新規の発明ではないが、古いものは部品を組み合わせて作ったもので、新しい兜は1枚の鉄板を鎚で打ち出して成形している。そのため、割れたり潰れたりすることはあっても、壊れてばらばらになることはない。

　円錐型兜の利点は、例えば振るわれた剣が当たった場合に、それを形状に沿って流せることにある。頭頂が平たかったり、もっと緩やかな丸みがあった場合には、剣がまともに当たることになり、衝突力をほぼそのまま受けてしまう。円錐型であれば頭蓋骨骨折の危険はずっと少ない。問題は、それた剣が顔面や首に向かって滑り落ち、これを傷つけることだ。特に人間の顔で一番突き出ている鼻が削ぎ落とされかねない。そのため兜に鼻を守る帯状のネイザル（鼻当て）が取りつけられた。別部品として取りつけることもあったし、兜を張り出させてネイザルとすることもあった。首や頬は、チェイン・メイルのコイフ（頭巾）を頭からすっぽりと被って保護した。別々だったコイフと胴鎧はやがて一体となり、ノルマン騎士が着たようなコイフつきホウバークができあがる。

　今日ではノルマン人が被ったような兜を、彼らにちなんでノルマン式兜と呼んでいる。

　このように、ノルマン騎士たちの武装は、すでに騎馬突撃に適した武装をしていた。脚を踏ん張ることのできる鐙もあり、馬の背で体を安定

させる前後が高い鞍も持っていた。しかしその威力は後年の騎馬突撃ほどではない。

　その大きな原因は槍の構え方にあった。12世紀になると、馬上槍試合を描いた絵画資料に見られるように、槍を脇に抱えるスタイルが確立していくが、この頃は、まだ以前から行われていたのと同じく、槍を逆手に持って肩の上で構えていた。

　こうした構えをした場合、槍の長さが2mあったとしても、バランスを取るために中央部付近を持つため、攻撃に有効な実際の長さは1mほどとなる。だから離れた相手には槍を投げつけることにもなった。手槍として用いる場合には、高い位置から突くために、短い分だけどうしても腕や体を伸ばすことになる。隙は生まれるし、特に馬が激しく走っている状態では、体が跳ねて狙いがつけにくい。狙いを正確にしようとすれば、ボクシングのジャブのような突きを繰り出すことになる。

　対して脇に抱えた場合には、槍先側が長くなるように持つことができる。長さが2mであれば1.5mほどまで距離が伸びる。また、槍が低い位置にくるので突く動作を必要としない。馬の進む動きと速さが、そのまま突く動きと威力になる。狙いをつけるにも大きく腕を振る必要がなく、腕を少し横に動かすか、少し体を捻るだけでできたため、より正確となる。前屈み気味の姿勢は衝突の直前まで騎士の体を馬上で安定させ、そのため馬の速度も速めることができた。

　これら2種類の構え方を比べた場合、敵陣を駆け抜けるような攻撃には、脇に抱えるスタイルのほうがより適していたといえる。一方で敵陣に馬を乗り入れて雑踏状態のなかで戦う場合には、肩の上に構えるほうが自由度は高い。ただしその分だけ馬を操る技術も必要にはなる。恐らく、前者のスタイルでは槍を脇にしっかりと固定した状態にして専ら馬を操ることに集中でき、後者では馬だけでなく槍を扱うことにも相当気を使うことになったのではないだろうか。

　騎馬突撃では、騎乗戦士たちが馬上で武器を振るうが、最大の武器は馬そのものだ。馬をけしかけ、蹴倒し、踏みつけ、跳ね飛ばす。もし敵歩兵としてその場にいたなら、馬が獣であることを改めて思い知らされることになるだろう。当時の馬は鎧を着ていないし、図体もでかいのだから人よりも倒しやすいと思うかもしれない。それはその通りである。しかしそれをするのがまた難しい。

敵陣に馬を乗り入れたときにどのような状況になるかは、映画『七人の侍』のクライマックス・シーンが参考になる。映画では馬が狂奔してしまっているとはいえ、歩兵が騎馬に近づいて斬りかかることの困難さがよくわかる。馬と相打ちになるつもりにでもならなければ、とうてい無理だろう。

個々の騎士について見れば、騎馬突撃とそれ用の武装とは、だいたいこのようなものである。しかし騎馬突撃の本質を理解するためには、さらに集団戦術としての使い勝手を見なければならない。

騎馬突撃の要諦は数と速さにある。

騎馬突撃の威力には数の不足を補いあまるほどの威力があるのだが、数が少な過ぎてはさほどの効果を望めない。騎兵同士であれば基本的には五分の綱引き勝負となるので、数で劣れば劣勢となるのは致し方なく、歩兵相手でも、やがては取り囲まれて討ち果たされることになりかねない。

数が十分かどうかは敵の人数との相対的な比率によって定まるわけだが、どのくらいの比率であればいいかは一概にはいえない。地形や兵士の質といった要素もかかわってくるので、指揮官の経験と思い切りのよさで突撃が行われる。そして指揮官の判断力に応じた効果と結果がもたらされることになる。

また、突撃と呼ぶだけあって騎馬突撃は猛スピードで行われ、それが必要条件でもある。あまりのろのろと突撃しては、敵陣に分け入ることなどできない。ただの敵への接近と変わりがなくなってしまう。

騎馬突撃の凄まじさをイメージするには、映画『ロード・オブ・ザ・リング　王の帰還』が参考になるかもしれない。6,000騎のローハン騎士団がオーク軍の大群に突撃し、蹂躙するシーンだ。出来過ぎの感があるにはあるが、理想的な条件が揃えば、ああいうことになっても不思議ではないということだろう。

次に、突撃される立場に立って見てみよう。

騎馬突撃の要が数と速さであるだけに、突撃されるほうは相手の数を減らし、速さを落とさせることで対抗しようとする。

数を減らすためには、弓などの射程兵器を使う。疾走してくる敵にいちいち狙いなど定めていられないので、数は必要になる。この数は人数ではなく、浴びせかける矢の量を意味する。射手の数が少なくても単位

時間当たりの発射速度を速め、結果として矢の数が増えれば、ほぼ同じことになる。その場合には武器の特性と射手の技術に依存することになるが、長篠の戦いで行われたという3段撃ちのようなウルトラC級の工夫もある。放たれた矢は騎士に当たる必要はなく、馬を傷つければそれで数を減らしたことになる。

　矢を雨霰と浴びせたとしても、突撃してくる速度はまったく落ちない。速度を落とさせるには、障害物を用意すればいい（例えば長篠で見られた馬防柵）。人工的な障害を用意するのも手ではあるが、まず考えるのが自然の地形を利用することだ。丘の上に布陣すれば、傾斜を上らなければならないため馬の速度は落ちる。隘路を前に置けば、やがて騎馬隊は渋滞状態になる。なかでも最大の障害物は兵士の隊列である。駆け抜ける隙間がないほどの密集隊形を組んで槍を突き出す。馬が動物である以上、越せない障害物があれば、急ブレーキをかけるか迂回しようとする。深く鋭く刺さる棘のようにして槍が突き出されていればなおさらだ。なかにはそのまま突進してくる馬もいるだろうが、それは仕方がない。あとは運に任せて正対し続ける。まんまと戦列に分け入られた場合には、後列の兵はできるだけ速やかにこれを討ち取ることを考え、前列の兵は後ろを気にせず前だけを見て堅く戦列を維持し続ける。ひたすら我慢をし、一障害物となって馬の速度をゼロにすることが、自陣を崩壊させない唯一の手立てなのだ。

　センラックの丘で見せたハロルド軍の布陣は、まさにこうした対抗策の一例である。ただ、どれほど騎馬突撃に対する意識があったかは疑問である。こうした対抗策は、実は騎馬突撃を防ぐためというよりも、防御的に戦うときのセオリーでもあるからだ。

　アングロ・サクソン人たちは騎馬突撃をされることには慣れていなかったが、防御陣形を使っての戦いには慣れていた。だから、騎馬突撃があるからそうしたのではなく、ごく自然にいつものように隊列を組んだといった感じだろう。指揮官のハロルドはどうかというと、彼はエドワード証聖王存命のときにノルマンディーへの使いに立ったことがあり、そのときにギヨームの軍事遠征に同行したことがある。騎士団の偉容と機能についてはよく知っていたかもしれない。

　当事者たちの意識がどうあれ、ヘースティングズの戦いでは、センラ

ックの丘に陣取るハロルド軍の強固な防御陣形が、ノルマン騎士団の突撃力をほとんど奪い去ることとなった。

ヘースティングズ　騎士団突撃す

　両軍の戦いは弓兵同士の弓矢の応酬で幕を開けた。ノルマン軍は相当の数の弓兵を連れてきており、丘に陣取る敵にできるだけ接近して弓を射かけた。彼らのあとには、出番を待つ白兵戦用の重装備歩兵と騎士団が続く。
　彼らがゆっくりと接近するにつれ、投げ槍や斧、石までもが雨霰と注がれた。
　これ以上の接近が困難な位置までくると、ノルマン軍は第1線の弓兵たちの隙間から、第2線の重装備歩兵を突入させた。しかし投射物がなおも彼らを襲い、傾斜を駆け上るということもあって、彼らが丘上へとたどり着いたときには、一団となって圧力を加えるというわけにはいかなかった。息を切らして次から次に到着するノルマン軍歩兵たちがいくら必死になって槍と剣を振るおうとも、サクソン軍のシールド・ウォールは微動だにせず、期待以下の効果しか与えられなかった。
　ノルマン軍は戦闘プラン通りに、恐らく当初予定していたよりは早めの投入になったかもしれないが、第3線の騎士軍団を突撃させた。すでに戦闘は白兵戦へと移っていたために、投射物の数は減っていただろう。
　通常、騎馬突撃が行われる場合、先に戦闘している歩兵たちは場所を譲るようにして入れ替わる。そうしないと味方騎兵の邪魔になるし、味方に傷つけられることにもなるからだ。しかしまったくきれいに交代が行われるということは滅多にない。
　このときは、歩兵たちが敗走に近い状態になって行われたのか、あるいは突撃してくる騎馬軍団を見て歩兵たちが撤退を始めたのか、それとも突撃ラッパのような合図を聞いて撤退したのかよくわからない。いずれにしろ逃げ遅れたり、もたもたしたりすれば、敵と同様に味方の騎馬突撃にさらされた。
　騎馬突撃の先陣を切ったのはひとりの宮廷詩人だった。名前はタイユフェール。彼は長くノルマンディー公に仕え、今回の遠征にも従ってきていた。行軍中には軍団の先に立って武勲詩『ローランの歌』を朗々と

吟じ、騎士たちの気分を高揚させてきた。

『ローランの歌』は中世最古の武勲詩とされる。内容は、サラセン人が支配するイベリアへのシャルルマーニュによる遠征を描いたものだが、古い事績を題材にしながらも当世風に描いている。作品には至るところに戦士の崇高さと勇ましさが謳われており、遠征軍の戦意を煽るには最適の武勲詩だった。

もうひとつ、この武勲詩が今回の遠征にふさわしかったのは、シャルルマーニュの遠征同様に、一種の十字軍的な遠征であるということだった。『ローランの歌』は異教徒との戦いであり、キリスト教に仕える崇高さが謳われている。そして今回の遠征にはローマ教皇の威に服させるという名分があり、教皇からその徴として旗を授かっていた。当時のイングランド人たちは異教徒ではなかった。しかしハロルドは司教職を勝手に任じたことから教皇ともめていた。ギヨームはそのことを利用して教皇から旗を授かっていた。遠征はまったくの世俗的な野心に基づくものだったが、これでひとつの大義名分が立った。ヨーロッパ各地から馳せ参じた騎士たちも、ギヨームの野心に便乗して分け前を得るためではなく、キリスト教の戦士として戦うという正当性を得ることができた。タイユフェールの口から出てくる『ローランの歌』を聞くのは、さぞ気分のいいことだったろう。彼らはシャルルマーニュの騎士たちと自分たちの姿を重ねた。

果たして『ローランの歌』に自ら感化されてしまったのか、タイユフェールは戦いが始まるやギヨームに申し出た。

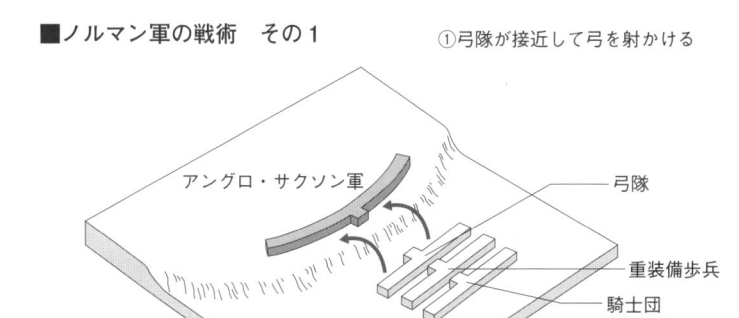

■ノルマン軍の戦術　その1

①弓隊が接近して弓を射かける

アングロ・サクソン軍

弓隊
重装備歩兵
騎士団

「私は長く公にお仕えして参りました。今こそその報酬をいただきたく存じます。私に先陣をお申しつけください」

　敵陣に真っ先に斬りかかることは、どこの国でも名誉のこととされ、手柄ともされる。何事でも先駆けするのは勇気のいることだが、人を殺そうと待ち構えてうずうずしている連中のなかに人より先に飛び込むことは、多くの場合で自殺同然の行為となる。勇気だけではそうそうできない。自分を納得させる理屈や気分がどうしても必要になるだろう。

　この詩人の行動に少しばかり戸惑いを覚える読者も多いだろう。現代で詩人といえば芸術家であり、戦士とは縁遠い存在である。ひょっとすると読者はずいぶんとお調子者の詩人だと思うかもしれない。ところが、当時としては彼の行動もそれほど不思議なことではなかった。戦士と他の職業人との分化はそれほどはっきりとしていなかったし、詩人はラテン語にも精通した教養人である必要があった。ある程度の文学的教養を身につける機会は領主層か騎士層にしかなかった。聖職者層も同様であるが、この階層には領主層や騎士層を出自とする多くの者が含まれる。だから、騎士であると同時に宮廷詩人であることは大いに考えられることだった。

　さて、この武闘派詩人の申し出を受けたギヨームは、さぞ大喜びしたことだろう。それはそうだ。自分のために尽くしてきた者が、さらに死んでお役に立ちたいという。しかもそれが無上の喜びだといっているのだ。戦場に臨んでばっちりの演出効果があるではないか。ギヨームはタイユフェールに先陣の許しを与えた。

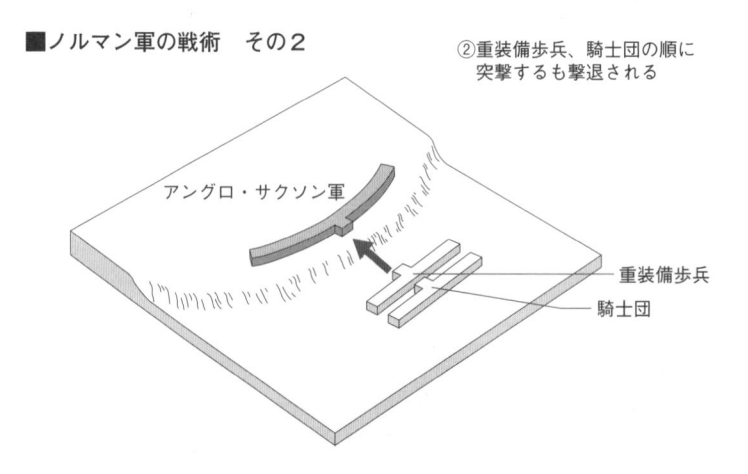

■ノルマン軍の戦術　その2

②重装備歩兵、騎士団の順に突撃するも撃退される

アングロ・サクソン軍

重装備歩兵
騎士団

タイユフェールは馬に跨ると騎士団の先頭に立って騎馬を走らせた。ひとり突出し、丘を駆け上ってくる騎士を、サクソン兵たちは最初の獲物にすべく待ち構えた。その列にタイユフェールは騎馬をぶつけ、ひとりのサクソン戦士を槍で貫いた。すでに我が身は敵陣のただなかに分け入っている。敵ひとりの命と引き換えに槍を失った彼は剣を抜き払うと、馬上から敵兵目がけて、あたり構わず叩きつけた。
　彼の先陣としての役割はこれで終わった。それ以上に敵を傷つけることもなく、群がるサクソン兵に取り囲まれた彼は切り刻まれて死んだ。
　あとに続く騎士団も、タイユフェールとさほど変わらない目に遭った。サクソン軍の堅い防御陣は、前列まで分け入ることを許しても、それ以上の突入を断固拒否した。
　ノルマン騎士団の脅威となったのが、サクソン人の振るう戦斧である。斧頭の大きさは人間の頭半分ほどだったが、長さ1mから1.2mの柄の先に取りつけられており、これを両手で持って相手に叩きつける。大きく振り回すことから、戦列の密集度がどうしても低くなり、つけ入る隙を敵に与えることにはなったが、その空いた空間は斧が最も効果を発揮する範囲でもあった。
　ノルマン騎士の体はチェイン・メイルごと断ち割られ、騎馬の四肢は両断された。馬から投げ出された乗り手は、タイユフェールと同様に群がる敵兵のなかに姿を消していった。
　ひどい苦戦を強いられることになったノルマン軍は浮き足立った。しかも、どこからともなくギヨーム戦死の報が陣営を駆け巡る。兵士たちはとまどい、動揺した。
　どっこいギヨームは生きている。味方の騎士とともに愛用の棍棒を振るっていた彼は、この噂を聞くと兜を持ち上げ、自分が生きており、まだ戦いに踏みとどまっていることを告げた。
　兜を持ち上げたのは、はっきりと味方に顔を見せるためだ。戦場では皆が同じ鎧姿をしていたために、誰が誰だか見分けがつかなかった。後世になると紋章が登場し、盾の表面や鎧の上に着る衣に描かれて個人を識別しやすくもなるのだが、この頃はまだ、たとえ殿様でもさっぱり見分けがつかなかった。
　ギヨームの異母弟であるオドもまた、馬を走らせ味方の戦意回復に努めた人物である。

彼はバイユーの司教で、ノルマン人遠征の経過を描いたつづれ織の壁かけ『バイユーのタペストリー』の製作を命じた人物だといわれている。だからだろうか、壁かけのヘースティングズの情景を描いた場面では、ひとりだけ模様の違う鎧姿で描かれている。これとは別に、このときは司教とわかるように白い衣を鎧の下に纏い、白馬に跨っていたとも伝えられている。

　彼を見るとき、私たちは再び宮廷詩人のときと同じ戸惑いを覚えずにはいられない。なぜ聖職者ともあろう者が戦闘に参加しているのか。死に行く者たちの臨終を看取るためか。いや彼の手にはしっかりと棍棒が握られていた。

　答えはタイユフェールのときと同じだ。聖職者の多くは領主・騎士層から出ていた。その理由のひとつには、血生臭い行いをする一族からひとりは神に仕える者を出し、ある種の贖罪感を得たかったということもあげられるだろう。しかしそれよりもっと重要なのが、教会が持つ領地を手にすることだった。それぞれの教会には教会領というものがあり、それを管理するのは聖職者たちだった。聖職者としての知識や振る舞いをまったく身につけていなかったわけではないだろうが、妻帯する者もいれば、世俗の領主と変わらない衣食住を送る者もいた。そうした人々は、自分の教会領から上がる富を自在に処分した。オドはこのときの遠征に40艘の船を提供したとされている。つまり聖職者になることは、いくばくかの制約があるにしろ、人によっては世俗領主になることと変わらなかったのである。

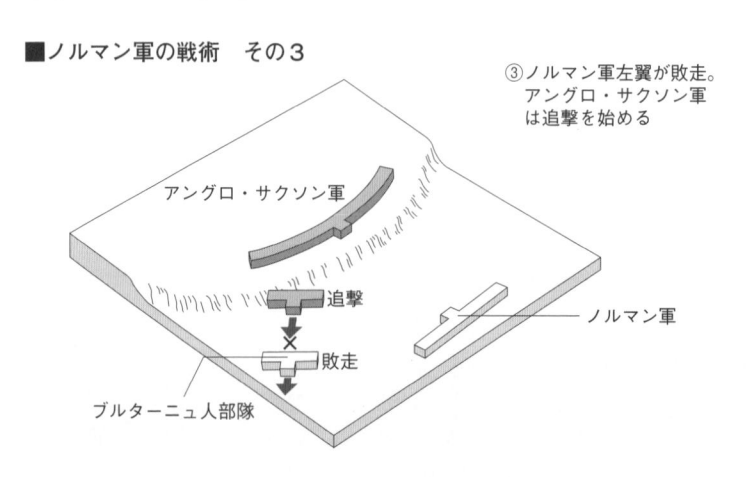

■ノルマン軍の戦術　その３

③ノルマン軍左翼が敗走。アングロ・サクソン軍は追撃を始める

アングロ・サクソン軍
追撃
敗走
ブルターニュ人部隊
ノルマン軍

オドは自陣を駆け回り、兵たちを叱咤激励した。司教という立場は大いに役立った。神が味方し、必ず勝利を得られると叫び続けた。

戦後、オドはイングランドでケント伯に任じられる。その後ノルマンディー公家の内紛に加わり、十字軍遠征の途上シチリアで没した。司教というより冒険騎士としての一生を終える。

ギヨームやオドの努力によって戦線は持ち直した。ところが、左翼のブルターニュ人部隊が堪え切れずにどっと敗走を始めてしまう。彼らが攻める場所は傾斜がきつく、どの場所よりも攻める側に不利だった。

サクソン軍右翼のフュルド兵たちは、ここぞとばかりにどっと繰り出し追撃に移った。追いつかれたブルターニュ人は容赦なく斬り倒された。

この状況を見たギヨームは、騎士団を率いて救援に駆けつけた。今度はサクソン軍が切り刻まれる立場になった。彼らは慌てて丘に戻り、再び防御陣を敷いた。

一般に、敵が敗走したときが最も多くの敵を葬る機会となる。だから追撃は必要なのだが「深追いは禁物」の警句通りに、追撃は注意深く行わなければならない。追撃で敵を多く討ち取れるのは、敵が背中を見せているからでも、戦意を喪失しているからでもない。部隊が戦闘システムとして機能しなくなったからだ。これは他人事ではなく、追いかける側にも追撃の過程で起こり得ることである。散り散りに逃走する敵を追うことは、味方も散り散りになり、集団としての力を失っていくことを意味する。追えば追うほどシステムとしての働きを失っていく。そのた

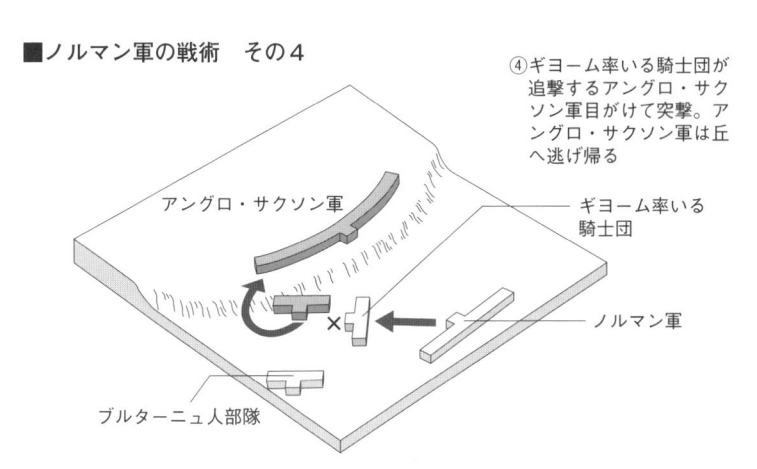

■**ノルマン軍の戦術　その4**

④ギヨーム率いる騎士団が追撃するアングロ・サクソン軍目がけて突撃。アングロ・サクソン軍は丘へ逃げ帰る

アングロ・サクソン軍

ギヨーム率いる騎士団

ノルマン軍

ブルターニュ人部隊

め、もし逃げる側がシステムを回復してしまえば、逆にひどい痛手を負うことになる。

とりわけ、このときは追撃を控えるべきであった。ノルマン軍には機動力のある大量の騎馬部隊がおり、彼らが健在な限りは非常に危険なことになる。そもそもサクソン軍が善戦しているのは、丘上にあって堅い防御陣を維持しているからだった。そこにとどまり、しぶとく戦うことが勝利につながる唯一の道だった。もっともこの理屈は、現代だからつけられることで、血が頭に上ったフュルドという民兵集団には、そうそうできることでもなかっただろう。

追撃してきたサクソン軍右翼を逆に追撃したギヨームとその騎士団は、再び丘の上で跳ね返された。しかし、この手は使えると思ったのだろう。彼は味方の騎士団に撤退の合図を送った。サクソン兵たちはまたもや追撃に移るが、ギヨームはそれを見ると踵を返しての突撃を命じた。今度もサクソン人たちは手ひどい目に遭った。ギヨームは何度か同じことを繰り返した。とはいえサクソン人もそれほど愚かではない。やがてはあまり長い距離を追撃してくるようなことはなくなっていった。

膠着した状態は結局のところ変わらなかった。しかし騎士たちよりも弓兵たちの地道な努力が、丘の上の戦列を弱体化させていった。

ノルマン軍の弓兵たちは突撃の合間を縫っては矢を射続けていたが、ここにきてその効果が出始め、徐々にではあっても敵の数を削り取っていった。そしてとうとう矢の1本が、中央で指揮するハロルドの目を貫いたのである。

主将の死によって、戦いは急速に終息へと向かった。今日であれば戦死した司令官の代役を次位の階級者がその場で務めることができる。そういう仕組みができあがっていて、兵士にもそのことが周知されているのだが、当時は誰が代役になれるわけでもなく、誰がなったとしても兵士たちの動揺を抑えることはできなかった。戦死した司令官が国王となればなおさらだ。

サクソン軍の陣営はどっと崩れ、全軍潰走状態になった。最早こうなっては戦線の立て直しは不可能。ノルマン軍は存分に追撃し、サクソン人たちを斬り伏せた。

戦いは終わった。

ノルマン・コンクェスト

　ヘースティングズで勝利したギヨームは、ロンドンに圧力をかけ、またイースト・アングリアとウェセックスを荒らしてアングロ・サクソン人たちの帰属を求めた。その甲斐あって、ほぼ2か月後のクリスマスに、イングランド国王ウィリアムⅠ世（征服王）として戴冠を受けた。この歴史的事件をノルマン・コンクェスト（ノルマン人による征服）と呼んでいる。しかし彼の本格的な征服行は、ここから始まったといっていい。
　ウィリアム征服王（ギヨーム）は王冠を頭上に戴いているものの、本当の意味で制圧していたのは、イングランド南部と東中部だけだった。そこでも反乱が起こりはしたが、小規模で大したものではない。問題は西部辺境地帯と北部だった。特にマーシアとノーサンブリアは、もともとハロルドとは縁遠いレオフリック一族が治める土地だった。温存されていた現地勢力は王を無視し、大規模な反乱が起こった。さらに混乱につけ込んでデンマーク王スヴェンⅡ世（在位1047-1076）と、スコットランド王マルカムⅢ世（在位1057-1093）が侵攻してきた。征服王はこれらの反乱や侵攻を抑えるのに13年以上の年月を要したのである。
　全国平定のための基盤となったのが、各地に作られた城塞網だった。かつてヘースティングズで城を造ったように、軍を進めてはひとつ、またひとつと城を造っていった。
　ひとつの城の守備範囲は、およそ半径10km以内。騎士をはじめとする常備の守備隊、つまり民兵ではなく専従兵士部隊が詰めており、何か事が起これば出撃する。10kmというのは、出撃したその日のうちに帰ってこられる距離で、それ以上になれば遠征としての準備をしなければならなくなる。また、出撃しても相手を補足できなくなる可能性があった。城を中心とした圏内を城域圏と呼び、それを単位として治安の維持と統治にあたるのが大陸風の仕組みだった。騎士と城は切っても切れない関係にある。その城をイギリスに広めたのが征服王だったのである。
　城の守備隊長にはウィリアムの封臣が任じられた。また、近隣の土地が与えられて新たに封臣となった者たちが任じられて地方領主となっていった。そうしたことから、封建制度が征服によってもたらされたともいわれるが、封建的なものはそれ以前から見られたのであり、大陸風の封建関係が採用され始めたにしても、ただちにそうなっていったわけで

もない。

　しかし、ウィリアム征服王の長期に渡る征服事業は、イギリスの支配階級をほぼ入れ替えることになった。反乱の続発と、それに対する容赦ない武力鎮圧が、問答無用の完璧な交代劇を推し進めることになった。アングロ・サクソン人の地方貴族は土地を没収され、王領地とされるか、王の封臣であるノルマン人やフランス人たちに与えられた。

　1085年に征服王が命じた土地検地は、支配階級の大幅な交代に伴って変動した土地所有の実体をはっきりとさせるものだった。このときの調査をもとに作られた台帳は『ドームズデイ・ブック』と呼ばれる。「最後の審判の書」といった意味で、征服による最終的な土地権利関係の確定がなされたことになる。これによって、税と軍役のごまかしの効かない徴収・動員ができるようになり、征服王の冒険的事業がほぼ完成した。

　支配階級の徹底した交代があったからといって、アングロ・サクソン人社会や制度までが破壊されたわけではない。ピラミッドの上部が取り換えられただけだった。シェリフの役職はノルマン人が多くなったとはいえ存続したし、民兵動員システムも減多に利用されなくなったとはいえ存続し続けた。

　ノルマン人が持ち込んだ、騎士、城、封建制度のいわば中世3点セットは、イギリスではアングロ・サクソン流の特徴を兼ね備えていくようになる。

第3章
十字軍と宗教騎士団

歴史学で騎士団といえば
多くは宗教騎士団(騎士修道会)のことを指す。
第1回十字軍以降に誕生した彼らキリスト教の騎士たちは
いかなるもので、どのような歴史を生きたのか。
背景となる十字軍の変遷とともにたどってみよう。

十字軍が目指すもの

十字軍　キリスト教圏の防衛と回復と侵略

　「十字軍」とは、キリスト教を信仰する西ヨーロッパ人が、異教徒であるイスラム教徒から聖地イェルサレム（エルサレム）を奪還・保持するとの名目で起こした軍事行動のことをいう。ローマ・カトリック教会（ローマ教会）が提唱し、呼びかけに応じた世俗領主や一般信徒が多数参加した。1096年を第1回に、1270年まで断続的に計8回の遠征が行われたが、学説によっては7回とされたり、回数に数えられる遠征（ナンバーつきの遠征）も異なる。一般に「十字軍」といえば、イェルサレムのあるパレスティナを目指したこの聖地十字軍を指す。

　公式の十字軍は、ローマ教会すなわち当代のローマ教皇が十字軍宣言を発布し、それに基づいて編制された遠征軍のことをいう。しかし長期に渡る十字軍運動のなかには非公式のものもあって、それらも広い意味

■広い意味での十字軍

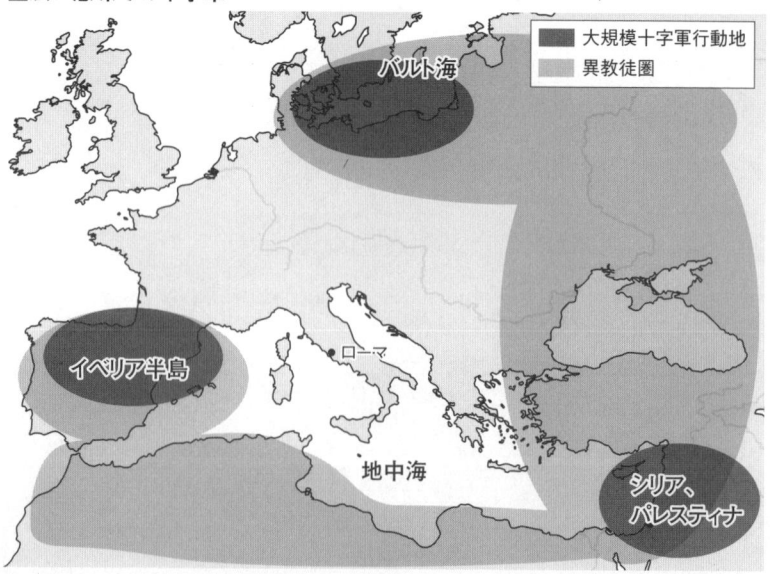

での十字軍とされる。

　さらに、聖地以外での異教徒に対する一連の軍事行動も、広い意味での十字軍に含まれる。言い換えれば、キリスト教圏の防衛と回復を目指した運動・遠征が十字軍とされた。例えば次のものだ。

　　イベリア半島での国土回復(再征服)運動(722-1492)
　　　　　　　　　　　　（レコンキスタ）
　　バルト海地方での十字軍運動(1147-1386)

　このうち、イベリア半島の軍事行動が、聖地十字軍同様にイスラム教勢力からの防衛と、かつてのキリスト教圏の回復を名分としていたのに対し、バルト海地方での十字軍運動は、先住者である非イスラム教徒の異教徒民族(プロイセン人やスラヴ人)の改宗と征服による新たなキリスト教圏の拡大という、より積極的で、いうならば侵略以外の何ものでもない性格を持っていた。

　これら聖地、イベリア半島、バルト海での十字軍では、王侯、領主、騎士からなる世俗の王侯騎士団が大きな役割を果たした。またそれと同等の、あるいはそれ以上に大きな役割を果たしたのが、新しく登場してきた騎士修道会(宗教騎士団／修道騎士団)だった。

　なお十字軍には、異教徒ではなくキリスト教内の異端派に向けられたものもある。アルビジョワ十字軍(1208-1244)は、南フランスに広まっていたアルビジョワ派(カタリ派)に対するもので、教皇インノケンティウスⅢ世(在位1198-1216)が十字軍宣言を発布して行われた。戦いは北フランスの王侯とアルビジョワ派を信仰する南仏諸侯とのあいだで行われ、アルビジョワ派は消滅することになったが、そのことよりも世俗界での南フランスへのフランス王権伸張に果たした役割のうえから論じられることが多い。

騎士修道会　神に仕える騎士団

　王侯に仕えるのが世俗一般の王侯騎士団なら、宗教騎士団こと騎士修道会は、キリストに仕える戦士集団だ。歴史学で騎士団といった場合には、普通この騎士修道会のことを意味する。

騎士修道会は、第1回十字軍(1096-1099)をきっかけとする十字軍運動のなかで、まず聖地で誕生した。教皇公認の最初の騎士修道会は聖ヨハネ騎士団、またの名をホスピタル騎士団という(1113年)。初めは巡礼者への援助を目的とした慈善救護施設(ホスピタル)だったが、次第に巡礼者の護衛、さらには聖地、占領地の警護・防衛といった軍事的活動をするようになり、やがてはそれが大きな活動となっていった。一方、初めから軍事的活動を目的として設立された騎士団もあり、聖地のみならずスペイン、バルト海地方にも設立されている。騎士修道会のうち、聖地で設立された聖ヨハネ騎士団、テンプル(神殿)騎士団、ドイツ(テュートン)騎士団を3大騎士修道会としている。

　騎士修道会はローマ教皇によって公認された修道会で、立場としてはあくまでもキリスト教の修道会だ。教皇に直属し、修道会としての守るべき具体的な規律(会則)や組織も持っている。ただ普通の修道会とまったく異なるのは、会士のほとんどが厳格な修道生活を志した者たちではなく、キリストの戦士として奉仕することを望んだ騎士階級や平民階級だったこと。そして、戦闘行為が修道会の宗教活動に含まれていた点にあった。

　騎士階級を筆頭とした会士は戦士であるとともに修道士ではあるが、一般の修道士よりも緩やかな戒律のもとで生活することができた。しかし入会にあたっては一般の修道会同様に、清貧・貞潔・従順の修道誓願を立てなければならなかった。

　騎士修道会は、十字軍運動の盛衰とともに大きく変化していくことになる。

混沌のシリア、パレスティナ　聖地十字軍直近の状況

　イェルサレムはキリスト教だけの聖地ではない。イスラム教とユダヤ教の聖地でもあり、3宗教それぞれの重要な宗教建築物・遺跡が存在していた。例えばイエスが処刑されたとされる場所には、キリスト教の「聖墳墓教会」が建てられている(335年建設)。また、イスラム教の預言者ムハンマド(571頃-632)がその上で昇天したとされる岩を安置しているのが聖殿「岩のドーム」だ(7世紀末建設)。ユダヤ教徒にとっては、ソロモン王(在位前971?-前932?)が建てた神殿(前10世紀中頃建設、前6

世紀前半再建)があった都市で、「嘆きの壁」はその神殿の遺壁である。複雑な宗教事情を象徴するように、この壁は「岩のドーム」の聖域を囲む壁の一部でもある。従ってイェルサレムは世俗的には誰かのものであっても、宗教的には一宗教だけのものではないことになる。パレスティナやシリアもまた同様だ。領主が誰であれ、そこには3宗教を信仰する住民が入り交じって暮らしていた。

　このことは当時の人々も理解していたようで、宗教に配慮した妥協と保全が図られてきた。かつてファーティマ朝がイェルサレムを掌握していた1009年には聖墳墓教会が破壊されもしたが(1047年修復)、それは例外といってもよく、イスラム国家が他宗教にとって潜在的な脅威であったとしても、専ら世俗的な脅威だったというのが実状だ。このことを最も理解していなかったのが、現地情勢に疎い西ヨーロッパ人だったといえる。

　もともとイェルサレムのあるパレスティナや、巡礼路として重要なシリアは、西ヨーロッパ人およびローマ・カトリック教会の守備範囲外にあった。そこは東ローマ(ビザンティン)帝国と、同じキリスト教でも別派である東方正教会のテリトリーだった。1060年頃の時点ではイェルサレムはイスラム勢力圏に組み込まれていたものの、シリアに接する小アジアは下の図のように東ローマの支配下にあり、聖地もまた手の届く距

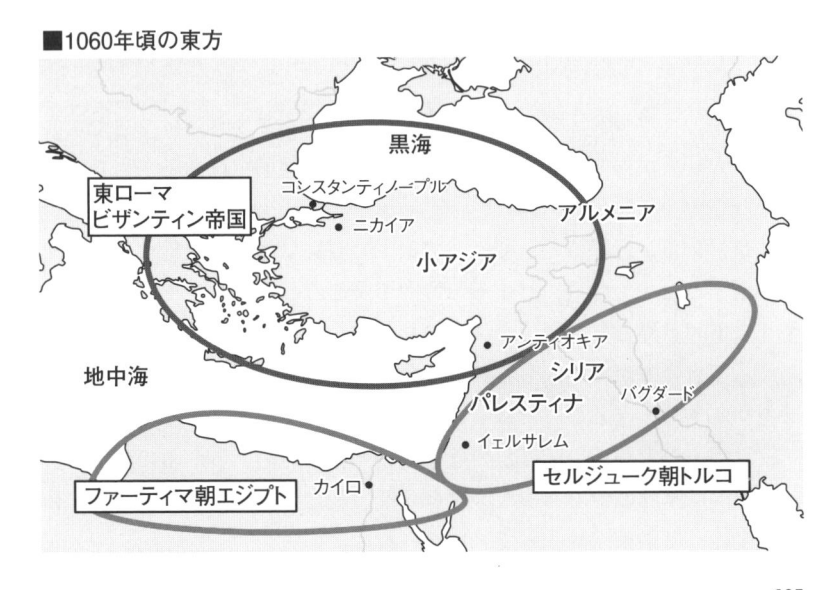

■1060年頃の東方

第3章　十字軍と宗教騎士団

離にあった。

ところが1081年頃には状況は以下の図のように激変する。

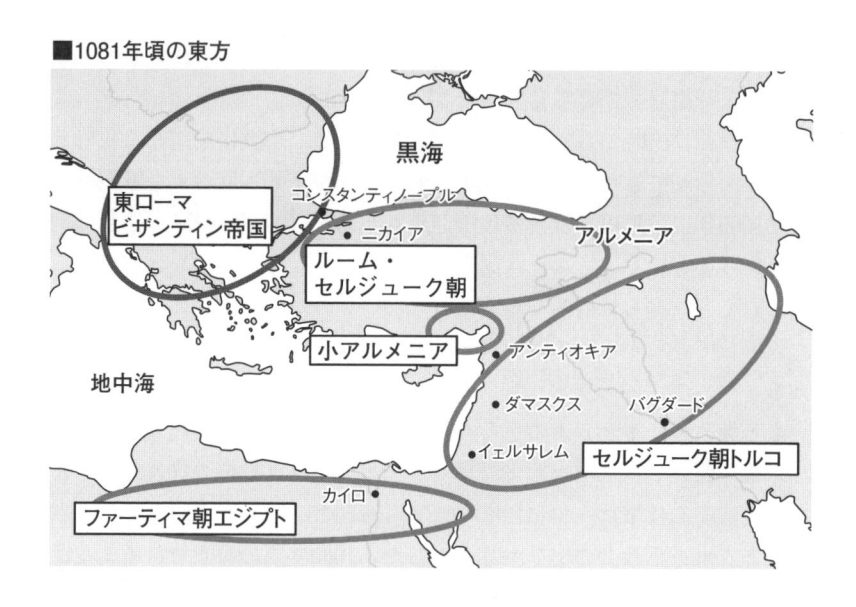

■1081年頃の東方

台頭してきたセルジューク朝トルコの一派(ルーム朝)がアルメニアを征服。さらにニカイア(ニケーア)、スミュルナ(現イズミル)などの拠点都市を攻略していき、1081年までにはビザンティン領だった小アジアをほぼ掌握する。

地図中の小アルメニアは、征服されたアルメニアから逃げてきたアルメニア人貴族が作った国だ。東方系のキリスト教国ではあるが大きな力を持たない。

ビザンティン帝国にとっては小アジアの喪失によって聖地への軍隊出動が困難となり、聖地に対する影響力が減じた状況となっていた。またキリスト教世界としては、今後の巡礼の安全や聖地の維持に危惧を覚えたとしても仕方がないかもしれない。しかしビザンティン帝国にとってはキリスト教云々どころではない。首都コンスタンティノープル間近まで敵対勢力が迫り、自国存亡の危機といってもいい。この頃のビザンティン帝国は軍制の要であったテマ(軍管区)制度が崩れており、傭兵に依存しなければ国家防衛すらできなかった。

1095年、時のビザンティン帝国皇帝アレクシウスⅠ世コムネヌス（在位1081-1118）は西の宗教指導者であるローマ教皇ウルバヌスⅡ世（在位1088-1099）に使節を送り、領土防衛・奪還のための傭兵を集めてくれるよう依頼した。このとき、ビザンティン帝国がキリスト教圏の東端にあって、押し寄せるイスラムの波をひとり食い止めていることを強調したとしても、求めていたのはキリストのためではなく、自国の窮状を救う援軍だった。

神、そを欲し給う　ウルバヌスの十字軍宣言

　1095年11月、フランスの都市クレルモンで、フランス中から大司教、司教、大修道院長が集まって教会会議が開かれた（11.18-11.28）。この会議は一国だけの司教会議にあたり、全キリスト教国からの出席資格者が集まる（万国）公会議ではなかった。しかし会議主催者であるウルバヌスⅡ世は東方のキリスト教圏と聖地の救出を叫び、十字軍の結成とその進発を、全西方キリスト教世界に向けて高らかに宣言した。
　この宣言で注目すべきなのは、東方の対異教徒戦争とそれによるキリスト教同胞の救出は当たり前として、次の2点がある。

①罪の赦免
　身分を問わず十字軍に参加し戦死した者には、神に与えられた権限に従い、教皇がその人の罪を赦す。
　今日、罪といえばまず刑法上の犯罪だけを想像する。嘘や裏切りといった道徳に背く行為は悪いことではあっても、よほどのことでなければ罪とまで思い込むことはない。中世人の罪の意識は、人間であるというだけで罪といっていいほどのもので、それゆえ多くの禍が報いとして身に降りかかると考えた。地方単位であれば、10世紀にノルマン人、マジャール人、イスラム勢力がヨーロッパを3方向から荒らし回ったことも、罪ある人間に神が与えた罰だ。個人的なものなら、病気もまた罪の報いだった。だからといって抵抗や治療をしないわけではなかったが、社会不安に包まれ、何とか罪の報いから脱したいと願う人々にとって、「神のための戦い＝罪の赦免」という図式には飛びつきたくなる魅力があり、一大ブームとなっていった。

②より広い土地への移住

　11～12世紀のヨーロッパは、農業技術の発展に伴う農地拡大と生産量の増加によって人口が増加した時期だった。しかし農地が広がっても人が増えただけで、それぞれの生活が楽になったわけではない。不安と貧困のあるヨーロッパとは違い、異教徒が支配する土地には「乳と蜜の流れる地」があると人々は考えた。

　支配階層である領主・騎士層も例外ではなく、相続の分配に与（あずか）れない次男坊以下や、分割相続されても、分割された分の小さな相続地に満足できない者は新天地への冒険行を求めていた。領地を得られなくてもいい。東方にはうなるほどの財宝があると思われていた。戦闘と略奪による戦利品は騎士の大きな収入源だった。クレルモンでの宣言が東方の元キリスト教圏回復に限ったものであったとしても、十字軍遠征には防衛・回復を超えた侵略的性格が備わる運命にあったということになる。

　ウルバヌスⅡ世の十字軍宣言の意図は必ずしも明らかではない。しかし改革派のクリュニー修道院出身の彼が目指したものは、単純に東方と聖地の解放だけを目指したものではなかったようだ。しばしば指摘されるように、世俗権力者に対して教会の威信を強化しようとしたことは確かなようだ。わかりやすくいうなら、やたら乱暴で私闘ばかりしている領主・騎士階級を異教徒との戦いへ向けることで、教会に惹きつけ、ついでに遠隔地へ関心を向け追い払おうとしたものらしい。

　異教徒との戦いという十字軍思想の下地は、それまでのイベリア半島での反攻ですでにできあがっていた。異民族・異教徒に攻められっぱなしだった西ヨーロッパは、今や攻める側に回りつつあった。ウルバヌスⅡ世はそのことの意味づけをし、人々の心情と行動に権威を与えただけだったともいえる。

　ウルバヌスⅡ世の演説が終わると、そこに集まっていた群衆は「神、そを欲し給う」と歓呼して応えた。

　こうしてウルバヌスの十字軍宣言は、ビザンティン皇帝が望んだ傭兵団の募兵・派遣要請をまったく質の異なる遠征団派遣に変えてしまった。第1回十字軍の遠征隊はのちに、この齟齬のためにコンスタンティノープルで不愉快な目に遭うことになる。

十字軍熱とともに栄える宗教騎士団

第1回十字軍　諸侯混成騎士団

　ウルバヌスⅡ世が提唱した十字軍には、国王級の人物が参加していない。当時の西ヨーロッパでは、神聖ローマ、イングランド、フランスが3大強国だったが、どの君主たちも破門されており、参加資格を持たなかった。この事実そのものが、当時のヨーロッパ内における世俗権力と教皇権の対立状況、すなわち教会の権威の程度を表している。

　神聖ローマ帝国皇帝ハインリヒⅣ世（在位1056-1106）は、聖職者叙任権問題で教会と争い続けていた、教会にとっては札つきの人物だ。ドイツ諸侯の支持を失い、息子のハインリヒⅤ世（在位1106-1125）までもが反乱を起こしたのだから、十字軍どころではなかった。フランス国王フィリップⅠ世（在位1060-1108）は、教会が禁止している離婚をしたためにクレルモン教会会議で破門。イングランド国王ウィリアムⅡ世赤顔王（在位1087-1100）は、イングランド歴代王のなかでも最大の不道徳者とされる人物。聖職者叙任権問題で教会と対立、聖職位の売買もするなどしてウルバヌスⅡ世に破門されていた。

　こうした事情により、第1回十字軍は諸侯級の人物と冒険騎士たちが寄り集まった、諸侯混成騎士団となった。教会指導の遠征であることをはっきりさせるべく、総司令官の地位には南仏ル・ピュイの司教アデマールが教皇使節として就いた。彼はクレルモン教会会議前に、最初にウルバヌスⅡ世の十字軍構想に賛成した人物だとされる。ヴァレンティノワ伯家出身で、騎士として戦い指揮することもでき、アンティオキアでは実際に一隊を率いて野戦に参加したが、部隊を統制・指揮するのではなく、専ら参加諸侯間の調停、遠征経由地との交渉役ということになる。

　遠征軍は召集地ごとに分遣隊を編制し、次の4軍団に分かれて、それぞれに全軍集結地のコンスタンティノープルへと出発していった。

①ロレーヌ軍団
　神聖ローマ皇帝の封臣団からなる。軍団長格は下ロレーヌ公のゴドフロワ・ド・ブイヨン(1060頃-1100)。教会と対立する神聖ローマ皇帝ハインリヒⅣ世の封臣ながらも参加した。領地の一部を売り、居城を質入れまでして参加したという。また弟のボードゥアン(ボールドウィン[英])・ド・ブローニュ(1058-1118)も参加している。聖職者となるべく育てられたが、兄に騎士として仕えていた。その後彼は故国に見切りをつけて十字軍で成功を収めた代表的な冒険騎士として知られることになる。派手好きにして果敢。シリアでの活躍により、兄以上の才の持ち主とされる。
　ほかにゴドフロワの兄ブローニュ伯ウースタスや従兄弟のボードゥアン・ド・ブール(ルテル)も加わっていた。

②北フランス軍団
　ノルマンディー公とその縁者が中心。ノルマンディー公のロベール・クールト・ウーズ(在位1087-1134)はウィリアムⅠ世征服王の長子。父にたびたび反乱した暴れん坊。父王の死によりノルマンディー公領を相続したが、イングランド王位は弟のウィリアムⅡ世赤顔王のものとなる。兄弟たちとの争いは絶えなかった。イングランド王位を望み続けながらも、ウルバヌスⅡ世の仲介を得て公領をウィリアムⅡ世に質入れして十字軍に参加する。
　ほかにフランドル伯ロベールⅡ世(クールト・ウーズの従兄弟)、ブロワ伯エティエンヌ(妻がウィリアムⅠ世征服王の娘)、ヴェルマンドワ伯ユーグ(フランス国王フィリップⅠ世の弟)が参加。

③南フランス軍団
　軍団を指揮するトゥールーズ、プロヴァンス伯のレーモン・ド・サン・ジル(?-1105)またはレーモン・ド・トゥールーズは、イベリア半島での対イスラム勢力戦に参加したことがあり、十字軍運動そのものに熱心だった。十字軍中最も洗練された人物だとされるが、派手好きで見栄っ張り。欲もある。この軍団にはル・ピュイ司教アデマールが同行した。

④南イタリア軍団

　南イタリア征服者のノルマン人からなる。ボエモン（ボヘモンド[英]）・ド・タラント（1065頃-1111）は、南イタリアとシチリア島を征服したノルマン人ロベール・ギスカール（1015-1085）の長子。ノルマンの冒険魂を受け継ぎ、父についてビザンティン領のギリシア遠征を行ったことがある。ビザンティン皇帝にとっては最大の危険人物。父の没後には後継者となれず、跡を継いだ異母弟と争った。ノルマン支配からの離脱を図ったアマルフィ市に対する攻囲軍を離脱し、十字軍に参加した。

　タンクレード（1078頃-1112）はボエモンの甥。ボエモンに忠実と見えながら、野心満々だった。

　正規軍ともいうべき諸侯混成騎士団とは別に、もうひとつ注目すべき十字軍集団が、修道士アミアンのピエール（1050頃-1115）が率いる、およそ2万人とされた民衆集団だ。

民衆十字軍　十字軍熱に浮かされて

　クレルモンでの十字軍宣言は、その場にいた人々を熱狂させ大きな宣伝となった。しかし、そのことだけで大規模軍事行動を起こせることにはならない。ウルバヌスⅡ世はその後も自らの脚で、また手紙で引き続き勧説に努めた。

　一方で、彼とは別に独自に農民たち相手の辻説法をして回った下級修道士もいる。やがて「隠者ピエール」の名で呼ばれるようになる遍歴修道士アミアンのピエールはその代表であり、最も勧説に成功した人物だった。そうして結成された、というよりも扇動されて出発した農民主体の遠征隊もしくは大規模強行巡礼隊のことを「民衆十字軍」と呼ぶ。

　ピエールの民衆十字軍は、ウルバヌスⅡ世が出発の日と決めた8月15日（聖母昇天祭）より数か月も早く出発した。

　数ある民衆十字軍は、ヨーロッパ社会の底辺にいる人々までがこぞって十字軍運動に賛同し、宗教的に熱狂した証しとされる。しかし、民衆十字軍の起こりを宗教的情熱だけで説明できるものではない。民衆の多くは貧しい農民たちで、領主たちの支配によって苦しい日々を送っていた人々だ。この時期の人口増加は土地の開墾の必要を増したが、森は領主たちの狩り場であったり、共同利用の入会地であったりと、なかなか

開墾にも手をつけられない。ピエールの民衆隊が2万人にも達した背景には、以上のほかに飢饉などの諸事情があった。農民たちは、こんな暮らしをしているぐらいなら、遠い旅（教皇のお墨つきがある）に出たほうがましだと思ったことだろう。

しかし、ほとんどの民衆十字軍の成果は惨たんたるものだった。長期に渡る旅行に備えた準備を貧しい民衆が用意できるわけもなく、スポンサーがついているわけでもなかった。なかにはヨーロッパ内でユダヤ人を虐殺しただけに終わったものもあり、多くは聖地にたどり着くことなく消滅した。とにもかくにも、シリアにまでたどり着いた隠者ピエールの一隊は、民衆十字軍最大の成功例だった。というよりも、その苦難ぶりからすれば最悪の例ともいえる。

隠者ピエールはいかにも苦行僧らしく痩せて長い髭を生やし、修道士の着る頭巾つきの僧衣はぼろぼろ。おまけに裸足だったという。財産らしきものといえば、彼が乗るロバだけだった。しかし彼の弁舌は影響力があったらしく、人々の巡礼への情熱をかき立て、彼は聖者のごとく扱われた。ピエールは影響を受けた配下らと北フランスを勧説して回り、ケルンに至った。そのときの人数は1万5,000人に上っていたとされる。

一行には民衆だけでなく小身の騎士も加わっており、彼らが軍事指導者となった。よく知られているのは、文無しまたは無産公ことゴーティエ・サンザヴォワールだ。彼の一隊は最も早い十字軍部隊として、5月末にはハンガリーを経由してビザンティン領に入った。帝国では警戒しつつも丁重に扱うつもりだったが、公式出発日よりもずいぶんと早い十字軍到着には戸惑うしかなかった。準備不足のために食糧の用意はなく、これに怒ったゴーティエらは略奪に走り、一部は逆襲されて殺された。要求し、満たされなければ奪うというのが当時の騎士の性癖で、交渉術のひとつでもあった。

ピエールがケルンを発ったときには（4月20日頃）、ドイツ人も加わって民衆隊参加者は2万人にもなっていた。ヨーロッパ行軍中に本隊が行った略奪と流血はゴーティエ隊以上だった。同じキリスト教徒から各地で憎しみを買うという有り様だ。

何とか小アジアに入った民衆隊だったが、ここで騎士たちは先を争うようにして略奪と殺戮を行った。そしてニカイア付近でとどまり略奪に明け暮れているうちに、ルーム・セルジューク朝軍によってほぼ全滅状態となってしまう（1096.10.21）。生き残った人々は諸侯十字軍に合流し、ピエールはアンティオキアにまでたどり着いたものの、長期に渡る攻囲戦中にヨーロッパへと逃げ帰った。その後彼は小さな修道院の院長になったという。

巡礼　第1回十字軍を支えた流行

　第1回十字軍の結成に役立った要因のひとつに、当時巡礼が大流行していたことがあげられる。
　宗教的な墓所や遺物を参拝する巡礼は、イェルサレムにおいてローマ

■11世紀における西ヨーロッパの主要キリスト教巡礼地

モン・サン・ミシェル
ベネディクト会の修道院がある。大天使ミカエルが現れ、命じられて建てられたとされる。

シャルトル
9世紀以来の聖母マリア信仰中心地。

トゥール
サン・マルタン大聖堂がある。4世紀の聖マルタン[仏]（マルティヌス[羅]）は戦士およびフランスの守護聖人。

サンタンジェロ
大天使ミカエルが現れ、鉄の拍車を残したとされる。

サンティアーゴ・デ・コンポステーラ
十二使徒のひとりで殉教した聖ヤコブ（ヤコブス[羅]）の墓があるとされる。イェルサレム、ローマに次ぐ大巡礼地。

ローマ
十二使徒のなかの首位者聖ペテロ（ペトルス[羅]）と異邦人の使徒聖パウロ（パウルス[羅]）が、ネロ帝によって殉教（64または67）した地で墓がある。聖ペテロはローマ教会の初代教皇とされ、教皇は彼の後継者とされている。

時代から行われていた。しかし細々と行われていたといってよく、それがヨーロッパに侵入する異民族勢力の撃退に成功し始めた10世紀になると、クリュニー修道院が勧めたこともあって大流行することになった。もともとは巡礼自体に大きな宗教的な意味づけはなされていなかったが、巡礼をすることが魂の救済と贖罪につながるとされるようになったため、誰も彼もが巡礼を夢見ることになった。十字軍、とりわけ民衆隊には、大がかりな集団巡礼といった理解で参加した者もいたのではなかろうか。

聖地イェルサレムが巡礼地の第一ではあったが、西ヨーロッパ内にも巡礼地とされた場所がいくつもあった。

聖地のイスラム勢力　西欧騎士団の敵

　第1回十字軍に参加した諸侯・騎士たちは、イベリア半島での従軍経験がある者を除いて、多くがまったく経験のない戦いをすることになった。イスラム勢力の戦術だけでなく、地理・気候においても慣れないなかでの戦いをしなければならなかった。しかし第1回十字軍に好都合だったのは、イスラム勢力が政治的に四分五裂の状態になっていたことだった。当時、イスラム勢力は大きく3王朝に分かれていた。

　最も広大な領域を占めていたのは、イラン、イラクからシリアに至るセルジューク(大セルジューク)朝だ。これはカスピ海東岸のトゥルクメン地方から出たトゥルクメン(トルコ)人が打ち立てた王朝で、1055年にバグダードを得て、アッバース朝カリフを宗教指導者に祭り上げてのちは、スルタンとして実権統治を行っていた。ビザンティン領アルメニア東部のマンジケルトの戦い(1071)でビザンティン帝国を破ったのちは、シリア、小アジアの全域を征服した(1084)。

　この大セルジューク朝から分家したのがルーム・セルジューク朝である。アナトリア、小アジアに進出した王族スレイマンが統治を公認されたのちに(在位1077-1078)独立した(1086)。しかし同年にスレイマンは一族の手によって殺され、幼少の息子クルチ・アルスランⅠ世(在位1092-1107)はバグダードで捕らわれの身となり、小アジアは小勢力の分立状態となった。十字軍が到来したのは、首都ニカイアに戻ったクルチ・アルスランⅠ世が父の遺領回復に努めていた頃のことである。

一方、本家の大セルジューク朝は最盛期を到来させたマリク・シャー（在位1072-1092）が没すると、もともと分立傾向にあった各地の王族や太守たちがまったくの独立状態となり、保身と領土拡大の思惑にとらわれていた。シリアでは十字軍以上にイスラム同胞に対する警戒心が強かった。

　このイスラム教スンニ派の2王朝に対し、10世紀からエジプトにあったのがシーア派のファーティマ朝である。スンニ派王朝とは領土的な対立とともに、宗教上でも対抗関係にあった。この王朝は分裂していたわけではないが、国内では宰相位を巡る権力闘争が激しかった。

　第1回十字軍によってシリアに十字軍国家と呼ばれるヨーロッパ人国家が誕生することになるが、それはこれらの状況に大いに助けられたことによる。

西欧騎士団の中東での戦い　第1回十字軍の経過と成果

　第1回十字軍に出発した諸侯たちは、それぞれの進路をたどり順次コンスタンティノープルに着いた。しかしビザンティン帝国にとって、この軍団は要請した傭兵戦力ではなく、いつ侵略者に変わるかもしれない野心旺盛な乱暴者たちだった。実際に小さな紛争も起こっている。

　アレクシウスⅠ世の娘で、父の伝記『アレクシアド』を書いたアンナ・コムネナ（1083-1148頃）は、西方からやってきた人々をケルト人と呼び、戦士たちは乱暴で統制がまったく取れていないとしている。また、戦士たちとともに多くの民衆がやってきたと書かれており、扱いを間違えば大変な脅威となったことが知れる。

　しかしビザンティン皇帝としては、彼らにはっきりとさせておかなければならないことがあった。十字軍諸侯がこれから攻め入り、トルコ人たちから奪おうとしている土地は、もともとビザンティンの領土であることだった。

　十字軍に集まった諸侯・騎士たちは、領地を攻め取り、東方にあるはずの豊富な戦利品を得ることを期待していた。それは聖地解放とセットになっていたし、より重要だと考える者たちも大勢いた。そんな彼らに皇帝は、略奪を禁止し、攻め取った土地を皇帝に返還するよう求めた。それで諸侯らが納得するはずもない。しかし十字軍にとっては皇帝の支

■分裂状態のイスラム勢力(1095年頃)

ダーニシュメンド
トルコ人武将。独立してルーム朝域での勢力拡大を狙う。12世紀後半には後継者がルーム朝に従う。

クルチ・アルスランⅠ世
捕らわれの身から脱し、父の遺領回復に努めるルーム朝スルタン。

チャカ
クルチ・アルスランⅠ世妃の父。スルタンとの姻戚関係をもとに勢力拡大を狙うも、当のスルタンに暗殺される。遺領は十字軍の小アジア侵入時にビザンティンが回復(1097)。

ヤギ・シャーン
領主。権謀術策の限りを尽くして生き残ってきた老人。娘はアレッポのリドワーン妃だが、近くにいるだけにリドワーンに飲み込まれるのを警戒している。

アサシン教団
シーア派内イスマイール派の分派。信徒に命を惜しまない暗殺者を多数抱える。教団存続に協力する同盟者には、たとえ十字軍であっても暗殺手段を提供する。

援が必要だった。食糧・物資・道案内、小アジアに渡る船。一方で皇帝も十字軍戦力はほしい。そこで妥協的に、皇帝に固い忠誠を誓えば、奪還地を封土として与えるという条件が出された。なかには断固として拒否する者もいたが、多くがこの条件を飲んだ。封臣になったとしても、何がしかの理由をつければ、あとでどうにでもなるというのが現実だった。皇帝は皇帝で、十字軍の勝手放題とならないように、イスラム勢力との外交交渉も進めた。互いが疑い、利用しようという思惑のなかで、十字軍はボスポラス海峡を渡っていった。

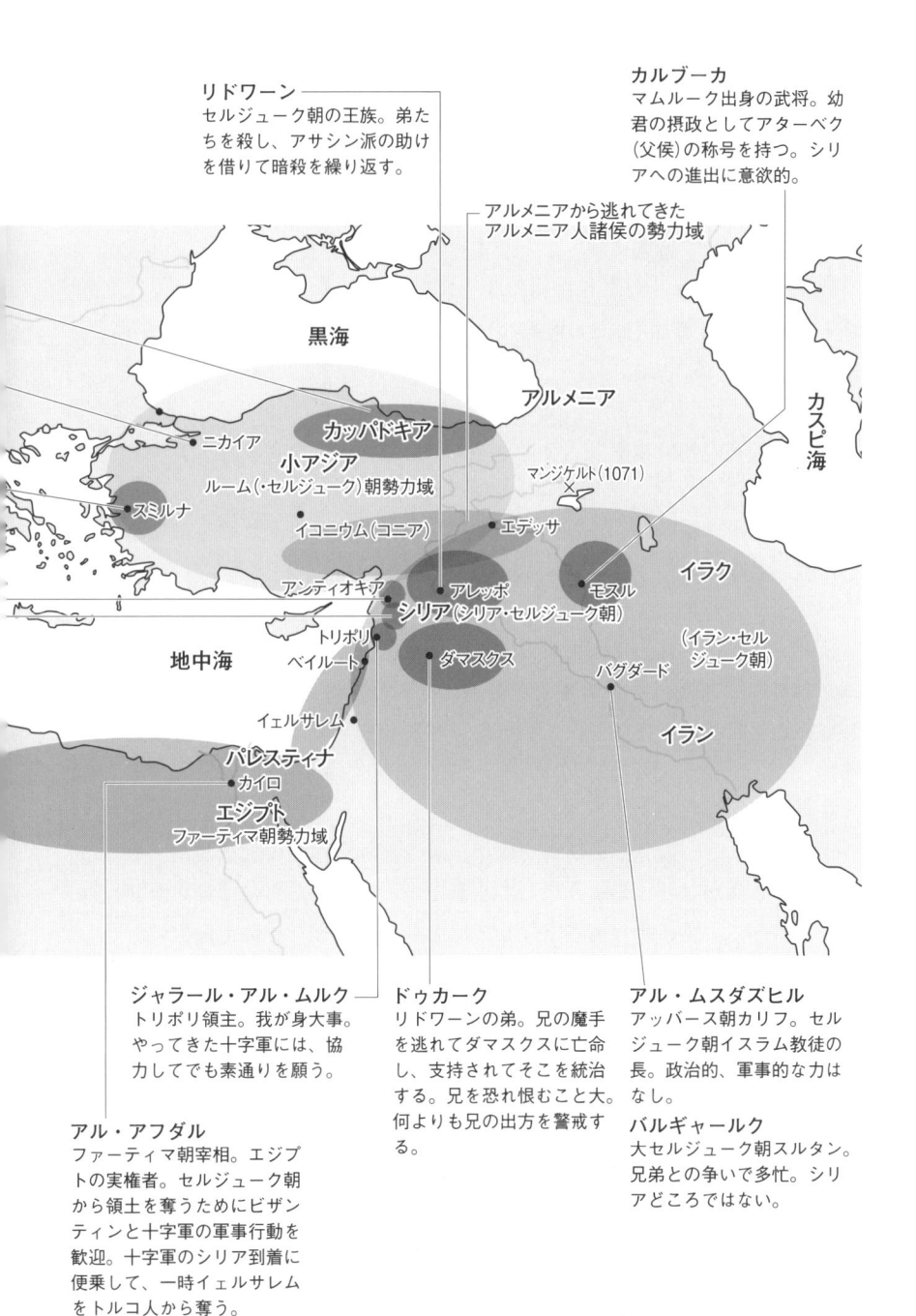

リドワーン
セルジューク朝の王族。弟たちを殺し、アサシン派の助けを借りて暗殺を繰り返す。

カルブーカ
マムルーク出身の武将。幼君の摂政としてアターベク（父侯）の称号を持つ。シリアへの進出に意欲的。

アルメニアから逃れてきた
アルメニア人諸侯の勢力域

黒海

小アジア
・ニカイア
カッパドキア
ルーム（・セルジューク）朝勢力域
アルメニア
マンジケルト(1071)
カスピ海

・スミルナ
イコニウム(コニア)
エデッサ
イラク
アンティオキア
アレッポ
・モスル
シリア(シリア・セルジューク朝)
（イラン・セルジューク朝）

地中海
・トリポリ
・ベイルート
・ダマスクス
・バグダード
キプロス
イラン

・イェルサレム
パレスティナ

・カイロ
エジプト
ファーティマ朝勢力域

ジャラール・アル・ムルク
トリポリ領主。我が身大事。やってきた十字軍には、協力してでも素通りを願う。

ドゥカーク
リドワーンの弟。兄の魔手を逃れてダマスクスに亡命し、支持されてそこを統治する。兄を恐れ恨むこと大。何よりも兄の出方を警戒する。

アル・ムスダズヒル
アッバース朝カリフ。セルジューク朝イスラム教徒の長。政治的、軍事的な力はなし。

アル・アフダル
ファーティマ朝宰相。エジプトの実権者。セルジューク朝から領土を奪うためにビザンティンと十字軍の軍事行動を歓迎。十字軍のシリア到着に便乗して、一時イェルサレムをトルコ人から奪う。

バルギャールク
大セルジューク朝スルタン。兄弟との争いで多忙。シリアどころではない。

第3章　十字軍と宗教騎士団

ドリュラエウムの戦い　トルコ式騎馬弓兵戦術との遭遇

　小アジアに渡り集結した十字軍の初仕事は、ルーム・セルジューク朝の首都ニカイア市の攻囲だった。折しもスルタンのクルチ・アルスランⅠ世は、地方支配者のダーニシュメンドとの戦いに出征中だった。残されたニカイア守備隊は、遠い国からやってきたよそ者よりは、身近な存在のビザンティン帝国に戦うことなく降伏した (1097.6.19)。

　肩すかしを食らったような諸侯騎士団は、イェルサレムへ向けて行軍を開始した (6.27)。しかし何もなければ1か月で着くところだったが、結局2年を要することになる。

　十字軍最初の戦いはドリュラエウムで、急遽同盟したクルチ・アルスランとダーニシュメンド同盟軍とのあいだで行われた (1097.7.1)。この戦いは西洋騎士戦術とトルコ式の騎馬弓兵戦術が、それぞれの特徴を示した戦いとなった。

　小アジアを縦断する十字軍一行は10kmほどの間隔を空けて、ボエモン・ド・タラントらのノルマン人系の左翼隊と、ゴドフロワ・ド・ブイヨンらロレーヌ人、フランス人が集まった右翼隊の2隊に分かれて行軍していた。規模はほぼ同じ。このうちの左翼隊をトルコ人部隊が襲撃した。

　左翼隊の司令官役を任されていたボエモンは、斥候からの敵接近の知らせを受けると、設営して防御を固め、騎士部隊を前面に配置した。そこへトルコ兵が包囲するようにして現れた。トルコ兵たちには歩兵がおらず、すべてが馬に乗り遠巻きにして弓を射かけてきた。騎士部隊の騎馬突撃は、敵が固まった隊列に仕かけてこそ威力を発揮するものだが、突撃させようにもトルコ騎馬弓兵はばらばらで、隊列らしきものを組んでいない。矢は雨のように降り注ぎ、矢が尽きれば矢を補給した部隊と入れ替わる。騎士たちは鎧を着込んでいるためにそれほど被害は受けなかったものの、馬が傷つき倒れていく。我慢し切れず突撃した者たちもいたが、そうするとトルコ兵は逃げ出し、決して白兵戦に持ち込もうとはせず、やはり遠くから矢を射かけてきた。騎士部隊は消耗するだけなので、とうとう宿営地に退却した。そこでもすでに戦闘が行われており、多くの被害が出ていた。最早手の打ちようがないといった有り様だ。

　宿営地を包囲したトルコ軍は、数時間に渡って攻撃し続けた。ところ

が包囲攻撃をするために固まってしまい、そこに到着したゴドフロワ率いる右翼隊の騎馬突撃の絶好の標的となってしまった。ゴドフロワはわずかな手勢を連れて騎馬突撃を仕かけ、遅れまじとほかの諸侯・騎士らが続いた。敵の援軍接近に気づくのが遅れたトルコ軍は、背後から襲われることになった。さらに統制を失ったところに、宿営地から出た左翼隊ボエモンらの突撃が行われ、トルコ軍は敗走に移ることとなった。

この戦いで西ヨーロッパ人は、今まで相手にしたことのないトルコ騎馬弓兵戦術の洗礼を初めて受けたのである。

アンティオキア攻囲戦　ボエモン・ド・タラントの活躍

ドリュラエウムのあと、アンティオキア市に到着してすぐさま攻囲戦に入った十字軍部隊だったが(10.20)、完全封鎖にはほど遠かった。市の「橋の門」から「聖ゲオルギウス門」までの西側は手が回らなかった。市の外港であるサン・シメオンからビザンティンの支援物資が届き、監視塔を建設して初めて攻囲らしい布陣ができあがったのは、到着して5か月後のことだった(3.4)。それでも敵の連絡を完全に遮断するまでには至らなかった。その間、周囲からの糧秣集めもセルジューク軍に邪魔をされ、兵士たちは飢えに悩まされることになった。しかし、アレッポ太守の救援軍を急襲して破っている(2.8)。この戦いは、湖と川に挟まれた地に設営されたアレッポ軍宿営地を急襲したもので、騎馬弓兵による包囲射撃ができない地形であったために、騎士団の突撃戦法の前にトルコ軍は敗れた。

そのうちセルジューク朝の援軍がメソポタミアから進発し、これにアレッポ太守軍、ルーム・セルジューク朝軍が加わり、大軍となって救援に向かってきた。率いるのはモスルのアターベク、カルブーカである。この噂を聞いた十字軍兵士のなかには戦線を離脱する者も大勢出て、士気は下がるばかりだった。

堅牢な城壁を持つアンティオキアの陥落は不可能のように思えた。セルジューク軍がこの都市を攻略したのも、内通者の手引きによって侵入し、門をなかから開けたためだった。同じことが十字軍にも起こった。攻囲戦指揮官の立場と、占領後の管理者となることを要求していたボエモン・ド・タラントのところに、折よく市内から連絡を取ってきた者が

■アンティオキア市攻囲開始時の状況（1097.10.20）

アンティオキアはローマ時代からの大都市で、盛時には20万人が住んでいたという。十字軍宿営地あたりにも競技場があるなど、一帯では最も大きな都市だった。第1回十字軍当時の人口は4万人程度とされる。トルコ軍がこの都市を奪取するまではビザンティン領であり、住民のほとんどがキリスト教徒だった。城壁は高く堅牢で、市の南側は山となっていて、その起伏に沿って城壁が続いていた。

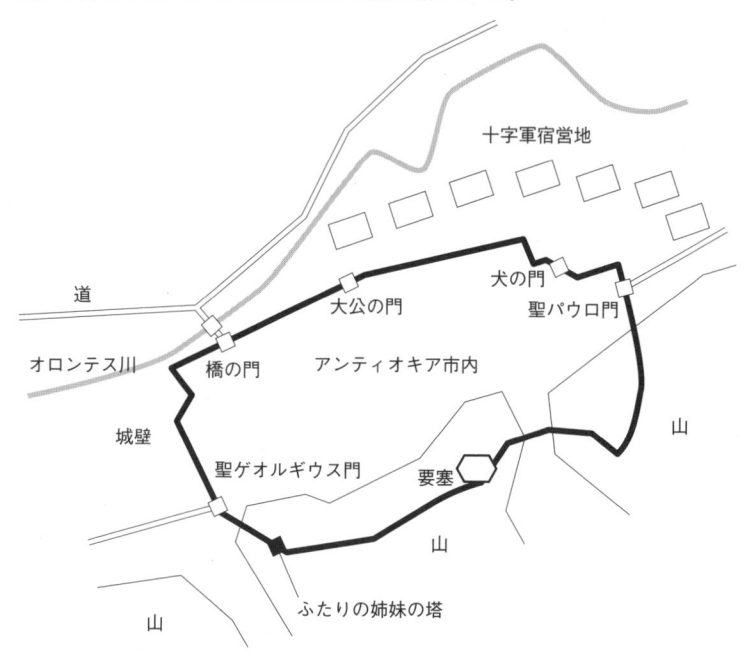

いた。イスラム教に改宗したアルメニア人で、不正をしたことで罰を受けたことから内通を希望してきたという。

　ボエモンはこれにより諸侯たちの上に立つことができるようになった。ボエモン指揮の下、諸侯は市内侵入準備に取りかかり、ボエモンは手引きを受けて「ふたりの姉妹の塔」と呼ばれていた山側の塔から梯子で侵入した。このとき用心深いボエモンは部下を先に上らせ、内通が間違いないと判断できたところで市内に入っている。

　侵入者たちが西側の2門を開け放つと、十字軍は雪崩を打って突入した。兵士たちはイスラム教徒を誰彼構わず皆殺しにした。一部のイスラム兵士は山側の城壁にある要塞へ逃げ込み、援軍到来まで踏みとどまった。

　かねて危惧されていたセルジューク軍の援軍到着は、占領後の2日な

いし3日後のことだった。市内の十字軍は相変わらず飢えに悩まされていた。しかし十字架に架けられたキリストを貫いた槍が発見されるという出来事が起こった。

　怪しい話だったが、少しばかり士気を取り戻した十字軍騎士団は、トルコ軍と対決することにした。

　軍はいくつかの軍団に分かれて「橋の門」を出た。長蛇の列となって無防備な行軍状態だったが、なぜかトルコ軍は襲ってこなかった。トルコ軍はいつも通り、騎馬弓兵による包囲殲滅戦での一網打尽を目論んでいたらしい。しかし結果は部隊の機動がうまくいかず、手ひどい敗北を受けることになった。これが第1回十字軍最大の戦いとされるアンティオキアの戦いである(6.28)。

　戦いのあと要塞の守備隊も降伏し、最早気力を失ったトルコ軍の前に、十字軍部隊はイェルサレムに到着するまで大きな戦闘をすることもなく、ただ攻城戦で拠点を攻撃しながらの行軍をすることができた。

　ただしイェルサレムに出発したのは、翌年の1月になってからだった。それまで何をしていたかというと、野心と警戒のなかで、アンティオキア領有を誰がするかという諸侯会議が行われていた。寄せ集めの諸侯連合だけに成果の取り合いだ。

　アンティオキアの領有はトゥールーズ伯レーモン・ド・サン・ジルとの確執のなか、ボエモンに決まった。アンティオキア公領の成立である。

　アンティオキア占領の前に攻囲軍をひとり離脱したボードゥアン・ド・ブローニュがエデッサを手にしたのも、戦略上の意味はどうあれ抜け目のない行動だったといえよう。彼はここの領有を承認され、エデッサ伯領が成立した。

　そんななか、総司令官だった教皇使節アデマール司教が病死した。最早調停役はなく、こののちは諸侯間のパワーバランスのなかでイェルサレム解放へと進んでいく。ボードゥアンとボエモンはイェルサレム行きには加わらず、支配地の拡大に勢力を注いだ。

イェルサレム占領　十字軍国家の成立

　アンティオキアからファーティマ朝支配のイェルサレムへの行軍は、

大きな戦闘もなく行われた。それでも小さな攻城戦をしたり、物資を集めたりと、イェルサレムに着くまでにおよそ6か月かかっている。

　イェルサレムは南半分の城壁に沿ってふたつの谷があり、攻めにくい地形をしていた。そのため到着した(1099.6.7)十字軍部隊は北からの攻撃を計画し、北壁に沿って宿営地を設けた。城壁はアンティオキア同様、時々の征服者、為政者によって作られてきた堅牢な備えをしていたが、十字軍の攻城具はそれに見合うだけのものがなく、長い梯子をかけてよじ登るくらいのことしかできなかった。それを試みてはみたものの、攻撃は犠牲を出すだけだった。

■イェルサレム攻囲戦
市内突入の突破口は、ゴドフロワ・ド・ブイヨンの部隊によって北壁東端近くで開けられた。そこの城壁が制圧されると、ほかの城壁でも同じようなことが起こり、聖ステファヌス門が内部から開かれて、どっと兵士たちが流れ込んだ。岩のドームを含めて市内が荒らされ、一部の守備隊は西壁沿いの要塞(ダヴィデの塔)に逃げ込んだ。そののち降伏した彼らだけが生き残ることのできたイスラム教徒だったという。

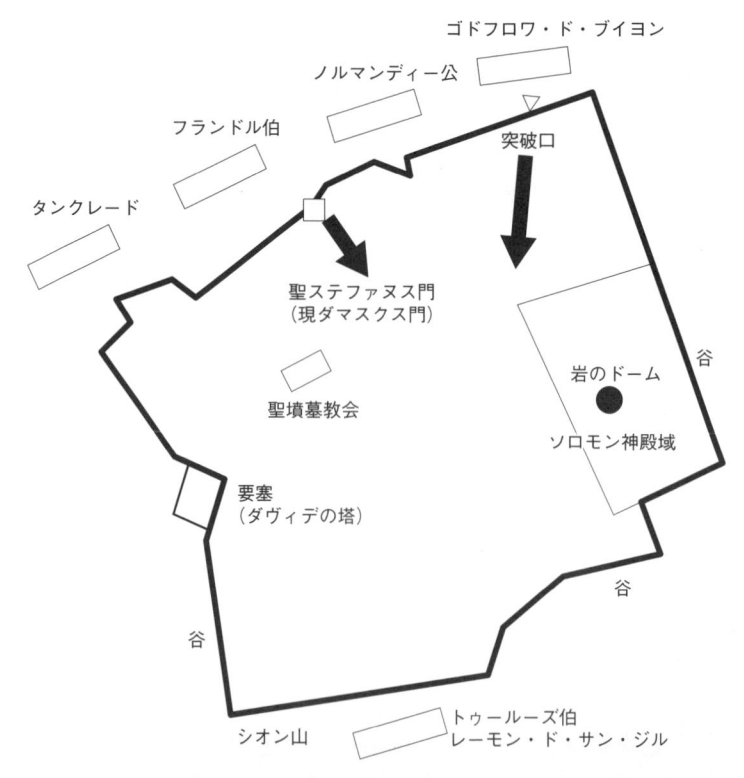

ジェノヴァらの艦隊がヤッファに入港したのはそんなときだ(6.17)。攻城櫓などの製作に必要な釘などの部品が届けられ、木材を周辺から集めた諸侯は、やっと総攻撃に移ることができた。突破口が開けられると、たちまちのうちに市内は占領された(7.15)。ここでも異教徒に対する虐殺が行われ、イスラム教徒のみならずユダヤ教徒も殺された。

占領したあとはイェルサレムの統治者を選ばなければならない。トゥールーズ伯レーモン・ド・サン・ジルは、ボエモンがアンティオキアに残ったあとは、なかなかの功績を立てていた。しかし粗野な西欧騎士たちには、彼の南仏人らしい派手さと教養ぶりが人気がなく、諸侯は兵の先頭に立って突破口を開けたゴドフロワを選んだ(7.25)。レーモンは、キリストが(茨の)冠を被ったところで王冠を被るわけにはいかないと辞退したともされる。そのせいか、あるいはレーモンにならったのか、ゴドフロワは王を名乗ることなく「聖墳墓の守護者」と称した。ここにイェルサレムはキリスト教徒の手に帰し、イェルサレム王国が成立した。ただし地中海沿岸の諸都市は未だに降伏しないところが多く、それらを得るまでには、まだしばらくかかることになる。

諸侯たちの帰還の日が近づいていた。彼らはアスカロン近くでの野戦でファーティマ朝救援軍を破ると(8.14)、最早用もないと去り始めた。あとに残った騎士は300騎程度だったとされる。

自分こそが真の十字軍総司令官だと信じながらも、得るものが何もなかったレーモンだけはすぐに戻ってきた。帰還途中で西ヨーロッパからやってきた十字軍増援部隊、というよりも農民主体の移民団を率いることになり、再びコンスタンティノープルから小アジアに入った。しかし部隊は壊滅した。それでも彼はトリポリ地方を襲い、そこにトリポリ伯領(1102-1289)を建てた。ただこのときには、トリポリ市を陥落させることまではできなかった。

これで、それまでにできあがっていたエデッサ伯領、アンティオキア公領、イェルサレム王国と合わせて4つの十字軍(ラテン)国家が誕生した。

これらの十字軍国家は、ヨーロッパ同様の封建国家だった。騎士たちは都市や村を領地としてあてがわれ、封主たちに仕えた。4国の関係はイェルサレム王の権威を認めつつも、それぞれが独立国だった。

また、キリキア地方にはアルメニア人キリスト教徒たちによる小アル

■第1回十字軍以後のキリスト教勢力

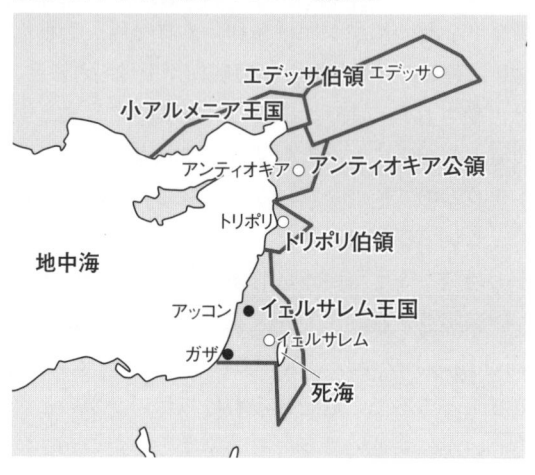

メニア王国が生まれている。小アルメニア王国は、ルーム・セルジューク朝によって狭義のアルメニア地方を追われたアルメニア人一派が建国した王国だった。

なお、第1回十字軍に参加した諸侯・騎士たちのその後は次の通りである。

ゴドフロワ・ド・ブイヨン
「聖墳墓の守護者」(イェルサレム王)となってからほぼ1年後に病死。死後に名声がひとり歩きし、理想的なキリストの戦士とされて、歴史上の英雄にも加えられる。

ボードゥアン・ド・ブローニュ
兄ゴドフロワの没後にイェルサレム王国ボードゥアンⅠ世(在位1100-1118)となる。パレスティナ沿岸都市など王国の勢力を広げることに腐心する。

ボードゥアン・ド・ブール
エデッサ伯領を受け継いだのち、ボードゥアンⅠ世が没すると今度はイェルサレム王国を受け継ぎボードゥアンⅡ世(在位1118-1131)となる。1123年にはセルジューク朝軍の捕虜となる。

ノルマンディー公ロベール・クールト・ウーズ
アスカロンの戦い後に帰還する。運の悪いことに帰還途中に弟のイ

グランド王ウィリアムⅡ世が没し、せっかくの王位継承の機会にその場におらず、末弟のヘンリーⅠ世(在位1100-1135)が王位に就く。ヘンリーⅠ世と争うも1106年の戦いに敗れて捕らえられ、そのまま死ぬまでロンドン塔に幽閉される。

ブロワ伯エティエンヌ

アンティオキア攻囲戦中に帰還してしまったために、妻に臆病者と罵られて再度聖地へ向かう。が、あっけなく戦死する。

トゥールーズ伯レーモン・ド・サン・ジル

トリポリ市占領を目指すも、攻囲中に病死。あとは息子に託される。

アンティオキア公ボエモン・ド・タラント

トルコ人の捕虜になっていたものの、1103年に身代金と引き換えに解放される。翌年、増援軍の組織のために聖地を離れヨーロッパへ。しかし二度と戻ることなく南イタリアにて没。

ボエモンの甥タンクレード

ボエモン不在中に摂政としてよくアンティオキア公領を治める。

聖ヨハネ騎士団とテンプル騎士団

聖ヨハネ騎士団　慈善救護施設からの出発

　第1回十字軍で諸侯・騎士たちの多くがヨーロッパへ帰還すると、聖地は極端な兵力不足に悩まされることになった。多いときでも騎士の数は、設立された十字軍国家すべてを合わせても1,000騎を超える程度だったという。

　この兵力不足は、ヨーロッパからの移住者や現地キリスト教徒を傭兵とするなどして補ったが、それでも足りない。国家といっても、支配しているのは面ではなく、都市や村、城塞といった点だけで、それらをつなぐ道を確保しているということだけのことだった。イスラム教勢力の侵入は容易なことであり、巡礼路の安全も保障されていなかった。

　十字軍国家はイスラム勢力が反攻に出れば劣勢に立ち、そのたびに十字軍としてヨーロッパから援軍を送ってもらわなければならなかった。しかし十字軍運動も次第に熱意が冷めていく。そうしたなか、兵力不足を補うために騎士修道会が創設される。補うどころか、会の成長に合わせて、次第に聖地には欠かせない軍事力となっていった。

　しかし最初の騎士修道会「聖ヨハネ騎士団」は、もともと巡礼団の慈善救護・看護施設（病院）がもととなって誕生したものだった。そのためホスピタル（病院）騎士団の名前でも呼ばれる。最初から軍事騎士団だったわけではない。

　もととなった病院は第1回十字軍以前に遡る。南イタリアのティレニア海側にあるアマルフィからやってきた巡礼商人たちが、当時イェルサレムを掌握していたファーティマ朝に許されて聖墳墓教会近くに小屋を建てた（1070年頃）。運営費は自分たちや人々からの寄付で賄われた。その後、当時の医療看護活動が人を罪の報いから救う宗教行為のひとつとされていたことから礼拝堂が建てられ、運営もベネディクト修道会士に任せられることになった。「ラテン人のための聖母マリア病院」というのがその頃の名前だ。まったくの善意による看護兄弟団としての登場だった。

修道士ジェラール　修道会として認可される

　ラテン人のための聖母マリア病院の活動と名は、海外でもよく知られるところとなり、民衆や大身者の寄付によって施設が増やされていった。収容施設でもある教会堂がふたつ建てられ、男性用のものは洗者聖ヨハネに捧げ、女性用のものはマグダラの聖マリアに捧げられた。セルジューク朝がイェルサレムを掌握したときには、占領の混乱のなかで関係者に多くの死者が出たともされるが、定かではない。

　再びイェルサレムがファーティマ朝のものとなり、1099年に十字軍が到来したときには、南仏プロヴァンス出身のジェラール(?-1120)という修道士が施設の運営管理者となっていた。

　十字軍に占領されてイェルサレム王国が成立すると、国王や諸侯たちから多くの寄付がなされ、イタリアといった海外にも病院施設を設けるまでになっていく。そしてウルバヌスⅡ世の後継教皇パスカリスⅡ世(在位1099-1118)が正式な修道院として認め、教皇直属下での自主管理と運営が許された(1113)。これにより、巡礼路に沿った国際的な病院組織「イェルサレムの聖ヨハネ看護修道会」が誕生することになった。

　ただしこの時点では、救護・看護活動に特化した修道会である。軍事活動を行う騎士修道会になるのは、ジェラールが没して、同年にレーモン・ド・ピュイ(在位1120-1160)が第2代の総長になってからのこととなる。

テンプル騎士団　名もなき貧しき騎士たち

　十字軍国家の外敵への脆弱さは、軍事力＝警察力の時代だっただけに、そのまま国内の治安の悪さとなって表れた。何分にも人数が少ないために交通路は野盗が横行するところとなり、巡礼者の所持品も命も危険に見舞われることとなった。

　この種の治安の悪さは、ヨーロッパでも程度の差こそあれ同じようなものだった。ヨーロッパでは治安の担い手であるはずの城主や騎士たちが野盗となっていたのだから、それに比べれば聖地はまだましだったともいえる。しかし、聖地をキリスト教徒自らが統治するようになったというのに巡礼路が以前と変わらずに危険、あるいは以前よりも危険とは、何のための十字軍だったかということになる。

　そうしたなか、北仏シャンパーニュ出身の老騎士ユーグ・ド・パイヤ

ンが、フランドル出身の友人ゴドフロワ・ド・サントメールらと一緒に巡礼団の警護活動を始めた。聖ヨハネ看護修道会ができてから5年後のことだった（1118年）。

　彼らもまた、まったくの善意による奉仕活動を、ただし騎士ならではの分野で始めたことになるのだが、当初の目的と性質が聖ヨハネ騎士団とは大きく異なっていたことになる。合わせて騎士9名となった地道な活動は10年に渡り、まさにキリストの戦士として働き続けた。

　テンプル騎士のことを「キリストの貧しき騎士」とも呼ぶが、これは活動当初に、一頭の馬にふたりの騎士が乗らねばならないほどの貧しさにあったことによるとされる。のちにその騎士像が、労苦を分け合い助け合うことのシンボルとして、騎士団の印章に描かれることになる。しかし労苦に耐えただけあって、やがて彼らの行いは、支援者たちの力によって大きな実を結ぶことになった。

　まずイェルサレム国王ボードゥアンⅡ世は、王宮であるソロモン神殿跡の一角に彼らを住まわせた。のちに王宮はダビデの塔に移って、神殿域が騎士修道会へと発展した警護団の本部となり、騎士修道会はソロモン神殿にちなんで神殿（テンプル）騎士団の名で呼ばれるようになる。

　騎士修道会（騎士団）となったのも支援者たちの影響力のおかげだ。何よりもユーグがシャンパーニュ出身であったことは大きかった。かつての封主シャンパーニュ伯ユーグ・ド・シャンパーニュもまた領地を甥に譲って十字軍騎士となったひとりだったが、彼は人脈の連鎖をもたらした。まず伯から支援を受けて伯領内にシトー会分院を建てたベルナール・ド・クレルヴォー（聖ベルナール／聖ベルナルドゥス、1090-1153）、さらに聖ベルナールの上長であるシトー会本院のスティーヴン・ハーディングが支援をもたらした。特に思想家であり弁舌家でもある聖ベルナールの旺盛な宣伝と説得活動は、騎士修道会化のための強力な推進力となった。

　こうした支援者たちの力によって、ユーグ・ド・パイヤンらの警護団はトロワで開かれた教会会議で教皇ホノリウスⅡ世（在位1124-1130）により「イェルサレムのテンプル騎士修道会」として公認された（1128）。初代総長はユーグ・ド・パイヤン（在位1128-1136）である。

　この公認は修道会としては聖ヨハネ看護修道会よりも遅かったが、軍事活動を目的とした騎士修道会としては最初のものとなった。

キマイラ　聖ベルナール

　かつてのキリスト教はまったく戦争を認めない宗教だった。いくたびも弾圧を受け、悲惨な目にも遭ってきたが、それでも武器を取って戦うことをよしとはしなかった。

　ところが布教の広がりに伴って、教会領を持ち世俗とのかかわりが強くなると、そうもいっていられなくなってくる。ヴァイキングなどの異民族・異教徒の襲来は跡を絶たず、それが止めば王侯たちが互いに争って勝手し放題。民衆は苦しみ、教会の存立自体が危うくなってきた。

　教会は精神世界を活動の場とするだけに、現実世界に強く働きかける実行力に乏しい。最たるものでは軍事力を持たないし、精神世界の指導者としての政治力も、王侯に理解があればの話ということになる。

　教皇ウルバヌスⅡ世による十字軍結成の勧説では、現実世界での実行力を間接的ながら教会が持ち得ることをはっきりと示すことができた。

■聖ヨハネ、テンプル両騎士修道会のイェルサレム本部
聖ヨハネ看護修道会の本部は、アマルフィ商人が病院を建設した場所にあった。3つの教会堂が含まれる。テンプル騎士修道会の本部は、高台となっているソロモン神殿域南端に固まっている。「ソロモンの神殿」と呼ばれた教会堂は、もとは由緒あるイスラムの祈り所アル・アクサ・モスク。同様にイスラムの聖所「岩のドーム」も内部の聖岩とともに破壊を免れ、ドームの天頂に黄金の大十字架が立てられて「主の神殿」(テンプルム・ドミニ)と呼ばれる聖堂とされた。厩舎には盛時で2,000頭の馬が収容されていたという。

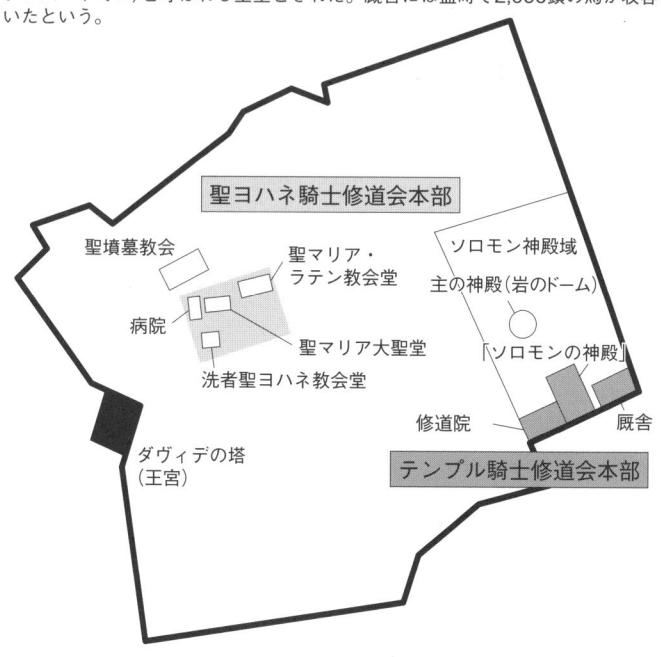

第3章　十字軍と宗教騎士団

しかしそれは思想というよりも、感情に訴えた扇動と呼んだほうがいいものだった。

これに対し、聖ベルナールは戦争を否定する教会が戦争を肯定するという矛盾を正当化するばかりか、信仰生活の行動指針にまで仕立て上げた。

十字軍にいくのは、殺すためではなく身を捨てて死ににいくためである。それは精神と現実がひとつとなることにほかならない。彼は騎士にいう。現実世界だけでなく、我意我欲を捨てて精神世界でも戦う戦士になれと。それが新しい騎士、新しい信仰の有り様なのだと。

この過激な論理は、本来キリスト教が持っていた平和主義に反するという大きな矛盾を抱えていた。矛盾を内包していることは聖ベルナール自身の自覚するところであって、自らを獅子の体に山羊の頭と蛇の尻尾を持つ怪物キマイラにたとえている。

ユーグ・ド・パイヤンらの行為は、そんな彼が現実のなかに見いだすことのできた見本であり、手本とできるものだった。だからこそ天下に広く認めさせるべく、騎士修道会化に向けて情熱を注いだのである。

レーモン・ド・ピュイ　聖ヨハネ騎士団の成立

テンプル騎士団の結成(1128)は、純粋な慈善病院であった聖ヨハネ看護修道会に大きな刺激を与えた。また、聖ベルナールが理想として示した信仰行為の有り様は明快であり、戦闘行為の矛盾を解消しているようにも見えた。当時の流行思想ともなっており、看護修道会は活動に軍事行動を加えることになる。

ただし、いつの時点で軍事活動を合わせ持つ騎士修道会(騎士団)となったかは明らかでない。第2代総長となったレーモン・ド・ピュイの代であることは確かで、1137年頃には実戦に参加したとされているので、それ以前のことではある。恐らく看護修道会も、当初は巡礼団の護衛活動から始めたのだろう。

病院から始まった聖ヨハネ騎士団は、そのことでその後の騎士修道会の性格も特徴づけられていく。国籍を問わず、また身分、男女を問わず救護・看護にあたっていたことは、入会した騎士修道会士の国籍の多様さ、また女子修道院と修道女の存在に見られる。修道女たちは看護活動

になくてはならない存在だった。

　騎士修道会となってからも、慈善救護活動がおろそかにされることはなく、聖地防衛と合わせて活動の2本柱であり続ける。また貧者、富裕者を問わず、寄付によって病院運営がされてきたことは、後年のテンプル（神殿）騎士団のように金利を取っての貸金業で大稼ぎすることを手控えさせた。

　シリア、パレスティナから十字軍が駆逐されたのちも、最後までイスラム勢力と戦い続けたことを考え合わせれば、「イェルサレムの聖ヨハネ看護騎士修道会」は、本来の十字軍精神を最もよく体現し続けた騎士団だったといっていいだろう。

騎士修道会大いに栄える　所領の増大と管理運営組織

　修道会として公認された聖ヨハネ、テンプルの両騎士団は、ヨーロッパにおいて盛んに領地の寄進を受けるようになり、急激に成長していった。13世紀には領地の数が大小合わせて万を数えるまでになっていく。領地から上がる収入は聖地へと送金され、両騎士団の活動を支えていた。

　騎士団領は、領地がその国の王に属するものではないために税を払う必要がなく、また教会に納める十分の一税（財産・収穫の十分の一が教会維持費として徴集された）も教皇から免除されていた。そのためすべての収入が騎士団のものとなった。

　会員の募集と入会も、公認前とは比較にならないほどしやすくなった。ヨーロッパ各地に置かれた支部が人的資源の供給拠点として働いた。テンプル騎士団は公認の年にあっという間に騎士300人に増え、その後も入会が続いて、盛時には万を超えたとされる。実際にはそれほどまでいかなかったとしても、相当の数ではあった。ただしこれらの人数は、シリア、パレスティナだけでなくヨーロッパ各地にも分散していたので、修道騎士すべてが聖地での即時対応戦力とはならない。

　これらの領地・財産と、会員や人員の管理・運営は、絶大な権力を持つ総長（騎士団長）を頂点とした組織が担った。

　厳格に階層化された組織は、世俗の封建諸侯のものには見られない。封建騎士とは違い、騎士たちは修道会士でもあっただけに、修道院に準じた厳しい会則と統制に服さなければならなかった。上長の命令には無

条件に服従し、戦場では軍旗が翻っているあいだは退くことが許されない。軍事組織では当たり前のことなのだが、当時の世俗騎士にはなかったことだ。

入会者の身分は大きく、騎士・聖職者・平民に分かれ、その身分に応じて役割分担がなされていた。ほかに修道会員ではない雇用者もいた。

騎士団総長

聖ヨハネ、テンプル騎士修道会とも総長が大きな権限を持っていた。そのため、総長の個性が騎士団の成功と失敗を大きく左右することとなった。

所領管理と病院活動などの日常活動は、組織的な運営によって保障されている。そのため、総長たちのおもな仕事は政治と軍事においてである。特に戦闘は騎士団の名声と財産を、ひいては総長個人の威信を一挙に拡大する機会であった。その点は一般騎士社会と同じだ。山師的な性格であれば、大いに張り切らざるを得ない。

戦闘はどんなものであれ常に騎士団に人的、財産的なリスクを負わせるのだが、それが冒険的なものであればあるほど、大きく負わせることになる。総長自身もリスクは負っている。彼らは最高司令官ではあるが、当時の戦闘の常として自ら前線に立ち、騎乗突撃となれば護衛つきながらも騎士たちと一緒に突っ込んでいく。近代戦以降の部隊指揮官にたとえるなら、歩兵やテュルコプル（現地採用兵）を含めた全部隊の師団長や連隊長ではあるが、決定戦力である騎士隊の部隊長としても働く。騎士隊の人数はどんなに多くても500騎程度だから、規模としては大隊長、しかしやることは中隊長並みだ。だからよく死ぬ。テンプル騎士団では、歴代総長のうちほぼ半数が戦死または戦傷死している。そうしたときは決まって配下の修道騎士たちもほぼ全滅に近い。騎士団員は無謀な出撃命令だと思えても従わなければならないし、撤退命令があるまではひたすら戦い続けなければならない。指揮官が猪武者であれば、敵を打ち負かすことしか考えないし、撤退を期待しても戦況を判断する部隊指揮官が乱戦のなかにあるのだから仕方もなかった。

■テンプル騎士修道会組織図

組織は時代によって異なるものの、おおむねこのような組織であったと理解していい。
管区数は2管区から最終的に9管区となった。

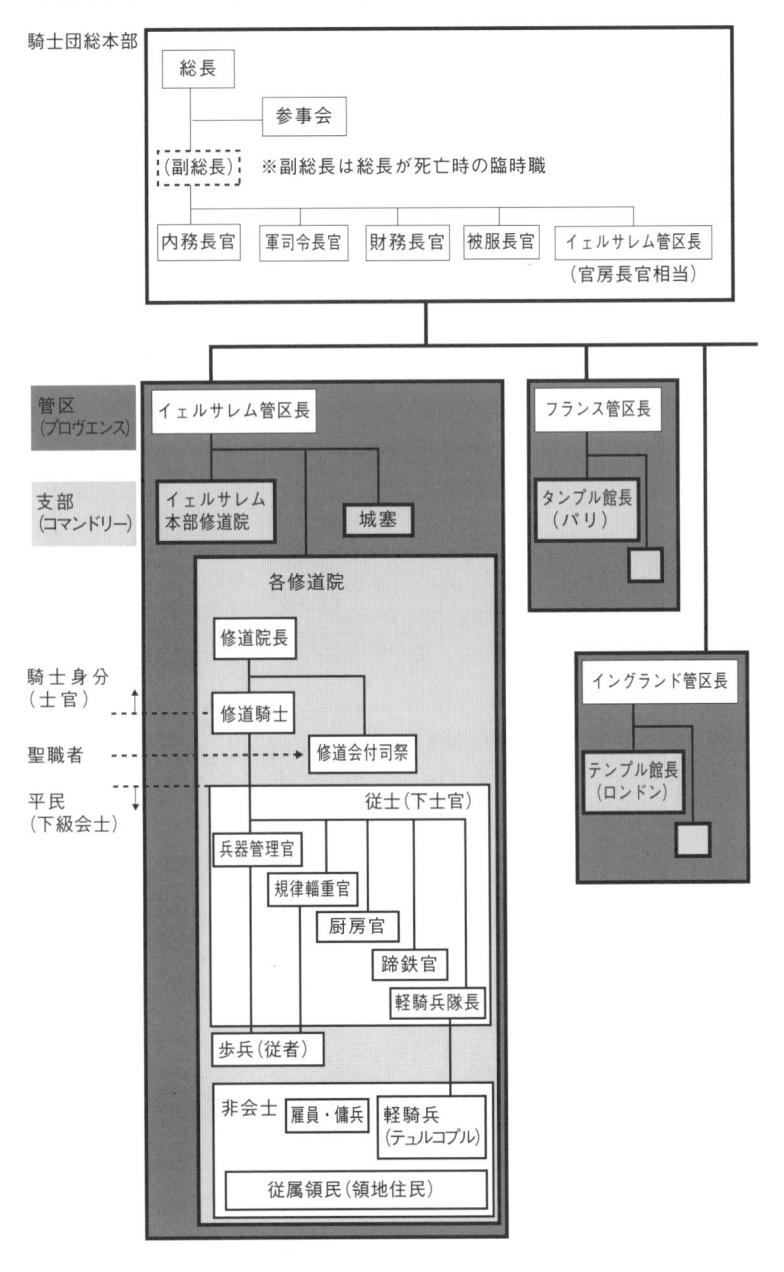

```
騎士団総本部
  総長
   ├─ 参事会
  (副総長)  ※副総長は総長が死亡時の臨時職
   ├─ 内務長官
   ├─ 軍司令長官
   ├─ 財務長官
   ├─ 被服長官
   └─ イェルサレム管区長（官房長官相当）
```

管区（プロヴェンス）
支部（コマンドリー）

イェルサレム管区長
 ├─ イェルサレム本部修道院
 ├─ 城塞
 └─ 各修道院
      ├─ 修道院長
      ├─ 修道騎士
      ├─ 修道会付司祭
      ├─ 従士（下士官）
      │   ├─ 兵器管理官
      │   ├─ 規律輜重官
      │   ├─ 厨房官
      │   ├─ 蹄鉄官
      │   └─ 軽騎兵隊長
      ├─ 歩兵（従者）
      ├─ 非会士
      │   ├─ 雇員・傭兵
      │   └─ 軽騎兵（テュルコプル）
      └─ 従属領民（領地住民）

騎士身分（士官） → 修道騎士
聖職者 → 修道会付司祭
平民（下級会士）

フランス管区長
 └─ タンプル館長（パリ）

イングランド管区長
 └─ テンプル館長（ロンドン）

第3章 十字軍と宗教騎士団

133

■聖ヨハネ騎士修道会組織図

大きく軍事と病院の2系統に分かれている。

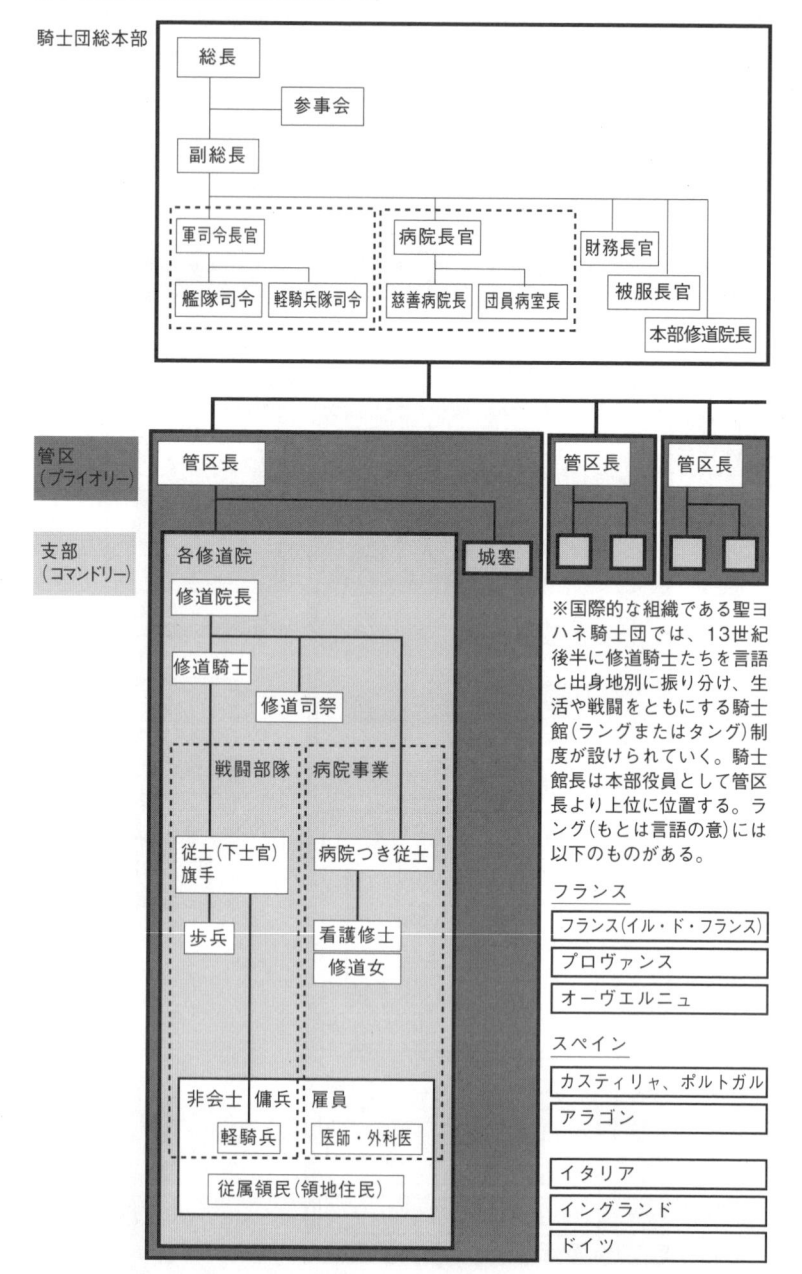

騎士団総本部
- 総長
  - 参事会
  - 副総長
    - 軍司令長官
      - 艦隊司令
      - 軽騎兵隊司令
    - 病院長官
      - 慈善病院長
      - 団員病室長
    - 財務長官
      - 被服長官
    - 本部修道院長

管区（プライオリー）
- 管区長

支部（コマンドリー）
- 各修道院
  - 修道院長
    - 修道騎士
      - 修道司祭
    - 戦闘部隊
      - 従士（下士官）旗手
      - 歩兵
    - 病院事業
      - 病院つき従士
      - 看護修士
      - 修道女
    - 非会士・傭兵
      - 軽騎兵
    - 雇員
      - 医師・外科医
  - 城塞
  - 従属領民（領地住民）

※国際的な組織である聖ヨハネ騎士団では、13世紀後半に修道騎士たちを言語と出身地別に振り分け、生活や戦闘をともにする騎士館（ラングまたはタング）制度が設けられていく。騎士館長は本部役員として管区長より上位に位置する。ラング（もとは言語の意）には以下のものがある。

フランス
- フランス（イル・ド・フランス）
- プロヴァンス
- オーヴェルニュ

スペイン
- カスティリャ、ポルトガル
- アラゴン

- イタリア
- イングランド
- ドイツ

修道騎士

入団資格

　騎士修道会には平民でも入会することができたが、士官に相当する修道騎士となるには騎士身分以上でなければならなかった。これは入会時点ですでに騎士に叙任されていなければならないということではなく、血統において生まれがそうであればいい。

　日本でいうなら、先祖が武士ということになる。しかし厳密にいえば足軽や徒の下士ではなく、騎乗武士でなければならない。たとえば江戸時代の幕臣であれば、200石の俸禄を受ける武士以上に相当すると考えていいだろう。200石の軍役では本人が馬に乗り、ほかに4人の兵・小者を動員する決まりになっていた。従って2〜4名の従者を連れて従軍する平騎士とほぼ同じと考えていい。もし先祖にそういう武士を持っている日本の読者がいれば、入会資格を備えているということになるのだが、多くの読者はこの時点で諦めなければならないだろう。

　ほかには次のような資格があった。これらは身分に関係なく、修道士になるための一般的な条件でもある。

　①成年（16歳よりも上）
　②未婚
　③ほかの修道会に属さない
　④債務（借金）がない

　そのほか、破門されたことがないとか、犯罪歴めいたものが問われる。健康であることは当然とされる。

　資格ありと認められた者は、一般の修道院と同様に清貧・貞潔・従順の修道誓願を立てなければならない。

　修道騎士の実際の暮らしは、一般修道士よりも優遇されてはいたが、世俗騎士よりはずっと我慢を強いられる。女遊びや夜遊びをする輩には無理だ。この誓願を立てられるかが、騎士修道会では最も重要な資格と

いっていいかもしれない。軍事組織である騎士修道会では、このうちの従順、すなわち統帥権を持つ総長への絶対的な服従が、大きな意味を持つことになる。

　騎士身分でない者でも、そのほかの資格さえあれば、従士（下士官）または従者（歩兵）級として入会することができる。修道誓願もより軽いものですむし、能力があれば上級下士官として領地管理や歩兵管理の役づきになれる。地位が修道騎士よりも低いことに違いはないが、騎士以上に騎士団へ貢献することもできるだろう。

　ほかに、生涯を騎士団に捧げる正式の会士とは別に、期限つきの客分会士として活動に参加する騎士もいた。

修道会則

　資格ありと認められ、厳粛な入会式を終えたなら、晴れて騎士修道会士の仲間入りだ。

　騎士修道士は、戦闘員であると同時に修道会士でもある。そのため彼らの日常は、それぞれの騎士団が定めた修道会則に従って過ごす。会則というのは守るべき規則ということだが、それよりも信仰生活を導く指南則といったほうがいい。

　会則のなかで最も大切なのは、修道会だけに祈ることだ。テンプル騎士団の修道騎士は毎日、ミサ聖祭に与らなければならない。

　ミサ聖祭とはキリストの体と血を表すパンと葡萄酒を司祭の手で神に捧げ、これによってキリストが磔となった犠牲を再現する儀式のことをいう。それによってキリストがしたごとく、参加者もまたキリストを媒介とした完全な犠牲を神に捧げるというものだ。

　これができないとき、たとえば戦地で任務に就いているときは、主祷文（主の祈り）を1日3時間ごとに8回ある定時課ごとに唱えなければならない。主祷文とは、さわり部分が洋画などで日本人にもお馴染みの「天に在す我らの父よ…」の祈りである。これを時課ごとに少なくとも7回、多いときには30回（朝課）唱える。22時から5時までの就寝時間中にも定時課は2回あり、起き出してお祈りをする。

　祈りが重視されるのは聖ヨハネ騎士団でも同様で、それはただ修道会だから当たり前ということではない。祈りや念仏は信心があるからするものではなく、繰り返し繰り返し唱えることで信心を培う働きを持って

いる。だから騎士を戦闘行為と精神行為の調和が取れたエリートとするためには、特に厳しく規定することが欠かせなかった。しかし戦闘時や疲労困憊時にどこまでできたかは疑わしい。ただし別の日に振り替えることもできたので、基本的には祈りが日常的に行われたと考えていいだろう。なお、世俗の武人でも信仰心篤く十字軍に熱心だったフランス国王の聖王ルイは、夜中にも起き出して祈りを捧げていたという。

　風紀などの遵守・禁止事項は数多くある。テンプル騎士修道会では次のようなことが守るべき規則とされていた。これらの規則の反対を行うのが、よくいる世俗騎士だと考えていいかもしれない。

①私物の所持は原則禁止。
②衣服は支給される質素な物のみ。毛皮はダメ。
③長髪はダメ。逆にあごと口元には髭を蓄えなければいけない。
④娯楽である狩猟はダメ。鷹狩りなどもってのほか。ライオンだけは害獣なので奨励。シリア、パレスティナにライオンがいなくなったのはテンプル騎士のせいともいわれる。
⑤女性を近づけてはいけない。おかげでのちにテンプル騎士は同性愛者と噂される。
⑥手紙は検閲を受ける。ラブレターなどもらったら大変だ。
⑦手柄話、自慢話をするのはダメ。

修道騎士の服装と武装

　修道騎士の衣服は、一般の修道会同様、騎士団ごとに規定が定められていた。

　修道士の着る衣服は、その修道会の精神を、外部に対しても内的世界においても最もよく表すものである。そのため基本デザインを統一し、支給していた。聖ヨハネ騎士団では修道衣や外套などが黒色、テンプル騎士団では白色を着用した。これら定型の衣服から寝具、下着に至るまでの支給品は、物も少ない時代でもあり、支給と回収をきっちりと行うことが重要となる。管理係は組織内で重要な位置を占め、騎士団でも被服長官は本部役員だった。

　騎士団の衣服に共通することは質素であること、そして徽章として十字を用いることだった。十字の細部については騎士団ごとにそれぞれに

異なる。

　聖ヨハネ騎士団の十字徽章には4つの先端がそれぞれにふたつ、合計8つの尖りを持つ通称「マルタ十字」が用いられた。軍旗などでは色が白色、地が赤色で使用された。ただし教皇アレキサンデル（アレキサンドロ）Ⅳ世（在位1254-1261）が定めたもので、それ以前は最も一般的なラテン十字やイェルサレム十字を用いていた。13世紀末頃からは、白と赤の配色が修道騎士の戦闘衣に用いられるようになっていき、赤い衣服や赤いタバード（戦闘時に着用した短いサーコートのようなもの）に白い十字やマルタ十字を描いた姿となる。

　テンプル騎士団の徽章として赤い十字が用いられるようになったのは1146年、教皇エウゲニウス（エウゼニオ）Ⅲ世（在位1145-1153）から徽章を贈られてのことになる。テンプル騎士団の十字形は先端に向かって裾広がりになっている。

■テンプル騎士（12世紀）
白色の上衣と外套を着用し、盾にはテンプル十字が描かれている。槍旗は上下に黒と白色で分かれており、騎士団旗の基本デザインとなっていた。

有田満弘画
市川定春著
『武器甲冑図鑑』
（新紀元社発行）より

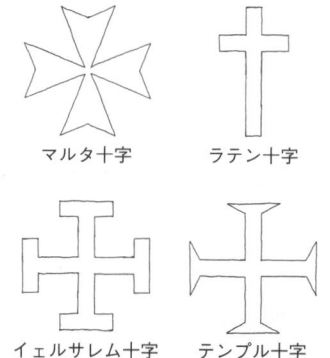

マルタ十字　　ラテン十字

イェルサレム十字　　テンプル十字

騎士団の城塞　防御拠点網

　聖ヨハネ、テンプル両騎士団は城壁を持つ城塞都市イェルサレムに本部を置くとともに、シリア、パレスティナの諸所に軍事拠点である城塞群を持っていた。それらは周辺地域を支配するための拠点であり、遠征時の出撃基地、かつ補給拠点でもある。立て籠もってしまえば、大軍で執拗に攻められない限りは守り通すこともできた。

　城塞はヨーロッパにあった木造のものとは違い、すべてが堅固な石組みでできていた。12世紀からヨーロッパでも石造城塞が造られるようになるが、それにはこれら東方の城塞の影響があったと考えられている。

　両騎士団は多くの城塞を持っていた。そのうち最も知られているもののひとつが、聖ヨハネ騎士団がトリポリ伯レーモンⅡ世から購入した(1142)「騎士の城」ことクラック・デ・シュヴァリエだ(次ページ図中記号Y1)。塔を配した二重城壁を持ち、およそ150×100mの長方形をしている。この城はやがてイスラムの英雄として登場するサラディンに占領されることもなく、マムルーク朝のバイバルスⅡ世(在位1260-1277)に攻略されるまで(1271)騎士団の城だった。城を守備していたのは200名の騎士。これだけ聞けば少ないと感じるかもしれないが、騎士団が行う軍事行動の最大規模が騎士500名であることを考えればとてつもなく多い。またこれは現代に直せば士官の数にあたり、そのほかに下士官である従士や歩兵である従者の下級修道会員、および軽騎兵などがおり、平時でも総計2,000名が駐屯していたとされる。全員が外壁守備に就いたとすれば、1mにつき4人が配置される数だ。

　テンプル騎士団にはハイファからおよそ15km南のアトリート城がある(次ページ図中記号T1)。イェルサレムがサラディンに奪われた(1187)のちに騎士団自らが建造した城塞(1218)で、十字軍勢力が駆逐されるまで(1291)騎士団総本部として用いられた。岬の先端部にあるため三方が海に囲まれた堅城だった。

■聖ヨハネ、テンプル両騎士団の主要城塞

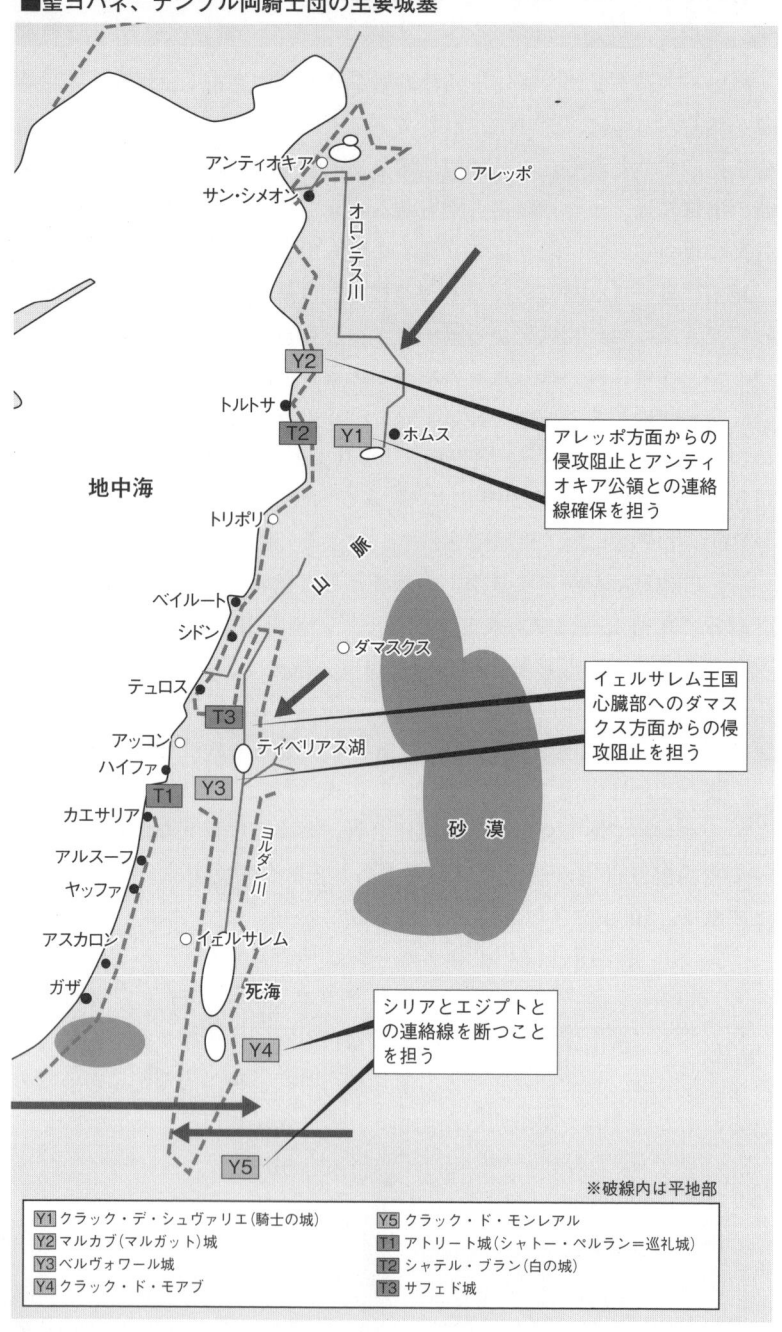

アンティオキア
サン・シメオン
アレッポ
オロンテス川
Y2
トルトサ
T2 Y1
ホムス
地中海
トリポリ
山脈
ベイルート
シドン
ダマスクス
テュロス
T3
アッコン
ティベリアス湖
ハイファ
T1 Y3
カエサリア
アルスーフ
ヤッファ
ヨルダン川
アスカロン
イェルサレム
ガザ
死海
Y4
Y5

アレッポ方面からの侵攻阻止とアンティオキア公領との連絡線確保を担う

イェルサレム王国心臓部へのダマスクス方面からの侵攻阻止を担う

シリアとエジプトとの連絡線を断つことを担う

※破線内は平地部

- Y1 クラック・デ・シュヴァリエ（騎士の城）
- Y2 マルカブ（マルガット）城
- Y3 ベルヴォワール城
- Y4 クラック・ド・モアブ
- Y5 クラック・ド・モンレアル
- T1 アトリート城（シャトー・ペルラン＝巡礼城）
- T2 シャテル・ブラン（白の城）
- T3 サフェド城

イスラム勢力の逆襲

第2回十字軍　イスラム勢力の失地回復攻勢始まる

　第1回十字軍の成功は、イスラム王朝や各地の太守たちが互いに牽制し合い、協力し合わなかったことに負うところが大きかった。彼らは、ライバル関係にあったイスラムの同胞のほうが、十字軍勢力よりも危険だと考えていた。西欧人たちはどうせすぐに引き上げると考えていたのかもしれない。ところが十字軍国家を建設して居座るのを見ると、同胞のライバルと同じく危険な存在であることがわかってきた。また、居残った国の基盤も兵力もいかにも脆弱であったために、領地を増やす機会があると考え始める太守たちもいた。ほかのイスラム勢力と同様に、世俗的なライバルとして認知したといったところだ。宗教に関係なく領主としてのライバルだ。

　イスラムの失地回復に向けた本格的な動きは、モスルの太守だったゼンギー（在位1127-1146）によって始められた。彼はアレッポ太守の座を奪い（1127）、ゼンギー朝を打ち立てると、十字軍勢力からの領土奪取の攻勢を開始する。ゼンギーはシリア北方のエデッサ伯領とアンティオキア公領をうかがい、道半ばにして没するが、その事業は息子のノラディン（ヨーロッパ人による呼び名）ことヌールッ・ディーン（在位1146-1174）に引き継がれた。第2回の十字軍が結成されたのはそんな頃だ。

　エデッサ方面での危機的状況にヨーロッパでは危機感を持ったと思われるが、程度のほどは疑わしくもある。しかし騎士の理想化を進める聖ベルナールには絶好の機会であった。彼は中仏のヴェズレーで勧説集会を開き（1146.3）、教皇となっていたかつての弟子エウゲニウスⅢ世（在位1145-1153）に第2回十字軍を結成させた。

　この第2回十字軍（1147-1149）は、前回とは違ってフランス王ルイⅦ世（在位1137-1180）とドイツ王コンラートⅢ世（在位1138-1152）という国王級が参加しており、彼らが率いる封臣軍による一種の国家的規模の遠征

となった。しかし小アジアで2度の敗北を喫し、ダマスクス攻囲にも失敗して(1148)、結果は何ひとつ得るものがなく終わっている。

　それどころか、ダマスクス攻囲はヨーロッパから新着する救援軍と、現地で暮らし続ける現地十字軍勢力とのあいだに猜疑と不信をもたらした。この頃のダマスクスはゼンギー朝などへの対抗上、十字軍国家と同盟しており、将来はともかく当面の敵ではなかった。それよりも脅威はシリア北方にあった。テンプル騎士団ほかの在地十字軍勢力はそう考えた。しかし救援軍はダマスクス攻めを主張して譲らなかった。十字軍での主導権は在地諸侯ではなく救援軍にある。武力は救援軍のほうが多いからだ。司令官が国王級となると、ますますそうなる。

　救援軍がダマスクス攻めを主張した理由は定かではない。弱いところをまず攻めるというのは戦略上の常道である。ダマスクスはいかにも弱腰だった。周辺イスラム勢力の3大拠点はアレッポ、ダマスクス、カイロ、どこを奪取しても十字軍勢力の躍進となる。ダマスクス攻めとその征服は中央突破であり、南北にイスラム勢力を分断することになる。作戦としては派手だ。功を立てたくて仕方がない新参の十字軍は、それまでの行軍で消耗し、疲れ切っていたこともあって、近場で、しかも大成果となるダマスクスを目指したかったのかもしれない。また、ひょっとするとダマスクスには戦利品が豊富だと考えただけなのかもしれない。わざわざ遠くまで出向かずとも近場で荒稼ぎができる。恐らくはそんなところだろう。

　結果は大裏目だ。攻囲されたダマスクスは敵視していたヌールッ・ディーンに支援を仰ぎ、十字軍による攻囲戦は失敗。その後彼に降ってしまって(1154)、ヌールッ・ディーンは全シリアに統一的な反十字軍勢力を作り上げることに成功する。十字軍国家がいよいよ窮地に陥った、その遠因が無用のダマスクス攻囲だったといえる。

　ダマスクス攻囲の失敗を、ヨーロッパ人は在地十字軍勢力の裏切りのせいだとした。彼らにしてみれば、イスラム教徒と誼を通じるなどもってのほかなのだ。ところが在地勢力は、それまでに武力一辺倒では領土の維持すら困難であることがわかっており、外交による共存の必要性も承知していた。彼らからしてみれば、救援軍の諸将は現地情勢を何も知らず、そのうえ戦利品のことしか考えない、ならず者のように思えたことだろう。彼らにしても聖地へきたときには同じようなものだったのだ

が。

　イスラム勢力との妥協と、一時的にしても平和共存することの重要性は、聖ヨハネ騎士団もテンプル騎士団もよく承知していた。団員が絶対服従を義務づけられている総長の性格次第ではあったが、必ずしも異教徒は敵、武力一辺倒というわけではなかった。とりわけテンプル騎士団は独自の外交方針、行動方針を取ることが多く、そのことで作戦従事をサボタージュすることもあり、在地十字軍の不統一による敗戦や勢力衰退といった弊害をもたらすことにもなった。裏交渉や、次項のハッティン戦で見られるような作戦決定時の暗躍など、根暗で狡猾な動きも見られる。

騎士修道会の軍事的実力

　騎士修道会は、十字軍国家において防衛と攻撃両面で大きな役割を担っていた。これには、資金や兵力を騎士団独自にヨーロッパの領地から補給できたことが大きい。在地の世俗部隊に比べて多数の兵士をひとつの部隊として提供できた。しかも兵士たちが総長ほか上級指揮官（軍司令長官や管区長など）の絶対的統率に服し、士気が高かったこともある。このことは騎士修道会の存在意義と大きくかかわっている。

　騎士修道会はキリスト教圏の奪還、防衛あるいは拡大のために創設された事業体だ。世俗諸侯は何もしなくても諸侯だが、騎士団と騎士団員が存在し続けるためには、それをし続けなければならない。騎士団の役割がなくなったとき、それは騎士団が用済みになったことを意味する。同じキリストの戦士であっても世俗騎士とは立場が違う。宗教的情熱を別にしても、騎士団員は勇敢に戦わざるを得ない。

　さらに騎士団の精強さを支えたのは、イスラム勢力を敵として戦った豊富な経験と、常駐現地部隊ならではの気候・地形への精通度があげられる。そのため騎士修道会は在地勢力の中核軍となっただけでなく、第2回十字軍以降はヨーロッパからやってきた十字軍部隊の案内役を務めた。ただの水先案内人ではない。行軍中には最も激しく攻撃されやすい前衛か後衛を受け持った。

　イスラム勢力の戦法は、多数の騎馬弓兵が接近と離脱を繰り返し、敵を消耗させたうえで、槍騎兵で突撃を仕掛けるというものだった。十字軍との戦闘のなかで、彼らは騎士による騎馬突撃対策として歩兵の有用

性に気づき、多くを部隊に加えるようになっていたが、攻撃方式の基本は変わらない。ヨーロッパ人同士での戦いしか知らない援軍騎士たちは、無闇に騎馬突撃を仕かけては、より軽装・軽快なイスラム騎馬弓兵に逃げられ、深追いすれば歩兵に討ち取られた。行軍中に急襲を受けた場合には、その場での部隊単位での判断力が試される。イスラム勢力との戦いで経験豊富な騎士修道会が前衛と後衛に配されたのもうなずける。

大敗北　ハッティン

　すでに90年近くに渡った聖地での戦争は、ハッティンの戦いで劇的な転換点を迎える（1187.7.4）。この戦いで勝利したのがサラディン（ヨーロッパ人による呼び名）ことイスラムの英雄サラーフッ・ディーンだった。

サラディン

　サラディンが頭角を現すのは、シリアを手中にしたヌールッ・ディーンが、ファーティマ朝内部がごたごたしている機を逃さずに武将シルクーフをエジプトに送り込んでからのことになる（1169）。サラディンはシルクーフの甥で、間もなくシルクーフが没するとファーティマ朝宰相となった。さらにヌールッ・ディーンの後ろ盾を受けてファーティマ朝を滅ぼし（1171）、エジプトを現地支配するようになる。そうなるとシリアのヌールッ・ディーンとの関係は悪化していくが、サラディン討伐に出ようとしたヌールッ・ディーンが没して窮地を脱した（1174）。さらにエジプト攻撃に執着していたイェルサレム国王アモーリ（在位1162-1174）も立て続けに没した。跡を継いだのはそれぞれ11歳と13歳の少年たちである。ゼンギー朝の臣下にはサラディンに並び立つ実力者も見当たらない。彼はダマスクスを手に入れ（1174）、アレッポをも手にする（1183）。次の目標は十字軍国家だ。

　しかし、アモーリ王の跡を継いだボードゥアンIV世（在位1174-1185）は病身にもかかわらず、局地戦で勝利を得るなどよくサラディンに抗し、日の出の勢いのサラディンと休戦協定を結んで王国領を保持した。だが休戦協定は、昔ながらの征服と戦利品を求める騎士ルノー・ド・シャティヨンによって破られる。

　このルノー・ド・シャティヨンほど、イスラム勢力はもとより味方の

キリスト教徒勢力からもとんでもないろくでなしと見られた人物はいない。騎士修道会からは内容が離れるが、世俗騎士の一典型として少し紹介しておこう。

暴虐の悪漢騎士

ルノーはすでに世代を重ねている聖地の住人ではなく、もともとはヨーロッパからやってきた(1147)新参者だった。それが、アンティオキア公レーモン・ド・ポワティエがヌールッ・ディーンと戦って敗死したことで、思わぬ幸運が転がり込んでくる。レーモンの寡婦コンスタンスと結婚したことで(1153)、アンティオキア公の立場を手に入れたのである。地位と力を手にした彼の暴虐ぶりが最初に発揮されたのは、ビザンティン領キプロス島においてだった(1156)。殺人、略奪、強姦、放火の限りを尽くし、キプロスをまったく荒廃させてしまった。老人、女性、子供、聖職者、尼僧、相手が誰でも構わない。彼の関心は流血と略奪品にしかなかった。この無法ぶりに怒ったビザンティン皇帝マヌエルⅠ世がアンティオキアを攻めると、今度は平身低頭で許しを請う恥知らずぶりだ(1157)。そんな彼も、アレッポ地方を荒らしているときにヌールッ・ディーン軍の捕虜となり、解放されるまで15年に渡る獄中生活をアレッポで送る(1160-1175)。そのあいだにアンティオキア領はレーモンの子ボエモンⅣ世に相続され、行き場を失ったルノーだったが、またもや未亡人との婚姻によって領主の地位を手に入れる。こんどはイェルサレム王国の南方トランス・ヨルダン地方のクラック・ド・モアブとモンレアルの領主である。相変わらずの乱暴ぶりを見せたのはこの頃で、休戦協定が結ばれているのもお構いなしにイスラムの隊商を襲撃し(1180)、さらに紅海で海賊行為を働き、メディナ、メッカ近郊を襲撃した(1182-1183)。怒ったサラディンによりクラック・ド・モアブは包囲された(1183)。しかし、それでも懲りずに、再度の休戦協定を巡礼隊を襲撃して破る(1186)。

当然のごとくイェルサレム王国ではタカ派として知られ、ハッティンの戦いへと味方を向かわせるけしかけ役のひとりとなった。彼はこの戦いで悪逆の報いを受けることになるが、報いを受けるのが遅過ぎるといえるほどの生涯だった。

ハッティンに至る情勢

　協定違反に怒ったサラディンは大兵力を動員し(1187)、イェルサレム王国の心臓部ともいえる中央部への侵攻をティベリアス湖方面から開始した(1187.4)。各地から参集した総兵力は6万から7万に上るともいわれている。一方、イェルサレム王ギー・ド・リュジニャン(在位1186-1192)もこの動きに対して総動員令を発し、出撃基地サッファリアへと向かった。その総数は1,200名の騎士を含めたおよそ2万名。王国内の兵力を根こそぎ集めての出兵だった。

　イェルサレム王ギー・ド・リュジニャンは、当時も現在も「無能の人」と評価される人物だ。取り柄といえば女性を口説くのがうまいといったことぐらいだろうか。

　彼は南フランスのポワトゥーから聖地へとやってきた。リュジニャン家は同地の名家だが、ルノー同様の新参者だ。未亡人を口説いて領地と地位を手に入れたこともよく似ている。ギーはボードゥアンⅣ世の妹で寡婦だったシビュラと結婚し(1180)、Ⅳ世の没後、シビュラと前夫の子で、6歳で継いだボードゥアンⅤ世(在位1185-1186)の短い在位を経たのちに王位継承者の妻から権限を譲られ、イェルサレム王となった(1186)。結婚についてはボードゥアンⅣ世が反対したにもかかわらず、妹の執心ぶりにやむなく認めたという経緯がある。病が進行するⅣ世は一時摂政役を任せたものの(1183)、やはりこいつはだめだとばかりに、すぐにトリポリ伯レーモンⅢ世にその任を代えている。

　Ⅳ世の信任篤いこのレーモンⅢ世がギーの最大の政敵である。彼は長く特異な聖地の現実のなかで生きてきただけに、イスラム勢力との妥協と友好に王国と自領の活路を見いだそうとしていた、いわばハト派の中心人物だ。サラディンとの休戦協定は彼の助言に基づいて選ばれた政策

■ハッティン関連地図

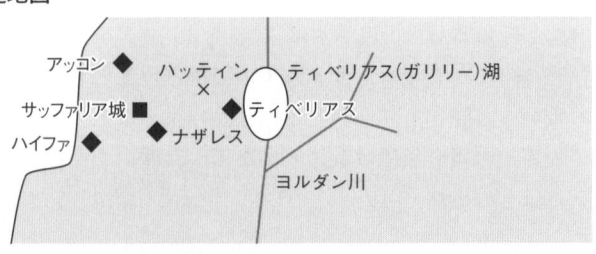

だった。協定が破れたのちも、サラディンとは一領主トリポリ伯として友好な関係を結んでいた。

一方で彼を裏切り者と非難し、サラディンと戦いで渡り合おうというタカ派もいる。ルノー・ド・シャティヨンをその最右翼に置くのはタカ派にも気の毒ではあるが、戦いでの決着を求める人々だ。内部分裂はイスラム勢力のなかだけでなく十字軍国家にも存在した。

国王のギーはといえばどちらでもない。確たる方針も覚悟もない。しかしレーモンⅢ世が政敵だという一点においてはタカ派と共通しており、彼らの意見に従いやすく、操られることにもなる。レーモンⅢ世を窮地に追い込むためなら、操られるどころか率先してことをなすだろう。

レーモンⅢ世は、今回のサラディン軍出兵については複雑な立場に立たざるを得ない。サラディン軍の侵入口となるティベリアス地方は彼の妻の領地であり、妻はそこにいた。しかし強大なサラディンと戦うことは愚かなことだ。できれば戦いたくはない。たとえ裏切り者の誹りを受けたとしても戦いたくはない。大きな軍事衝突が起こる前に和を結べば……。心中を察すればそういうことだったろう。

テンプル騎士団第10代総長ジェラール・ド・リドフォール

だが軍事衝突は起こった。サッファリア近郊でサラディンが送り込んだ先遣部隊を、テンプル騎士団を主体とし、わずかな聖ヨハネ騎士団員と世俗騎士が加わった一隊が襲撃したのである。その数は歩兵が不明ながら騎士は200騎程度だったと思われ、これと対したサラディン軍は騎兵7,000だったといわれる。戦いは多勢に無勢により騎士隊がほぼ全滅、生き残った騎士は1名とも3名ともされる。どちらにしろ、反対を押し切って無謀な襲撃を強行したテンプル騎士団第10代総長ジェラール・ド・リドフォール(在位1184-1189)は生き残った。

このテンプル総長はギーに劣らず無能の人とされる人物だ。始末が悪いことに、能力に反して華々しい成功を求めること人一倍という人物でもあった。それが無謀さとなって多くの兵の損失を招いた。サッファリアでの襲撃では、部下の騎士団軍司令長官(マレシャル)ジャック・ド・マイエ、および聖ヨハネ騎士団長ロジェ・ド・ムーランが反対したにもかかわらず強行し、反対したふたりほか、ほぼ全員が戦死。それでいて自分は生き残っている。彼は続くハッティンの戦いでサラディン軍の捕

虜となるが、捕虜となったほかのテンプル騎士団員が虐殺されるなかでもただひとり生き残った。歴代の騎士団総長は必ずしも有能とは限らず、なかには疑問に思える人選も少なからずある。この点はどこの組織にも共通する。釈放されてのちのアッコン攻めにおいて再び捕虜となったが、戦傷がもとで敵陣で没したとも、斬首されたともいう（1189.10）。この人物こそが、ギーをハッティンへといざなったともされる。

ハッティンへ出撃

　サッファリアでの惨劇は、タカ派のみならず王国内の戦闘意欲を高め、サラディン軍の領内の通行を許したレーモンⅢ世は、ギー王以下、王国内の非難を一身に受けることになった。圧力をかわし切れなくなったレーモンは、王国の一員としてサラディンとの戦いを余儀なくされる。サラディン軍はたちまちのうちにレーモン妃の籠もるティベリアス城塞を包囲した。

　かくして諸侯と軍勢が参集したサッファリアで、レーモンも参加しての軍議が開かれることになった。

　ここはひとつ、軍議に参加した諸侯のつもりになって作戦方針を考えてもらいたい。状況は次の通りだ。

①戦力はサラディン軍が圧倒的に優勢。およそ3倍
②イェルサレム王国側が動員した兵力は動員能力の最大
③これほどの大動員はそうできることではない
④サッファリアとティベリアス間の距離は約25km。何事もなければ半日かそこらで到着できる
⑤途中は飲料水を調達できない半砂漠
⑥真昼は容赦なく太陽光が降り注ぐ
⑦輜重（補給）隊を連れていくのは足手まとい
⑧サッファリアでは食糧と飲料水の補給が容易
⑨ティベリアス付近も荒れ地で食糧調達が困難。ただし湖のそばなので飲料水は潤沢
⑩サラディン軍の最も近い拠点はダマスクス
⑪もしティベリアスで勝てば、湖を後背にしたサラディン軍は退却が困難。今後を左右する大打撃を与えられる確率大

⑫ティベリアスでは、レーモンⅢ世妃をはじめとして兵士や住民が救援を待っている
⑬レーモンⅢ世妃は捕虜になっても身代金を払えば恐らくは解放される。また、寛容なことで知られるサラディンは、ティベリアス市に対して残虐な行為を働かないと推測できる
⑭軍議の席ではタカ派諸侯が意気軒昂。彼らとやり合うのは骨が折れる。一方でレーモンⅢ世の経験と能力を信頼する諸侯も多い

　レーモンⅢ世の提言は、サッファリアでこのまま待機するというものだった。彼はいう。
　このままであればティベリアスは難なく落とされるだろう。諸侯のなかには妃のことを心配してくださる方もいるようだが、気遣いは無用。後日、身代金を払えばすむことだ。領地も取り返せばいいだけの話だ。だが強大なサラディンにこちらから出かけて立ち向かうことは避けたほうがいい。ティベリアスを落としてもサラディンは長くそこにとどまれない。そこは何もない荒れ地だからだ。彼の取るひとつの方策は、ダマスクスへと引き返すことだ。だが、これだけの遠征をしておいてそれでよしとはしないだろう。となると、サッファリアへと押し出してくることになるが、太陽が照りつけるなか、飲料水も不十分な行軍となる。強大であっても、こちらは暑さと渇きで士気も体力も失った軍隊を叩けばいい。攻撃してこなかったとしてもそれでいい。サラディンは帰るしかないのだから。
　彼はこのようなことを主張した。この提案に対しルノーは、レーモンとサラディンの仲をあげつらい、好戦派がしばしば好んで使う、量より質との理屈を持ち出して大軍との決戦を声高に叫んだという。断固ティベリアスまで進軍すべし。
　軍議はこれにより出撃が決まったともいうが、別に伝わる話では、妃を見捨ててまで王国の将来を思うレーモンの心に打たれた者も多く、待機することに決まったともいう。
　だがこちらの話には続きがあり、その夜、あのテンプル騎士団長ジェラール・ド・リドフォールがギーをそそのかしたとされる。
　レーモンは裏切り者。これほどの兵を動員しておきながら、ただ待つでは臆病者の誹りを受けますぞ。ついては陛下のお立場も……。

というようなことをいったらしい。どちらにしろ、次の日の早朝、全軍がティベリアスへと出陣していった。前衛は自領への出撃であることからレーモンⅢ世が、最も危険な後衛はテンプル、聖ヨハネ両騎士団が受け持った。

ハッティンの戦い　1187.7.4

　行軍の有り様はレーモンⅢ世がいった通りとなった。サラディン側ではなく、イェルサレム王国側が体験することになったことを除けば、まったくその通りになった。わずかな水はたちまちのうちになくなり、太陽にあぶられた兵士は気力と体力を急速に失っていった。サラディン軍先遣隊はイスラム勢力のいつもの戦法である攻撃と離脱の繰り返しを仕かけ、ますます在地十字軍勢力は弱体化していく。

　それでもティベリアスまで直線にしてあと13kmほどの地点まで行軍列はやってきた。その先は丘陵地帯となっており、山を越えれば市に到達できる。眼前には道がふたつあった。ひとつは最短でティベリアス市へと至る。もう一方は北に大きく迂回し、ハッティンを経て一度湖畔に出てから湖沿いに市へ到達するというもの。

　ここでギーは迂回するコースへと全軍を導く。ハッティンを過ぎたあたりに川があり、水を得るためには湖よりも近かったからだといわれる。ところが3kmほど進むと、今度は宿営する準備を始めた。サラディン軍の嫌がらせに耐えかねたのだ。特に後衛のテンプル騎士団が執拗に攻撃されており、最早進むことができないとの知らせが届いていた。総長のリドフォールは今回の遠征の共謀者であり、ギーが頼りにする、という

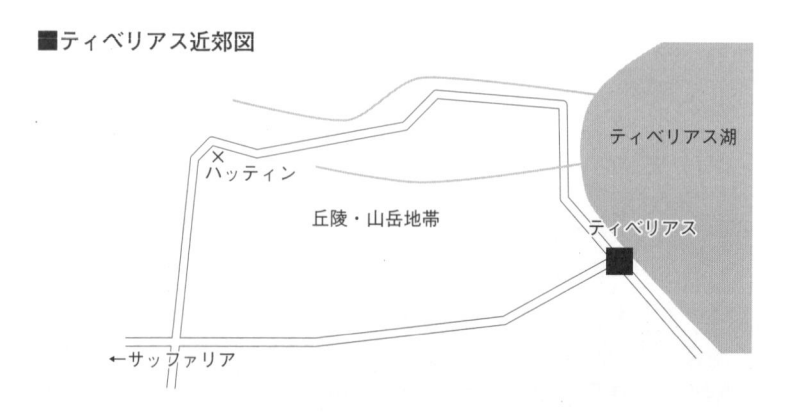

■ティベリアス近郊図

よりも依存している人物だ。ギーには突き放すことができない。一方、宿営準備を始めた本隊を見たレーモンⅢ世は、前衛部隊から急ぎ馬を走らせ、とにもかくにも湖まで進むべしと申し立てた。湖畔に着けば、湖を背にした防御のしやすい状況で宿営ができる。何よりも水がたっぷりとあるのだ。しかし進言は拒否された。レーモンはこれですべてが終わったと嘆いた。我らも王国も終わりだと。

兵士たちはひたすら休息しなければならない。しかしサラディン軍は一睡もさせじと攻撃を仕かけてくる。さらに火を放ち、風向きを利用して煙でいぶす。一夜明けたときには、兵士たちの戦意は底を尽いてしまっていた。

1187年7月4日の朝。再び行軍を始め、ハッティンに差しかかったイェルサレム王国軍はサラディン軍の総攻撃にさらされた。歩兵たちは我が身を守ろうと勝手に高所へと上って固まる。指揮系統は失われ、騎士たちもまた丘へと上って固まった。前衛として先に進み、本隊が分裂してサラディン軍に包囲された様子を見たレーモンは合流することを諦めて脱出を図る。事が終わった以上は、することは我が身を守り、ひたすら自領へと逃げ帰るのみ。各々この死地より無事に脱出されよ。前衛部隊に加わっている諸侯にそう告げると馬を走らせた。

戦場を脱出できた諸侯・騎士は、前衛部隊に加わっていた者たちだけだった。包囲された本隊は身動きができない。騎士隊は何度か果敢に突撃を仕かけたが、そのたびに押し戻された。ギーは降伏するしかなかった。

多くの者が死に、多くの者が捕虜となった。ギーをはじめとする諸侯たちは命を助けられたが、テンプルと聖ヨハネの修道騎士は全員が虐殺された。いや、またしてもリドフォールだけは生き残った。彼はテンプル騎士団が治めるガザ降伏と引き換えに釈放された。

悪漢ルノー・ド・シャティヨンも捕らえられた。彼は助命されることなく暴虐の生涯を終えた。サラディン自らが剣で命を断ったというから、やはり相当憎まれていた。

ハッティンの敗北により、十字軍国家の防衛力はまったく失われてしまった。サラディンはやすやすとほとんどの都市を手にしていった。

■ハッティン戦後の十字軍国家勢力域(1188)
　▨ 部が十字軍国家勢力域
　◆ サラディンがハッティン戦後に獲得した都市
　◇□ 十字軍国家勢力側に残った都市および城塞

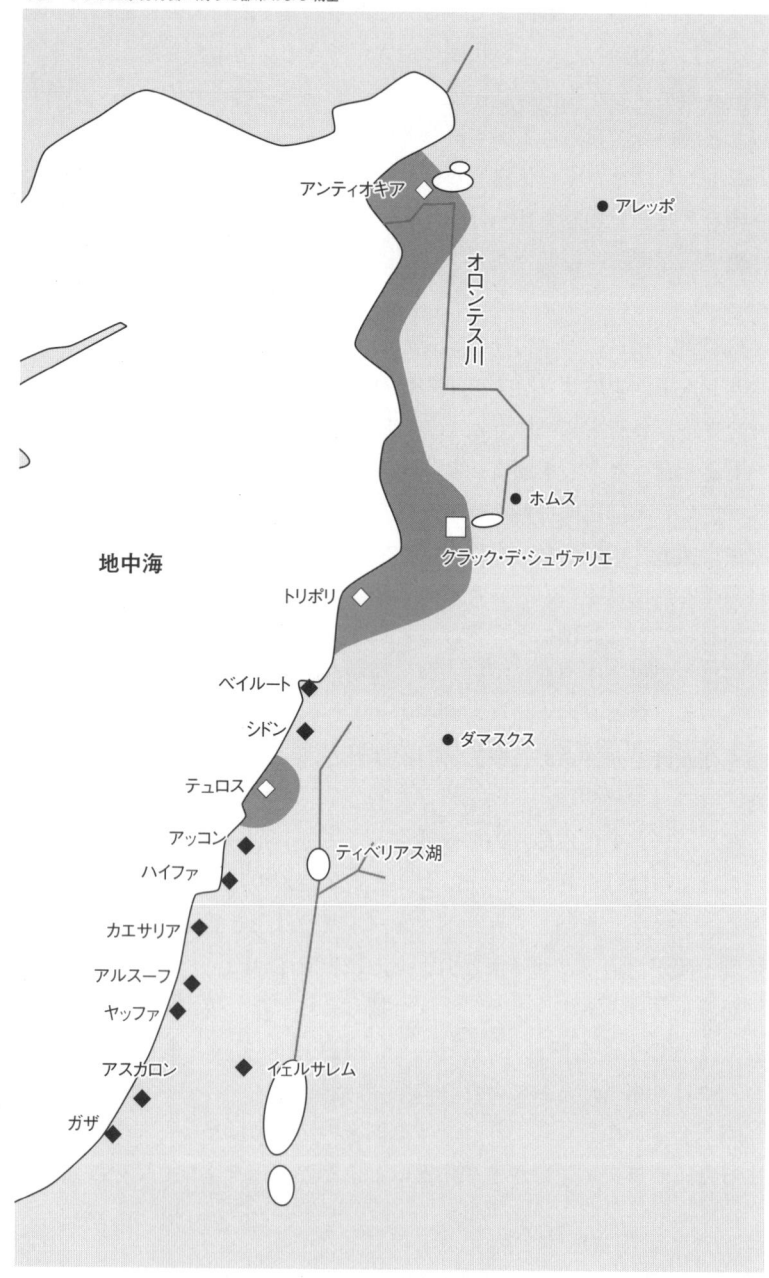

アンティオキア ◇

● アレッポ

オロンテス川

● ホムス

地中海

クラック・デ・シュヴァリエ □

トリポリ ◇

ベイルート ◆

シドン ◆

● ダマスクス

テュロス ◇

アッコン ◆

ティベリアス湖

ハイファ ◆

カエサリア ◆

アルスーフ ◆

ヤッファ ◆

アスカロン ◆

イェルサレム ◆

ガザ ◆

152

ハッティン後　風前の灯火

　ハッティンで勝利したサラディンは(1187.7)、その月のうちにアッコンとシドンを、さらに年内にベイルート、アスカロン、ガザなどの都市を次々と奪っていった。兵士たちはハッティン戦のために出撃して残っていないために、都市のほぼすべてが降伏するしかなかった。1099年以来保持されてきたイェルサレム市も攻囲を受けて(9.20)、降伏した(10.2)。

　翌年には、十字軍国家勢力側に残されていたのは数都市とわずかな城塞だけという有り様だ。ビザンティン帝国が宗主権を持つアンティオキア市、およびレーモンⅢ世が領するトリポリ市は当面の敵ではないと放置され、テュロス市は難攻不落であったために落とすことができなかった。

　聖地の壊滅的状況を知った教皇クレメンスⅢ世(在位1187-1191)は即座に十字軍を勧説する(1187.10)。身代金と引き換えに釈放された(1188.7)ギーも、この援軍頼りながら何とか名誉挽回、領土を回復しようとアッコン市前に布陣し(1189.8)、攻囲に入った。

第3回十字軍　オールスター十字軍

　十字軍国家領とイェルサレム市の喪失を知ったヨーロッパでは、ローマ教皇による大規模十字軍結成の勧説がすぐさまなされた。この第3回十字軍(1188-1192)には、ヨーロッパの君主トップ3が参加した。いわばオールスター・キャスト十字軍である。

①リチャードⅠ世

　プランタジネット朝イングランド王(在位1189-1199)。父王ヘンリーⅡ世(在位1154-1189)の死を受けて即位した直後の十字軍出征となった。戦争ばかりしていた王として知られ、イングランド本国にはおよそ10年の在位期間中6か月ほどしか滞在しなかった。内政での功績はまったくないといってよく、したことといえば軍資金を吸い上げることばかり。性格は勇猛であるが、粗暴で短気。そのくせ今日まで人気がある。フランスの半分以上を家領として相続していたため、王権の強化と拡大を図るフランス王フィリップⅡ世とは常に緊張関係にあった。第3回十字軍遠征の戦いぶりから獅子心王の異名をつけられる。

②フィリップⅡ世

　カペー朝フランス王(在位1180-1223)。カペー朝の王権を伸張させた賢王。彼の代にはフランス諸侯の多くが王権に従っておらず、一諸侯としてフランスに多くの所領を持つリチャードⅠ世と一緒の十字軍遠征は、対立するのが目に見えていた。帰国後はイングランド王の勢力減に努力を傾け、リチャードの跡を受けたジョン王(在位1199-1216)を相手に、多くのフランス諸侯の臣従と、イングランド王家領を獲得した。都市と結んで勢力拡大に努めたことから商業、学芸においても大きな発展が見られた。功績を讃えてアウグストゥスのフランス読みであるオーギュスト(尊厳王)の名で呼ばれる。

③フリードリヒⅠ世

　ドイツ王・神聖ローマ皇帝(在位1155-1190)。シュタウフェン家出身。帝権の確立に努め、帝国に全盛期をもたらしたとされる皇帝。しかし諸侯勢力のバランスを取っての帝権強化であったため、権力基盤は盤石とはいえなかった。十字軍への出征にはドイツ諸侯を弱体化させる意味もあったとされる。バルバロッサ(赤髭王)の異名はよく知られている。

　しかし、神聖ローマ皇帝フリードリヒⅠ世は小アジアをほぼ縦断し切ったところで不慮の死を遂げ(川での水浴中の心臓発作とも落馬しての溺死ともいわれる)、フランス王フィリップⅡ世は、アッコン戦に加わったものの陥落後には国内問題に専念するために早々に帰国してしまい、看板倒れの十字軍となったことは否定できない。
　ひとりイングランド王リチャードⅠ世のみが16か月間とどまり奮闘した。従って実質的にはリチャードⅠ世ひとり舞台の十字軍だったといっていい。リチャード個人の事績においても、このときの活躍が多くを占めている。
　聖地に到着した十字軍部隊はギーが布陣するアッコン市前に陣取り、攻囲態勢に入った。およそ2年にならんとしていたアッコンの攻囲戦は、リチャードの到着(1191.6)を受けて大きく前進する。リチャード軍を主体とした総攻撃は猛烈を極め、補給も援軍もまったく期待できなくなっていたアッコン守備隊は降伏するしかなかった(1191.7)。
　リチャードはその後、海岸沿いに南へと進撃を続け、アルスーフの戦

■アルスーフの戦い（1191.9.7）

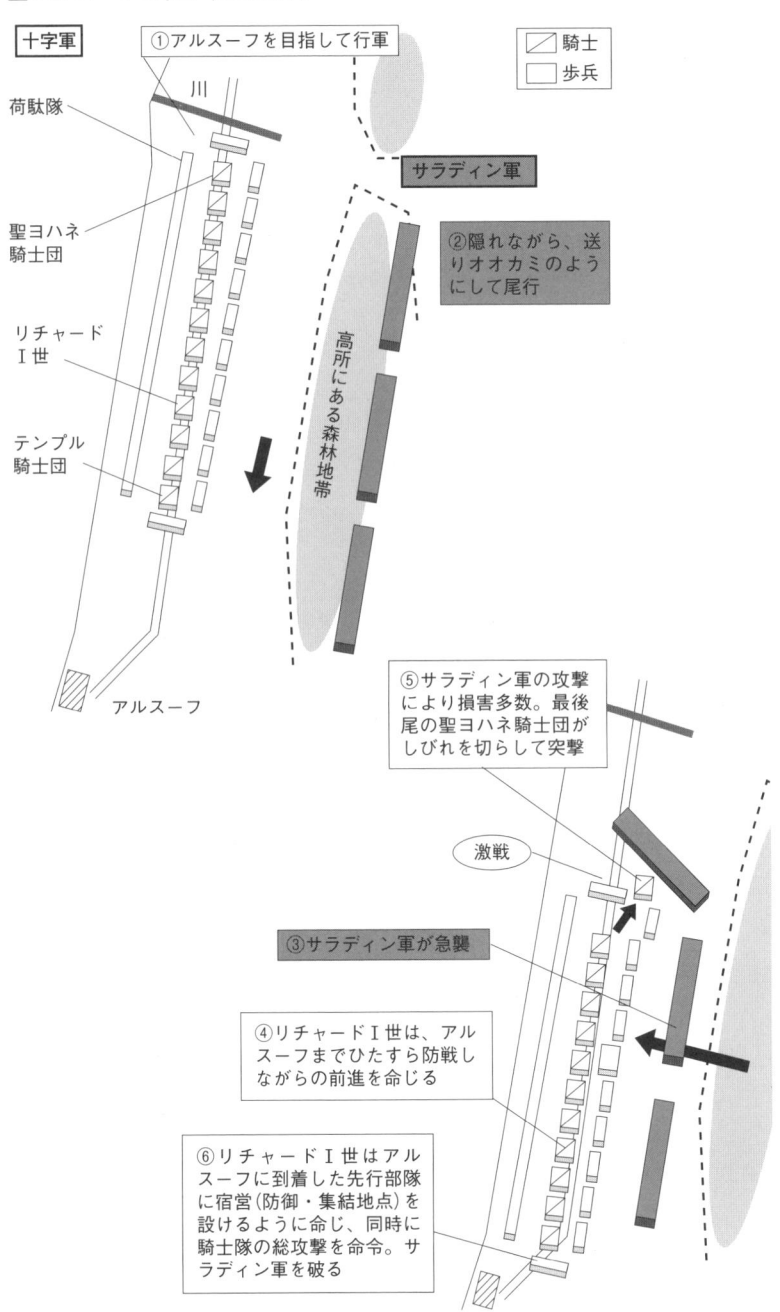

|十字軍|
①アルスーフを目指して行軍

|騎士|
|歩兵|

荷駄隊
川

聖ヨハネ
騎士団

サラディン軍

②隠れながら、送りオオカミのようにして尾行

リチャード
Ⅰ世

高所にある森林地帯

テンプル
騎士団

アルスーフ

⑤サラディン軍の攻撃により損害多数。最後尾の聖ヨハネ騎士団がしびれを切らして突撃

激戦

③サラディン軍が急襲

④リチャードⅠ世は、アルスーフまでひたすら防戦しながらの前進を命じる

⑥リチャードⅠ世はアルスーフに到着した先行部隊に宿営（防御・集結地点）を設けるように命じ、同時に騎士隊の総攻撃を命令。サラディン軍を破る

第3章 十字軍と宗教騎士団

155

い(1191.9)をはじめとする勝利をあげていった。しかし楽勝というわけにもいかず、リチャードのイェルサレム奪還に向けた情熱と関心は次第に冷めていった。獅子心王のやる気を奪った大きな理由のひとつには、現地諸侯らとの関係の悪化があった。さらにイングランドにおける王弟ジョンの動き、そして先に帰国したフィリップⅡ世によるイングランド勢力域進出への動きにいても立ってもいられず、イェルサレム市奪回を投げ出して帰国することにした。サラディンと休戦協定を結んだ彼は早々に帰国する(1192)。しかし彼の遠征が十字軍国家の命脈を保たせることになったのは確かだ。

■第3回十字軍直後の十字軍国家勢力域(1192)
第3回十字軍でパレスティナ海岸部を確保した十字軍勢力は、ほどなくベイルートなどの南レバノン海岸部を獲得し、シリアのアンティオキアまで連なる細長い領域を回復した。

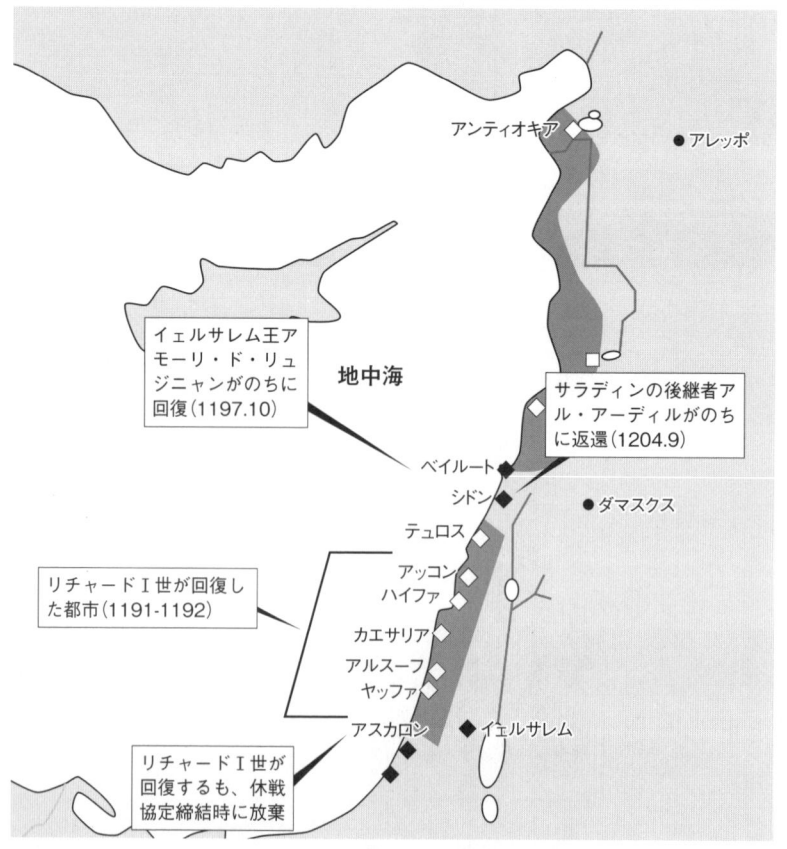

ドイツ騎士団

ドイツ騎士修道会　ナショナルな騎士修道会

　リチャードⅠ世の活躍ばかりが目立った第3回十字軍にあって、シリアの間際まできていながら早々に溺死してしまうという不覚ばかりが目立つ神聖ローマ皇帝フリードリヒⅠ世バルバロッサだが、四散したドイツ人遠征隊の一部は旅を続けてアッコンにたどり着き、攻囲戦にも参加している。そこで傷つき病んだ騎士や兵士たちを看護したのは、同じくドイツ人の商人たちが設けた野戦病院だった（1190頃）。この病院が、ドイツ人のドイツ人によるドイツ人のための騎士団ともいうべきドイツ（テュートン）騎士団のもととなった。

　ドイツ人用の看護施設は、これより60年ほど前（1127）に富裕なドイツ人夫婦が、イェルサレムにドイツ人巡礼のための病院施設を設けたことがわかっている。その頃から、聖ヨハネ修道会による出身地を問わない国際的な病院活動が行われていたので、何もドイツにこだわる必要もないように思われるが、ことさらドイツ人用のものが設立されたのには、それなりのわけがあった。

　第一に言語の違いだ。

　十字軍戦士や巡礼団の多くはフランスやイタリア、スペインからやってきた人々だった。彼らは出身地は違っても、ローマに始まるラテン語から同じく派生した言語を用いていた。そのため意思の疎通は比較的容易だったといえよう。ところがドイツはゲルマン語に属するドイツ語を話した。つまりラテン語系の人々とは言葉がまったく通じないわけで、とりわけ看病を受けるのには不便があったと思われる。ドイツ人夫婦の病院はそうした誠に実用的な理由から設けられた。

　しかし、言語の違いだけなら独立した病院は必要ない。ドイツ人夫婦の病院も、やがて聖ヨハネ騎士団に組み込まれて、ドイツ館として機能するようになった。ところがこのドイツ館は、喜捨の帰属を巡る財政問題から聖ヨハネ病院本部と争っている。どちらが悪いということではな

い。例えばドイツ人がドイツ館にした寄付は、聖ヨハネ病院全体のために使われるべきか、それともドイツ館のために使われるべきか。悩ましい問題だ。吸収にしろ合併にしろ、別組織がひとつとなったときにはなおさら悩ましい。概してドイツ人はほかのラテン圏の人々から孤立する傾向にあったようである。言い方を換えれば彼らは嫌われていた。

言語以上に、文化と習慣・制度の違いがラテン圏の人々との軋轢を生んだようだ。昔ほどではないにしろ、おもに地理的な理由から、かつてのローマとゲルマンの違いがほかよりは残されていた。数のうえからしてパレスティナのドイツ人は明らかに少数派(マイノリティー)でもあり、自分たちの立場を守ろうとすれば、外からは攻撃的とさえ見えたことだろうし、独善的で孤立した集団とも見なされがちだったに違いない。

ほかにも疎まれる理由はある。ドイツ王が兼ねる神聖ローマ皇帝は、名目のうえでシャルルマーニュ(カルル大帝)の後継者であり、旧ローマ世界では世俗にかかわりなく最上位にあるべき存在として教皇と争い続けてきた。国王と教皇との争いなど、どこの国でもあったことだが格式が違う。教皇に属する修道会としては、ドイツに好感が持てたとは思えない。

推測するなら、田舎者のくせにやたらと態度の大きい傲慢者とでも思われていたのだろう。

同じくドイツ人用であるふたつの病院、すなわち金持ち夫婦が1127年に作ったイェルサレムの病院と、1190年(頃)に商人たちが作ったアッコンの野戦病院のつながりはよくわからない。しかし今では、前身はイェルサレムの病院とされることが多い。ただし騎士団の公式な団史では、前身はあくまでもアッコンの野戦病院ということになっている。どちらを前身とするにしろ、騎士団の立場や特徴はアッコン以後に定まった。その意味では両病院は別物といっていい。

アッコンの病院は野戦病院と表現されるごとく、作った商人たちが滞在中だけ面倒を見るつもりの臨時施設だった。彼らはほどなく帰還することになるが、ないと困るものでもあったために、後事を誰かが引き継がなければならない。引き継いだのは十字軍ドイツ諸侯のひとりシュヴァーベン(スワビア)公フリードリヒ(?-1191)である。直接には彼の配下であった司祭コンラートと、出納官ブルヒャルトなる人物が運営管理を引き継いだ。病院には改めて「イェルサレムの聖母マリアドイツ病院」

の名がつけられ、聖ヨハネ騎士団の会則が採用される。ほかのドイツ人諸侯からの支援も大きく、バルバロッサの子である皇帝ハインリヒⅥ世（在位1190-1197）もまた、シチリアの土地を寄進した。

　ハインリヒは北イタリアへ進出したバルバロッサの跡を受けて、父の力で成立したシチリア王女との婚姻によって得たシチリアおよび南イタリアの旧ノルマン人領を足場に、イタリア商人が関心を寄せていたビザンティンや東方をも見据えた動きを見せていた。だから聖母マリア病院にも支援を差し伸べたといえるだろう。ところが彼が没すると、後継問題とともに地中海進出は中断し、入れ替わり立ち替わりパレスティナにやってきていたドイツ諸侯も、本国の情勢を受けて帰還の途に就かざるを得なくなる。帰るにあたり諸侯たちは病院を、先輩格の聖ヨハネ、テンプルにならって自立して運営される騎士修道会とすることにした（1198）。会則にテンプル騎士団の会則も取り入れられ、翌年には、歴代教皇のなかでも教皇権の確立と十字軍運動にとりわけ熱心だった教皇インノケンティウスⅢ世（在位1198-1216）の公認が取れた。これにより「イェルサレムの聖母マリアドイツ病院」を正式名とするドイツ騎士修道会が誕生したのである。

　このように、聖ヨハネ、テンプル両騎士団が個人の奉仕精神をもとに諸侯の支援を受けて成立したいわば民製とするなら、ドイツ騎士団は先輩騎士団をモデルとしてドイツ諸侯たちが直接作り上げた官製の気配濃厚な騎士団だった。

　このことは、以後のドイツ騎士団の発展過程に強い影響を及ぼすことになった。騎士団を設立した諸侯の意図はどうあれ、騎士団自体が活動モデルとしたのは先行する先輩騎士団たちではなかった。モデルとされたのはあたかもドイツ諸侯だ。聖ヨハネやテンプルが散在する所領ネットワークに立った国際企業だったとするなら、ドイツ騎士団は特定地域と国民性に根ざした騎士団国家そのものを目指していくことになる。

　活動を支えたのは、設立以来のドイツ諸侯と神聖ローマ皇帝との人的関係だ。第4代総長ヘルマン・フォン・ザルツァ（在位1210-1239）はこの人間関係に強く、彼の就任によって騎士団は大きく発展することになる。また、活動の地もパレスティナよりもドイツのすぐそばにある異教徒の土地、すなわち東ヨーロッパへと移っていく。後発騎士団であるた

第3章　十字軍と宗教騎士団

めに聖地での活躍の余地がほとんどなかったこともあって、ドイツ騎士団はハンガリー、プロイセンへと活動の場を移していく。

ドイツ騎士団の東欧進出　総長ヘルマン・フォン・ザルツァ

　ドイツ騎士団第4代総長ヘルマン・フォン・ザルツァ(在位1210-1239)は、ドイツに特異な下級騎士身分ミニステリアーレの出身だったといわれる。

　ミニステリアーレとはドイツに特徴的な社会階層で、騎士とまったく同じスタイルで戦う一人前の戦闘員だったが、騎士よりは身分が低い人々をいう。自由身分同士の封建関係によって主君と結びついていたわけではなく、自由民であってもより主君への従属性が強かった。仕える相手は主君というよりは主人であり、よりゲルマン人古来の従士に近い。同じく家来であっても、封建騎士や領主がまったくの他人であったのに対し、ミニステリアーレは家中内のいわば身内である。そのため

■ドイツ騎士団の東欧進出地域と進出年

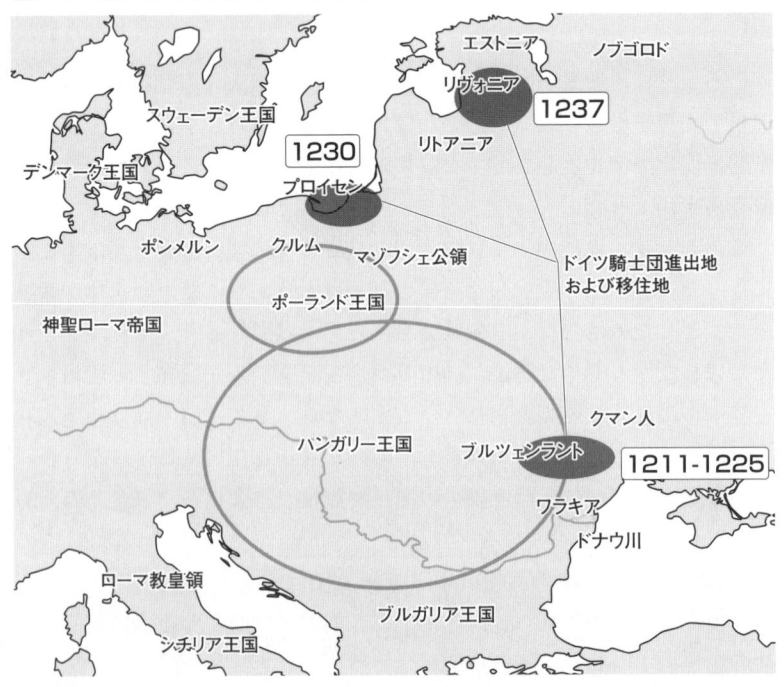

「家士」という和訳が多く用いられているが、より深い人的結びつきが可能な身内であるだけに、私的秘書やブレーン、部隊指揮官として有用であり、次第に政治・軍事における役割が広範なものとなっていった。それにつれて身分からくる違いは、法的には別にしても実質的には影を潜めていった

　従って、身分は低くてもフォン・ザルツァの人脈はドイツ諸侯、神聖ローマ皇帝に渡り、特に皇帝フリードリヒⅡ世との親密さはよく知られている。後発の騎士修道会だったドイツ騎士団は、彼のもとで大きく発展した。

　フォン・ザルツァは傑出した政治家として今日でも名高い。彼は騎士団強化のために、それまで行われてきた所領の拡大と特権獲得に励むとともに、まったく新たな方策を打ち出した。

十字軍後進地への積極的な進出（ハンガリー進出）

　聖地において設立されたドイツ騎士団であったが、後発であったために聖地周辺での所領獲得と活動領域には限られたものがあった。聖地にはすでに名声と実績を持つ聖ヨハネ、テンプルというふたつの騎士団があり、これら強力な競合相手を前にしては、割り込む余地がほとんどなかったといっていい。そのため騎士団を強化しようとするなら、まったく別の場所で活動するほうが、よりすっきりと、より早道であったといえる。つまりライバル企業のいない新市場での展開だ。新たな地平を切り開くというこの冒険には、新興企業だけに老舗企業よりもずっと乗り出しやすかっただろう。そもそも十字軍活動の最大対象はイスラムであったとはいえ、対象とするのは異教徒あるいは異教徒支配地という広範なものだった。聖地あるいはスペインにこだわるものではない。また、ドイツ騎士団はもともと神聖ローマ帝国が東方域（ビザンティン帝国域）進出への布石として設立されたとも考えられており、であるなら聖地での活動にこだわる理由は、少なくともほかの2大騎士団に比べてずっとなかったことになる。

　そうした事情があるなかで、ハンガリー王アンドラーシュ（エンドレ）Ⅱ世（在位1205-1235）から、同王国辺境域であるトランシルヴァニア盆地（現ルーマニア）の、そのなかでもさらに辺境にあたる南東部ボルツァでの活動依頼がきた。

トランシルヴァニア盆地周辺は、異民族、例えばフンやマジャールといったアジアから移動してくる民族のヨーロッパ侵入口として古くから使用されており、だいたいは自然の障壁である山脈を迂回するルートで、つまり盆地を回り込むようにして行われたと思われるが、より険しいとはいえ山脈を越えるルートもあり、異民族＝異教徒に対するヨーロッパの最前線に相当した。騎士修道会が進出するだけの名分は十分にあったわけだ。

　ドイツ騎士団が進出した頃には、山脈を挟んですぐの隣接地にトルコ系クマン人がおり、ちょうどロシアを荒らしていた頃だ。ハンガリー王のドイツ騎士団招聘はこの動きに対応したものらしく、騎士団を王権下の傭兵として、辺境地域での防衛にあたらせようとしたものらしい。

　ドイツ語でブルツェンラントと呼ばれるようになるこの未開地に領地を与えられたドイツ騎士団は、ライバル騎士団もなく、世俗領主と呼べる者もいないなか、せっせと拠点城塞を作り、ドイツから移民を呼び寄せては入植を進め、騎士団領の整備と拡大に励んだ。このあたりの土地はハンガリー王にとっては王国領であったが、クマン人との関係におい

■ブルツェンラント周辺図
トランシルヴァニア盆地は、ローマ時代にダキアと呼ばれた地域の北辺にあたる。ダキアはトラヤヌス帝の征服以来ローマ化が進んだ土地。現在のルーマニア人がラテン系、ルーマニア語がロマンス語に属するのはそこからのことで、ルーマニアの名もローマ人の子孫という意味を持っている。現在のトランシルヴァニア盆地にはハンガリー系やドイツ系が多く居住し、ドイツ人の移住はドイツ騎士団進出前後のこと。図中●印はドイツ騎士団が建設した拠点都市・城塞。

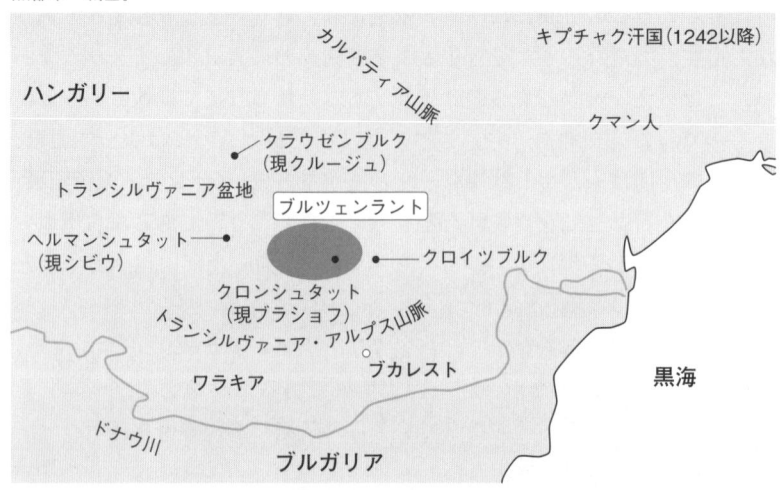

ては領土的に未確定の状態といってよく、未開地でもあり、いわば無主の地同然だった。

騎士団が王の意を受けて辺境支配と防衛に励む限り、ハンガリー王は異を唱えない。騎士団の強化は王国が強化されるのと同じだからだ。しかしドイツ騎士団が目指すのは、ハンガリー王の捨て駒になることでもなければ、忠実な封臣となることでもなかった。独立した組織としての領域支配である。建前としては、教皇直属の組織だけに教皇直轄領の建設ということになるが、騎士団国家の建設そのものである。

騎士修道会は教皇権によって保護され、教皇だけから直接の命令を受ける直属組織だ。しかしこのことは、自由に何をしてもいいということにはならない。キリスト教の教会組織では、地域（教区）における宗教指導と管理は司教以下の司祭組織が受け持つ。ミサを行えるのは司祭であり、十分の一税の徴税や集金などは司教以下の教会組織を通じて行われる。これら既存の教会組織の権限を行使するには、教皇から教勅を得て、その旨の特許を得なければならなかった。騎士団が独自にミサを行えるようになったのも、司祭を騎士団内に抱えることが教勅によって許されたためである。また、教皇にだけ属するということは、王権などの世俗権力を侵害してもいいということではない。たとえば、ある王国で商売しようとすれば、王の許可（特許）を得る必要があったし、王権に属する城塞建設や貨幣鋳造も特許が必要となる。また、王侯からの領地提供に何らかの期待や義務が含まれていることがある。局地的な軍事義務を前提としたドイツ騎士団のハンガリー招聘もこれにあたる。考えようによってはただの交換条件であり、部分的な封建関係ともいえるだろう。ハンガリー王は、与えた領地に対する王権に基づく支配力と拘束力を手放したつもりは毛頭なかった。一方で、教皇は騎士団をすべてのしがらみから離れた自由に動かせる駒としたかったために、これを支援し、騎士団は現地司教が持つ教会組織内の権限から逃れ、また土地の授受から発生する支配・拘束をいかなる者からも受けないといった教書を得て（1220）、ハンガリー王に対する封建関係にも似た立場から逃れようとした。この動きに王国内は騒然とし、当てが外れるどころか王国内の独立勢力になろうとする騎士団を、ハンガリー王は武力をちらつかせて追放した（1225）。

世俗権力の後援（プロイセン進出）

　わずか14年ほどとはいえ、ハンガリー辺境でドイツ騎士団がしてきたことは水泡に帰してしまった。総長フォン・ザルツァは多くのものを失ったことになるが、ひとつの教訓を得ることはできた。教皇の権威というものが、何ら実効支配力を持たないということである。ハンガリーでのことは、ハンガリー王とドイツ騎士団との問題であり、ヨーロッパ王侯に直接的な利害が及ばない遠く離れたヨーロッパ辺境での、いわば私的な紛争であった。国際的な支援が受けられるはずもなかった。

　だが、ハンガリーでの失敗を取り戻す機会はすぐに訪れた。ハンガリーを追放されたその年の末（あるいは翌1226年）に、ポーランド王国に属するマゾフシェ（マソヴィエン）公コンラートからプロイセン（プロシア）へ招かれたのである。

　当時のポーランド王国は、豪族たちが割拠する分裂状態にあった。コンラートは豪族たちのなかでも野心的だったらしく、ドイツ騎士団をプロイセンへの進出の道具にしようとしたものらしい。騎士団にクルム地方の領地を与え、その代わりにプロイセンにいた異教徒プルツ（プロイセン）人に対する防衛と征服を請け負わせようとした。ハンガリー王と同じ目論みだ。

　利用したり利用されたりの関係を別にして、プロイセンにドイツ騎士団が進出するのは、次のことから自然だったといえる。

①十字軍運動の対象地域

　バルト海沿岸地域は、第2回十字軍（1147-1149）結成の折にドイツ王侯向けに結成されたヴェンデ十字軍（1147）以来、十字軍対象地域とされていた。

　この十字軍は、エルベ川とオーデル川のあいだに住んでいたオボトリート人やリュティツィ人などのヴェンデ（バルト・スラブ）人と総称される人々に対して行われた、ドイツ諸侯や司教たちによる十字軍だ。第2回（聖地）十字軍結成の折に聖地遠征を渋るドイツ諸侯に対し、代替行為として認められた。諸侯や騎士たちをキリストに奉仕する「新しき騎士」とするために、聖ベルナールが教皇を説いて実現させ、ザクセン公のハインリヒ獅子公（在位1139-1180）やテューリンゲン伯らが参加している。しかし遠征部隊はデミンなどの包囲戦を行ったが表面的な改宗だ

けにとどまり、成果として得るものはなかったとされる。イェルサレムとスペインでの十字軍が、侵略性を内包しつつも、もともとからのキリスト教徒の聖地や国土を奪還するという防衛的な名分があったのに対し、バルト海沿岸地域での十字軍行動は、まったく縁もゆかりもない新たな土地への布教と勢力拡大を目指したものだった。現地で行われる教会破壊や弾圧から改宗者を守るという防衛的な名分が掲げられているが、もともとは頼まれもしないのに伝道をし、旧来からの社会秩序に教会が割り込んできたものだった。しかも伝道にはキリスト教圏からの商業進出や俗権勢力進出がセットになっており、搾取と支配に乗り出してきたのだから迷惑以外の何ものでもない。怒り心頭に発して抗議をすれば、非人間、悪魔扱いされて十字軍の派遣である。

■ドイツ騎士団進出時期のプロイセンとその周辺
ドイツ騎士団が実際にプロイセンへと進出した頃(1230)のバルト海沿岸地域は、オーデル川以西までドイツ農民の植民が進み、ポンメルエレンあたりまでキリスト教圏が拡大していた。また、北方のリヴォニアもキリスト教圏化しており、図中の点線で囲んだあたりが未改宗の異教徒地域、言い方を換えれば周辺勢力の征服・進出目標として残っていた。バルト海沿岸地域での聖俗キリスト教圏の拡大経過は、次ページの図を参照されたい。

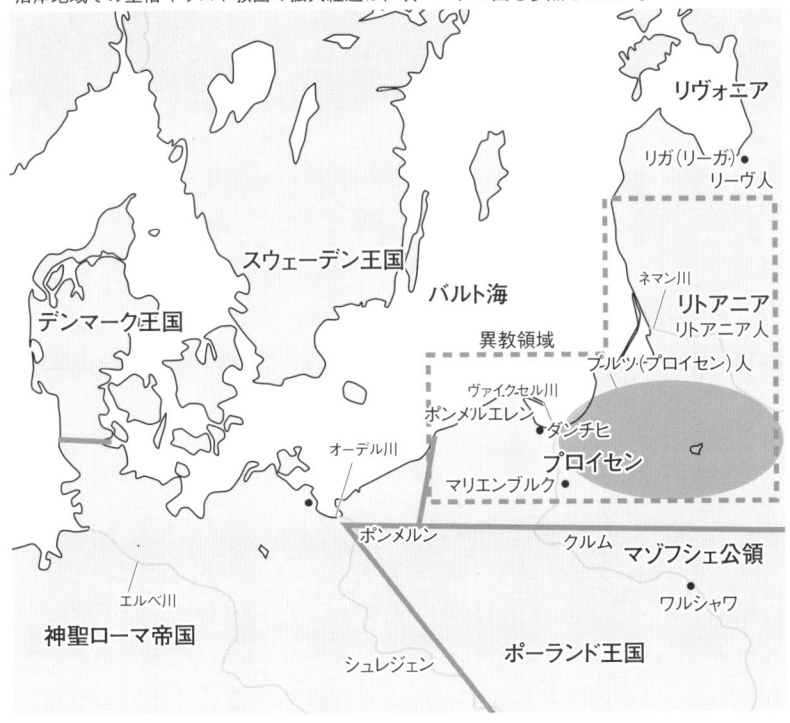

■ドイツ騎士団進出以前のバルト海沿岸地域における聖俗キリスト教圏の拡大経過

※図中の矢印は、ドイツ、デンマーク、ポーランド、ロシア勢力の進出方向。
※図中の破線と網かけ文字は、現在のおおよその国境と国名など。
※図中◯内の年代は聖界の動き、■内の年代は俗権の動き。年代の詳細は以下の通り。

785	バイエルン族首長ヴィドキントが改宗
804	シャルルマーニュがザクセン地方を征服
831	北欧域布教拠点ハンブルク司教座設置（848年に合併によりハンブルク・ブレーメン大司教座となる）
934	ハインリヒⅠ世がシュレースヴィヒをデーン人から奪う
937頃	オットーⅠ世がヴェンデ人域に進出
965頃	ハーラル青歯王（在位940-985頃、スヴェンⅠ世の父）が改宗
966	ポーランド王ミェシュコⅠ世（在位963頃-992）が改宗
968	ヴェンデ人域布教拠点マグデブルク司教座設置
1168	デンマーク王ヴァルデマールⅠ世がリューゲン島を征服
1201	ドイツ人十字軍部隊を率いたアルベルトがリガ市を建設。司教座設置
1207	アルベルトが辺境伯とされドイツ聖界諸侯となる
1219	デンマーク王ヴァルデマールⅡ世がエストニアにタリン建設

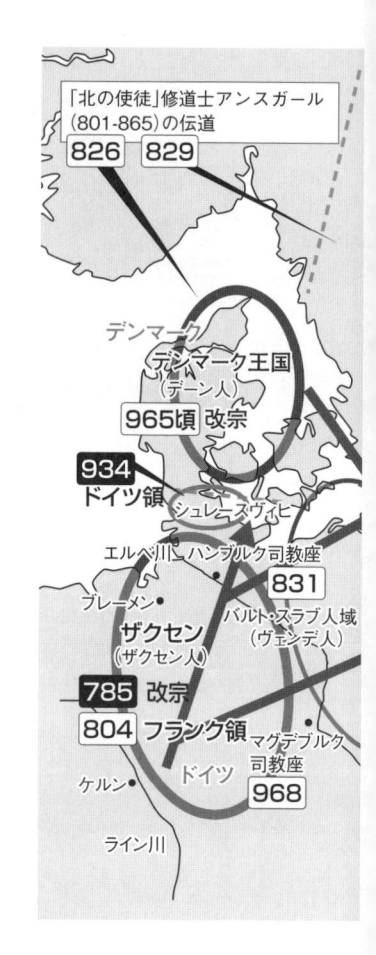

　ヴェンデ十字軍はエルベ川とオーデル川に挟まれた地域に対して行われたものだったが、対象地域は次々と拡大されていき、リヴォニア（1199）、プロイセン（1217）に対する異教地遠征に罪の赦免が認められて、正式な十字軍とされていった。従って、騎士修道会がこれに加わっても何の不思議もない。

②ドイツ（神聖ローマ帝国）の隣接地域

　イェルサレムとヨーロッパのローマ教会（カトリック）圏とは遠く離れた距離にあった。あいだには地中海とギリシア正教国のビザンティン帝国があった。一方でバルト海沿岸地域はヨーロッパの隣接地であり、近隣のドイツ、ポーランド、デンマークが領土拡大を目指す土地だった。

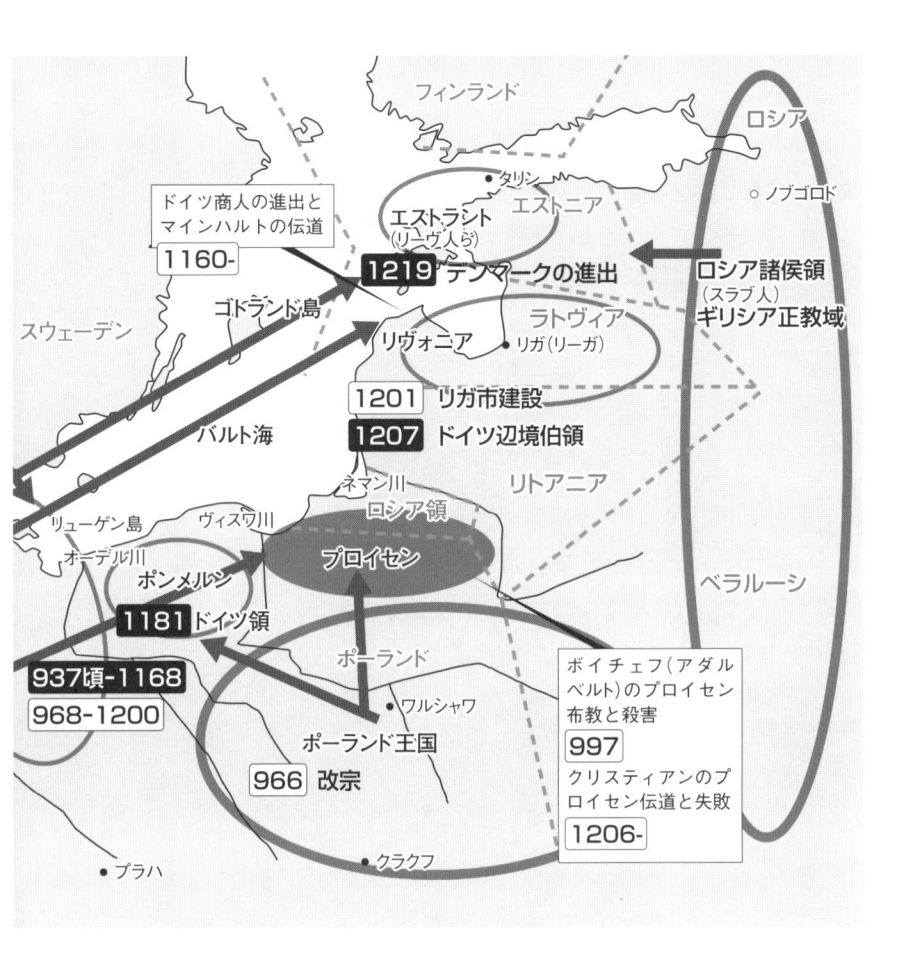

しかし沿岸諸国の直接の利害が絡み合った場所でもあり、いかに十字軍対象地域だったとしても、地縁のない騎士修道会が手を出す土地ではなかった。だが、ドイツ人によるドイツ騎士団は別だ。そこは彼らの母国といってもいいドイツの隣接地であり、ドイツ諸侯や神聖ローマ皇帝の支援が容易に及ぶ土地でもあった。聖地ではマイナス方向に働いた騎士団のローカル性が、ここでは大きなプラスとなって働くことになる。

③ドイツ人農民の入植地

バルト海沿岸は、ドイツ人農民の入植が進められていた地域だった。1200年代序盤には、すでにオーデル川を越えたあたりにまで及んでおり、ドイツ農民が持つ技術力と経営力が、地域の生産力向上と支配強化につ

ながると考えられていた。ドイツ騎士団がくれば、ドイツ農民の入植がさらに進むと期待できた。

④騎士修道会に寄せる関心

　プロイセンへのドイツ騎士団招聘が行われる以前に、ひとつの騎士修道会がバルト海沿岸地域に誕生していた（1202）。現在のラトヴィア周辺に相当するリヴォニアに設立された、通称「刀剣騎士団」である。この騎士団はのちにドイツ騎士団と合併することになるが、この頃はまだ単独で成功を収めつつあり、騎士修道会導入の先例として、諸勢力が騎士修道会に着目する契機を与えていた。

⑤伝道の失敗

　ローマ教皇はプロイセンに対して、修道士の派遣と司教座の設置による伝道を行っていた。ところがなかなかうまくいかない。ドイツ騎士団招聘の頃には、シトー会修道士クリスティアン（?-1245）がプロイセン入りして布教を続けていたが、思わしくなかった。昔ながらの平和的な伝道方式が行き詰まりを見せていた。

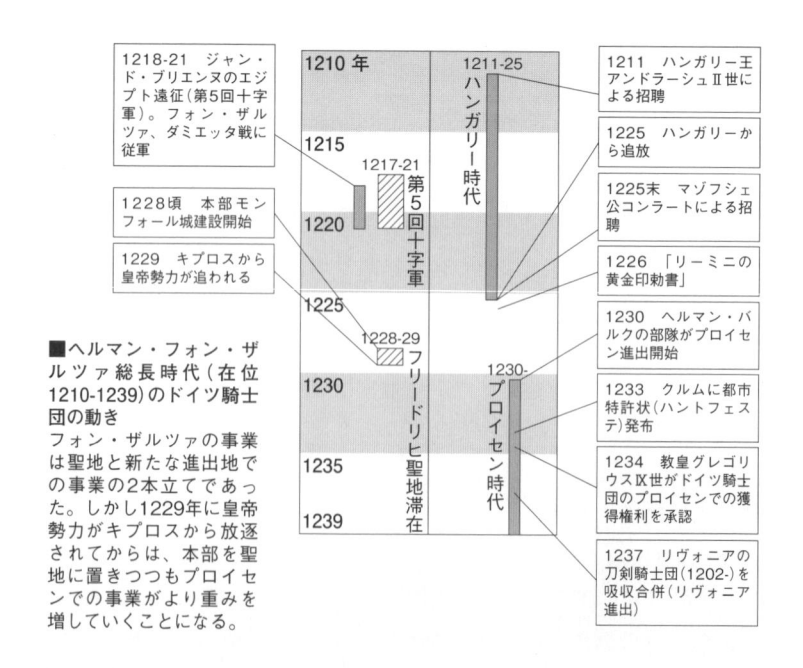

年	事項（左）	時代	事項（右）
1210年		1211-25 ハンガリー時代	1211　ハンガリー王アンドラーシュⅡ世による招聘
1215	1218-21 ジャン・ド・ブリエンヌのエジプト遠征（第5回十字軍）。フォン・ザルツァ、ダミエッタ戦に従軍		1225　ハンガリーから追放
1220	1217-21 第5回十字軍		1225末　マゾフシェ公コンラートによる招聘
	1228頃　本部モンフォール城建設開始		1226 「リーミニの黄金印勅書」
1225	1229　キプロスから皇帝勢力が追われる		
1230	1228-29 フリードリヒ聖地滞在	1230- プロイセン時代	1230　ヘルマン・バルクの部隊がプロイセン進出開始
1235			1233　クルムに都市特許状（ハントフェステ）発布
1239			1234　教皇グレゴリウスⅨ世がドイツ騎士団のプロイセンでの獲得権利を承認
			1237　リヴォニアの刀剣騎士団(1202-)を吸収合併（リヴォニア進出）

■ヘルマン・フォン・ザルツァ総長時代（在位1210-1239）のドイツ騎士団の動き
フォン・ザルツァの事業は聖地と新たな進出地での事業の2本立てであった。しかし1229年に皇帝勢力がキプロスから放逐されてからは、本部を聖地に置きつつもプロイセンでの事業がより重みを増していくことになる。

■プロイセン進出の進展度
図中■印は騎士団が進出拠点として建設した城塞。年代は建設年。ヘルマン・バルクは修道会騎士5名とともに部隊を率いてまずトルンに入り、クルマーラント(クルム地方)を平定したのち、続けざまに沿岸地域へと進出していった。

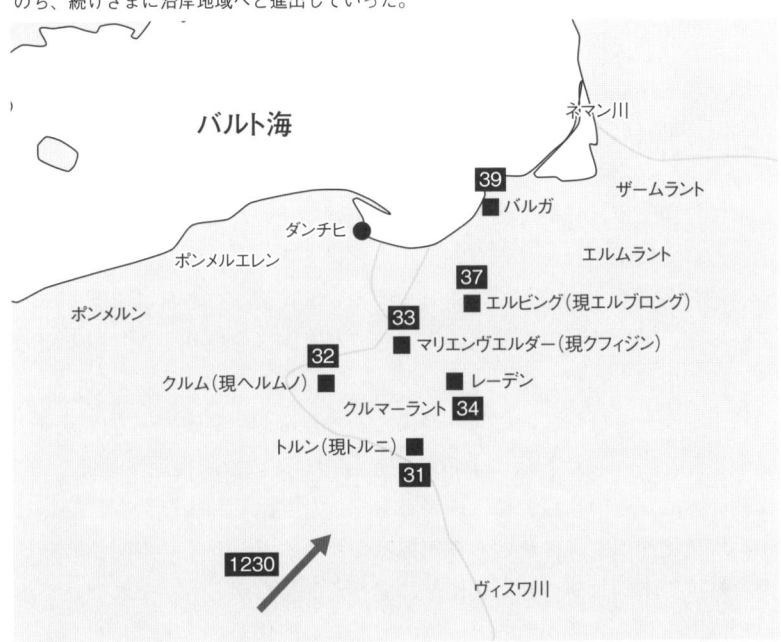

バルト海
ネマン川
ザームラント
39
バルガ
ダンチヒ
エルムラント
ポンメルエレン
37
エルビング(現エルブロング)
ポンメルン
33
マリエンヴェルダー(現クフィジン)
32
クルム(現ヘルムノ) ■
レーデン
クルマーラント 34
トルン(現トルニ) ■
31
1230
ヴィスワ川

　以上のように、ドイツ騎士団のプロイセン進出はポーランドの大公ひとりの突飛な着想がもたらしたものではなく、当時の地域的な事情がもたらしたものだったといえる。
　フォン・ザルツァとドイツ騎士団にとっては、プロイセンがドイツ諸侯と神聖ローマ帝国皇帝のすぐ近くであるという点が最も喜ばしい条件となった。ハンガリーでの教訓を得ていたフォン・ザルツァは、時の皇帝フリードリヒⅡ世との親密さを利用し、「リーミニの黄金印勅書」(1226)を発布させることに成功した。この勅書によって騎士団は皇帝の保護を受け、帝国諸侯並みの地位と特権を手にすることができた(教皇直属の立場でかつ封を受けることが禁じられていたため、あくまでも諸侯並みである)。つまり、プロイセンで獲得するであろう土地に対して貨幣鋳造権や裁判権、徴税権といった大幅な現地支配権が、皇帝により認められることになった。これでマゾフシェ公コンラートも、ハンガリー王のような手出しをおいそれとはできなくなった。さらに場所は帝国

のすぐ近くであったから、ドイツ諸侯らによる十字軍の形を取った軍事支援は大きな力となっていく。また、騎士団員のおもな供給先であったドイツのミニステリアーレ層が、軍事義務と引き換えに騎士団から領地を与えられた入植者としてプロイセンに移ってくるようになる。彼らは本国での弱い立場から、より自立的に社会上昇することを目指してやってきた。同様にドイツ人農民もまた、騎士団支配を支える力となっていった。

　ドイツ騎士団は極めておもしろい騎士修道会だ。軍事、宗教以上に政治において特筆されるべき存在だったといえる。この特徴は騎士団結成時点からあったものだが、フォン・ザルツァによってさらに濃厚となっていった。彼は皇帝と教皇とのあいだでバランスを取りつつ、騎士団の独立性と成長を確保していった。

　バルト海地方は伝統的に対立関係にある皇帝と教皇が、一方は帝国による支配を、一方は教会による統制を目指していた新規進出地である。異教徒の改宗という点では、両者ともまったく同じ利害を共有していたが、現地支配の主導権をどちらが握るかとなると、ライバル関係にあった。対抗し牽制しつつ互いに優位に立とうとしながらも、それでいて互いに協力を得る必要があるというおもしろい関係だ。フォン・ザルツァは、この両者のあいだにあって、一方の存在を意識させつつ、他方から利を得るということをしていった。これを可能にしたのは、騎士修道会という聖俗中間の存在ゆえのことだろう。皇帝は布教者の立場となりえる聖界的な騎士団に期待し、教皇は騎士団の俗界的な軍事力に期待を寄せた。

　ドイツ騎士団が実際にプロイセンへと進出したのは、コンラート公からの誘いがあってから5年ほどのちのことである（1230）。それまでに「黄金印勅書」だけでなく、先立って教皇から布教へ邁進するよう教勅を受けており、最早クルム地方のみならず、その先へと遠慮なしに進出できるようになっていた。

■ドイツ騎士団組織概念図

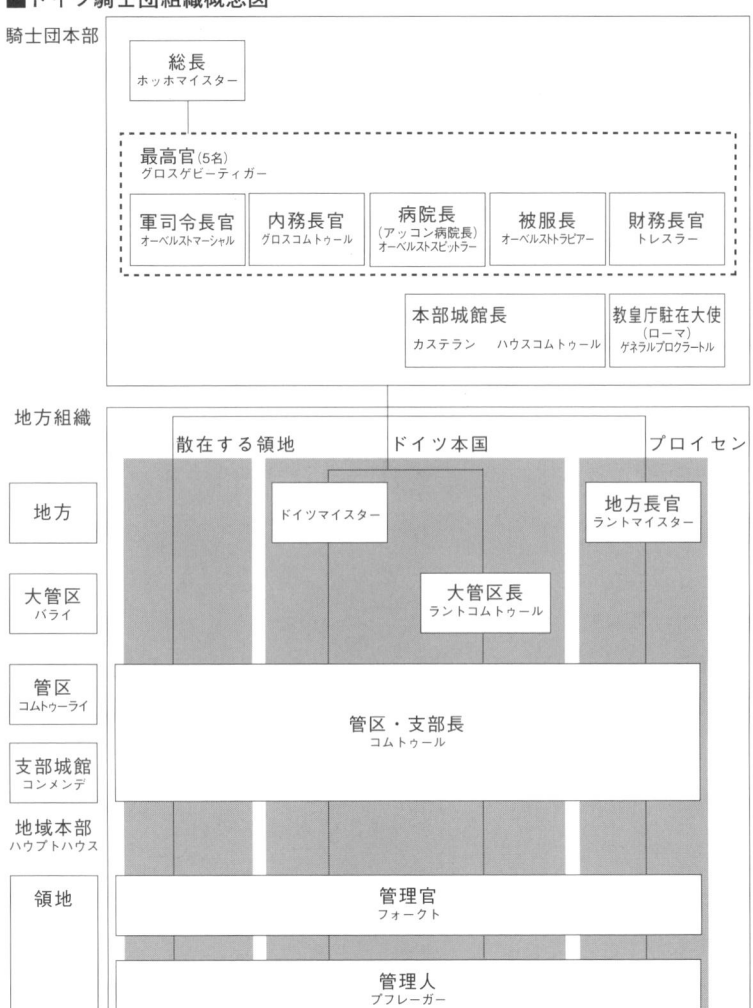

騎士団本部

- 総長　ホッホマイスター
- 最高官(5名)　グロスゲビーティガー
  - 軍司令長官　オーベルストマーシャル
  - 内務長官　グロスコムトゥール
  - 病院長（アッコン病院長）　オーベルストスピットラー
  - 被服長　オーベルストトラピアー
  - 財務長官　トレスラー
- 本部城館長　カステラン　ハウスコムトゥール
- 教皇庁駐在大使（ローマ）　ゲネラルプロクラートル

地方組織

地方区分	散在する領地	ドイツ本国	プロイセン
地方		ドイツマイスター	地方長官　ラントマイスター
大管区　バライ		大管区長　ラントコムトゥール	
管区　コムトゥーライ	管区・支部長　コムトゥール		
支部城館　コンメンデ			
地域本部　ハウプトハウス			
領地	管理官　フォークト		
	管理人　プフレーガー		

171

十字軍の終結と３大騎士団

その後の十字軍と３大騎士団　聖地から駆逐されるまで

　第3回十字軍は、シリアでの失地回復を十字軍現地勢力にもたらした。しかし以前通りとはとうていいかず、狭められた勢力圏のなかで、ダメージを回復するのにも時間がかかることとなった。彼らにできることはただ防衛することだけで、それも盤石というにはほど遠かった。もともとヨーロッパの救援を頼みとしていた現地勢力ではあったが、ますますその依存度を高めていった。サラディンによって領地を大きく減じられた現地諸侯たちは、ヨーロッパからの来援者なしには何もできないといった感じだ。イェルサレム王も、第3回十字軍以降はヨーロッパからの来援者が王位に就くようになった。

　警戒心と猜疑心を伴ったこれまでの現地人とヨーロッパ人の関係も、ますます悪くなっていった。力の弱まった現地諸侯は、それだけにヨーロッパからの新参者にいいようにされるのではないかとますます疑い、かつての新参者、つまり先にきて現地に地歩を築いたヨーロッパ人来援者もまた、次々とやってくる、より新参の来援者を警戒した。こうした思い込みは的外れでもなく、ヨーロッパでの十字軍熱は、信仰心に基づく熱狂が影を潜め、冷めた政治的・領土的野心に基づく損得勘定ばかりが目立つようになっていた。国際政治の面から見ても、ヨーロッパ諸国・諸地域人が混在するシリア、パレスティナでは、現地勢力の力が弱まれば、ヨーロッパ情勢に基づいた思惑に大きく左右されざるを得ない。

　騎士修道会もこの例にもれない。しかし現地諸侯たちとは違って、海外所領からの物的・金銭的補填、所領網を通じての人的補填があったため、はるかにましというものだった。それでも拠点となるべき現地の所領と基地の減少は、騎士団の活動をスケールダウンさせることになった。

　幸いだったことに、イスラム勢力もまた大きく攻勢に出ることがなかった。サラディン後のアイユーブ朝は分裂し、たとえまとまることがで

きたとしても、宗教的な情熱を持たないスルタンたちにはやる気がない。現地十字軍勢力は最早侵略者というよりも、半独立したイスラム領主たちと同様にただの敵対領主といったほうがよく、大きな犠牲を払ってまで事を大きく構えようとはしなかった。注意を払うべきなのはヨーロッパの動きだ。現地十字軍勢力は、ヨーロッパから援軍がくるたびに大攻撃を仕かけてきた。

　第3回十字軍から十字軍勢力がシリア、パレスティナの地より完全に撤退するまでのおよそ100年間、現地十字軍勢力は、ヨーロッパからの十字軍がやってくるたびに元気を取り戻して一応のまとまりを見せたものの、専ら内部の不統一と内紛を露呈するだけの歳月を送る。騎士修道会もこれにはひと役買っている。

2大騎士団の反目から3大騎士団の対立へ

　アッコン陥落（1191）後に、聖地第3の騎士修道会「ドイツ騎士団」が誕生（1198）すると、本来であれば十字軍勢力にとって喜ばしいはずであったが、在地十字軍勢力の分裂を加速させることとなり、ある意味では弱体化を招いた。ふたつの騎士団しかなかったとき、聖ヨハネとテンプルは決して仲がよかったわけではない。しかしそれはライバル心から出てきたもので当然の成り行き、健全といえばいえなくもない現象だった。ところが3つとなると、騎士団同士の関係は三つ巴の入り組んだ関係となり、競争よりも自騎士団の保身や利益に目がいく事態となりがちになる。もとより現状では聖地での領土拡大が見込めず、今ある勢力圏のなかで活動しなければならないのだから、動きが内向きになるのも仕方がない。ヨーロッパから十字軍がやってくれば外へと向かったが、一緒に行動しても、足並みを揃えてというわけにはいかなかった。騎士修道会発足当初にあったキリスト教徒の団結、キリストの戦士たらんとする理念が忘れられることはなかったものの、しばしば片隅に追いやられた。

　新興のドイツ騎士団の場合には、それがもっと顕著だ。本来、騎士修道会はローマ教皇直属であって、キリストの戦士にふさわしく教会組織からも俗界の王侯からも切り離された存在だった。それが、ドイツ騎士団は神聖ローマ皇帝とも結びつき、帝国諸侯同様の扱いを受けて自身の立場を強めていった。教皇と皇帝のあいだを泳いでうまくやるといったこのやり方は、批判を招きはしたが、一方で政治的な動きをすることが

いかに重要かを改めて知らしめるものとなり、現地諸侯、騎士団ともに、各自の判断で政治的な動きを強めていくことになった。そのため分裂度は増し、3騎士団の場合でいえば、力が3倍になるのではなく、場合によっては単独で本来持つ力の3分の1ともなりかねなかった。

皇帝派対教皇派の対立

　神聖ローマ皇帝フリードリヒⅡ世(在位1220-1258)が登場し、イェルサレム国王となると(1225)、分裂の度合いはますます進む。ヨーロッパ同様に、反皇帝勢力というものができあがってしまった。フリードリヒは外交により無血でイェルサレム市と一部近隣地域を回復した(1229)。これほどいいことはないように思える。しかし、それを物足りないと考える勢力もいた。本腰を入れて武力を用いればもっと領土を取り戻すことができるのに、お茶を濁しただけのことではないかと。

　そもそも十字軍は、イェルサレム市をキリスト教徒の手に取り戻すために行われた事業だった。だから、本来の目的を果たしたフリードリヒの成果は、もっと評価されていいはずだった。しかし、イェルサレム市の回復と支配は建前の話であって、第1回十字軍当時でさえ、宗教的な熱狂ぶりや騎士たちの欲望ぶりを考えれば、イスラム教徒との宗教的な同市の共同管理や征服地の不足は認められなかっただろう。この頃には宗教的な情熱が相当冷めていたので、イェルサレム市をイスラムとの共同聖地として認めることに、それほど難はなかっただろうが、逆に本音としては、イェルサレムの回復自体も以前ほど重要ではなかった。同市、というよりも今残されている十字軍勢力地の防衛を考えれば、領地の拡大こそ重要であったし、その領地とは新たな征服地ではなく、長い占領の結果、既得権と見なされるまでになっていた領地にほかならなかった。激しくはなくとも、一層暗く根深い批判の目がフリードリヒに注がれた。

　当時フリードリヒがまだ破門されていたことも、こちらは建前論として気持ちがすっきりとしないところだった。皇帝の封臣のように振る舞っていたドイツ騎士団は別として、聖ヨハネ、テンプル両騎士団は破門皇帝のイェルサレム王戴冠式への出席を拒否し、教皇直属の修道会の立場を明らかにした。

　また現地世俗諸侯のなかには、フリードリヒが宗主権を得たキプロス

■十字軍国家勢力と3大騎士修道会の動き（1191-1291）

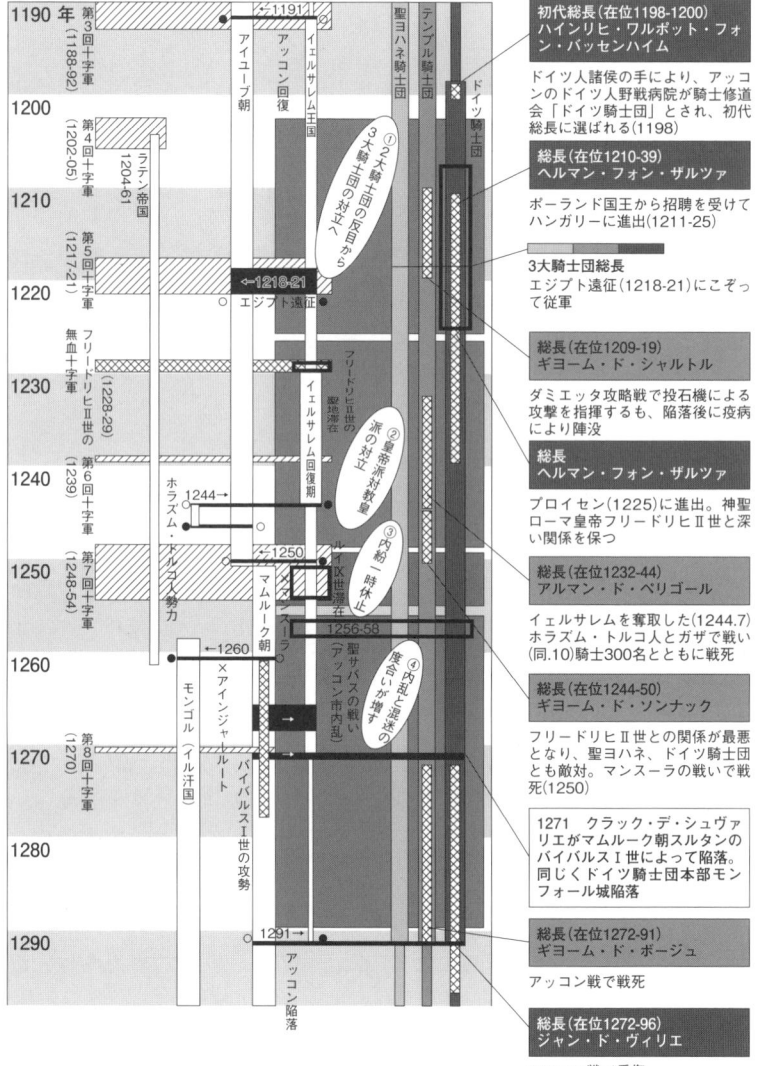

年		
1190	第3回十字軍（1188-92）／アイユーブ朝／←1191／イェルサレム王国／アッコン回復／聖ヨハネ騎士団／テンプル騎士団／ドイツ騎士団	**初代総長（在位1198-1200）ハインリヒ・ワルポット・フォン・バッセンハイム** ドイツ人諸侯の手により、アッコンのドイツ人野戦病院が騎士修道会「ドイツ騎士団」とされ、初代総長に選ばれる（1198）
1200	第4回十字軍（1202-05）／ラテン帝国1204-61	**総長（在位1210-39）ヘルマン・フォン・ザルツァ** ポーランド王国王から招聘を受けてハンガリーに進出（1211-25）
1210	第5回十字軍（1217-21）／①3大騎士団の反目から	
1220	←1218-21／エジプト遠征	3大騎士団総長 エジプト遠征（1218-21）にこぞって従軍
1230	無血十字軍（1228-29）／フリードリヒⅡ世の聖地滞在	**総長（在位1209-19）ギヨーム・ド・シャルトル** ダミエッタ攻略戦で投石機による攻撃を指揮するも、陥落後に疫病により陣没
1240	第6回十字軍（1239）／イェルサレム回復期／ホラズム・トルコ人勢力／1244→／②皇帝派対教皇派の対立	**総長 ヘルマン・フォン・ザルツァ** プロイセン（1225）に進出。神聖ローマ皇帝フリードリヒⅡ世と深い関係を保つ
1250	第7回十字軍（1248-54）／マムルーク朝／1250／③内紛・一時休止／ルイⅨ世滞在／1256-58	**総長（在位1232-44）アルマン・ド・ペリゴール** イェルサレムを奪回した（1244.7）ホラズム・トルコ人とガザで戦い（同.10）騎士300名とともに戦死
1260	←1260／モンゴル（イル汗国）／×アインジャールート／バイバルスⅠ世の攻勢／聖サバスの戦い（アッコン市内乱）／④内乱と混迷の度合いが増す	**総長（在位1244-50）ギヨーム・ド・ソンナック** フリードリヒⅡ世との関係が最悪となり、聖ヨハネ、ドイツ騎士団とも敵対。マンスーラの戦いで戦死（1250）
1270	第8回十字軍（1270）	1271　クラック・デ・シュヴァリエがマムルーク朝スルタンのバイバルスⅠ世によって陥落。同じくドイツ騎士団本部モンフォール城陥落
1280		
1290	1291→／アッコン陥落	**総長（在位1272-91）ギヨーム・ド・ボージュ** アッコン戦で戦死 **総長（在位1272-96）ジャン・ド・ヴィリエ** アッコン戦で重傷

を攻め、皇帝勢力を追い出した者もいる。父帝ハインリヒⅥ世の地中海進出策は、ドイツ騎士団の結成とも合わさって、ドイツ人勢力の領土的野心を嗅ぎ取れるものであったために、現地十字軍諸侯は自ずと反感と警戒心を膨らませていった。皇帝はイスラム勢力圏への進出よりも、現在ある十字軍領域内での自勢力拡大のほうを狙っていると考えたからで

ある。

内紛一時休止

　フランス国王ルイⅨ世の第7回十字軍（1248-1254）は、シリアの内紛状態に一時的ながら秩序をもたらした。ルイはフランス国王だけあって、神聖ローマ皇帝とは違ってフランス出身者やイタリア出身者の受けはいい。個人としても敬虔なキリスト教徒というだけでなく、国際政治での調停者として誰もが重く見る人物だった。そのため、そうそう勝手なことはできない。テンプル騎士団は単独でダマスクスのイスラム勢力と和を結ぼうとしたが、ルイの逆鱗に触れて平謝りに謝り、協定を結ぶことを取り止めている。

内乱と混迷の度合いが増す

　現地をまとめていたルイⅨ世も、いつまでも聖地にとどまることはできない。強力な指導者となり得たヨーロッパの国王が、軍とともにやがては本国へと帰ってしまうことは、十字軍遠征が持つ宿命であり、致命的な欠陥でもあった。彼らが戻れば現地はもとに戻って弱体化した。ルイも例にもれずフランスへと帰還したわけだが、弱体化するにとどまらず、現地十字軍勢力の反目と無秩序状態に戻ることになった。最悪の事例は「聖サバスの戦い」だ。王国の首都アッコンを舞台に繰り広げられたこの内戦は、現地の無統制と分裂ぶりが、いよいよどうにもならない状態になったことを内外に示し、軍事だけでなく外交においても、自らの力を奪うことになった。ヨーロッパ人が武力で作った十字軍国家は、多くの帝国や国の滅亡と同様に、外敵に滅ぼされたというよりも、内部崩壊によってすでに命脈が断たれていた。マムルークの将軍たちは、ただとどめを刺せばよかった。

聖地からの撤退　3大騎士団のその後

　青息吐息だった聖地の十字軍勢力が完全に息の根を止められたのは1291年のこと。シリア、パレスティナの地にあった領土がすべて失われた。
　十字軍勢力を駆逐したのは、エジプトに興ったマムルーク朝

(1250-1517)だ。

マムルーク朝

　マムルーク朝が興ったのは、ルイⅨ世がエジプトのマンスーラの戦い(1250)でアイユーブ朝に敗北した直後のこと。この戦いの勝利に貢献した親衛部隊将兵(マムルーク)がアイユーブ朝(1169-1250)スルタンのトゥラーン・シャー(在位1249-1250)と対立し、スルタンを殺害して政権を取った。マムルークの士官たちは仲間のなかからアイバク(在位1250-1257)を選んで新スルタンとし、新たな王朝が成立した。

　その後、マムルーク朝はモンゴル軍をアインジャールートの戦い(1260)で破る。

　モンゴル軍は、チンギス・ハーンの孫フーラーグがバグダードを占領してから中東にまで進出しており、バグダードを首都とするイル汗国が建国されていた。フーラーグはすぐさまシリアへと向かい、アレッポとダマスクスを落として小アルメニアやアンティオキアまで服属させた。第3の勢力として、十字軍国家とイスラム勢力両者の共通の脅威となっていた。

　マムルーク朝はアインジャールートののち、すぐさまアレッポとダマスクスを解放して勢力を大きく広げる。

十字軍国家消滅

　そのマムルーク朝が十字軍勢力の駆逐へと乗り出したのは、バイバルスⅠ世(在位1260-1277)のとき。モンゴルに味方した小アルメニアは手ひどい侵攻を受け、アンティオキアは占領された。ほかの十字軍勢力地は、じわじわと周囲の要塞を落とされて防備が弱体化していった。象徴的なのが、サラディンすら落とせなかったクラック・デ・シュヴァリエの陥落である(1271)。いかに堅城とはいえ、もはや十字軍勢力には守る力がなかった。

　バイバルスⅠ世以後の2代に渡るスルタンの短い治世を経て、第7代スルタンのカラーウーン(在位1279-1290)はトリポリを陥落させ(1289)、続く息子の第8代ハリール(在位1290-1293)がイェルサレム王国の首都アッコンを陥落させた(1291)。残る都市の住民も退去し、およそ200年近く続いた中東での十字軍、言い換えるならヨーロッパ人の中東進出は挫

■十字軍勢力陥落都市・城塞

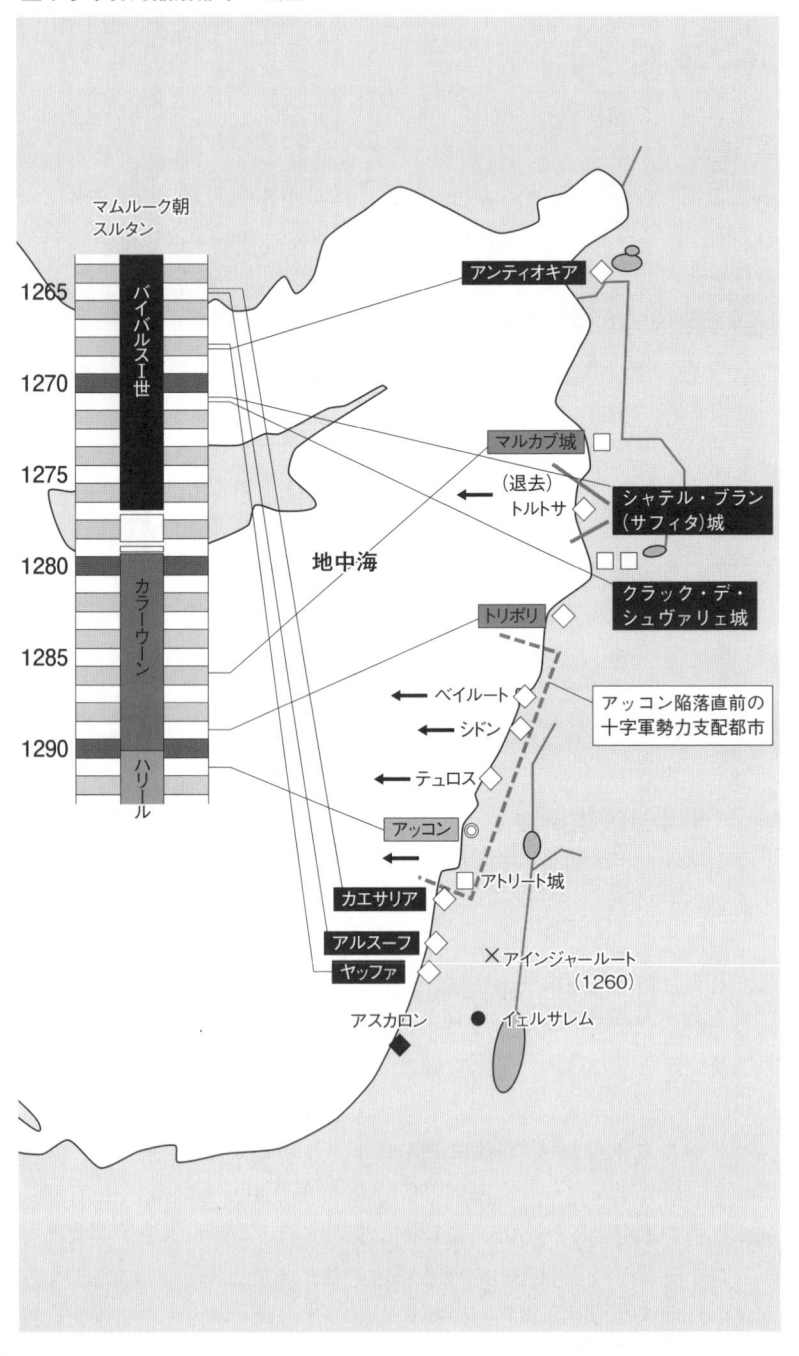

マムルーク朝
スルタン

バイバルスI世
1265
1270
1275
1280
カラーウーン
1285
1290
ハリール

アンティオキア

マルカブ城

シャテル・ブラン
(サフィタ)城

(退去)
トルトサ

クラック・デ・
シュヴァリェ城

地中海

トリポリ

アッコン陥落直前の
十字軍勢力支配都市

← ベイルート
← シドン
← テュロス
アッコン ◎
← アトリート城
カエサリア
アルスーフ
ヤッファ
×アインジャールート
(1260)

アスカロン ● イェルサレム

かれた。十字軍勢力はキプロス島を新たな根拠地として、なおも近隣にとどまったが、それも長くは続かなかった。

　アッコン陥落によって聖地を追われた3大騎士団は、キプロス島へと退避した。キプロスと大陸間の距離は最短でおよそ100km、だいたい東京－甲府間の距離にあった。騎士団はそこにとどまり、聖地回復の機をうかがった、かというとそうではない。最早再進出の見込みは薄く、各騎士団はそれぞれに別の道をたどっていく。

テンプル騎士団廃絶

　テンプル騎士団は大きな富を蓄えていた。広大な領地があるばかりでなく、銀行業の貸し付けによる金利収入が、さらなる富をもたらした。この銀行業の始まりは、巡礼者が道中の盗賊などに備えて出発時点で金銭を騎士団に預け、巡礼中に必要となったときに、各地の騎士団支部で引き出すという仕組みだった。巡礼の安全を守るために創設された、テンプル騎士団の目的に沿った活動だ。それが次第に、資金を貸し付けて金利を得る事業にまで拡大していった。軍資金に不自由する国王や諸侯にも貸し付け、フランスでは潤沢な資金力と信用力・保安力を背景に、金庫番として王国財産の管理までするようになっていた。こうした商売と富は、反発となって騎士団の評判を次第に落としていく。

　アッコンが陥落して聖地が失われた今、騎士修道会の存在意義は一挙に薄れたといっていい。騎士団存続の危機だとさえいえる。各騎士団はそれぞれの存続をかけて、それぞれにキリストの戦士としての今後の活動方針を打ち出さなければならなかった。ドイツ騎士団はすでに、東ヨーロッパでの異教徒に対する戦いがメイン事業となっていた。一方でテンプルには明確な将来的ビジョンがなかった。そのことは聖ヨハネ騎士団とて同じだ。両騎士団はともに聖地間近のキプロス島に本部を移してはいたが、そこは反攻拠点と呼べるものではなく、ただの亡命の地といった状況だった。教会は両騎士団の合併によって十字軍体制の再建を考えもした。もちろん長く独自に活動してきた両騎士団にその意志はなく、特にテンプル騎士団総長は明確な拒否を示すことになる。

　テンプルに対する世間の評判は、聖ヨハネ騎士団よりも思わしくない。病院活動での評価を受ける聖ヨハネに対し、軍事活動の場を失ったテンプルは貸金業と富が目立つばかりだ。活動の拠点も、ヨーロッパ金

融活動の中心であるタンプルことパリ支部城塞へと移っていた。総長がどこかへいくときの供揃えは豪華になり、果たして清貧を旨とする騎士修道会なのか、あるいは特権を享受するだけの貸金業者なのか、内部の様子が見えない集団だけに、畏怖とともに反感は募っていった。同情的に見れば、そうした華美さは騎士団の存在意義が怪しくなったゆえに、威厳を増そうと務めただけのことなのかもしれないのだが。

　この世間の評判思わしくないテンプルの財産に目をつけたのが、フランス王のフィリップⅣ世美王（在位1285-1314）だ。フィリップは突如としてパリのタンプルを急襲し、異端の罪で総長らを逮捕した（1307）。ほかのフランス国内でもテンプル騎士の逮捕が行われる。フィリップは入団式の折に奇怪な異端の宣誓式が行われていたなど、いくつもの罪状をあげた。それぞれの罪状が事実だったかはかなり疑わしい。しかしテンプルが騎士修道会本来のあるべき姿を失っていたというのなら、その通りだったろう。

　そうしたフランス王の動きに対し、ローマ教皇は対抗姿勢を示した。しかしフランス王主導の下で行われた異端審問、すなわち自白を強要する拷問の結果、騎士団は有罪とされた。

■アッコン陥落以後の3大騎士団の拠点地と本部所在地

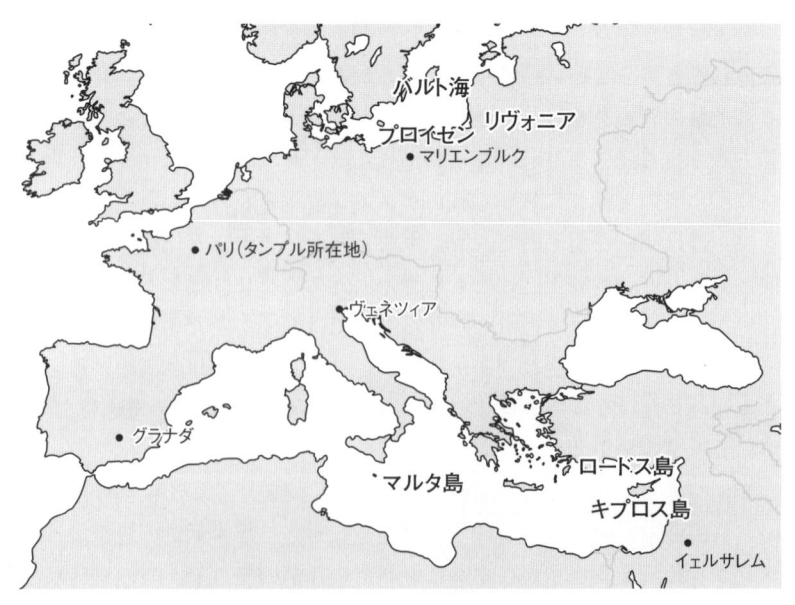

■アッコン陥落(1291)以後の3大騎士団

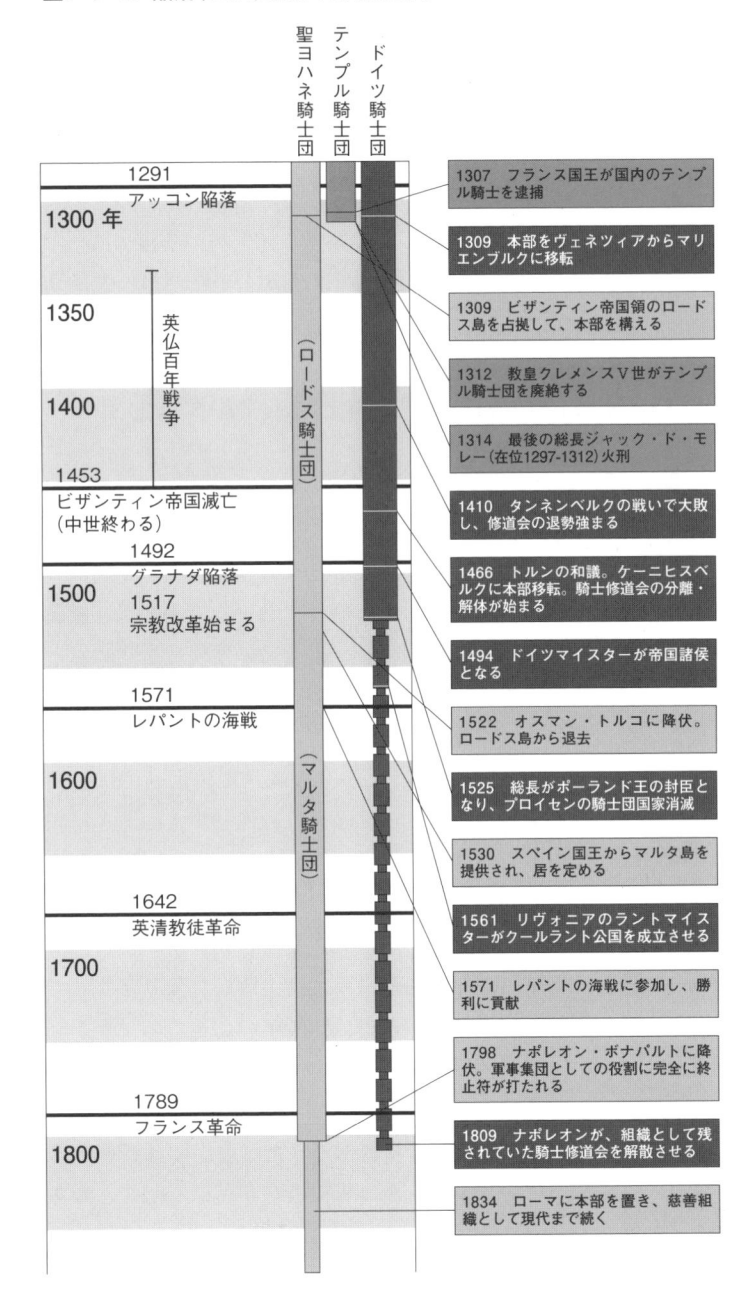

年代	世界史の出来事	聖ヨハネ騎士団	テンプル騎士団	ドイツ騎士団
1291	アッコン陥落			
1300年		(ロードス騎士団)		
1350	英仏百年戦争			
1400				
1453	ビザンティン帝国滅亡(中世終わる)			
1492	グラナダ陥落			
1500	1517 宗教改革始まる			
1571	レパントの海戦			
1600		(マルタ騎士団)		
1642	英清教徒革命			
1700				
1789	フランス革命			
1800				

- 1307 フランス国王が国内のテンプル騎士を逮捕
- 1309 本部をヴェネツィアからマリエンブルクに移転
- 1309 ビザンティン帝国領のロードス島を占拠して、本部を構える
- 1312 教皇クレメンスⅤ世がテンプル騎士団を廃絶する
- 1314 最後の総長ジャック・ド・モレー(在位1297-1312)火刑
- 1410 タンネンベルクの戦いで大敗し、修道会の退勢強まる
- 1466 トルンの和議。ケーニヒスベルクに本部移転。騎士修道会の分離・解体が始まる
- 1494 ドイツマイスターが帝国諸侯となる
- 1522 オスマン・トルコに降伏。ロードス島から退去
- 1525 総長がポーランド王の封臣となり、プロイセンの騎士団国家消滅
- 1530 スペイン国王からマルタ島を提供され、居を定める
- 1561 リヴォニアのラントマイスターがクールラント公国を成立させる
- 1571 レパントの海戦に参加し、勝利に貢献
- 1798 ナポレオン・ボナパルトに降伏。軍事集団としての役割に完全に終止符が打たれる
- 1809 ナポレオンが、組織として残されていた騎士修道会を解散させる
- 1834 ローマに本部を置き、慈善組織として現代まで続く

教皇にとって問題なのは、テンプル騎士団の運命そのものよりも、聖界に属する騎士団が勝手に俗人の手で裁かれることだった。有罪となれば俗界によって処分されるのだが、裁定は教会の権威の下で行われなければならなかった。フランス王はフランス世論を形成して、事件を有罪へと導いていく。結局、教会もその流れに抗することができずに、教皇は騎士団廃絶(1312)の決定を下した。しかしフランス王の本当の目的であったテンプルの財産は大方を教会の下に確保し、聖ヨハネ騎士団へと移された。見捨てられた総長らは火刑に処され(1314)、生き残った騎士団員たちはそれぞれの道へと散っていった。

聖ヨハネ騎士団からロードス騎士団、マルタ騎士団へ

　テンプル騎士団事件で聖俗界が騒然とするなか、聖ヨハネ騎士団は新たな拠点を確保することに成功する(1309)。場所はロードス島。エーゲ海の南東端に位置する。この島はビザンティン帝国領だったが、無理矢理奪って居座った。この新たな拠点を得たことで、聖ヨハネ騎士団はヨーロッパ世界の端でイスラム勢力と対峙し続けるという立場と存在意義を得ることになった。聖ヨハネ騎士団はロードス市の要塞化を進めるとともに、海軍力によって軍事活動を維持していき、ロードス騎士団とも呼ばれるようになっていく。本拠であるロードス島は、いわばヨーロッパとキリスト教世界の防波堤だった。というのは大袈裟過ぎるにしても、イスラム勢力の船を見つけてはせっせと襲う通商妨害と海上連絡線の遮断は、極めてわずらわしい嫌がらせだった。

　オスマン・トルコ(1299-1922)がコンスタンティノープルを陥落させて(1453)、東地中海に面した領土を一層拡大させると、いよいよロードス島とその島に巣食う海賊、すなわち聖ヨハネ騎士団が目障りとなっていく。ロードス島が最初の攻撃を受けるのは1480年のことだ。ビザンティン帝国を滅亡させたのを皮切りにヨーロッパ勢力圏への領土拡大を進めたことから、征服王とも呼ばれるスルタンのメフメットⅡ世(在位1451-1481)は、10万とされる大軍を送り込んできた。騎士団は要塞都市のロードス市に立て籠もる。しかしトルコ軍に疫病が蔓延したこともあって、このときは3か月後には撤退させることに成功した。

　2回目の攻撃は、2代のスルタンを挟んだのちに、スレイマンⅠ世(在位1520-1566)によって起こされた(1522)。騎士団を取り巻く情勢は一層

最悪だ。ヨーロッパ諸国の援軍はもとより当てにできなかったが、聖ヨハネ騎士団とともにトルコに対してきたヴェネツィアが、トルコと和平を結んでいた。騎士団は単独でトルコの大軍を迎え撃たなければならなかった。立て籠もる兵力は約700名の騎士と傭兵らの総数6,000名。攻撃するトルコ軍ははっきりとした数字はわからないものの、多いものでは25万名、少ないものでも10万名を超えるとされている。

騎士団が頼りとするのは、ロードス市を包み込む堅牢な防御施設だ。1480年のトルコ軍の攻撃を受けてのち、3代に渡る騎士団総長の下で、とりわけファブリツィオ・デル・カレット（在位1513-1521）の下で大砲時代に適した稜堡式要塞に造り替えられていた。当時としては最新の要塞方式であり、ロードス市城塞は当時最高の要塞施設だったといわれている。

城塞の基本的な防御設備のひとつは、柵や土塁とその強化版である城壁だ。古代から中世までの攻城法は、梯子や攻城塔を用いて城壁を乗り越えるのが一般的だった。そのため、城壁をより高くして越えにくくすることに精力が注がれてきた。幅は城壁が自壊しない程度であればよく、厚みはそれほどない。ところが大砲時代になると、高い城壁は大砲の絶好の的となり、厚みがなければ簡単に崩壊させられるようになった。そこで考案されたのが、より低く、かつより厚み、すなわち幅のある、城壁というよりも土塁に先祖帰りしたような城壁だった。この城壁はとこ

■ロードス市城塞

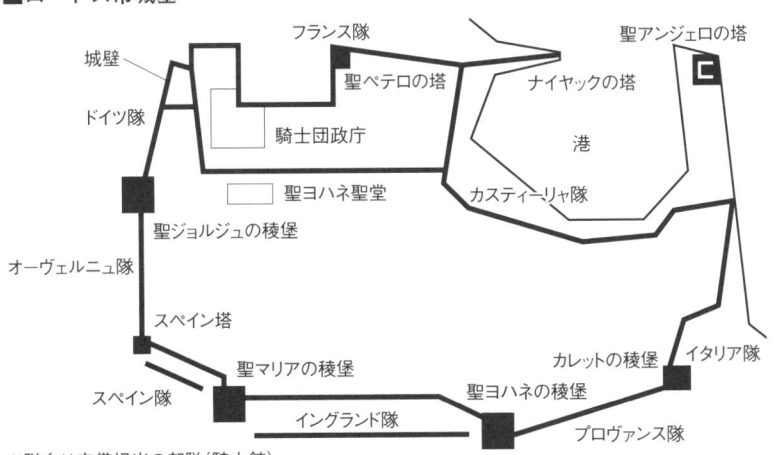

※隊名は守備担当の部隊（騎士館）

第3章 十字軍と宗教騎士団

ろどころ砲座兼防御拠点となる突出部が付属しており、その形は死角がないよう三角に近い五角形をしていた。この突出部を稜堡と呼ぶ。

城壁を低くすれば当然に敵が登りやすくなるが、前面に設けた壕をより深くすることで、必要な高さは確保している。低くしたというのは地表面に近づけたということで、地表を掘り下げて壕を深くすれば、相対的に城壁は高いままとなる。壕の幅もより幅広いものとして、埋め立てや坑道を掘っての地下からの爆破をしにくくさせている。

またロードス市城塞では、激しく攻撃されることが予想される場所に、低いが幅が広い同じような外壁または外土塁を設けて二重城壁にしていた。

しかしいくら堅牢な城塞であっても、防衛に働くのは人間だ。トルコ軍の戦死者10万名ともされる犠牲と大量の爆薬・砲弾を用いた執拗な攻撃によって、聖ヨハネ騎士団の防衛戦力は削がれていった。攻撃が始まったのは8月初め、5か月間の攻防ののち、騎士団は降伏した。

スレイマンⅠ世は、執拗な攻撃ぶりとは打って変わって、極めて寛大な降伏条件を出していた。騎士団は島を退去しなければならなかったが、主要な財物を持ち武器を携えての、名誉ある退去が認められた。住民たちは退去するのも居残るのも自由とされ、居残る者には期限つきながら税における優遇措置が取られた。

再び本拠を失った聖ヨハネ騎士団だったが、ほどなくして新たな拠点を手にする(1530)。場所はシチリア島の南方海上にあるマルタ島。スペイン王から贈られた。この地に移った騎士団は、今度はマルタ騎士団と呼ばれるようになり、この島で往時とは比較にならないほど細々と命脈を保つことになる。騎士団がまたしても島を追われるのは18世紀末、あのナポレオンに降伏してのことだった(1798)。このときに騎士団は武装集団としての役割を完全に終えた。しかし創立当初の志であった病院活動は続けられ、慈善団体として現代まで続いていった。

ドイツ騎士団の封建諸侯化

テンプルや聖ヨハネ騎士団は、聖地喪失によって騎士団存続の意義さえ失いかねない大打撃を受けた。それに対してドイツ騎士団は、活動の一地域を失ったに過ぎなかったといえる。それよりずっと以前に騎士団によるプロイセンの征服が完了しており、活動の拠点は東ヨーロッパへ

と移っていた。アッコン陥落後は聖地創設の騎士修道会としてヴェネツィアに本部を置き、依然として地中海での十字軍活動を続ける姿勢を示したが、関心はプロイセンと、それより東方での騎士団国家の建設だった。

　間もなくプロイセンのマリエンブルクに本部を移転した(1309)ドイツ騎士団は、異教徒改宗を名目に、プロイセンとバルト海沿岸に騎士団領を拡大していった。しかしタンネンベルクでの大敗(1410)を境として騎士団は解体に向かい、やがて主要領地がそれぞれに世俗諸侯化して、騎士団国家は自然消滅する。

… 第4章 …

イベリア半島の騎士団

王から辺境防衛を任された宗教騎士団。
キリスト教徒によるイベリア半島再征服は
王たちの領土拡張にほかならない。
騎士団はやがて王たちに飲み込まれていく。

イベリア半島に騎士団が生まれた背景

イベリア半島　不安定な西ゴート王国時代

　はるか黒海地方にいたゲルマン人の西ゴート族が南ガリアに王国を建てたのは418年のこと。さらに南下して、ローマ属州ヒスパニアだったイベリア半島をほぼ手中にしたのが470年。508年にはフランク王国によってガリアからは追われたものの、585年にはスエービ族の王国を統合し、以後は711年まで全イベリア半島の王国としてあり続けることになる。しかし体裁はどうあれ、西ゴート王国の内実は安定と統一を欠くものであった。

　統治の前半には東ローマ（ビザンティン）帝国による旧ローマ領回復の侵攻と占領があった。また当時アリウス派だった西ゴート族は征服したローマ人との文化的・慣習的な相違だけでなく、カトリックとの宗教的な問題を抱えることにもなった。全人口の3％ともいわれる少数派の西ゴート人は、旧ローマ勢力との混淆による脱ゲルマン化を図るしかないのだが、どちらかといえば部族意識が強く、一方で分派傾向が強い西ゴート族である。王国貴族となった部族有力者たちのなかには部族的な伝統にこだわる者もおり、権力闘争も絡んで互いに争うことにもなった。バスク地方など独自性の強い地域では先住者たちによる反乱もあって、半島の社会的・政治的統一は容易に実現しなかった。

　589年にアリウス派からカトリック教会に改宗してのちは、一応の統一が達成される。しかし西ゴート人貴族たちの抗争も、他民族による反乱も終わらない。西ゴートでは、選挙によって国王を選ぶという伝統が根深く残っていた。そのため、血統に基づいた一王家による王位独占がなく、独占により達成される政治的な安定と統一もなかった。王に選出される家系はふたつまでに絞られていたのだが、我こそが王なりと考えた有力貴族が反乱を起こした。詰まるところイベリア半島は広過ぎるのだ。地域に拠った有力貴族や他民族の反乱を防ぎ鎮圧することなど、容

易ではなかったのである。イスラム勢力はそうした分裂状態につけ込むようにして、アフリカからやってきた。

アル・アンダルス　ウマイヤ朝による半島の征服

　西洋でサラセン人と呼んだイスラム勢力の北アフリカ支配が、イベリア半島に面する現ジブラルタル海峡にまで及ぶようになったのは、700年頃のことである。時のイスラム王朝ウマイヤ朝カリフ国(661-750)が、北アフリカを西進して順次ビザンティン帝国領を征服していき、ついにはジブラルタル海峡のセウタおよび大西洋岸へと至った。

　北アフリカ西端であるこのマグリブ地方を統治した総督ムーサー・イブン・ヌサイル(640-716?)は、さらに海峡の向かい側にある土地にも関心を示し、2度に渡って偵察部隊を派遣する。侵攻の可能性を見て取ったムーサーのところに、都合のいいことに西ゴートの反国王派から、同盟と援助を求める使いもやってきた。

　その当時の西ゴート王国は、貴族たちによって選出された現国王ロド

■ウマイヤ朝のイベリア半島征服

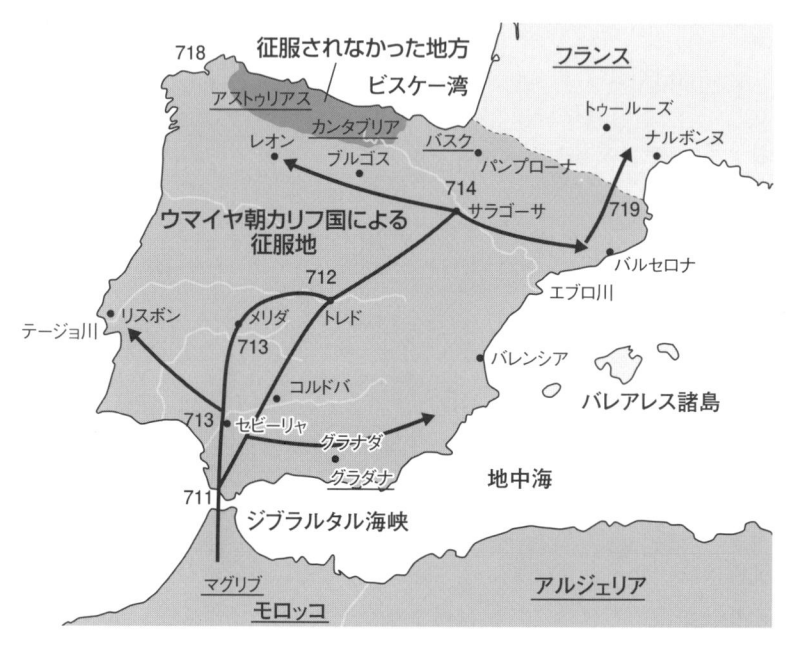

■イベリア半島を巡るキリスト教勢力・イスラム勢力の大まかな盛衰

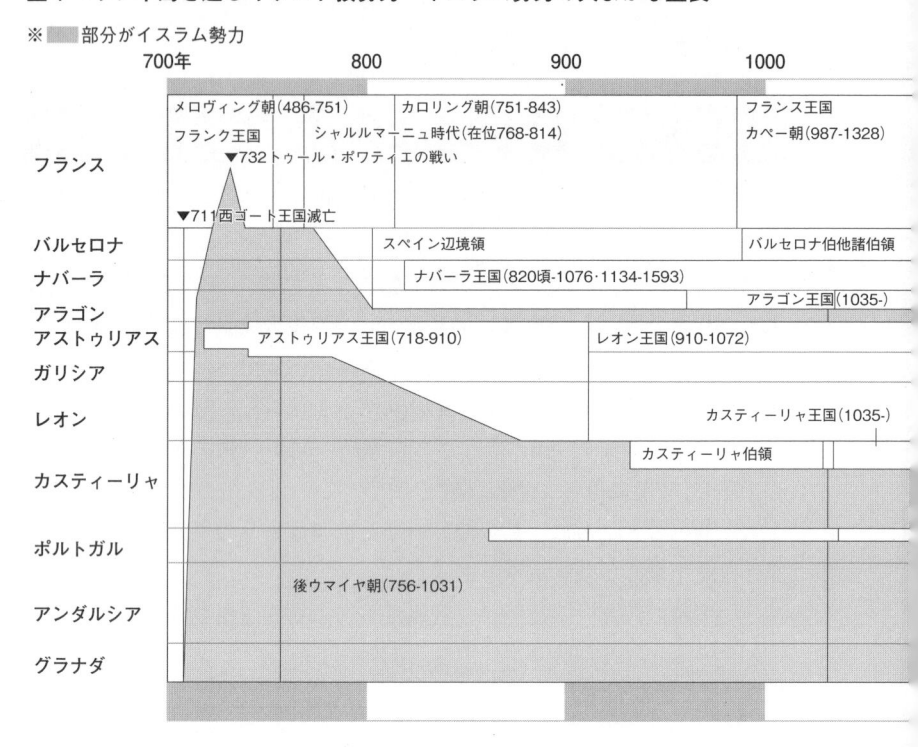

※ ▓ 部分がイスラム勢力

	700年	800	900	1000
フランス	メロヴィング朝(486-751) フランク王国 ▼732 トゥール・ポワティエの戦い	カロリング朝(751-843) シャルルマーニュ時代(在位768-814)		フランス王国 カペー朝(987-1328)
	▼711 西ゴート王国滅亡			
バルセロナ		スペイン辺境領		バルセロナ伯他諸伯領
ナバーラ			ナバーラ王国(820頃-1076・1134-1593)	
アラゴン				アラゴン王国(1035-)
アストゥリアス	アストゥリアス王国(718-910)		レオン王国(910-1072)	
ガリシア				
レオン				カスティーリャ王国(1035-)
カスティーリャ				カスティーリャ伯領
ポルトガル				
アンダルシア		後ウマイヤ朝(756-1031)		
グラナダ				

リーゴ（在位710-711）と、その選出を不服とした前国王の息子たちが対立していた。一枚岩ではないことを知ったムーサーは、カリフの許しを得て、711年にベルベル人の武将ターリク・イブン・ズィヤード（生没年不詳）が率いるベルベル人部隊7,000を派遣した。彼が上陸した地点であるジブラルタルの名は「ターリクの岩山」に由来する。

　ターリク軍の侵入を知った西ゴート王ロドリーゴは、反乱鎮定中だったバスク地方から急行し、グアダレーテ川で迎え撃った。戦いは、西ゴート軍に国王を見限る部隊が現れたことからターリク軍が勝利。ロドリーゴ王もこの戦いで戦死したとされる。そして西ゴート王国は滅亡した。
　翌712年にはムーサーも大軍1万8,000を引き連れて半島に上陸し、分遣隊を派遣しながらイベリア半島の諸都市を次々と陥落させていった。征服はムーサーがカリフに危険視されるほどにトントン拍子で進み、ムーサーが首都ダマスクスに召還されて失脚する715年までには、ほぼ半

※図中、地域・王国の領域は半島面積の比率を正確には表していない。

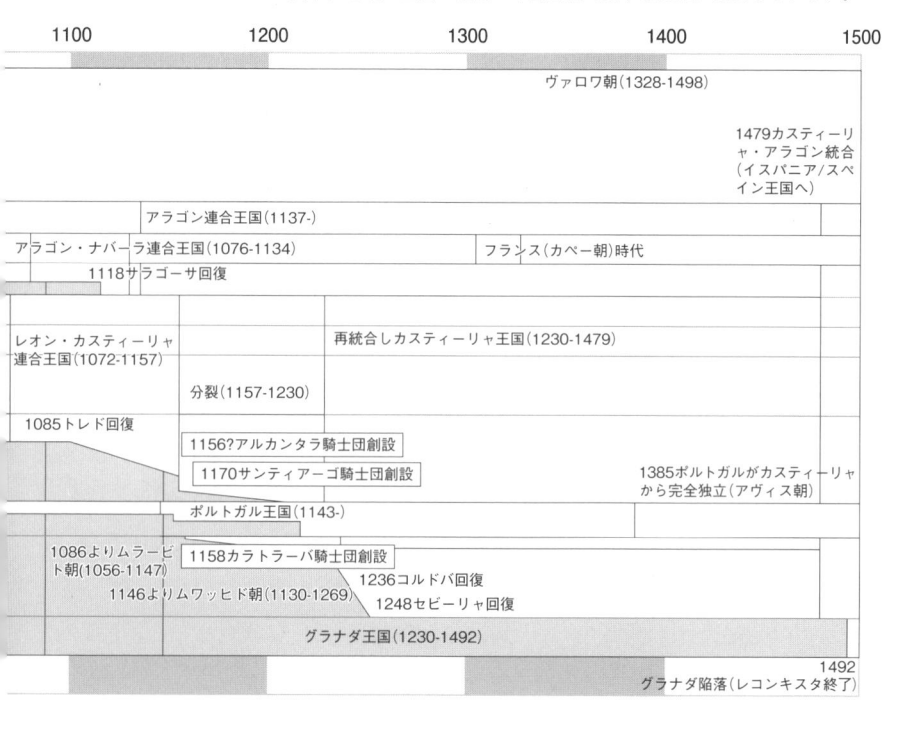

1100	1200	1300	1400	1500

ヴァロワ朝(1328-1498)

1479カスティーリャ・アラゴン統合(イスパニア/スペイン王国へ)

アラゴン連合王国(1137-)

アラゴン・ナバーラ連合王国(1076-1134)　　フランス(カペー朝)時代

1118サラゴーサ回復

レオン・カスティーリャ連合王国(1072-1157)　　再統合しカスティーリャ王国(1230-1479)

分裂(1157-1230)

1085トレド回復

1156?アルカンタラ騎士団創設

1170サンティアーゴ騎士団創設

1385ポルトガルがカスティーリャから完全独立(アヴィス朝)

ポルトガル王国(1143-)

1086よりムラービド朝(1056-1147)　　1158カラトラーバ騎士団創設

1236コルドバ回復

1146よりムワッヒド朝(1130-1269)　　1248セビーリャ回復

グラナダ王国(1230-1492)

1492グラナダ陥落(レコンキスタ終了)

第4章 イベリア半島の騎士団

島全部を征服していた。

　イベリア半島またはこれらイスラム勢力の征服地を、アラビア語でアル・アンダルスと呼ぶ。

　ムーサー失脚後は、カリフに任命された総督たちがアル・アンダルスをそれぞれ短期に治めた。彼らはさらに支配領域を拡げようとフランク王国領にまで侵入し、南フランスをも占領した。しかしそれ以上の北進は、トゥール・ポワティエでカルル・マルテルに挫かれた。以後遠征は控えられ、やがて南フランスをも失ってピレネー山脈以南に封じ込められることになる。急速に侵略パワーを失った背景には、アル・アンダルスでのイスラム勢力の内紛があった。

　征服の迅速さからすれば、いかにも盤石なイスラム支配が行われて然るべきであったが、ウマイヤ朝の統治は極めて不安定なものであった。その大きな原因は、征服軍の主力となったベルベル人の離反と反乱であ

191

る。彼らは北アフリカの砂漠地帯に住み、よりよい土地を求めて遠征に加わっていた。彼らは征服地に定住地を割り当てられたのだが、ウマイヤ朝の支配層であるアラブ人に比べて、より貧しい土地であった。自分たちの軍事力によって征服できたことを知っていた彼らには、それが不服だった。砂漠よりはましな土地に移住できたのだから、それで満足しろというわけにもいかなかったのである。反乱に対してはシリア人部隊が投入されたが、彼らもまたアラブ人支配層に不満を持つようになる。そもそも支配層であるアラブ人にしても、大きく部族的な2派に割れていた。西ゴート同様に決して一枚岩ではなかった。

そうした状況のなか、バスク系住民の住む半島北部のアストゥリア
ス地方で、西ゴート貴族に率いられた蜂起が起こって王国が誕生する
(718)。この王国はカンタブリア地方をも含んで、征服後最初のキリスト教国としてイスラム勢力に対峙することになるのだが、当時としてはそうした宗教対立の構図よりも、征服者と被征服者、あるいは新支配者と旧支配者、地方権力と中央権力の構図で、蜂起と建国がなされたと見るべきだろう。

アル・アンダルスが中東のイスラム王朝から離れて独立した地域となるのは、後ウマイヤ朝(756-1031)がイベリア半島に成立してからである。ウマイヤ朝が本国で倒されてアッバース朝(750-1258)が起こると、ウマイヤ朝の一族のひとりが亡命してきて、アミールの称号を用いて新王朝を建てたのである。この王朝は、アミールに代えてカリフの称号を用いるようになると(929-)、西カリフ国と呼ばれるようにもなる。イベリア半島でのイスラム勢力の最盛期は、この王朝のときだとされている。しかし、イスラム勢力の支配地は、すでにこの王朝時代から減少している。

ピレネー山脈の南側周辺地域には、シャルルマーニュ統治下のカロリング朝フランク王国が侵入してきて、フランク王国配下のスペイン辺境領が成立した。この地域からは次第にナバーラ王国(820頃-1076・1134-1593)、バルセロナ伯領らの諸伯領、アラゴン王国(1035-1076・1132-1137)が誕生する。このうちナバーラは、サンチョⅢ世(在位1000-1035)の時代にレオン王国などを従えるほどに威勢を張るようになるが、やがてアラゴン王国に押されてほとんど影響力のない小国となっ

■イスラム勢力に征服されてからおよそ100年後（814年頃）の
　キリスト教勢力とイスラム勢力の支配域

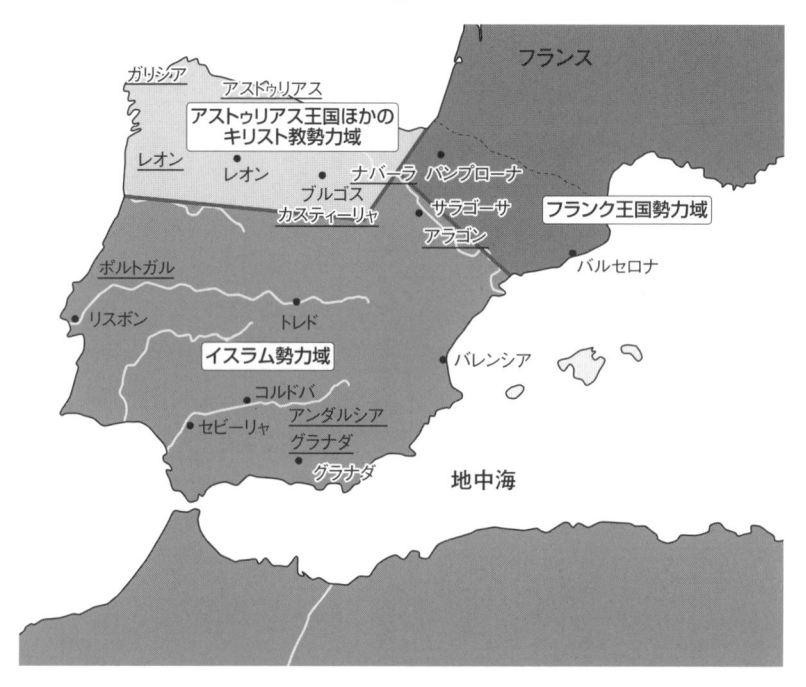

（地図：ガリシア、アストゥリアス、レオン、アストゥリアス王国ほかのキリスト教勢力域、ブルゴス、カスティーリャ、ナバーラ、パンプローナ、サラゴーサ、アラゴン、フランク王国勢力域、バルセロナ、ポルトガル、リスボン、トレド、イスラム勢力域、バレンシア、コルドバ、セビーリャ、アンダルシア、グラナダ、地中海、フランス）

ていく。

　北西部では、アストゥリアス王国がレオンに遷都してレオン王国（910-1072・1157-1230）となり、その伯領から王国となったカスティーリャ王国（1035-1072・1157-1230）との連合（1072）と分裂（1157）を経て、最終的な統合により半島最大国のカスティーリャ王国（1230-1479）となっていく。一方のイスラム勢力は、後ウマイヤ朝が入り組んだ権力闘争（1002-）の末に滅び（1031）、諸豪族たちによる分裂時代（1031-1086）を経て、以後はアフリカで興ったイスラム王朝によって支配されていくことになる。

レコンキスタ　　国土再征服運動

　イベリア半島を征服したイスラム勢力を、征服された側のキリスト教勢力が半島から駆逐するまで、その歴史上の一連の動きを「レコンキス

タ」と呼んでいる。日本語では「国土再征服運動」「失地回復運動」などと訳されることが多い。

　「再征服」というのは、かつてイベリア半島を征服し支配した西ゴート勢力が、失った土地（失地）をもう一度征服し直すということだ。とはいっても、イスラム勢力の征服後に建てられたキリスト教徒の王国は、どれも西ゴート王権との連続性はほとんどない。征服直後のアストゥリアス王国にしても同様で、西ゴート貴族が建国したとしても、アストゥリアスを根城にした豪族の地方政権が、まったく別の王国を建てたといっていい。だから本当は、彼らの誰にもかつての西ゴート王国の失地を再征服したり、回復したりする名分はなかった。

　しかし、ある程度王国の力が強まってくると、王国モデルとして西ゴート王国を真似た制度を作り始めた。同時に連続性が喧伝されるようになっていく。アストゥリアス王アルフォンソⅡ世（在位791-842）の頃のことで、この時点で全イベリア半島は西ゴートを継承したとする新王国の失地であり、国土になったといえるだろう。ただし、その後にいくつもの王国が誕生してくると、確かにかつての西ゴート王国の失地、国土ではあっても、再征服の権利を継承するのはどの国で、どこの王国の失地、国土かということになってくる。主張された再征服の権利は、互いに戦い合うか取り引きするか、あるいは調停や婚姻によって妥協が図られていくことになるのだが、中身としては他のヨーロッパ諸王国が繰り広げた領土争奪戦と何ら変わらなかったともいえる。冷めた見方をするなら、国土再征服でも失地回復でもなく、新たな征服が始められたに過ぎない。

　ところが、キリスト教と諸王国による征服運動が結びつけられるようになると、キリスト教国であったかつての西ゴート王国の領土、つまりはキリスト教徒の土地、キリスト教圏だった土地の、キリスト教徒による再征服・回復という考え方が強く浮上してくる。そうなると、世俗的な実体はともあれ、確かに言葉の意味においては再征服と回復には違いなかった。

　かつてのキリスト教圏に対する「再征服運動」「失地回復運動」へと向かう大きなきっかけとなったのが、聖（大）ヤコブ（?-43頃）のものとされ

■1080年頃の勢力域とキリスト教徒の巡礼路

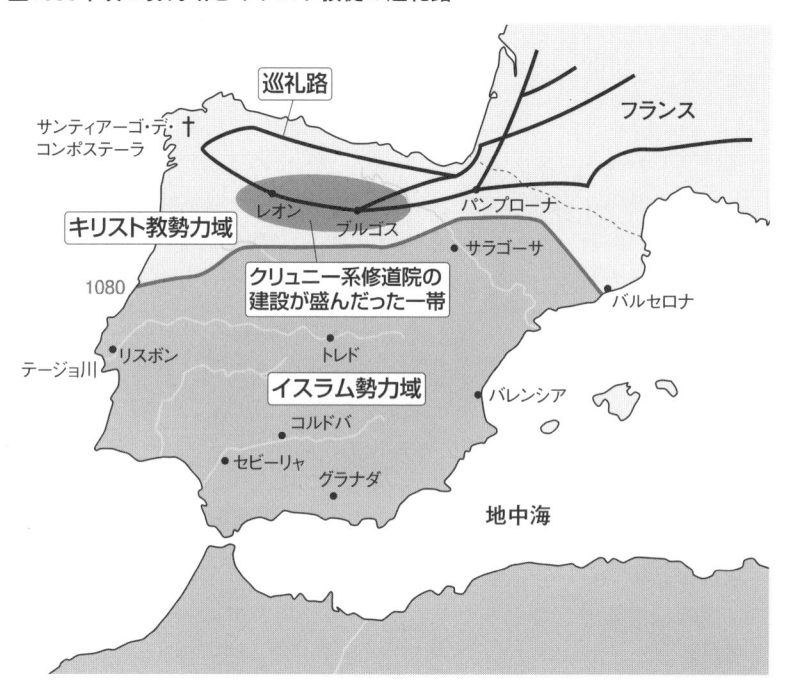

る遺骨と墓がガリシア地方で発見されたことである。大ヤコブは十二使徒のひとりで、イベリア半島にキリスト教を伝えたことから、特に崇敬されてスペインの聖人とされた人物である。これもアルフォンソⅡ世の時代のことだから、彼は旧西ゴート王国領とキリスト教圏という、二重の意味での再征服運動の体裁をもたらしたことになる。アルフォンソはその地にサンティアーゴ教会を建て、以後はサンティアーゴ・デ・コンポステーラの地名でキリスト教の一大聖地となっていく。さらに1025年頃から、フランスのベネディクト会クリュニー修道院(910年創建)が巡礼路に沿って修道院を設けていったことで、ヨーロッパ最大の巡礼地のひとつとなる。

ここにきてイベリア半島でのイスラム勢力との抗争は、半島諸王国の地域的な領土争奪戦ではなく、ヨーロッパのキリスト教圏全体にかかわる戦いとされるに至った。1140年代頃まではフランスから領主や騎士たちが援軍として多くやってくるようになったし、ローマ教皇もまた半島での対イスラム軍事作戦を奨励し、騎士や兵士たちに精神的な後ろ盾を

195

与えた。半島において醸成された十字軍的な情緒・雰囲気は、間もなくパレスティナに向けて行われることになる第1回聖地十字軍(1096-1099)の企てを、より容易ならしめることになる。

　イベリア半島のど真ん中あたりにあるトレドの奪回(1085)を足がかりとして、キリスト教勢力が半島のおよそ半分の領域を確保するに至ったのは、1130年頃のことである。それから80年間はあまり拡張できなかったが、1210年から1250年までの40年間には、イスラム勢力を、かつて征服された当初のアストゥリアス王国域並みにまで追い込むことに成功している。この最後に残されたイスラム教国がグラナダ王国である(1230-1492)。しかし、それからがまた長い。1479年にカスティーリャ・アラゴンが統合されて合同軍による攻勢が開始され、最後に残った首都グラナダを陥落させたのは1492年であった。それはつまり、レコンキスタの終了であった。

　厳密な意味でのレコンキスタ開始をいつとするかは、後世の判断による。当時は意識されなかったとしても、718年のアストゥリアスにおける蜂起をレコンキスタの始まりだと見なすのは、それほど間違いではないように思う。

戦いのなかで生まれた各騎士団

イベリア半島の宗教騎士団　再征服地の防衛役

　イベリア半島に宗教騎士団（騎士修道会）が創設されたのは、キリスト教勢力が半島のほぼ半分を再征服してしばらくしてのこと。ただし、1157年に連合王国だったレオンとカスティーリャが分裂して、キリスト教勢力が弱体化した頃のことでもある。攻勢に出るどころか防衛も危なくなっていたなか、キリスト教国の諸王は軍事力不足を補おうとして、騎士修道会を次々に創設した。

　各騎士団の創設年は伝承も加わって不明瞭であるか不詳なのだが、ローマ教皇から正式に騎士修道会として承認された順に従えば、カラトラ

■1130年頃～1250年頃の勢力域

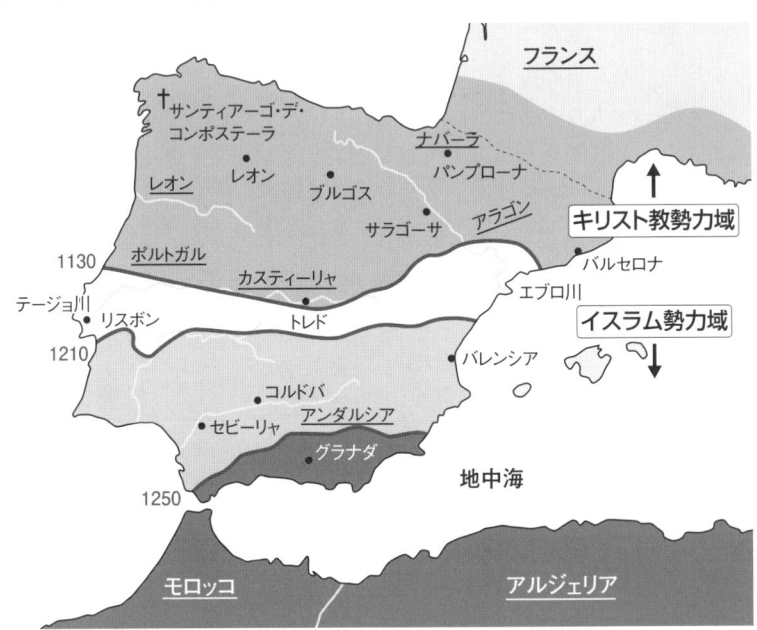

ーバ騎士団(1164)がイベリア半島で最初の騎士修道会になる。これにサンティアーゴ騎士団(1175)とアルカンタラ騎士団(1177)を加えて、イベリア半島における3大騎士修道会とされる。

　ほかの騎士団を含め、イベリア半島で創設された騎士団は、キリスト教国の王たちの肝入りで作られた。軍事力不足を補うためである。これらの軍事力は再征服地を奪取する攻撃力というよりも、まずは再征服地を確保し続けるための防衛力として用いられた。

　レコンキスタの進行は、およそ次のようなサイクルをもって行われていった。

　まずはイスラム勢力地を襲撃する。しつこい襲撃を繰り返せば、その地が放棄されることもある。国王自らが襲撃を企てる必要はない。占領後に領地として与えることを約束すれば、封臣や騎士団、武装集団が自律的に行ってくれる。もし国王の下に大規模な軍隊の動員が可能であるなら、本格的な遠征によって拠点都市や城塞を次々に奪取することもできた。

　そうして占拠した土地は、かねてからの約束通り、あるいは新たな取り決めによって特定の人物や団体に与えられる。領主となった彼らは独自にそこを守らなければならない。しかし人手をどうするか。かつてキリスト教徒の土地だったとはいえ、イスラムの支配を嫌った同胞たちのなかにはキリスト教圏へと逃亡、移住している者も多く、獲得した領地に今も暮らす人々の数は少なかった。人口がそもそも少なかった土地を拠点として強化しなければならなくなったということもあっただろう。ひと握りの騎士たちで防衛することなど不可能なので、領主たちはキリスト教徒を再植民させ、彼ら民兵とともに防衛しようとした。もし余力があってその気があるなら、再び敵勢力地への襲撃へと向かいもした。そして再び入植が繰り返される。だが未だ再征服地が広くなかった頃には、力を蓄えるためにも防衛がまず肝要だった。

　再征服地を誰に与えるかは、王国の将来を左右しかねない重要事だった。油断ならないのは封臣貴族たちだ。新たな領地を得て力が強くなると、国王のライバルと結びついて反乱に出ることもあれば、自ら独立しようとするかもしれない。王権があまりに強くなることを彼らは喜ばず、既得権を守るためならイスラム陣営とも同盟しかねない。それに比べて宗教騎士団は、はるかに無害だったといえる。

■騎士修道会関連地

※□は騎士修道会創設地または主要本拠地
　†は大司教座都市

　†サンティアーゴ・デ・コンポステーラ

　●サラゴーサ
　□ベルチーテ
　サン・フリアン・デル・ペレイロ
　　　　　　　　アルカニース
　□アルカンタラ　　　　　　　　●バルセロナ
　□カセレス　†トレド　モンレアル・デル・カンポ
●リスボン　　　　　　□カラトラーバ
□アヴィス　　　　　　　　　　　●バレンシア
エヴォラ　　　　サルバティエラ

　　　　●コルドバ
●セビーリャ　グラナダ
　　　　　　　　　　地中海

　宗教騎士団が世俗領主たちと異なるのは、王国から独立しているために王国の問題には立ち入らないこと、また存在目的が半島でのイスラム勢力との戦いの継続であるために、領主貴族たちのように、レコンキスタがあろうとなかろうと、自家を永続させること自体が目的とはならなかったことである。騎士団にとって組織が存続し続けるのは、あくまでも手段であって目的ではなかった。

　それゆえ、国王たちは宗教騎士団をレコンキスタで利用することに熱心だった。何よりも、新規の軍事力を作り出すことに騎士修道会が打ってつけだったということもある。騎士団が掲げるキリスト教の錦の御旗は、国内外で結集することなく散り散りとなっている騎士や民兵たちを集めるのに好都合だった。軍隊としての統制と規律は、修道会則によって得られた。既存勢力に与しない軍事力を容易に組織化できたのである。

　当初は、パレスティナで創設されたテンプルと聖ヨハネの騎士修道会が導入された。しかし彼らの主戦場は東方の聖地であり、イベリア半島では大きなリスクを負担しようとはしなかった。そのために半島自前の

199

騎士団が創設されることにもなったのである。テンプル騎士団は次第に撤退していき、テンプル騎士団事件によって組織自体がこの世から消滅したとき、半島からも姿を消すことになる。聖ヨハネ騎士団は、レコンキスタの比較的後方であるアラゴンやポルトガルに多くの領地を得た。アラゴンで盛えたのは、同地が地中海情勢の係争によりかかわりやすく、アラゴン王国自体が地中海に進出していったことに関係しているのだろう。

　聖地十字軍とレコンキスタをただ単に征服戦争とだけ見た場合、敗北したのは自勢力の本拠地から遠く離れた敵本拠地近くへと進出していった側である。この実現可能性の高い軍事的な敗北の法則は、両地で創設された騎士修道会のその後の存続のありようにも作用した。

　パレスティナで創設された騎士修道会は、聖地の確保が難しくなるにつれ、最終的には聖地から追われるという事業の失敗によって有用性を失う。しかしまだ、より強力になった敵は存在し、働き場所はかろうじて残っていた。一方で、イベリア半島の騎士修道会はレコンキスタが成功するにつれて皮肉にもその有用性を失っていき、敵も最早取るに足らない勢力しか残らなかった。十分に国力を回復した国王たちは、そもそも軍事力の一時の補完物でしかなかった騎士修道会を自分のものにしていき、同じキリスト教徒である敵対者、敵対国にもその軍事力を用いるようになっていった。スペインという十分に力のあるカトリック王国が誕生したとき、騎士修道会の出番はなくなった。イスラム勢力と戦うにしても、それは王国独自で行えるようになっていたのである。

　イベリア半島の騎士修道会がその名に恥じぬ活躍をしたのは、1150年から1250年までの100年間だったといえる。

カラトラーバ騎士団　カスティーリャ王国で働く

　イベリア半島で騎士修道会が作られる前には、すでにパレスティナで結成された騎士修道会、すなわち聖ヨハネとテンプルの両騎士団が、領地を与えられてレコンキスタに従事していた。しかし彼らの関心はおもに東方の聖地にあって、より積極的な役割を果たそうとは考えていなかったようだ。

　1150年代にテンプル騎士団がカラトラーバ城塞から撤退したのも、そ

うした方針の表れだった。

　カラトラーバは、カスティーリャ・レオン王アルフォンソⅦ世（在位1126-1157）がイスラム勢力から奪取し（1146）、テンプルに防衛を委ねた土地である（1147）。当時はトレド防衛の前衛拠点であり、対イスラム勢力戦の最前線にあった。テンプル騎士たちは、アルフォンソが死去して王国がレオンとカスティーリャに分裂するのを見て取ると、防衛の困難さを訴えて国王へと返上した。

　返上されてしまったカスティーリャ王サンチョⅢ世（在位1157-1158）は、新たに防衛を引き受ける封臣を探した。しかし、テンプル騎士が臆する事業に名乗りをあげる者などいなかった。そこに、ナバーラにあったシトー会フィテロ修道院の院長ライムンドが現れる。彼は配下の修道士ディエゴ・ベラスケスの献策を受けて、カラトラーバの領地と引き換えに防衛の任を受けた。

　1158年、ライムンドは民兵となる植民者を引き連れてカラトラーバへと赴いた。そして1164年にはローマ教皇アレクサンデルⅢ世（在位1159-1181）の承認を受けて、イベリア半島最初の騎士修道会となった。

　騎士団が大きく発展するきっかけとなったのは1173年のことである。カスティーリャ王アルフォンソⅧ世（在位1158-1214）が活躍に応じて新占領地を与えることを約束し、特に騎士団自ら占領した城とその付属地についてはすべてこれを与えるとしたことで、騎士団は半島中南部で大きく発展していった。また、アラゴン王アルフォンソⅡ世（在位1162-1196）に救援を求められた騎士団はバレンシア地方でも戦い、アルカニースを得ている。しかし、いいことばかりではなかった。

　1195年にカラトラーバ騎士団は、北アフリカから兵を増強したムワヒッド朝（1130-1269）の攻勢を受けて、本拠地のカラトラーバを失う。それでも騎士団は前線から後退することなく、さらに南のサルバティエラに本拠を移して戦った。しかし、ここも陥落して失う（1211）。

　これに危機感を持ったアラゴンとカスティーリャが共同遠征を行ったことで、カラトラーバは騎士団の手に戻った（1212）。創設の地を再び得たわけだが、情勢は予断を許さない。1218年、国王たちの意向もあってカラトラーバ騎士団はポルトガル、レオンの城塞・領地を整理し、それらはアヴィス、アルカンタラ騎士団となって独立。カラトラーバ騎士団は半島中南部のカスティーリャ領でレコンキスタに専念することとなっ

第4章　イベリア半島の騎士団

た。

　1250年以降、グラナダ地方に追い込まれたイスラム勢力との攻防が停滞し、境界がほぼ固定される。1300年代後半からはキリスト教勢力の内紛と抗争が起こり、レコンキスタがますます停滞するとともに、カラトラーバ騎士団もそれに巻き込まれざるを得なくなる。カスティーリャ王は、カスティーリャ王国最大領主のひとつである騎士団を王室に取り込み始め、カラトラーバ騎士団は次第に独立した騎士修道会ではなくなっていった。

　1487年、教皇インノケンティウスⅧ世（在位1484-1492）は、統合されたアラゴン・カスティーリャ（のちのスペイン王国）の王室にカラトラーバ騎士団を付属させた。

サンティアーゴ騎士団　半島最大の騎士団

　伝承によれば、騎士団の母体が結成されたのは、サンティアーゴ・デ・コンポステーラへの巡礼路がまだイスラム勢力の襲撃にさらされていた時代の頃（900年代中頃）。聖地を防衛するとともに、巡礼者たちの安全を守るために少数の騎士たちがパトロールを始めたことに遡る。それゆえ「サンティアーゴ」の名がついたということであろうか。これが事実だとすれば、テンプル騎士団のもととなったパレスティナでのユーグ・ド・パイヤンによる巡礼警護活動（1118）よりも、ずいぶんと早い起源となる。

　また、1158年とか1164年とかに、13人の騎士が新征服地からサンティアーゴへ向かう巡礼者やキリスト教住民を守るために結成したともいわれる。

　しかし、確かな事実としては騎士団が創設されたのは1170年、現スペイン西部にあるカセレスにおいてその地を防衛するためであったとされる。

　カセレスは、前年まではポルトガル勢力の占領下にあった町だった。ここがレオン王国内に配当されるべき土地だと考えたレオン王フェルナンドⅡ世（在位1157-1188）は、軍事的な圧力を加えて譲渡させた。フェ

ルナンドはこの地を騎士団に与えて防衛させることにし、これを請け負った騎士団が1170年に誕生したのである。1171年には同じくエストレマドゥーラ地方にあるサンティアーゴ大司教領の防衛を請け負い、レコンキスタのシンボルである聖ヤコブ(サンティアーゴ)の名乗りを許されることになった。

　騎士修道会としての承認を教皇アレクサンデルⅢ世から受けたのは1175年。修道会則はアウグスティヌス会のものが採用された。

●サンティアーゴ騎士団の十字。刀剣と組み合わせている。

　その後の騎士団は大きく発展する。カスティーリャのみならず、アラゴン、ポルトガル、フランスにまで領地を得て、再征服地の最大防衛戦力となっていった。イスラム勢力を半島南岸域のグラナダ王国にまで追い詰めた1250年以後、その境界線には東西に渡ってサンティアーゴ騎士団守備の城塞が数多く配されていた。

　しかし、この頃から王権による騎士団支配が図られていく。騎士団長をはじめとする要職はカスティーリャ王の意向が反映されるようになっていき、王の掌中に収められた。ポルトガルのサンティアーゴ騎士団領もポルトガル王ディニス(在位1279-1325)によって独立させられ(1288)、王権の支配を受けるようになった。

　そうした状況下では、騎士団も国内の動乱に巻き込まれて、イスラム勢力ばかりか同じキリスト教徒とも戦うことになる。

　ペドロ残虐王(在位1350-1369)と異母弟のエンリケ(在位1366・1369-1379)がカスティーリャ王位を賭けて争ったとき、ペドロを支援してやってきたイングランド遠征軍とエンリケが戦ったナーヘラの戦い(1367.4)では、サンティアーゴ騎士団も動員されている。それどころか、カラトラーバ騎士団と聖ヨハネ騎士団も当然のように戦陣に加わっていた。やがて騎士団は完全に王室と合体する。

　サンティアーゴ騎士団の会則は、聖職者の団員はともかく、騎士や兵士といった団員に対しては緩やかなものだった。妻帯が許され、私有財産も認められた。私有財産は死亡時の修道会への贈与が前提とされており、遺された家族の扶養については修道院が負うことになっていた。こ

の規定は、修道院への一般的な財産贈与と同じものであった。その緩やかさゆえに、サンティアーゴ騎士団は厳密な意味で騎士修道会とはいえなかったかもしれない。

サン・フリアン／アルカンタラ騎士団　分裂に沈む騎士団

　アルカンタラ騎士団と名乗る前の名を、サン・フリアン・デル・ペレイロ騎士団という。この名のもととなった土地はポルトガル北部のドウロ川南岸部、レオンとの国境近くにあり、そこの修道院に関係して設立されたようだ。

　また、1156年頃にスアレスとゴメスなる兄弟が設立したともいわれるが、創設年代を含めて当初の詳細ははっきりとはしていない。

　騎士団がベネディクト会則に従う正式な騎士修道会となったのは1177年のこと。教皇アレクサンデルⅢ世が承認を与えている。前年(1176)にはレオン王フェルナンドⅡ世が領地を与えており、サンティアーゴ騎士団同様に、レオンのポルトガル国境方面での防衛力増強策のひとつだったと思われる。

　しかし、1187年頃にはカラトラーバ騎士団の支部騎士団となっていた。カラトラーバ騎士団がレオン王アルフォンソⅨ世(在位1188-1230)からアルカンタラを得ると、そこの守備がサン・フリアン騎士団に任された(1213)。

　1218年には、レオン国内での活動を直接行うことに負担を感じたカラトラーバ騎士団が、アルカンタラとレオンにおける全財産をアルカンタラ騎士団に与えた。ただし、カラトラーバ騎士団長を彼らの上長とする条件がつけられていた。半ば独立した騎士団とはいえ、ここにサン・フリアン騎士団はアルカンタラ騎士団として独立した。

　その後のアルカンタラ騎士団は、騎士団長の人選を巡っていくたびかの分裂と抗争を繰り返していった。ほかの騎士団同様、王権への吸収も進んでいく。

　15世紀末にはスペイン王国の王室に完全に吸収される。

エヴォラ／アヴィス騎士団　　ポルトガル王国で創設

　ポルトガル王国で創設された騎士修道会。母体となった騎士集団は、ポルトガルの初代国王アフォンソⅠ世（在位1143-1185）によって1147年に創設されたともいわれる。であるなら、ポルトガル王国が建国されて間もなくのことになる。

　ポルトガルは、もともとカスティーリャ王国の封臣だった伯領。のちにアフォンソⅠ世となる領主アフォンソ・エンリケスが独立戦争を仕かけ（1139）、カスティーリャ王が承認して王国となった（1143）。

　独立を確かなものにしようとしたアフォンソは、教会勢力に接近して国力の増強を図っていく。母体となった騎士集団の名をサンタ・マリア・デ・エヴォラ信心会といったが、信仰心を看板にして結成されたのも、教会勢力の協力を得るためだったと考えられる。ただし彼らは清貧・貞潔・従順の修道誓願はしておらず、王への忠誠と異教徒との戦いを誓った騎士集団だった。宗教的ではあるが騎士修道会ではないこうした騎士団は以前にも例があり、サラゴーサを占領し戦闘王とも呼ばれるアラゴン・ナバーラ国王アルフォンソⅠ世（在位1104-1134）は、1120年代にベルチーテ騎士団とモンレアル・デル・カンポ騎士団なるものを作っている。

　サンタ・マリア信心会が騎士集団の緩い結合から、より組織化された団体へと変わったのは、1162年頃のことらしい。あるいは1160年代後半ともいわれ、その頃に騎士修道会の母体と呼べるものができあがっていたようだ。さらに、1170年にはエヴォラに領地を与えられた。このときにはポルトガルは一旦アレンテージョ地方にまで拡大していた。ベネディクト派の会則も導入されて修道誓願が立てられ、エヴォラ騎士団と名乗るようになった。

　ただし独立した騎士団としては弱体だったため、間もなくしてカラトラーバ騎士団の支部とされた。

　ポルトガルは、他国で創設された大きな騎士修道会を積極的に招き、活用したことで知られている。カラトラーバ騎士団のほかにもサンティアーゴ騎士団、そしてより国際的な組織を持つテンプル、聖ヨハネの両騎士団に領地が与えられて、特にアレンテージョ地方といった対イスラム勢力の最前線に配置された。そうすることで新興国ポルトガルは独自

■ポルトガル王国のレコンキスタの推移

†ブラガ
ポルト
ポルトガル
●コインブラ
①1143 独立
②1147
アヴィス □
テージョ川
●リスボン
④1210（後退）
エヴォラ □
アレンテージョ
エストラマドゥーラ
③1168
ファロ●
⑤1249

※□は騎士修道会創設地

のレコンキスタ、すなわち自国領土の拡張と防衛を行う軍事力を得ていたのである。

　1201年に教皇インノケンティウスⅢ世（在位1198-1216）により承認されたエヴォラ騎士団が、アヴィスを獲得したのは1211年。そのときにはイスラム勢力の反抗を受けてエヴォラを失っていた。アヴィスを本拠とした騎士団はアヴィス騎士団を名乗ることになる。1218年にはカラトラーバ騎士団から独立。ポルトガル領内のカラトラーバ騎士団領はアヴィス騎士団に移された。

　1249年にポルトガルのレコンキスタが終了するが、その目処が立ち、国を超えた騎士修道会の支援が不要になってくると、ポルトガルは自国内にいる騎士修道会の国際性を断って国内独自の組織にしようとしていく。それにより、騎士修道会を王権の支配、統制下に置いていく。アヴ

ィス騎士団もまた実質的には王室の機関、資金源となっていき、16世紀には完全に王のものとなる。

キリスト騎士団　大航海時代の先導者

　1319年にポルトガル王ディニスが創設した宗教騎士団。時代はポルトガル王国内のレコンキスタがとっくに終了し(1249)、東方ではパレスティナの十字軍勢力が聖地を失っていた(1291)頃のことである。かつて活躍した騎士修道会の有用性や役割に疑問が出て、風当たりも強くなっていた頃のことでもあるから、新たな宗教騎士団を創設する意味がさっぱりわからない。しかし、そこに当時を反映した理由があった。

　1307年にフランスで始まったテンプル騎士団事件は、同騎士団の廃絶をもたらした(1312)。次の問題として起こってくるのが、ヨーロッパ各国に散らばる騎士団領のその後の行方である。ローマ教皇は財産を教会勢力の下にとどめたかったし、国王たちは王権の下に収容することを望んだ。騎士修道会の存在理念からすれば、未だ東方にとどまる聖ヨハネ騎士団への財産委譲が有力な意見だったともいえる。ポルトガルにはテンプル騎士団領だけでなく聖ヨハネ騎士団領もあり、両者の合体はポルトガルのディニス王にとっては是非とも避けたいところであった。両騎士団領ともテージョ川の周辺にあり、合体すればポルトガルのほぼ中央に、聖ヨハネ騎士団という大領主が出現することになる。ディニスはこれを防ぐために、王権下にある新たな宗教騎士団を設立して、旧テンプル領から上がる収入と財産を容易に王国のものにしようとした。彼の意図は成功し、ローマ教皇の承認を受けてキリスト騎士団が誕生した。

　その後、騎士団は大航海時代に向かって重要な役割を果たす。騎士団長だったエンリケ航海王子(1394-1460)は、騎士団の財産と人材をもとに北アフリカへと侵攻していき、ポルトガルの海外進出への道を開いていく。彼の死後、喜望峰を巡りインド航路を発見したヴァスコ・ダ・ガマ(1469頃-1524)もまた、キリスト騎士団員であった。

第5章
封建騎士団の凋落

戦場で決定的な役割を果たしてきた
騎士団による騎馬突撃戦術も
14世紀に入ると以前ほどの効果が生じなくなってくる。
防御的な歩兵戦術は騎士たちを近寄らせず
立ち往生する騎士たちを飛び道具や長柄の武器が
次々と討ち取っていった。
厚い装甲を容易に打ち抜く火器が使用されるようになると
ますますその傾向は増し
騎士戦力は特別なものではなく
戦場で組み合わされる兵種のなかのひとつとなっていった。

変わりゆく戦術と騎士団の崩壊

騎乗の騎士、平民歩兵に敗れる　存在意義を失いゆく封建騎士団

　封建騎士たちが戦士貴族として農民などよりも高い社会的地位にいられた大本の理由は、戦闘技能の高さ、装備の優越性からくる軍事的な実力であった。封建騎士団は野戦軍の主力であり、とりわけ重装甲姿の彼らが行う騎馬突撃は騎士戦術そのものであり、勝敗の行方を左右する決定戦力として働いた。

　騎士たちは決して騎乗ばかりして戦ったわけではない。城塞の攻防戦など、下馬して戦うことは多かった。そこでも、彼らと農民らからなる下級兵士との技能、装備の差は遺憾なく発揮された。しかし、敵味方が注視する野外で行われる怒濤の騎馬突撃は、その威力と相まって、野外劇場の主役、戦場の花といってもいい見栄えのよさを彼らに提供していた。そんな彼らの姿を見せつけられた、あるいは痛い目に遭わされた下級兵士たちは、自然の感情として騎士たちへの畏怖をますます植えつけられていった。騎士たちはといえば、逆に選良意識をますます増長させていくのであった。

　騎士たちにとって最も幸福だった時代は、中世盛期とされる11～13世紀だった。軍事上の役割ばかりでなく、政治、経済ほか、あらゆる面で彼らの地位と力は上昇と安定を得てきた。

　その騎士の時代に翳りが見え、当たり前のように優越意識を抱いていた封建騎士たちが「今までとは何かが違うぞ」と戦場で気づくのは、14世紀に入ってからのこととなる。彼ら自慢の騎馬突撃が、それまでは一掃していた歩兵たちによって手痛い敗北を喫するようになるのである。言い換えるなら、当時自他ともに貴人とされていた社会階層が、自らが下賤の者たちと見なしていた階層に打ち負かされるようになった。自分たちの最大の得手分野、専売特許の場ともいえた軍事においてである。

現ベルギー西部のクールトレの戦い(1302.7)では、反逆を理由にフランドル伯領の接収を図ったフランス王の派遣した騎士軍団が、フランドル都市の市民や農民からなる歩兵たちに惨敗した。スコットランド中部バノックバーンの戦い(1314.6)では、未だ騎士団の攻撃力に依存していたイングランド軍が、スコットランド軍の自由農民からなる長柄槍歩兵の密集部隊に敗北した。スイスのモルガルテンの戦い(1315.11)では、ハプスブルク家の封建騎士部隊が、市民や農民が結成した地域共同体の歩兵軍によって敗れ去った。

　戦場で封建騎士たちの騎兵戦術が通用しなくなっていくのは、実のところ一個の現象であり象徴に過ぎない。戦場での敗北の始まりと騎士時代の終わりを招くより大きな変化は、戦場の外で進行しつつあった。

　それは騎士たちの実力低下によるというよりも、生産・流通の発展に応じて培われてきた、市民や農民層の実力上昇によるものだった。結果、相対的に騎士たちの実力が低下したわけである。

　毛織物工業で富を増していたフランドルの歩兵たちは、それまでの貧相な装備をした農民兵たちとは異なっていた。鉄帽状の兜を被り、騎士たちには鎧下として着用されていたものの、ぼろ布などを固く詰め込んで刺し子縫いした布製防具ガンビソンを着用していた。さらにはパイク(長柄槍)などの武器を、同一種類の武器で部隊を編制できるだけの数を揃えられるほどに経済力を上昇させていたのである。

　装備面だけではない。封建体制下にあっては領主と領民からなる上下の結びつきばかりであったものが、利益を同じくする平民たちの横の結びつきが育っていた。未だ商工業地か交通の要所を占める土地に限られてはいたものの、市民や農民たちの利益共同体が強い結束力を持ち、その団結力は戦場で十分に機能するまでになっていた。彼らは諸侯や封建領主から自治を得ただけでなく、内部的・外部的結束を強めて、さらなる独立を得ようとしていた。その際立った例が、特異な例ではあるが、モルガルテンで封建諸侯ハプスブルク家を破った地域共同体(邦または州)のシュヴィーツ。そして同じく地域共同体でありシュヴィーツの同盟邦であるウーリとウンターヴァルデンである。「原初三邦(州)」とやがて呼ばれることになるこれら3邦の結んでいた同盟を核として、今日のスイス連邦へと至る「スイス盟約者団(アイトゲノッセンシャフト)」が誕生する。国王や貴族に指導されない、平民による国の誕生である。

第5章　封建騎士団の凋落

ひと言で言うなら時代が変わりつつあった。

動かしがたい結果が短時日で示される会戦の場では、緩やかで目には見えにくい時代の変化も、大きな犠牲とともに目に見える形で突きつけられることがある。どちらが勝ったということ以上に、時の変化そのものを象徴する戦いは少なくない。

誤解してならないのは、騎士戦術の優位が失われても、騎兵としての騎士の役割がまったくなくなったわけではないということである。しかし、戦場の花といわれるほどの騎士戦術あってこその騎士団ともいえる。封建騎士団とは、戦場での彼らの働きがあってこその呼び名であろう。戦場での役割が影を潜めれば、彼らは封建家臣団とのみ呼ばれるのがふさわしい。

騎士軍が平民歩兵軍に敗北し始めた14世紀から、中世は末期へと入っていく。

歩兵が騎士戦術を破る法　クールトレ、モルガルテン

前項で触れた記念碑的なふたつの戦い、クールトレ（1302）とモルガルテン（1315）を例にして、歩兵が騎士軍団を破る法、言い方を換えるなら騎士軍団の騎馬突撃戦術を通用させなくした新たな戦術というものを見てみよう。バノックバーンの戦い（1314）については、イングランド騎士団の下馬戦術との絡みで、のちに触れることとする。

野戦で最大の武器とされていた騎士団の騎馬突撃を簡単に定義するなら、次の通りとなる。

馬に乗った大勢の騎士たちが敵目がけて勢いよく突撃する様、または戦法

この定義を検証するために、定義に含まれている要件を抽出しやすいように定義し直すと次の通りである。

①<u>騎乗戦闘技能</u>を持つ②<u>重装甲</u>の戦闘員が、　③<u>騎乗</u>し、④<u>統率された集団</u>となって、⑤馬の高速移動能力を活かして速やかに敵に接近し攻撃する様、または戦法

①～⑤の下線部分が騎馬突撃の要件である。定義そのものは重騎兵による突撃戦術一般のものであり、中世の騎士軍団による騎馬突撃に限ったものではない。しかし、中世盛期においては①～③を満たすことができたのは専ら騎士階級以上の階層であったため、封建騎士団固有の戦法となっていた。

　この定義のなかで最も核となるのが⑤の部分だ。それだけで騎兵の騎馬突撃一般を最も簡潔に表しているといってよく、この要件の成立さえ防げば騎馬突撃の威力は半減、もしくはそれ以下となる。つまり、馬の高速移動能力を活かせないようにする。さらに進めて、接近そのものを難しくすればいい。

　これを実現するために第一に発想できることは、地形や障害物の利用である。障害物には自然のものと人工のものがある。

　第2章で触れたヘースティングズの戦い（1066）では、丘の上に盾を持って密集したサクソン歩兵軍に、ノルマンディー公の騎士軍団がひどく苦戦した。そこでは、側面攻撃が困難な丘と、その下に広がる傾斜地という自然の地形が利用されただけなのだが、丘へと駆け上がるゆえに騎馬突撃の自由度を制限することができた。ノルマン軍が勝利を得るためには、逸（はや）ったサクソン歩兵の一部が丘の上から駆け下りてきて、自ら固い密集陣を崩すことが必要だった。

　ただし、高所を占めて盾を並べるという防御的戦法は、デーン流、サクソン流の一般的な方法であり、特に騎士団を相手とするために考案されたものではなかった。

　クールトレの戦いでは、歩兵をもって騎士軍団に対抗する方策として、意識的に地形が利用されたのは明らかだ。

　フランドル軍は騎士兵力の数が限られていた。フランドルの封建領主たちが、フランス軍に与するか事態を静観したために、騎兵戦力をほとんど用意できなかった。そのため、都市民や農民たちを動員した歩兵部隊で立ち向かわなければならなかった。騎士たちは騎乗戦闘員ではなく、指揮官として歩兵部隊に交じらなければならなかったのである。

　一方、フランス軍の主力は封建騎士軍である。王の親類であるアルトワ伯ロベールが総司令官となって率いたのは、北フランスの封建騎士団、そして神聖ローマ帝国領に属するフランドル周辺域諸侯の騎士軍団

第5章　封建騎士団の凋落

だった。ほかにジェノヴァ傭兵のクロスボウ兵などの歩兵もいたが、騎士戦術をもってフランドル軍を蹴散らすつもりでいた。アルトワ伯にしてみれば、平民からなる歩兵部隊など敵ではなかった。結果的には、その驕りが彼自身を含めて多くの諸侯や騎士たちの命を奪うことになるのだが、それまでの常識からすれば致し方ない考えであったともいえる。

フランス軍の接近を知ったフランドル軍は、攻囲していたフランス軍側の都市ヘントから南西にあるクールトレへと移動した。クールトレの城塞も攻囲中であった。戦いの様子や勝敗の原因にはいくつかの説があり詳細は明らかではないが、フランドル軍の布陣はおおむね次のような地形を利用したものだったとされる。

側面には湿地や深く掘れた溝があって、側面攻撃を防ぐことができた。部隊前面にある小川とそれに沿った泥の地面は、騎馬突撃の自由を奪うものと思われた。さらにフランドル軍は、人工の障害物としてトル・ド・ル（狼の穴）と呼ばれる穴もしくは罠をあちこちに掘って、迎撃態勢を整えていた。致命的ともいえる欠点は、背後に未だ敵軍の手にある城塞を置いてあることだったが、野戦軍に呼応して挟撃しようと出撃してくる敵には、なけなしともいえる騎馬部隊をその抑えとして配置していた。城塞守備隊は攻囲によって弱体化していたともいうから、それで抑え切れると確信したものか。事実、守備隊の出撃は何ら戦闘に影響を与えなかったらしい。しかし、より恐ろしいのは、前線の歩兵部隊が

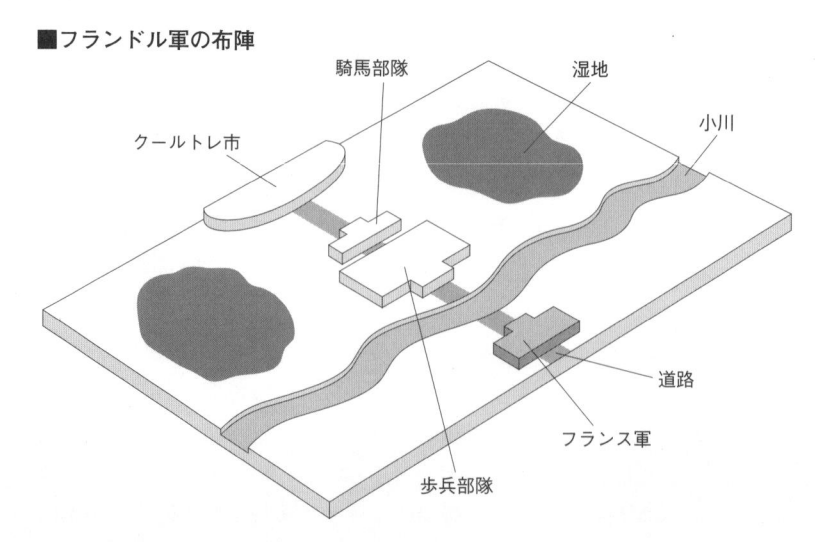

■フランドル軍の布陣

崩れたときには、退路がないために一層の惨状を覚悟しなければならなかった点である。いわゆる背水の陣をフランドル軍は敷いたことになる。

　フランドル軍がわざわざこのような場所に移動してきたことについては、いろいろと想像力を刺激されるところだ。あるいは戦闘員として不慣れな市民や農民兵の逃げ場をなくし、より強固な戦意を持って戦わせようとしたのかもしれない。だとすれば、敵だけでなく味方の騎士たちも平民兵を侮るというか、不安視していたことになる。

　戦闘は互いに弩の撃ち合いで始まった。これはジェノヴァ傭兵の圧勝だったらしく、フランドル軍の弩兵は後退。歩兵部隊も射程から外れるべく後退した。それを見てアルトワ伯は3段に分けていた騎士団のうち第1線を投入した。のちのクレシーの戦いで起こったクロスボウ兵の前線からの後退と、それを待たずに行われた騎馬隊の投入による混乱はここでも起こり、第1線の騎士団はこの時点ですでに隊列を乱すことになった。敵歩兵部隊前面にある小川までたどり着くには着いたが、小川を越える際には、泥と水に脚を取られた騎馬が転倒するなどさらに混乱。そこをうまく抜けたとしても、罠として掘られた穴で転倒、もしくは乗り手が振り落とされる有り様となった。この危機に際して、アルトワ伯は自ら率いる第2線を投入したが、輪をかけた混乱を招いただけだった。

　騎馬突撃をした部隊がこのように混乱してしまうと、先の定義にあった④の要件「統率された集団」であることも失われることになる。混乱のなかで指揮することもできず、集団となって敵陣に踏み込むことなどとうてい困難。騎士たちは個々に戦わなければならなくなる。しかも多くは③の「騎乗」を維持することが困難、乗馬を自在に操ることができない状況であれば①の「騎乗戦闘技能」などないも同然で、下馬したほうがまだ戦いようがあるというものだ。下馬していても騎士たちの②「重装甲」は変わらずに大きな利点をもたらすが、湿地や泥、水のなかでは身動きを封じられて、かえって足を引っ張ることになった。

　騎馬突撃を封じられたフランス軍に、撤退や再結集の余裕を与えることなくフランドル歩兵部隊がどっと襲いかかった。まだ騎乗している者はパイクに追い立てられ、ゴーデンダーグが騎士たちを打ちのめした。この武器は長さ1mほどの棍棒といっていいもので、握り部分が細く、打撃部分にいくほど太くなっていた。頭頂部分には金属のスパイク（大

第5章　封建騎士団の凋落

釘）がついており、殴り倒したり突き崩したりして、装甲にさほど影響されない打撃力によって騎士たちを圧倒することができた。安価で容易に数を揃えることもできるし、剣のように自分を傷つけかねない刃がついていないために戦技に劣る者にも振り回しやすく、まさに平民歩兵向きの武器だったといえる。

　フランドル兵たちは、騎士たちを情け容赦なく殺戮していった。騎士たちが経験してきたそれまでの戦いでは、平民には情けがかけられなくとも、騎士であれば降伏を申し出て命を助けられることも多かった。それが騎士同士の戦いのルールだったといっていいい。しかし、このルールも平民たちには通じない。彼らにとっては、封建騎士こそが情けをかけるに値しない相手だった。将来に渡る危険を完全に取り除くべく、騎士身分の者を誰ひとり生き残らせる気はなかったらしい。諸侯や騎士たちにしてみれば、貴い騎士が賤しき平民歩兵に敗れたこともさることながら、戦場での騎士のルールが通用しないことにも、少なからぬ衝撃を受けたことだろう。

　静まった戦場には、63名の諸侯・旗騎士の戦死体があった。騎士たちの骸から騎士身分を表す金の拍車が集められて、勝利が祝われた。そのことから、クールトレの戦いは「拍車の戦い」とも呼ばれている。集められた拍車の数は700に上った。

　地形を利用するということは、言い方を換えるなら自軍に有利な戦場を選択するということである。敵がこれをするのを防ぐには、主導権を先に握って、敵に選択の余地を与えなくするしかない。迅速な進軍によって時間的余裕を与えないとか、別の地点を攻撃しておびき出すなど、さまざまな状況を作り出すことで、敵から選択の自由を奪うようにする。もし明らかに敵に有利な状況が作られていた場合、最も賢明なのはそこでは戦わないことだ。

　例えばクールトレなど放っておいて、より重要なヘントなどに向かえばよかった。肩すかしをくうことになるフランドル軍も、そこに布陣していても仕方がないので別の行動を取ることになる。仕切り直しによって、少なくとも不利ではない状況下で、後日改めて開戦の運びとすればいい。

　もっとも、そう言い切れるのは全体を俯瞰できる傍観者ならではの話

で、現在進行形で事態に直面していく当事者としては、今置かれている状況が有利か不利かなどうまく判断できるとは限らない。平民歩兵を侮っている封建諸侯ならなおさらだ。また、立場というものもある。攻撃して敵を屈服させなければならない側と、防衛して相手を追い返せばいいという立場の違いは大きい。封建騎士団を構成しているのは、独立自営の領主や手柄を望む騎士、装甲騎兵連中なので、彼らを統制することも難しい。敵を前にして戦わなければ、貴族意識や騎士の誇りで固まった好戦派には、まず間違いなく憶病者とそしられることだろう。多くの遠征費用を投下していることでもあるし、フランドル遠征の場合であれば、フランドル人を屈服させて王領に併合できるようにする完全勝利が目的であった。遠征軍総司令官、とりわけ封建騎士団を率いる立場には辛いものがある。

　モルガルテンの戦いもまた、地形を利用して平民歩兵が封建騎士団を破った戦いだった。

　打ち負かされたハプスブルク家は、発祥の地をスイス近郊とする封建領主で、周辺域への拡張に熱心だった。自治特許状を得たスイスの地域共同体とは宿敵の仲だったといっていい。1314年にふたりの神聖ローマ皇帝が立ったとき、シュヴィーツらの共同体はハプスブルク家のフリードリヒ（在位1314-1330）の対抗者であるルードヴィヒIX世（在位1314-1347）を当然のように支持した。スイスの地域共同体を、封建領主の圧政から立ち上がった民主主義者、あるいは平和主義者と考えるのは正確ではない。彼らは自分たちの利益だけを考えていた。同盟邦同士であっても、力加減によってまったく平等だったわけではないし、利益獲得のためには戦争を積極的に利用していた。ハプスブルク家の侵攻を招いたのも、まるで挑発するかのようにシュヴィーツがハプスブルクが権益を持つ修道院領を襲撃、強奪することを繰り返したためだった。これにより、フリードリヒは弟のオーストリア公レオポルト（1290頃-1326）に封建騎士団を率いさせてシュヴィーツへと向かわせた。シュヴィーツは同盟邦ウーリの援軍を得てモルガルテンで待ち構えた。その場所は次ページの図のような地形をしていた。

■シュヴィーツ軍の布陣

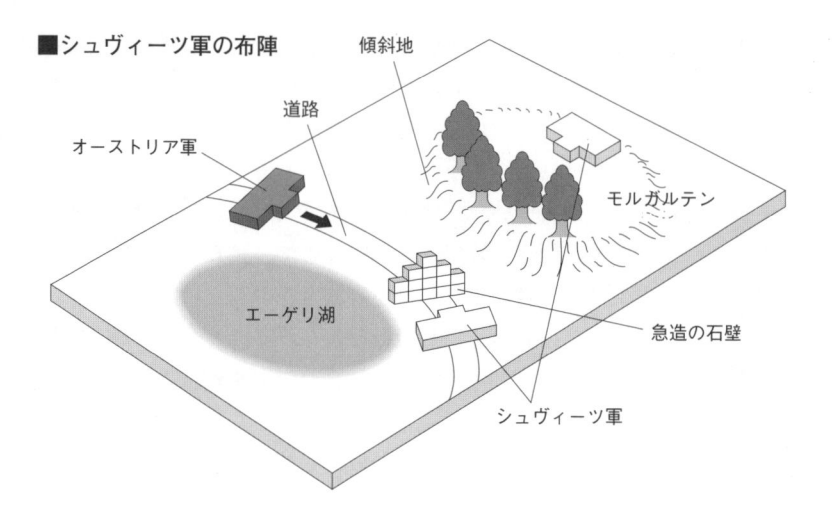

傾斜地
道路
オーストリア軍
モルガルテン
エーゲリ湖
急造の石壁
シュヴィーツ軍

　モルガルテンはシュヴィーツとツークの中間地点にあった。進軍してくるオーストリア軍から見て左手が木々の立ち並ぶ高台となっており、右手に向かって斜面が下っていき、最後は小さなエーゲリ湖に落ち込んでいた。その斜面上に、狭い道が湖に沿って続いていた。この隘路をオーストリア軍は進軍路とした。

　いち早く敵の動向を知ったシュヴィーツ軍は、隘路に石を積み、敵の前進を妨げる壁を作り上げた。そこを防衛する兵士の数は少ない。軍の多くは隘路に沿った斜面上に位置し、木々のあいだに隠れ潜んだ。総兵力は歩兵1,500～2,000。対するオーストリア軍は騎士団を主力とし、歩兵を含めれば倍以上だったとされる。モルガルテンの戦いは、互いに陣を敷いての会戦ではなかった。戦力に劣る側が敵の行軍中を襲撃したものであり、地の利を活かしたゲリラ戦を行ったものである。

　隘路を進むオーストリア軍は、騎士団の前衛部隊を先頭とした細く長い隊列を作らざるを得なかった。石の防壁が作られた場所までは、4kmほど湖に沿った隘路が続いていた。か細い1本の線が、ただ前進することしかできない状態で伸び切っていた。

　前衛の騎士部隊が防壁に突き当たると、先頭は停止したが、前方の状況が把握できない後続はそのまま前進を続けた。道路脇に展開できるだけの空間はない。身動きが不自由なまでに兵たちの間隔は狭まり、先頭のほうはすし詰め状態といっていいほどになった。そこへ斜面の上に身

を伏せていたシュヴィーツ歩兵が側面から突撃した。

　部隊が統制を失うほどの窮地に陥るのは、クールトレのように戦力がばらばらになって集団から個になったとき、そして逆に過密な集団となったときである。
　モルガルテンでは、前後方向では過密に、左右方向では薄く疎の状態となった。イメージとしては100両編制の満員電車に近い様相だ。
　その細く伸び切ったオーストリア軍の薄い隊列を、シュヴィーツ兵の側面からの怒濤の攻撃が襲った。後続の騎士部隊は救援のために前方へ向かおうとするが、避難しようとする歩兵が路上を後退してきて混乱に拍車がかかる。組織立った抵抗などまったくできない。結果は戦闘というよりも殺戮が行われ、道路から逃れ出た者も、湖で行き場を失って同じ運命をたどった。オーストリア公は命からがら逃げ帰った。

　シュヴィーツ兵たちの主要な武器は、長柄つき戦斧を意味するヘルムバルデ（ハルベルト）だった。この武器も、対装甲騎士用の歩兵武器といっていい。2m近い柄の先端に斧頭があって、重い打撃を装甲の上から浴びせる。刃があるために鎖鎧を切断することもできる。さらに、斧頭には突くこともできるよう先端にスパイク（大釘）が、背には引っかけて騎士を鞍上から引きずり落とす鉤爪（かぎづめ）が一体化されていた。
　クールトレやモルガルテンだけでなく、当初の封建騎士団対歩兵軍の戦いの利は、専ら歩兵軍が地形と障害物を活かすことで得られていた。しかし、パイクや飛び道具（ミサイル・ウエポン）が導入されて歩兵戦術が進化していくと、地形と障害物にばかり頼らなくても封建騎士団を打ち負かせるまでになっていく。
　封建騎士たちはというと、そうした事態にうまく対応できたとはいいがたい。フランス軍の野戦での戦いぶりは、100年経っても本質的には変わりがなかった。対照的にイングランド軍は、騎兵戦術を中心とする戦い方から歩兵戦術主体の戦い方へと変わっていった。このことは、イングランド軍が封建騎士団から平民徴募兵の軍隊へと変わっていくことを意味した。次項ではその変化の過程をたどってみよう。

イングランドの長弓戦術　防衛的用法

　14〜15世紀のイングランド軍は、会戦において兵種の異なる部隊の連携に優れた戦い方をしたことで知られている。
　その戦術とは長弓(ロングボウ)を多数揃え、騎士ほかの装甲騎兵(メン・アット・アームズ)を下馬させて、長弓兵とともに歩兵陣形に組み入れるというもの。騎兵戦力は少数に抑えて専ら予備兵力とし、ここぞというときに前線へ投入するか、あるいは機動力を活かした迂回作戦を実行させて勝利を引き寄せることに用いる。長弓の大量使用を軸にして考案された、いわば長弓戦術とでも呼ぶべき戦法である。騎兵戦力を中心にした騎士戦術とはまったく異なる戦い方だった。この項からしばらくは、封建騎士団の戦場での役割を早くに減じさせていった封建国家の貴重な例として、イングランドの長弓戦術の成立過程を見ていく。
　長弓は、長さ2m近い1本の枝木を湾曲させ、両端に弦をかけたような印象の弓である。長さと弾性の強さによって、長さ1mほどの矢を300m以上飛ばすことができた。未装甲の馬や軽装の兵士であれば、大きな脅威になったことであろう。さらに恐らくは、100m以内であれば弩(クロスボウ)と同じように、板金鎧を打ち抜くこともできたと思われる。しかも強過ぎる張力を確保するために専用道具まで使う弩と違って、普通の弓と同じようにして射撃できるので、単位時間当たりに飛ばせる矢の数が倍以上とより多く、速射性も兼ね備えていた。火器の登場期・黎明期だった当時としては、最も優れた飛び道具だったといっていい。
　飛び道具の最大の利点は、白兵戦を挑もうと近づいてくる敵を、射手と接する以前に倒せる点にある。接してしまえば蹂躙されてしまうに違いない騎馬突撃でも、接近させることなしに倒してしまうのだから、損害がないか、あっても軽微ですませることができる。しかし一旦白兵戦となった場合には、飛び道具を使う暇などなく、たいていは射手の武装が貧弱なために一方的な損害を被ることになる。
　こうした点を考えれば、飛び道具を最も存分に使用できる状況というのは籠城時、つまり堅固な城壁によって射手の安全が確保され続けているなかということになる。敵の動きが丸見えで狙い放題となればなおいい。今日の銃砲ように、連続発射や弾倉交換が素早く容易になると、飛び道具も突撃兵器として使えるようになるのだが、本質的には飛び道具

は防御兵器だといっていい。西部劇の決闘のように、無防備に全身をさらして撃ち合うというのは異常な使い方だ。動き回る敵を、遮蔽物に隠れながら安全を確保しつつ狙撃するというのが、飛び道具の最も有効な使い方である。突撃銃を持って突撃するのは、より遠くの敵を倒せる銃砲という武器を剣や槍の代わりに用いているだけのことで、使い方としては白兵戦武器と同じである。もっとも、銃砲がある程度発達するまではそのようなことはできず、飛び道具を使うにはまず防御を考慮した状況を作り出すことが肝要だった。

しかし籠城するのとは違い、野戦においては城壁などないので、射手の安全を確保するためには、敵が接近しづらい地形と、自然または人工の障害物を利用することになる。

あとで具体的な会戦例も登場してくるが、長弓戦術を用いるときにイングランド軍が敷いた陣形とは、次のような歩兵陣である。

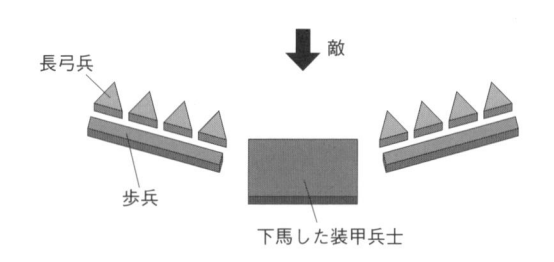

```
        長弓兵              ↓敵
         ▲▲▲▲              ▲▲▲▲
         ══════            ══════
           歩兵          ┌──────┐
                         │      │
                         └──────┘
                         下馬した装甲兵士
```

これが1個の戦闘団(バトル)であり、通常は次のように3個の戦闘団で戦線が構成された。

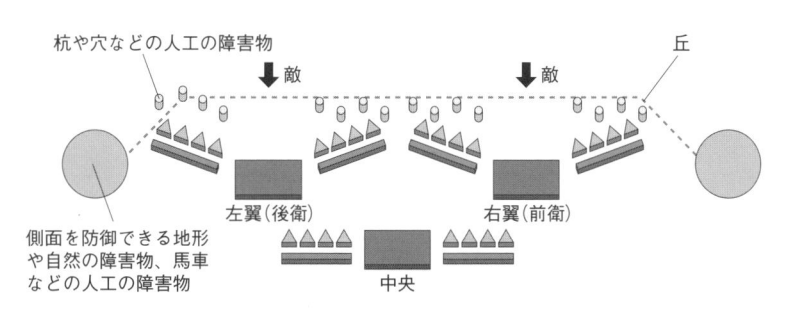

```
  杭や穴などの人工の障害物                              丘
        ↓敵              ↓敵
     ▲▲▲▲  ▲▲▲▲    ▲▲▲▲  ▲▲▲▲
 ○   ════  ════    ════  ════    ○
   ┌────┐              ┌────┐
   │    │              │    │
   └────┘              └────┘
   左翼(後衛)           右翼(前衛)
     ▲▲▲        ▲▲▲
     ════      ════
          ┌──────┐
          │ 中央 │
          └──────┘
側面を防御できる地形
や自然の障害物、馬車
などの人工の障害物
```

▲ 長弓兵
══ 歩兵
■ 下馬した装甲兵士

221

戦闘団のうち2個は第1線に並んで配置され、それぞれが左翼と右翼部隊となる。残りの1個は第2線または後背に配される中央部隊で、予備兵力となって、第1線が弱体化したり攻勢へと転換したりするときに投入される。ここで大切なのは、やはり地形の利用である。丘などの高所を選び、地形または自然の障害物によって側面が防御されるような戦場を選ぶ。特に騎兵のような機動性のある敵に側面から攻撃されては、ひとたまりもない。

　長弓戦術の運用は、陣形の配置が確実にされてのちに防衛的に行われる。味方から攻撃を仕掛けるのではなく、敵に近寄ってきてもらい、それを撃破するのが正道だ。攻撃的に戦ったとしても距離を取って長弓の一斉射を行い、その後に騎馬突撃を行う。

　騎馬にしろ徒歩にしろ、敵が長弓の射程内へと前進を始めたなら、長弓の一斉射で戦闘が始まる。斜め上に向けての曲射が広範囲に渡って矢の雨を降らせ、接近してくる敵兵力を削っていく。一兵たりとも間際までこさせないのが最善だが、そう都合よくもいかない。

　白兵戦状態になれば、下馬した装甲兵が中心となった歩兵部隊が戦線を支える。切迫した状況になれば長弓兵たちも白兵戦に参加する。しぶとく戦線を支え切れば勝機も見えてくる。戦闘に決着をつけるのは、機会をとらえて投入される中央部隊の運用次第ということになる。

長弓の大量採用への道　ウェールズ征服

　14世紀、イングランド軍の代表的武器であった長弓も、もともとは南ウェールズ人が用いていた武器だった。それがイングランドに導入されるようになるのは、歩兵を軍の中核としていたウェールズとの、長期に渡る抗争と征服の進行を経てのことである。

　ウェールズの征服が始められたのは、1066年にノルマン公がイングランドを征服した直後のことで、境界域に3伯領が創設されて、伯らの手によってそのまま征服を続行する形で進行していった。当初はウェールズがいくつもの君公国に分かれていたので、それですんでいたともいえる。すでにその頃から長弓の存在については知られていたらしい。

　ウィリアムⅠ世征服王（在位1066-1087）以後は、歴代国王の方針と状況によって征服事業の仕方も変わっていく。プランタジネット朝イング

ランド王のヘンリーⅡ世（在位1154-1189）は1157〜1165年にかけてたびたびの遠征を行ったが、思うようにはかどらず妥協策へと転換している。

　ウェールズ征服が困難であったことの最大要因は、ウェールズのほとんどが山地であったことである。平地で敗北し不利ともなればウェールズ人たちは山地に逃げ込み、そこを根城にしてゲリラ戦を展開した。アングロ・ノルマン（イングランド）軍の封建騎士団も、馬を乗り入れられない山地では鎮圧しようもなかった。また、定められた日数の従軍義務しか負わない封建騎士団では、長期に渡る鎮圧戦は困難であった。

　長弓もまた抵抗に役立ったことだろう。ヘンリーⅡ世時代には、騎士たちの鎖鎧を簡単に貫通するその威力が十分に知られていた。乗馬した

■ウェールズ（1067-1295）

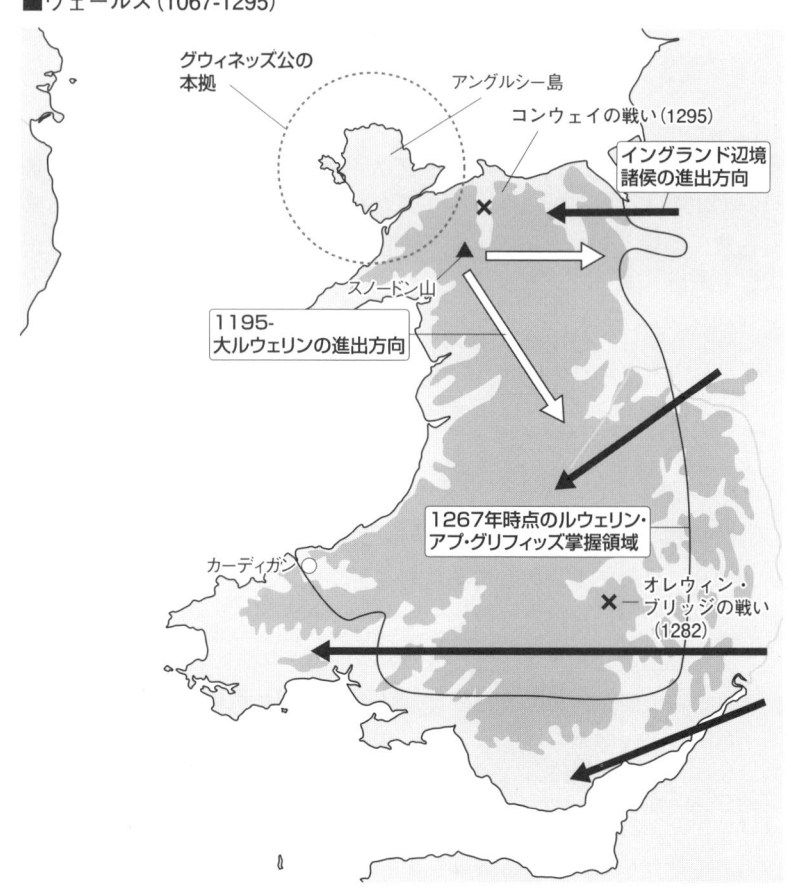

- グウィネッズ公の本拠
- アングルシー島
- コンウェイの戦い（1295）
- イングランド辺境諸侯の進出方向
- スノードン山
- 1195- 大ルウェリンの進出方向
- 1267年時点のルウェリン・アプ・グリフィッズ掌握領域
- カーディガン
- オレウィン・ブリッジの戦い（1282）

騎士の腿を貫いた矢が、さらに鞍までも射抜いて馬に刺さったとの記録もある。にもかかわらず、アングロ・ノルマン軍の飛び道具はクロスボウがおもで、まだ長弓を採用することにはならなかった。ヘンリーⅡ世がイングランド自由民に財産に応じて武装を義務づけた武装条例(アサイズ・オブ・アームズ)(1181)にも長弓は登場しない。その後、リチャードⅠ世獅子心王(在位1189-1199)、ジョン欠地王(在位1199-1216)の治世、そしてヘンリーⅢ世(在位1216-1272)の治世後半まで、イングランド軍は専ら長弓を撃つ側ではなく、撃たれて鎧を射抜かれる側の立場にいた。

　結局のところ征服事業を国王自ら行うよりは、ウェールズとの境界周辺に配された辺境諸侯(マーチャー・ロード)らと、その配下らの私的な領地獲得行動によって行うのが得策と思われた。ウィリアム征服王以来、ウェールズの征服は彼らの手によって進められていったといっていい。

　押され気味だったウェールズ人勢力が息を吹き返すのは、グウィネッズ公の大ルウェリンことルウェリン・アプ・ヨーワース(在位1195-1240)が、領土を北ウェールズから中部へと拡大してからである(1197)。さらに大ルウェリンは、槍兵を中核とする部隊とともに全ウェールズを統一すべく南進した。そうなってくると、辺境諸侯にばかり任せておくわけにもいかなくなる。ジョン王は失敗したものの、ヘンリーⅢ世は大ルウェリンのさらなる進出を阻止した。さらに大ルウェリンの公位を継いだ息子のダヴィズ(?-1246〈在位1240-1246〉)に宗主権を認めさせ、その後の反乱で戦死させている。

　この経験によるものか、ヘンリーⅢ世が発布した武装条例(1252)では、40～100シリングの土地を持つ自由民低所得層が、剣や短剣とともに、初めて弓と矢を装備して従軍すべきことが定められている。この規定は、長弓の大量採用を可能にする初めての規定、もしくは制度的な前提であった。イングランドで長弓の大量採用を可能にしたひとつの理由には、この武装条例を含めた募兵・民兵動員システムがある。

　大陸では封建領主が連れてくる騎士団や歩兵に兵力を依存していたのに対し、イングランドではサクソン朝以来の自由民歩兵の動員を維持し続けていた。封建家臣が独自に集める兵力とは別に、州の長官が地域単位で自由農民兵を動員する募兵システムが存在していた。何かと面倒で

制約の多い封建軍に、早くに見切りをつけていたともいえる。

　兵士それぞれに動員時の使用武器を規定した武装条例は、動員される自由農民に対して、その武器の訓練を強いることになった。あるいは、その武器に熟達していなければ自分の生命が危ういために、自発的な訓練を誘うことにもなった。男たちが日頃から村の射場で腕を競い合えば、一人前の男は長弓もそれなりに扱えなければならないといった気分も生まれただろう。

　矢の直進性に優れ、弓に比べて訓練が少なくてすむ弩とは違い、長弓は熟達するまでには相当の訓練が必要とされた。短弓に比べても、顔まで弦を引く長弓の肉体的な負担は相当なもので、兵の指や背骨が変形していたとの証拠もある。それほどになるまでには、少年期から日常的に長弓を引き続けていなければならない。それを制度的に醸成したのが、イングランドの募兵システムだったといっていい。

　イングランドの長弓戦術が百年戦争において大陸デビューを果たしたのちも、ほかの諸国が長弓を導入しなかったのは、厳しい訓練をする習慣と、国としての募兵システムが備わっていなかったためだと考えられる。しようとしてもできなかったというのが実状のようだ。また銃砲の発達と長柄武器の使用は、傭兵制度の普及とともに、長弓戦術に相当する歩兵戦術を大陸諸国にもたらすようにもなっていく。結果的には、あえて自前の長弓部隊を養成する必要もなかったのである。

　ヘンリーⅢ世の武装条例にもかかわらず、イングランド軍の長弓大量採用はまだ進まない。

　ウェールズでは、大ルウェリンの孫で伯父ダヴィズの公位を継承したルウェリン・アプ・グリフィッズ（在位1246-1282）が、再び統一に向けて力をつけていった。彼はイングランドからの独立を目指し、ウェールズ大公（プリンス・オブ・ウェールズ）を名乗る（1258）。一方、イングランド国内ではヘンリーⅢ世の立場が弱まり、遠征軍を送る余裕がない。1263年には、北フランス出身のレスター伯シモン・ド・モンフォール（1208?-1265）を指導者とする諸侯らが、国政改革を目指した内乱を起こしてもいる（-1265）。ルウェリンは諸侯軍を支援し、戦場にはウェールズ人の姿もあった。ただし、長弓がどの程度持ち込まれていたかはわからない。ヘンリーⅢ世はルウェリンにウェールズ大公の地位を認め（1267）、ウェールズは実質的な独立を回復した。しかし、イーヴシャ

ムの戦い(1265.8)でモンフォールほか反乱諸侯を、優れた軍事能力で根こそぎ敗死させた王太子エドワードが国王エドワードⅠ世長身王(在位1272-1307)となると、イングランド王によるウェールズ征服事業が再び活発となった。

エドワードⅠ世は、歴代イングランド国王のなかでも最も優れた王のひとりとされている。模範議会(モデル・パーラメント)を開くなど(1295)、現実的な対応をしつつ、一度は地に落ちた王権の回復を実現していった。そうした政治能力のみならず、封建世界の当時においては特筆すべき戦術家であったことも知られている。彼は自ら参加した、あるいは報告を聞いた戦闘を分析し、戦術を改良することを怠らなかった。敵の長所の模倣ともいえるが、状況への対応力・適応力に優れた証しであった。このエドワードⅠ世と孫のエドワードⅢ世(在位1327-1377)によって、イングランドの長弓戦術は錬成されていく。

エドワードⅠ世のウェールズ戦争は、1276～1277、1282～1283、1287～1288年の3次に渡って行われ、そこで長弓戦術の基盤が作られた。

第1次遠征では早くもルウェリンが屈服し、エドワードの宗主権が認められた。第2次ではルウェリンが反乱するも敗死、第3次も蜂起の鎮圧。1294～1295年にも反乱を鎮圧し、それより以後ウェールズはイングランド王権下に完全に組み込まれる。ウェールズ人の民族意識はなおも死なず、1400～1412年にオウェン・グリンドゥル(1354頃-1416頃)による最後の蜂起が起こるが、エドワードⅠ世時代にウェールズの独立は失われたのである。

エドワードは山岳地帯のウェールズでの戦いを行うために、まず給料支払いによる歩兵の数を増やした。まだ弩兵も多くいたが、長弓兵の数も増えた。彼ら弓兵と騎兵(騎士とサージェントと呼ばれる騎兵からなる)との連携によって、イングランド軍はオレウィン・ブリッジの戦い(1282.12)とコンウェイの戦い(1295.1)で勝利を得ることになる。

オレウィン・ブリッジの戦いは、南部ウェールズ辺境領主のジョン・ジファール(1232頃-1299)と中部に広大な辺境領を占めるエドマンド・モーティマー(?-1304)率いる部隊が、中部ウェールズまで遠征してきたルウェリンを敗死させた戦いである。槍兵を中心にして、橋を守るウェールズ軍の統率の乱れに乗じて、イングランドからの動員弓兵が斉射して敵を弱体化し、騎兵の突撃によってとどめを刺した。

コンウェイの戦いでも同じような経過をたどって、ウォーリック伯ウィリアム・ド・ビーチャム（?-1298）がマドッグ・アプ・ルウェリン（?-1295）の蜂起軍を破っている。イングランド軍は宿営中を急襲し、逃げ場を失って防御陣を敷いた槍兵たちを弓兵が斉射して数を減らした。最後は弓兵たちの戦列に交じって彼らを守っていた騎兵が突撃して、戦いを終わらせた。

　どちらの場合も、敵が攻撃に出ることができず防御するしかなかった戦いではあったが、防御陣を敷く敵への弓の効力というものが確認された。矢を射かけられた敵は、逃げ場のない状況では内側へと身を寄せて集まるしかなく、敵陣が過密になるほど彼らの身動きは取れなくなり、さらに弓の効力も上がるという悪循環に陥っていった。この時点では、のちの長弓戦術も、敵が歩兵主体であったために弓兵が敵を弱体化させて騎兵が突撃するという、両者の連携から成り立つ攻撃的なものであった。長弓兵がどれほどいたかは定かではないが、長弓の曲射による範囲攻撃の有効性が改めて確認されたかもしれない。

　ウェールズ戦争での戦い方は、次の対スコットランド戦への準備となり、長弓戦術は、対スコットランド戦における勝利と敗北を経て完成へと近づいていく。

長弓と騎士の統合戦術　スコットランド戦争

　エドワードⅠ世は、ウェールズ征服を終えると次の標的としてスコットランドに狙いを定めた。プランタジネット朝が興ってからおよそ200年間のイングランド国王は、大陸領絡みのフランスを加えて、これら3国との関係にかなり悩ましいか、忙しい立場にあった。

　折しもスコットランド王国では、次の王位を巡って数人の権利主張者が争う状況にあった。この「大訴訟（グレイト・コーズ）」（1291）と呼ぶ王位継承問題に、エドワードⅠ世は介入した。

　スコットランド王国は4つの民族からなっていた。原住のピクト人、イングランドからローマ時代を経て進出してきたブリトン人、そして6世紀前後にアイルランドから渡ってきたスコット人と大陸からのアングル人である。これらの人々とその王国が次第に統合されていき、ひとつの王国となったのが、アルバ王家の血を引くダンカンⅠ世（在位

1034-1040)が王となったときだった。ちなみに彼は、やはり王家の血を引くマクベス(在位1040-1057)に暗殺され、それを題材として王位簒奪者の苦悩劇『マクベス』(1606)を書いたのがシェークスピア(?-1616)である。

当初のスコットランドとイングランドの関係は、スコットランドがイングランドに侵入して領土を拡大しようとするものだった。イングランド側は反撃に努めるといった状態だ。

一方で、スコットランド王侯や貴族たちは婚姻によってイングランド

■スコットランド(1296-1346)
※◆はイングランド側が勝利、■はスコットランド側が勝利した戦い。

- スコットランド高地
- アバディーン
- ダプリン・ムーアの戦い(1332.8)
- スクーン
- スターリング・ブリッジの戦い(1297.9)
- 中央低地地帯
- フォルカークの戦い(1298.7)
- バノックバーンの戦い(1314.6)
- グラスゴー
- エディンバラ
- ダンバーの戦い(1296.4)
- 南部高地
- ハリドン・ヒルの戦い(1333.7)
- ラウドン・ヒルの戦い(1307.5)
- ニューカースル
- カーライル
- ダーラム
- ネヴィルズ・クロスの戦い(1346.10)

化していく。国内からの亡命先はイングランドであり、また侵入先だったノーサンバーランドの領主は両国の封臣を兼ねる場合もあった。スコットランド王自身が相続権によってノーサンブリアの伯領を持ち、相続権を巡る争いをイングランド王と行っていた。

スコットランドは大きく3つの地域に分かれる。北のスコットランド高地（ハイランド）は名前の通りの山地であり、未開発の土地といっていい。南部にも高地があって、それはイングランドへと続いている。ここもまた生産力に乏しい。

両高地に挟まれているのが中央低地地帯である。南部や東部などにある低地を含めて、これら低地地帯（ロウランド）がさほど多くはない生産の中心である。王族や封建領主たちのイングランド化が進んでいたのは南部高地と中央低地地帯までで、スコットランド高地には部族社会の伝統が色濃く残り続けた。

スコットランドに統一王国ができてからというもの、スコットランドとイングランドは侵入したり、侵入されたりの国境紛争を重ね、またイングランド王に臣従したり、そこから脱したりと、宗主権を巡る争いを繰り返していく。百年戦争ではスコットランドがその同盟国フランスを支援し、さらに婚姻関係からイングランド王位を巡る王位継承権の争いありと、17世紀まで程度の差こそあれ緊張関係が続いていく。

両国関係史のなかでは、領土問題を解決したヨーク条約（1237）からしばらくは、比較的安定した時期だったといえる。そのあいだのスコットランド王位はウイリアム獅子王（在位1165-1214）の直系によって占められてきた。ところが、アレグサンダーⅢ世（在位1249-1286）が突然の落馬事故によって、直系男子の継承者不在の状況に陥る。女系を通じて、わずか4歳のノルウェー王女「ノルウェーの乙女」ことマーガレット（在位1286-1290）が女王の座に就くが、彼女もスコットランドへの航海途中に幼くして没する。かくして直系の王位継承者はいなくなった。王位は傍系に連なる権利の主張者13名（うち有力者3名）によって争われることになる。それが1291年の「大訴訟」である。

エドワードⅠ世は宗主権を認めさせるのと引き換えに調停者となり、彼が支持したジョン・ベイリオル（在位1292-1296）が王座を獲得した。宗主権という武器を手に入れたエドワードはスコットランドのウェールズ化を目指し、数々の要求を出してくる。自身の国内基盤も定まってい

第5章　封建騎士団の凋落

229

ないベイリオル王は、国内での、あんな奴は宗主ではないとの圧力に立ち上がらざるを得なかった。しかしダンバーの戦い(1296.4)で敗北し、ベイリオルは王座を追われた。スコット人がアイルランドから持ち込み、スコットランド王即位の折には伝統的にそれに座るという「スクーンの石」がイングランドへと持ち出され、スコットランドは王のいない空位状態となった。その後両国が同君連合(1603)となった事情があるとはいえ、イングランド王の戴冠の玉座下に組み込まれた石がスコットランドに返還されたのは、何と1996年になってからのことである。

スコットランド王座を空位としたエドワードⅠ世は、自身に代わってスコットランド統治を行う役人を配し、併合同然に扱った。独立が失われても、スコットランドとイングランドの自領が確保されればいい多くのスコットランド貴族たちは、エドワードに従うばかり。イングランド王は、次はフランスが相手とばかりに大陸での戦争に取りかかっていった。

そんなとき、絶頂ともいえるイングランド王の前にひとりの男が立ちはだかった。愛国者として名高いウィリアム・ウォーレス(1270?-1305)である。

ウォーレスはスコットランドでレアードと呼ばれる小土地所有の自由民で、イングランドの小ジェントリーに相当する階層の出身であった。その身分からして、抵抗を主導しても物的利益は少ない。しかし彼はスコットランド人の愛国心を鼓舞し、スターリング城近郊のフォース川に架かる橋でイングランド軍を打ち破る。この戦いをスターリング・ブリッジの戦い、もしくはキャンバスケンネス・ブリッジの戦い(1297.9)と呼ぶ。

イングランド軍を率いたのは、エドワードⅠ世の友にして、不在中のスコットランド統治を委ねられていたサリー伯ジョン・ド・ヴァレンヌ(1235?-1304)。兵力は定かではないが、ウォーレス軍よりはずっと多かったとされる。自由農民からなる槍兵を軍隊の中核としていたスコットランド側だけでなく、イングランド側も歩兵が圧倒的に多かった。

スターリング・ブリッジの戦いは、ウォーレス軍がゲリラ戦である急襲によってサリー伯軍を撃退したもので、イングランドの長弓戦術とは関係がない。騎馬2頭がやっと通れるだけの橋を大軍が渡っている最中

に、渡河し終えた前衛部隊を一団となった槍兵部隊に襲われ、後続軍から切り離されて壊滅したものである。イングランド軍の第一の敗因はウォーレスの巧妙さよりも、勇猛ではあるが戦術観のない典型的な封建諸侯とされるサリー伯に帰されている。狭い橋を数時間かけて通行させる危険性を配下の者に指摘されたにもかかわらず、伯は大軍に橋を渡らせていた。

　しかしウォーレスの勝利も長くは続かない。フォルカークの戦い(1298.7)で手ひどい敗北を喫することになる。

　自ら遠征軍を率いてきたエドワードⅠ世に対し、ウォーレスは森に籠もって行方をくらます。彼にかかわらずスコットランド軍の戦い方の方針は、まともにイングランド軍とは戦わないことである。騎兵戦力に劣り、数にも劣る側としては自ら家や畑を焼き、森や山に逃げ隠れする。遠征軍は土地以外に得るものはなく、駐留困難なためにやがては撤退することになる。一方で、逃げてばかりいられないのも確かだ。できるだけ正面戦を避け、攻勢に出るならゲリラ的な襲撃戦術で、あるいは地の利を活かした場所に敵を誘い込む防衛的な戦い方によって敵を消耗させ、撃破しなければならない。ウォーレスがエドワードを迎え撃つことにしたのもそのためであろう。布陣したのはフォルカーク近郊の丘陵上、背後には逃げ込める森林、前には沼地である。

　正面からの接近が困難であると判断したエドワード軍は、沼地を大きく迂回して敵陣の側面へと騎馬突撃を敢行した。この攻撃によって、戦陣の背後に控えていたもともと数の少ないスコットランド騎馬部隊は逃散。また側面にいた弓部隊も蹴散らされた。しかしウォーレスは、パイクを持った槍兵部隊こそが勝利の鍵を握っていると考えていた。槍兵たちは側面へと向かい、スコットランド人が「シルトロン」と呼ぶ密集陣でイングランドの騎馬突撃を迎え撃った。途端に状況は変わった。騎馬突撃では、固く防御したシルトロンに穴を開けることができない。

　これを見たエドワードは騎兵部隊の攻撃を停止させ、長弓兵部隊に、今や彼ら長弓兵を守る障害となった沼地越しに矢を浴びせるよう命じた。スコットランド槍兵部隊に側面から矢の雨が降り注ぐ。密集しているだけに殺傷効果は抜群だ。敵の密集陣は混乱し、ところどころに穴ができた。今度は長弓兵が休み、騎兵が再び突撃を行う番である。騎馬が乗り入れ、さらにひどい混乱状態になると、あとは逃げるのみだ。ウォ

ーレスを含めてスコットランド兵たちは森へと逃げ出した。スコットランド軍の損害は全軍の3分の2にも上ったとされている。
　フォルカークの戦いは、ウェールズで行われたオレウィン・ブリッジ、およびコンウェイの戦いと同じ展開を見せた。装甲騎兵のような打撃力をもたず、自ら防衛的に戦うしかない敵には、弓の斉射とそれに続く騎馬突撃が絶大な効果を発揮した。長弓戦術のひとつの形が完成したともいえる。
　しかしこの段階では、まだ長弓による斉射は騎馬突撃の前段階に行われるもので、長弓戦術というよりも騎士戦術の改良版といったほうがいい。頑迷なほど騎士戦術にこだわったフランス封建騎士団でも、弩兵の射撃が騎馬突撃の事前行為としては行われていた。イングランドの派遣軍司令官となる諸侯たちの理解もその程度だったようで、長く決定戦力だった騎馬突撃に対する信頼は、簡単には揺るがなかった。
　防衛的に戦う敵だけを相手にしているうちはそれでよかった。騎馬突撃を中心にして考えていればよかったのである。しかし、そんな彼らをバノックバーンでの敗北が待ち構えていた。

イングランド騎士団の大敗北　バノックバーンの戦い(1314)

　フォルカーク(1298)以後のエドワードⅠ世の努力にもかかわらず、スコットランド人のゲリラ戦による反抗が止むことはなかった。イングランドは国境からロジアン地方までを支配するのがせいぜいだった。ウィリアム・ウォーレスは捕らえられて無惨な刑死をするが(1305.8)、スコットランドは新たな指導者を得て、より激しい対イングランド闘争の段階に入っていく。
　指導者の名はザ・ブルースことロバート・ブルース(1274-1329)。ウォーレスとは異なり、キャリック伯の称号を持つスコットランド貴族である。イングランドから移住してきた領主の家系に連なり、そのためか今ひとつ煮え切らずに、フォルカークではイングランド軍の陣営にいた人物だ。また、イングランド反抗運動の指導者であるジョン・カミン(?-1306)を内部抗争で暗殺したことでも知られ、毀誉褒貶の人物といっていい。しかし一方で「大訴訟」でジョン・ベイリオルの対抗馬となったロバート・ド・ブルース(1210-1295)の孫であり、国王にもなれる有

力者であった。

　カミンを暗殺したロバートは、それからすぐにスコットランド王であることを宣言(1306.3)。ロバートⅠ世(在位1306-1329)となってイングランド勢力駆逐の戦いを始める。とはいってもやはりゲリラ戦である。襲撃しては小さな勝利を得、小さく敗北しては山中に隠れる。そしてまた出撃する。カミン暗殺事件によって当初、彼に従う者は少なかった。しかしラウドン・ヒルの戦い(1307.5)から彼にも運が向いてくる。

　この戦いはペンブローク伯のエイマー・ド・ヴァランスを破ったもので、戦いの規模としては、ロバートⅠ世軍600名、ペンブローク伯軍数千名という中程度のものだった。側面が守られた丘の上で、1本の道路部分を除いて前面に溝を掘り、槍兵による固い防御陣を敷いたロバート軍に騎馬突撃を仕かけた伯軍が打ち負かされた。ロバートⅠ世の実力というよりも、敵の指揮官がペンブローク伯であったことが幸いした戦いであった。長弓部隊の意味を知らずに、それを使わなかったペンブローク伯の失敗である。見方を変えるなら、当時のイングランド諸侯の戦術的な学習能力の低さをよく示している例ともされる。スターリング・ブリッジでのサリー伯といい、おおかたの諸侯や騎士はこのようなものであった。もっとも封建諸侯をあまりバカにはできない。後世になってみれば愚かと思えるある時代の常識も、当時としては常識であるだけに改めることは難しい。常識ではなくなったあとでも、新しい常識を見つけ出すまでは容易ではない。

　本格的な会戦で初めて勝利したロバートⅠ世ではあったが、浮かれてはいられない。エドワードⅠ世が自ら遠征軍を率いて向かってきた。エドワードの戦術眼は、猪突猛進型の封建諸侯とは違う。しかしここでも運がロバートに味方した。遠征途上のエドワードが赤痢によって没したのである(1307.7)。王位は王太子のエドワードⅡ世(在位1307-1327)によって継承された。病軀を押してまで遠征に就き、スコットランドの平定に断固たる意志を示していた父王。しかし息子の新王は弔い合戦でもするのかと思いきや、さっさと遠征を中止して軍を引き返してしまう。

　賢王のあとに愚王ありというのはイングランド王室史にしばしば見られる不幸だが、このエドワードⅡ世はなかでも愚王として名高い人物であった。竹馬の友であるピエール・ド・ギャヴスタン(1284?-1312)を溺

第5章　封建騎士団の凋落

愛し、遊興に耽るばかりか腹心として重用。彼の寵臣政治は諸侯の反発を招き、国内情勢は乱れに乱れた。スコットランド遠征どころではなくなり、ロバートⅠ世は幸運続きをただ喜ぶばかり。1314年までこつこつ、せっせと城塞と土地の回復に努めていった。

　イングランド側に残された拠点のひとつスターリング城は、重要拠点というだけでなく、イングランドのスコットランド支配における象徴でもあった。しかしここもスコットランド軍に包囲されてしまう。籠城を続けていた守備隊ではあったが、援軍を少しも送って寄こさないエドワードⅡ世に怒り当てつけたものか、期日を切って援軍の到来がなければ降伏すると包囲軍に約束した。

　スターリング城が降伏するのは、耐え続けてきた守備隊のせいではない。そしてイングランドがスコットランドを失うのは、執拗に挑んでくるロバートⅠ世とスコットランド人のせいではない。すべて先王と諸侯の努力を顧みないエドワードⅡ世のせいなのである。

　これではさすがのエドワードⅡ世も王としての立場がない。慌てて自ら大軍を率いて遠征の途に就いた。かくして守備隊が降伏の期日としたその日、バノックバーンの戦いは行われた（1314.6）。

　兵力はスコットランド軍が歩兵を中心とした1万弱、イングランド軍は3,000騎程度の騎兵戦力を含めて2万とも3万ともいわれる。いつものことながらスコットランド軍は劣勢だ。だからロバートⅠ世は、やはり防衛的な戦闘に有利な場所を第一に考えた。

　彼が戦闘場所として選んだのは、バノックバーン川の北側である。バノックバーンはフォース川に注ぐ支流で、スターリング城塞の南に位置した。南から進軍してくるイングランド軍はこの支流を渡らなければならない。スターリングまでは南北に走る道があり、ロバートⅠ世は恐らくそこで敵を迎え撃とうとしたものらしい。その考えはラウドン・ヒルでの経験からきたものだろう。

　彼は、川からやや離れて道路を横切るようにして多くの落とし穴を掘った。ただの穴ではなく草や枝で隠したというから、騎馬突撃を誘ったうえでの落とし穴だ。両側面には森と木々があって側面攻撃を防いでくれる。

　もし敵が川を渡っている途中をスターリング・ブリッジのようにして攻撃すれば、ロバートの勝ちである。渡り終えたあとでも、前面には大

軍が展開して攻撃するほどの余地はなく、また川越えで射撃をするには距離もあり、イングランド騎兵部隊は長弓の援護なしに突撃するしかない。となれば、やはりパイクによる防御陣を敷いたロバートの勝算は高い。敵が撤退したとしても背後には川があるので、多くの敵を討ち取ることができる。そうした計算があったかどうかはわからないが、イングランド軍にとっては死地同然の地形であった。そのためかイングランド軍は道路を通らずに、川と沼地を通って対岸に展開することを選んだ。

ロバートの当てが外れたのかもしれないが、それはそれで戦いようはあった。道路は低い丘の上を通っており、そこに防御陣を敷けば最良とはいえなくても標準的な歩兵陣にはなる。

実際にどのような布陣がなされたのか定かではないが、戦闘の状況については大筋において同じような説明が歴史家などによりなされているようである。

■バノックバーンの戦い(1314.6.24)

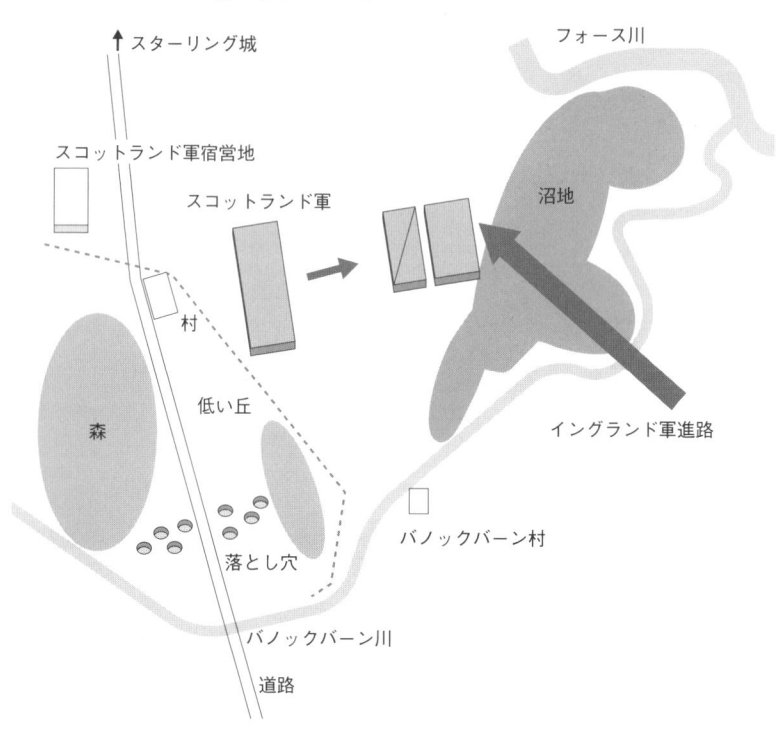

イングランド軍は夜中に川と沼地を渡った。大軍でもあり、兵たちは相当に疲れたようである。まだ布陣もままならない様子を見て取ったロバートは、4個のシルトロン集団による突撃を行う。パイクによる歩兵の密集突撃はリスクが大きいとされ、士気が高く戦闘慣れした兵士集団にしかできないものとされる。だからあまり行われない。パイクの密集陣は、基本的には防御陣として用いられた。

　これに加えて今までのスコットランド戦での経験からも、敵は受け身の防御陣を敷くばかりで、味方がそれを攻撃するものと思っていたイングランド軍は慌てた。ラウドン・ヒルの経験から、敵の騎馬突撃を打ち負かすことを考えていたであろうロバートⅠ世も、予定外ということでは同じようなものだ。自然と自分たちの攻守の役割を分担していた両軍の立場が逆転した。ロバートがシルトロンによる突撃によって自らそういう状況を作ったのには、前哨戦としてあった少数イングランド騎兵部隊への突撃と勝利の経験が下敷きになっていたという。

　予想外のこととはいえ、とにもかくにも襲撃されたイングランド軍は、前面に展開していた騎兵部隊がこれを迎え撃った。騎兵とシルトロンとの正面衝突だ。側面には長弓兵の一部がいたので、もし彼らがシルトロン後列に向かって側面からの射撃を行えば事態は急変していたかもしれない。しかし騎数は少なくとも、防衛能力のない弓兵を蹴散らすには十分なスコットランド軍騎兵部隊に襲われて、味方の歩兵戦列へと逃げ散った。ここで問題となったのが、槍と長弓兵からなる歩兵部隊主力の位置である。彼らは騎兵部隊の背後におり、前面に出ようとしても出れない。どうやら騎馬部隊の先頭では死闘が演じられているようなのだが、まったくすることがない。一部の長弓兵が得意の曲射を行ったらしいが、視界が確保されず当てずっぽうに射られる矢は、味方を傷つけるばかりだったらしい。兵力に劣るスコットランド軍は、倍以上のイングランド軍のその一部だけを相手に戦えばよかった。歩兵部隊が背後にいたというのは行軍直後だったためだろうか。そうではなくて、騎兵突撃を中心にした作戦計画を立てていたためだったとすれば、未だ長弓戦術への道のりは遠かったことになる。

　激しい戦いはエドワードⅡ世の逃亡によって決着へと向かう。多くのイングランド諸侯・旗騎士・騎士が降伏し、その身代金でスコットラン

ドは一気に富を増したとされるほどだった。イングランドの騎士団が、このときほど壊滅的な被害を受けたことはなかった。

　この戦いののち、ロバートの王としての地歩は固まった。彼は移動する際には騎乗し、戦うときには歩行となる騎馬歩兵によって、イングランド領の襲撃を繰り返した。この騎馬歩兵も長弓同様にイングランド軍に取り入れられることになるのだが、それはまたあとの話だ。イングランドはといえば、まともな反撃ができずに国内は乱れるばかり。エドワードⅡ世は王妃の陰謀によって廃位され、数か月後には密かに殺害され(1327)、とうとうイングランドはスコットランドを王国として認め、独立も認める条約を結んでしまった(1328)。

　スコットランドの自由と独立を守ったロバートⅠ世が没したのは1329年。両国の抗争は次の世代に持ち越される。

長弓戦術の登場　ダブリン・ムーアの戦い(1332)

　スコットランドとイングランドは、それぞれにデイヴィッドⅡ世(在位1329-1371)、エドワードⅢ世(在位1327-1377)という先王の息子たちの時代に入った。どちらも5歳、15歳という幼少のうちに即位したので、しばらくは国政担当能力を持たなかった。しかし12歳年長であったエドワードⅢ世のほうがいち早く親政を開始、抗争の主導権を握ることになった。ここで両国の立場は大きく逆転する。

　エドワードⅢ世の家庭内事情は複雑だ。父王エドワードⅡ世は非業の死を遂げていた。その父を死に追いやったのはあろうことか父の妻であり、自身の実の母である。その母は15歳の新王と摂政を棚上げして、愛人のマーチ伯とよろしく国政を我が物としていく。家庭崩壊が少年の心を苦悩の深淵へと向かわせた…かどうかは知らないが、自ら乗り出してマーチ伯を処刑し、母を放逐して縁を切ったのは18歳のときだった(1330)。このときから彼は修羅の道を歩み始めた…というのは大袈裟にしろ、祖父のエドワードⅠ世以上の武闘派国王として知られるところとなる。賢王のあとに愚王ありというのなら、愚王のあとに賢王ありというのもまた然りだ。

スコットランドとイングランドの全面戦争は1332年に再開された。その年のダプリン・ムーアの戦い(1332.8)でイングランドは久方ぶりの勝利を得る。とともに、初めて下馬騎兵を歩兵陣に加えた長弓戦術が登場する。

　そうはいってもダプリンで勝利したのは、兵士はイングランド人ではあったが、指揮していたのはスコットランドからの亡命貴族「廃嫡者」たちだった。彼らは、イングランドに味方し王に仇なす者として、ロバートⅠ世によって相続権を取り上げられた者たちだ。その旗頭であったのが、かつてエドワードⅠ世にスコットランド王位を取り上げられたジョン・ベイリオルの息子、エドワード(?-1363)だった。

　ベイリオルたちが連れていった兵力はほとんどイングランド人からなり、およそ500騎の装甲騎兵と、多くとも2,000名の長弓兵からなっていた。兵力が少ないのは、スコットランド王国の独立を認めたエディンバラ－ノーサンプトン条約(1328)によって、エドワードが大軍をもって支援する名分がなかったためである。この条約は親政以前に母が締結したとはいえ、エドワードⅢ世の名で結ばれたものだった。そのために兵力はベイリオルらが個人的に集められそうな兵数と、今日風にいうなら軍事顧問団となるわずかな騎士を派遣するのにとどめていた。

　このスコットランド王に対するスコットランド人の反乱軍、実体としてはイングランドの小遠征軍が、どれほどの勝算といかなる計画をもって送り出されたのかはよくわからない。のちにイングランドでヘンリー・ボリンブロクがヘンリーⅣ世となったときのように、もしスコットランドに多くの同調者がいて瞬く間に兵力が膨れ上がるようであれば、勝利を得ることは可能であったろう。しかし彼らを迎えたのは、牙をむいた2万を超えるスコットランド軍であった。スコットランドでのイングランド兵は、いつの戦いでも敵よりも多い兵力で戦ってきた。それで負けることはあったにしろ、逆の立場で戦ったことはなかった。

　ベイリオルらは敵宿営地への夜襲が頭のなかにあったともいわれている。であるとすれば勝算は大いにある。しかし、そううまく事が運ぶかは賭けのようなものだ。実際にも彼らはそれを試みようとし、空振りに終わったとされている。

　スコットランド軍と接近したイングランド(「廃嫡者」)軍は、今回ばか

りは防衛的な戦術で戦うしかなかった。彼らは先にあげた長弓戦術布陣図のように、下り斜面の上で陣を構えた。若干の予備騎兵を残し、ほかは下馬して装甲歩兵陣となって中央に位置した。両翼には長弓兵部隊。この長弓部隊は前方にやや張り出し、中央が奥まった三日月状の陣形を取った。まさに長弓戦術の完成された陣形である。

　対するスコットランド軍は、シルトロンによる突撃戦である。兵数の差だけを考えれば攻撃的に戦っても勝利は間違いない。彼らは巨大なシルトロンを作って敵中央の装甲兵部隊に迫っていった。長弓部隊を目標とする手もあったとは思うが、そうはしなかった。

　たちまちのうちに射程内に入ったスコットランド槍兵を長弓の矢が襲う。すると側面の槍兵たちは、何とか矢の雨から遠ざかろうと部隊中央へと寄り始めた。人の恐怖に対する反応というのはそういうものだろう。

　シルトロンの先頭部分では、イングランド軍中央の装甲兵士と押し合いへし合いの激しい戦闘となっていた。そこには矢の雨は降ってこない。装甲兵士たちは、戦線を突破されてはならないと、持てる体力を使って必死に戦う。人数はスコットランド軍のほうが圧倒的に多く、広く展開できるような場であれば簡単に打ち負かされただろう。しかし装甲兵士たちはシルトロン前面のごく少数、同数の兵を相手にすればよかった。彼らはただ持ちこたえればよかった。そうしているあいだに、シルトロン後続兵の頭上に矢が降り注ぐ。槍兵たちはますます密集陣の内側へと向かい、とうとう後続の槍兵たちは身動きできずに立ち往生状態となった。圧死する者もいるほどの塊状態だ。

　この人塊のなかにいることの恐怖はどれほどのものであろうか。ぎゅうぎゅう詰めにされ、ただ射られるだけの時間が延々と続く。兵士たちは矢に当たって死ぬのをただ待っているだけだ。だが実際には永遠に続くことはなかった。どれほどの時間が経過したのか、ついに耐え切れなくなったスコットランド兵たちは後方へと逃げ出した。それを予備の騎兵と、再び馬に乗るだけの元気が残っていた一部の装甲兵士が追撃した。追撃戦を含め、会戦そのものが戦闘とは呼べない一方的な殺戮に変わった。

　ダプリン・ムーアの戦いで見られた戦術は、まさに長弓戦術そのものだった。下馬した装甲騎兵は、その装甲によって歩兵陣を強化できる。

■歴代スコットランド王（1057-1390）

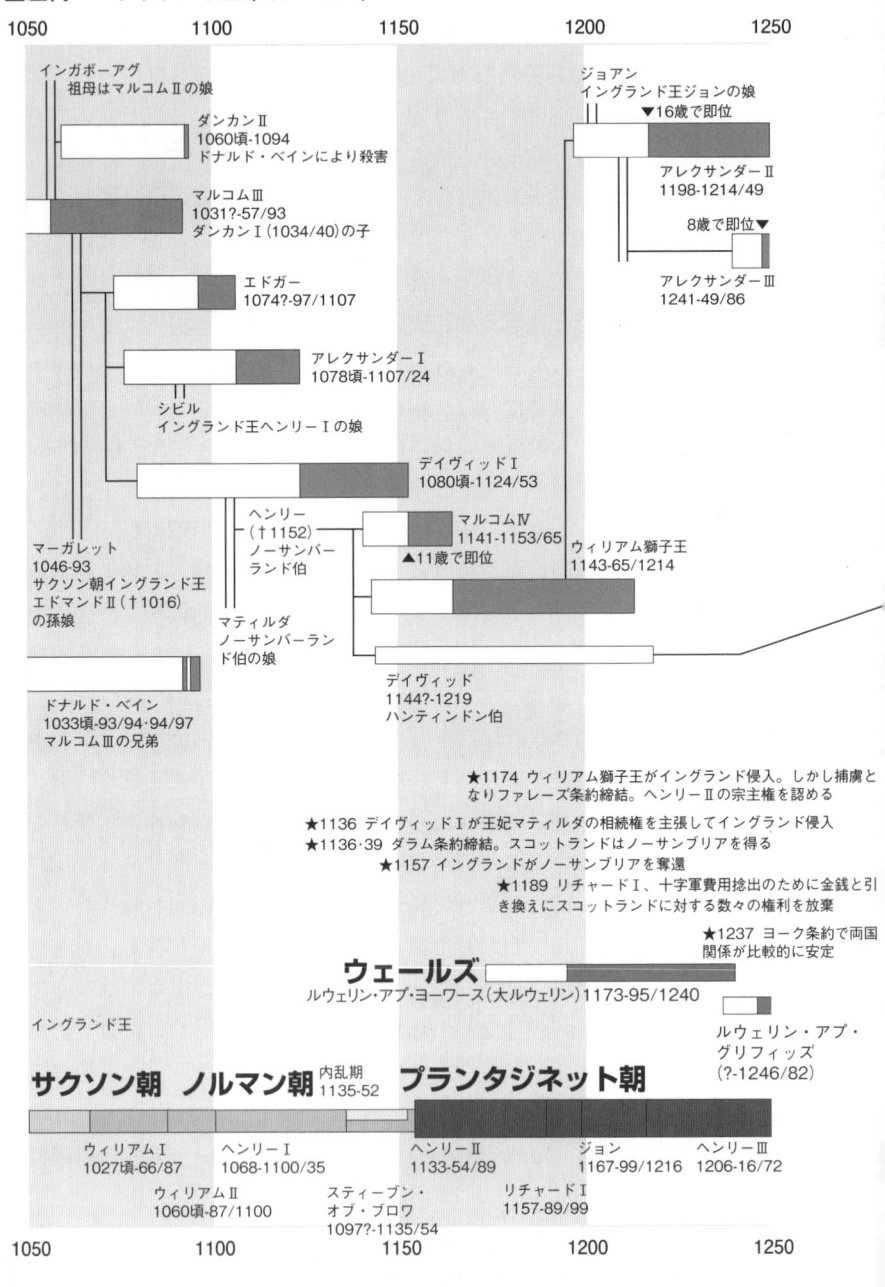

インガボーアグ
祖母はマルコムⅡの娘

ダンカンⅡ
1060頃-1094
ドナルド・ベインにより殺害

マルコムⅢ
1031?-57/93
ダンカンⅠ(1034/40)の子

エドガー
1074?-97/1107

アレクサンダーⅠ
1078頃-1107/24

シビル
イングランド王ヘンリーⅠの娘

デイヴィッドⅠ
1080頃-1124/53

ヘンリー
(†1152)
ノーサンバーランド伯

マティルダ
ノーサンバーランド伯の娘

マルコムⅣ
1141-1153/65
▲11歳で即位

ウィリアム獅子王
1143-65/1214

デイヴィッド
1144?-1219
ハンティンドン伯

ジョアン
イングランド王ジョンの娘
▼16歳で即位

アレクサンダーⅡ
1198-1214/49

8歳で即位▼

アレクサンダーⅢ
1241-49/86

マーガレット
1046-93
サクソン朝イングランド王
エドマンドⅡ(†1016)の孫娘

ドナルド・ベイン
1033頃-93/94・94/97
マルコムⅢの兄弟

★1174 ウィリアム獅子王がイングランド侵入。しかし捕虜となりファレーズ条約締結。ヘンリーⅡの宗主権を認める
★1136 デイヴィッドⅠが王妃マティルダの相続権を主張してイングランド侵入
★1136・39 ダラム条約締結。スコットランドはノーサンブリアを得る
★1157 イングランドがノーサンブリアを奪還
★1189 リチャードⅠ、十字軍費用捻出のために金銭と引き換えにスコットランドに対する数々の権利を放棄
★1237 ヨーク条約で両国関係が比較的に安定

ウェールズ
ルウェリン・アブ・ヨーワース（大ルウェリン）1173-95/1240

ルウェリン・アブ・グリフィッズ
(?-1246/82)

イングランド王

サクソン朝　**ノルマン朝**　内乱期 1135-52　**プランタジネット朝**

ウィリアムⅠ
1027頃-66/87

ウィリアムⅡ
1060頃-87/1100

ヘンリーⅠ
1068-1100/35

スティーブン・オブ・ブロワ
1097?-1135/54

ヘンリーⅡ
1133-54/89

リチャードⅠ
1157-89/99

ジョン
1167-99/1216

ヘンリーⅢ
1206-16/72

第5章 封建騎士団の凋落

ステュワート朝

マーガレット
1240-75 イングランド王ヘンリーⅢの娘

マーガレット
ノルウェー王エリックⅡ
1280/99

マーガレット（ノルウェーの乙女）
1283?-1286/90

アレクサンダーⅢ
1241-49/86

エドワード・ベイリオル
†1363

ウォルター・ステュワート
1293-1326

ロバートⅡ・ステュワート
1316-71/90

マーガレット♀

ジョン・ベイリオル
1250頃-92/96

マジョリー
?-1316

ロバートⅠ（ザ・ブルース）
1274-1306/29
キャリック伯

イザベル ― ロバート・ド・ブルース♂
1210-95

空位

エイダ ♂ ジョン・ヘースティングス
1262-1313

デイヴィッドⅡ
1324-29/71

★1291 スコットランド王位継承者を定める「大訴訟」。エドワードⅠが介入し、宗主権を得る（家系図中のアンダーラインが主要継承候補者3名）
★1295 スコットランドがフランスと同盟
◆1296 スコットランド独立闘争始まる。ダンバーの戦いに敗れたジョン・ベイリオルが王座を失いスコットランドはイングランドの支配下に入る（1296-1306）
●1297 スターリング・ブリッジの戦い。ウィリアム・ウォーレス(1270?-1305)らが勝利
◆1298 フォルカークの戦いでスコットランド軍敗北
★1306 ロバート・ブルースが即位してロバートⅠとなり独立回復
●1307 ラウドン・ヒルの戦い。遠征してきたエドワードⅠが病死しエドワードⅡは引き返す
●1314 バノックバーンの戦いでロバートⅠがイングランド軍を破る
◆1332 ダプリン・ムーアの戦い。イングランドに支援された
　　　 エドワード・ベイリオルが侵攻し勝利、国王を僭称
◆1333 ハリドン・ヒルの戦い。デイヴィッドⅡはフランス亡命へ(-41)
★1334 エドワード・ベイリオルがエドワードⅢの宗主権を認める
★1337 英仏百年戦争始まる

スコットランド独立戦争
(1296-1306)

ウェールズ戦争
(1276-95)

◆1282 オレウィン・ブリッジの戦い　◆1346 ネヴィルズ・クロスの戦い。
◆1295 コンウェイの戦い　　　　　デイヴィッドⅡ捕虜となる(-57)

エドワードⅠ
1239-72/1307

エドワードⅢ
1312-27/77

エドワードⅡ
1284-1307/27

リチャードⅡ
1367-77/99-1400

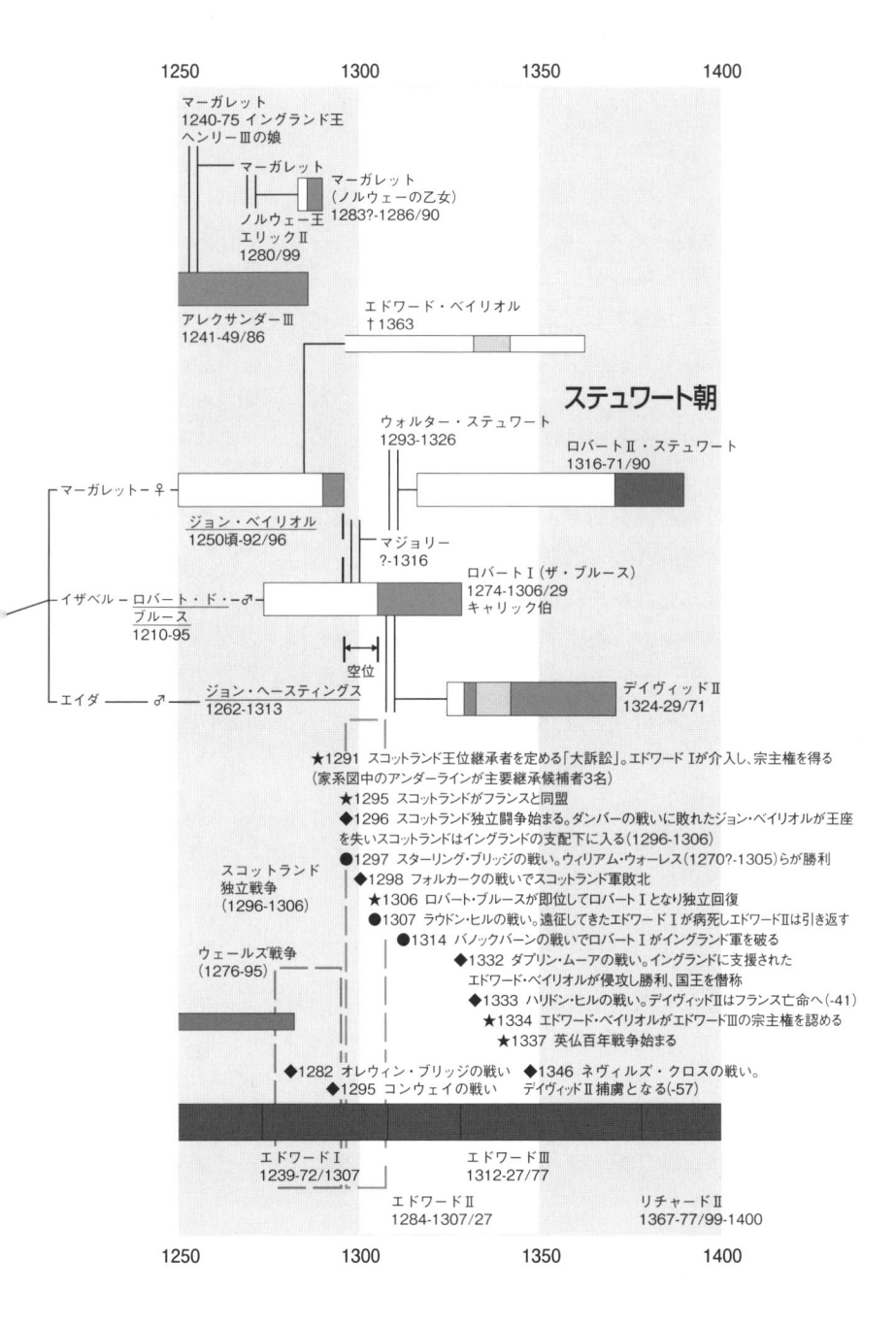

241

斜面からの射撃は後列の長弓兵にも十分な視界と射線を与える。三日月形に両翼の長弓部隊が張り出したのもそうである。まるで最初から意図された通りに布陣し、事を運んだかのようだ。しかし実際には自然にその陣形となり、偶然にうまく事が進んだに過ぎない。

スコットランド人である「廃嫡者」の指揮官たちは、防御的に戦うことを決めたときに、スコットランド人がシルトロンでいつもするように、下馬して歩兵部隊のなかに加わった。斜面に位置したのは、よりよく視界を確保しようとする戦意の表れか。長弓兵部隊が前に張り出したのは、よりよい射撃をしたいという弓兵の習いであっただろうか。とりあえずはそうとでも考えておこう。何分にもそれ以前に同様の戦術が取られたことがない。あるいは確とした記録がないために、またはあるかもしれないが、このときにどこまで計画性があったのかはわからないのである。戦場は常に流動的であるため、偶然の結果によって新たな戦術が忽然と現れるということはあり得る。

ある戦いで成功した戦術は、それが失敗するまで模倣され続ける。ほとんど犠牲を出さなかったダプリン・ムーアの成果を模倣しない手はない。およそ1年後、今度はエドワードⅢ世自身の指揮するイングランド軍がハリドン・ヒルの戦い(1333.7)で同じ戦法によって勝利をあげる。

ダプリン・ムーアの戦い後、勝利したエドワード・ベイリオルはスクーンで王を僭称し、王としてエドワードⅢ世に支援を求めた。対するスコットランド軍は正面戦を避け、ゲリラ戦で抵抗した。しかし国境線であるトゥイード川南方の拠点城塞都市ヴェリックがベイリオルとエドワードⅢ世によって包囲されたときには、包囲を解くために正面戦を覚悟しなければならなかった。

ハリドン・ヒルの戦いの詳細は定かではないが、おおむねダプリン・ムーアの戦いの拡大版であったとされる。イングランド側は3個の戦闘団に分かれて丘上に布陣し、スコットランド軍は4個のシルトロンによって坂を上っていった。経過と結果はダプリン・ムーアと同じ。ただこのときは、スコットランド軍はイングランド装甲兵にほとんど到達すらできなかったらしい。

翌年早々(1334)、ベイリオルがイングランド王を再び宗主として認めると、エドワードⅢ世は宗主として大手を振ってスコットランドに軍を派遣できるようになった。今や彼の遠征は侵略でも援助でもなく、反乱

を鎮圧するための軍だ。

　一方のデイヴィッドⅡ世は変わらずに正当の王ではあったが、劣勢著しく同年にフランスへと亡命していった。だがエドワードが大陸で百年戦争を始め、イングランドが揺れ動いたときに帰国（1341）。今度はベイリオルがイングランドへと逃げ込む。エドワードⅢ世がカレー包囲戦で不在になると、デイヴィッドはこのときとばかりにイングランドへと攻め込むも、ネヴィルズ・クロスの戦い（1346.10.17）で敗北。長弓の矢で傷を負ったデイヴィッドは捕虜となってしまう。のちに莫大な身代金の支払いと引き換えに釈放された（1357）。

　エドワードⅢ世とともに大陸へと渡った長弓戦術は、そこでも無敵の威力を発揮し、しばらくはイングランド軍の基本戦術として用いられていく。

百年戦争と騎士団

英仏百年戦争　　長弓戦術対騎士戦術

「百年戦争」(1337-1453)は、イングランドとフランスが争った戦争だった。

この対決の構図を軍事的な視点の構図にすると、

　　長弓(歩兵)戦術　　　対　　騎士(騎兵)戦術
　　自由農民歩兵　　　　対　　封建騎士団
　　国家的動員システム　対　　封建的動員システム

の対決だったといっていい。

また、こういう言い方もできる。

騎士を含むイングランド貴族階級は、戦場においては騎士団の一員であることをやめ、民兵と一体になった初期的な国民軍の指導層となることを選んだ。一方のフランス貴族階級は領邦国家の上層身分として、戦場においても民兵部隊とは別個の騎士団の一員であり続けることを望んでいた。

百年戦争は、この両者が指揮・指導して戦った戦争だった。

百年戦争はイングランド国王エドワードⅢ世が、1337年にフランス王位を要求して起こした戦争だといわれる。

確かにその通りなのだが、これだけではただほしいから奪おうとした乱暴さだけが印象づけられる。もう少し細かい説明があったほうがいいように思われる。

カペー朝フランス王国でシャルルⅣ世端麗王(在位1322-1328)が没すると、直系男子の王位継承者がいないために王位は傍系へと移り、ヴァロワ伯フィリップが就いた。彼はフィリップⅥ世(在位1328-1350)を名乗り、ヴァロワ朝という新しい王朝が始まる。これに異議ありと遅れば

せながらもものを申したのが、エドワードⅢ世だった。次ページの系図にあるように、エドワードの実母イザベル（1292-1358）は、フィリップⅣ世美王（在位1285-1314）の娘であり、シャルルⅣ世の姉である。つまりエドワードは女系ながらカペー朝直系の血を引いており、先王シャルルⅣ世とは3親等の近さにある甥だった。

　イングランド王位の継承は、君主の子孫中まずは男子が優先される。しかし、継承順位はあとながら女子にも認められており、従って女王が誕生できるし、女王になる機会がなかったとしても、その子供たちに女系による継承権の相続がなされる。

　この原則からするとエドワードの継承順位は、傍系となるフィリップⅥ世よりは先ということになる。エドワードの主張はもっともなことだ。

　ところがフランスでは古くからのゲルマン法により、女子の王位継承権が認められていなかった。従って女系による継承権の相続もなしとなり、エドワードには継承権がない。フランスの王位のことだからフランス王国の継承ルールが適用されるべきだとすれば、エドワードの主張は根拠がないということになる。また、イングランド流の考え方にならったとしても、エドワードよりも継承順位が先なのは、ルイⅩ世強情王（在位1314-1316）の女系の孫で、ナバーラ王だった悪たれシャルル（1332-1387）だった。エドワードの王位要求が手前勝手なものであったことには違いない。

　しかし、こうした継承権の問題がどうであろうと、外国の君主がフランス王位を兼ねることをフランス王と配下の諸侯が容易に同意するはずもなく、相手がイングランド国王となれば、なおさらのことだった。イングランド王家とフランス王家は長く宿敵同士だった。この宿敵関係は、フランス王とイングランド王家の封主・封臣の関係に基づいている。

　イングランド王家はイングランド国内に限っていえば、封建関係の最上位にいる君主であったが、フランス国内のイングランド領については、フランス王を封主とする封臣の立場にあった。イングランド王家が大陸領を持つのはノルマンディー公だったウィリアムⅠ世のイングランド征服（1066）以降だが、封主・封臣の関係がややこしさを増すのは、ヘンリーⅡ世短套王（在位1154-1189）からとなる。ヘンリーは即位以前に、すでに相続と結婚によってフランス一の大所領を獲得していた（1149・1151）。彼の時代には、フランスのほぼ半分がイングランド領となる。

■イングランドとフランスの王室関係図(エドワードⅠ世～ヘンリーⅥ世)

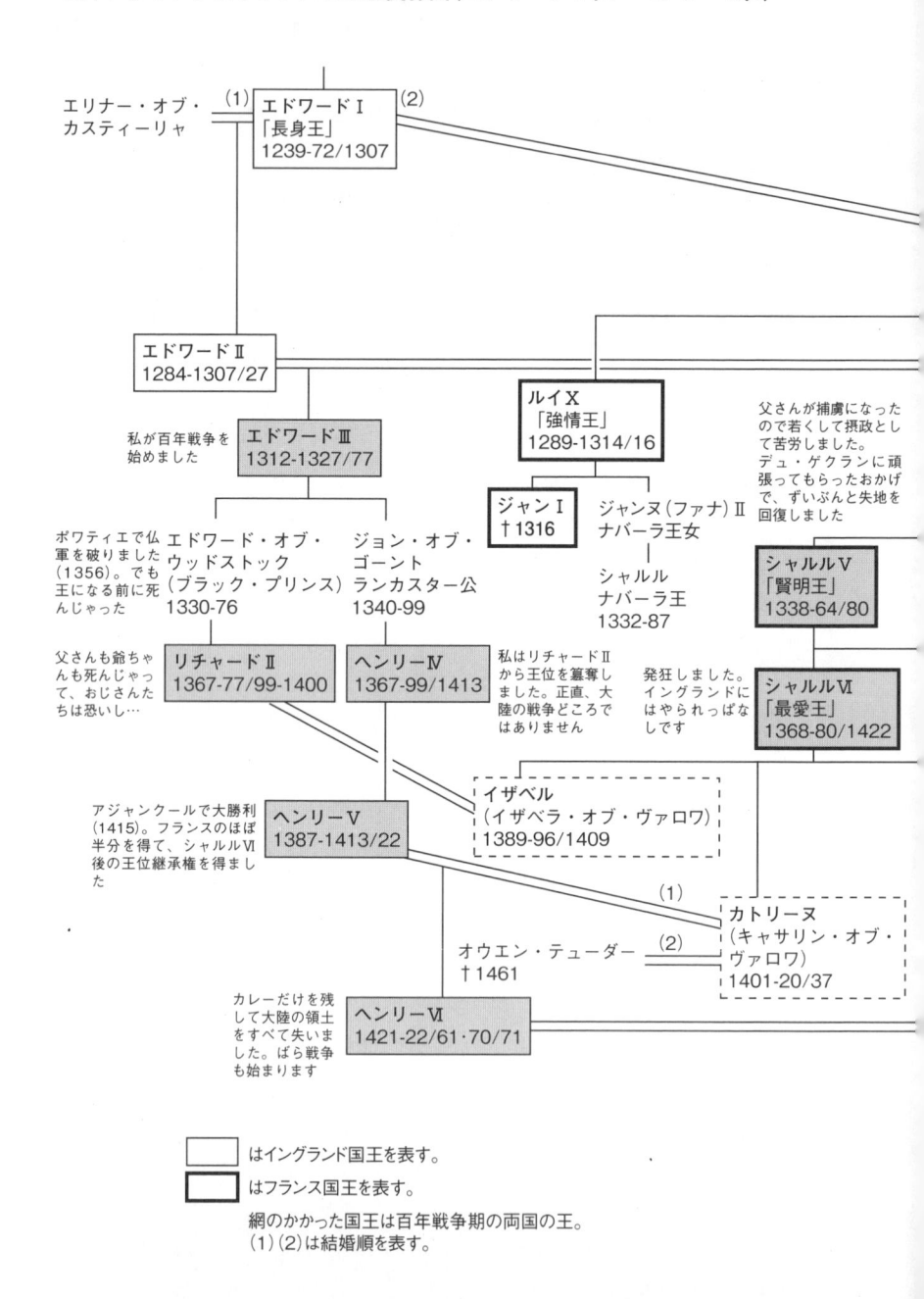

```
エリナー・オブ・    (1)   エドワードⅠ    (2)
カスティーリャ ────────「長身王」────────┐
                    1239-72/1307        │
                         │              │
                         │              │
        ┌────────────────┤              │
        │                               │
    エドワードⅡ ──────────────┐         │
    1284-1307/27              │         │
                              │    ルイⅩ
         私が百年戦争を        │   「強情王」              父さんが捕虜になった
         始めました            │   1289-1314/16           ので若くして摂政とし
           │                  │       │                  て苦労しました。
       エドワードⅢ             │   ┌───┴────┐             デュ・ゲクランに頑
       1312-1327/77           │  ジャンⅠ  ジャンヌ(ファナ)Ⅱ  張ってもらったおかげ
           │                  │  †1316   ナバーラ王女       で、ずいぶんと失地を
  ┌────────┼────────┐         │             │             回復しました
ポワティエで仏                            シャルル
軍を破りました エドワード・オブ・ ジョン・オブ・  ナバーラ王                 シャルルⅤ
(1356)。でも ウッドストック   ゴーント      1332-87                    「賢明王」
王になる前に死 (ブラック・プリンス) ランカスター公                          1338-64/80
んじゃった    1330-76        1340-99                                       │
      │            │            │                                    シャルルⅥ
父さんも爺ちゃ リチャードⅡ    ヘンリーⅣ   私はリチャードⅡ                 「最愛王」
んも死んじゃっ 1367-77/99-1400 1367-99/1413 から王位を簒奪し               1368-80/1422
て、おじさんた                            ました。正直、大
ちは恐いし…                               陸の戦争どころで    発狂しました。
                                          はありません       イングランドに
                    ┌─────────┴──────┐                    はやられっぱな
                  ヘンリーⅤ       イザベル                   しです
アジャンクールで大勝利 1387-1413/22   (イザベラ・オブ・ヴァロワ)
(1415)。フランスのほぼ              1389-96/1409
半分を得て、シャルルⅥ  │
後の王位継承権を得まし  │                          (1)
た                     │                                カトリーヌ
                       │         オウエン・テューダー (2) (キャサリン・オブ・
                       │         †1461                   ヴァロワ)
                       │                                1401-20/37
カレーだけを残   ヘンリーⅥ
して大陸の領土  1421-22/61・70/71
をすべて失いま
した。ばら戦争
も始まります
```

□はイングランド国王を表す。
■はフランス国王を表す。
網のかかった国王は百年戦争期の両国の王。
(1)(2)は結婚順を表す。

第5章 封建騎士団の凋落

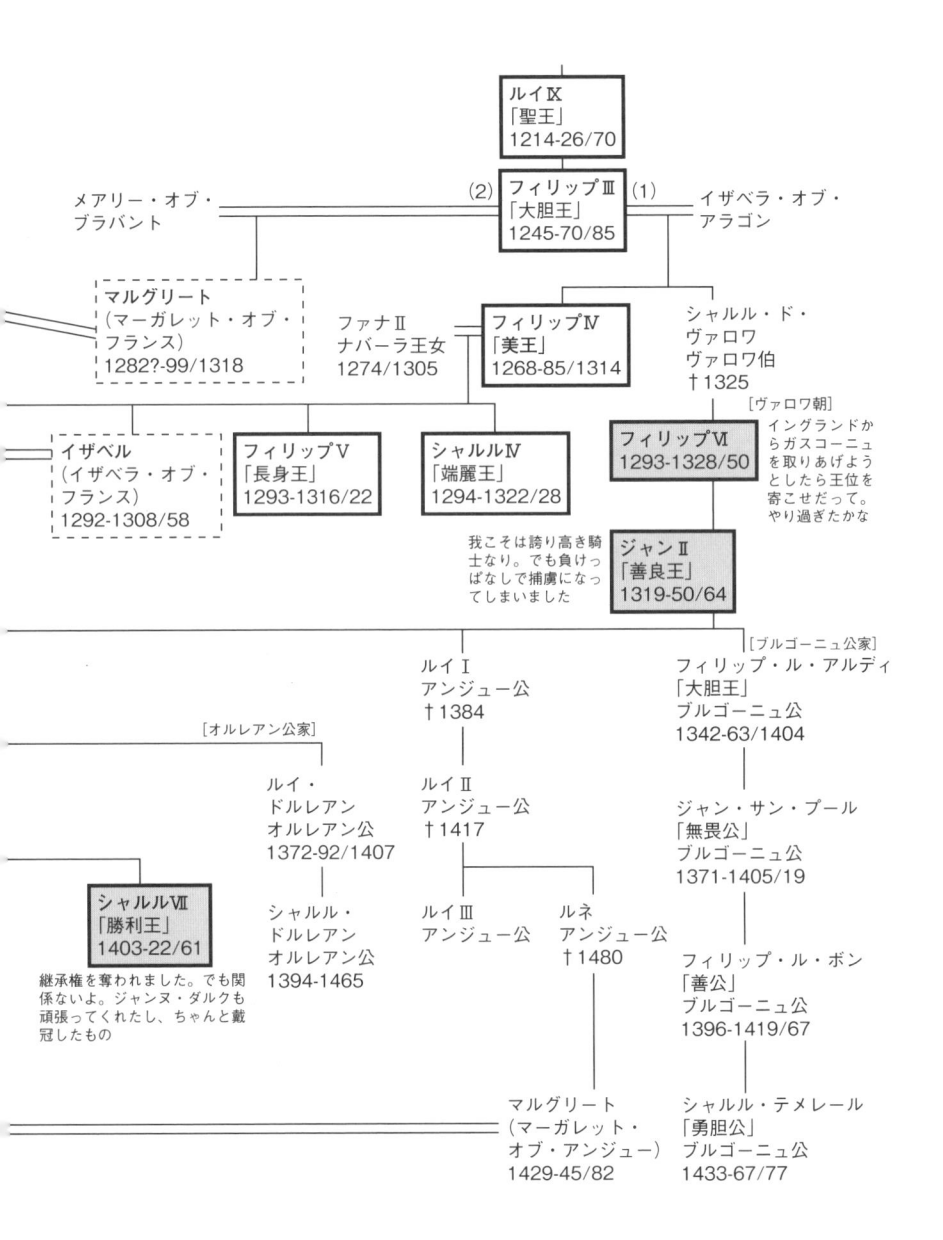

```
                                   ┌─────────────┐
                                   │ ルイⅨ       │
                                   │ 「聖王」     │
                                   │ 1214-26/70  │
                                   └──────┬──────┘
                                          │
   メアリー・オブ・      (2)        ┌─────────────┐      (1)    イザベラ・オブ・
   ブラバント ─────────────────────┤ フィリップⅢ  ├─────────────── アラゴン
                                   │ 「大胆王」   │
                                   │ 1245-70/85  │
                                   └──────┬──────┘
```

- マルグリート（マーガレット・オブ・フランス）1282?-99/1318
- ファナⅡ ナバーラ王女 1274/1305 ─ フィリップⅣ「美王」1268-85/1314
- シャルル・ド・ヴァロワ ヴァロワ伯 †1325

- イザベル（イザベラ・オブ・フランス）1292-1308/58
- フィリップⅤ「長身王」1293-1316/22
- シャルルⅣ「端麗王」1294-1322/28
- **フィリップⅥ** 1293-1328/50 ［ヴァロワ朝］
  - イングランドからガスコーニュを取りあげようとしたら王位を寄こせだって。やり過ぎたかな

我こそは誇り高き騎士なり。でも負けっぱなしで捕虜になってしまいました

- **ジャンⅡ**「善良王」1319-50/64

［ブルゴーニュ公家］
- フィリップ・ル・アルディ「大胆王」ブルゴーニュ公 1342-63/1404
- ジャン・サン・プール「無畏公」ブルゴーニュ公 1371-1405/19
- フィリップ・ル・ボン「善公」ブルゴーニュ公 1396-1419/67
- シャルル・テメレール「勇胆公」ブルゴーニュ公 1433-67/77

- ルイⅠ アンジュー公 †1384
- ルイⅡ アンジュー公 †1417
- ルイⅢ アンジュー公
- ルネ アンジュー公 †1480
- マルグリート（マーガレット・オブ・アンジュー）1429-45/82

［オルレアン公家］
- ルイ・ドルレアン オルレアン公 1372-92/1407
- シャルル・ドルレアン オルレアン公 1394-1465

- **シャルルⅦ**「勝利王」1403-22/61
  - 継承権を奪われました。でも関係ないよ。ジャンヌ・ダルクも頑張ってくれたし、ちゃんと戴冠したもの

歴代イングランド王は、フランス王に臣従することでフランスの自領地を法的に確保し続けてきた。この国内最大諸侯、またはそのひとりであるイングランド王家から領地を取り上げるのが、歴代フランス王の念願であり使命だった。封主は何らかの起こっている問題を反逆に結びつければ、封臣から領地を没収することができる。ただしそれは法的な問題であって、実効力を持たせるためには実力、すなわち武力を背景としなければならない。それはフランス王権が弱体だった頃には至難の業だった。しかし王権が次第に強化されてくると、イングランド国内の乱れに乗じるようにして、領地を大きく没収することに成功する。エドワードⅢ世が即位したとき(1327)には、ほぼガスコーニュだけがイングランドに残されていた。歴代王同様、エドワードもまたフィリップⅥ世に臣従して領地を確保した(1329)。母を放逐して親政を開始する前年のことであり、フィリップⅥ世がヴァロワ朝初代の王となった年の翌年だった。母親が政治を我が物にしていたとはいえ、エドワードは、一度はフィリップをフランス王として認めたことになる。

　急転直下、エドワードが自ら王位を要求することになったのは、フィリップⅥ世が反逆を理由にガスコーニュを没収しようとしたからだった。ガスコーニュはワインの産地であり、製品はイングランドに運ばれていた。もうひとつ、フランス王はイングランドの羊毛貿易相手であるフランドルを掌中にしようともしていた。どちらを失ってもイングランド経済は大痛手である。さらにいえば、フランスはスコットランドの同盟国でもあった。エドワードはフィリップⅥ世の正当性そのものを否定することで、両国王の封建関係を断ち切り、エドワード個人の封土を割譲によりイングランド領土とし、当時あったフランスとの問題すべてに決着をつけようとした。彼にとっては、フランス王位よりもそちらのほうが重要であった。

　百年戦争は、休戦と和平を挟んで断続的に続いていく。そのあいだに当事者となった国王は、両国ともに5名。およそ100年間を大きく5期に分けてたどれば経過がわかりやすい。

①1337〜1360年　エドワードⅢ世親子の攻勢と南仏領の獲得

　エドワードⅢ世とブラック・プリンス(黒太子)こと王太子エドワードによる数次の北仏遠征が行われ、クレシーで騎馬突撃を繰り返すフィリ

ップⅥ世指揮下のフランス騎士団を長弓戦術で敗北させた(1346)。その勢いのまま、羊毛貿易の拠点となるカレーを占領(1347)。しばしの休止期間を挟んで行われたガスコーニュからのブラック・プリンスによる南仏遠征では、ポワティエにおいて、このときは歩行で迫ってきたフランス騎士軍を、やはり長弓戦術で打ち破った(1356)。この戦いでジャンⅡ世善良王(在位1350-1364)が捕虜となったことで戦局が大きく和平に傾き、エドワードはフランス南部に大幅な領土を獲得。引き換えにフランス王位継承権を放棄した。

②1369～1375年　シャルルⅤ世の反撃と南仏の失地回復

　捕虜になった父王ジャンⅡ世の不在中に摂政を務めたのが、王太子のシャルルⅤ世賢明王(在位1364-1380)だった。王位を継ぎ、未だフランス全土の宗主権者を自認する新王は戦争を再開する(1369)。シャルルはベルトラン・デュ・ゲクラン(1320頃-1380)をフランス王軍長に登用して(1370)、南仏のイングランド領奪回に乗り出した。

　デュ・ゲクランは貴族の庶子とされるが、出自定かならぬ人物といってよく、子供の頃から悪ガキ仲間のボスとして戦争ごっこや喧嘩三昧だったとされる。そうした経歴からか、戦闘に勝つ術をよく知っていた。彼はイングランドとの野戦における正面戦を避け、ひとつひとつ占領されている都市や城塞を陥落させていった。イングランドの南仏領は再び縮小されてしまう。老いたエドワードⅢ世の気力が衰え、イングランドでの戦争熱も冷めつつあった頃だった。

③1375～1413年　休戦と小康状態

　休戦が繰り返された大きな動きのない時期。両国の国内事情を反映したもの。イングランドでは幼くして即位したリチャードⅡ世(在位1377-1399)が叔父や諸侯たちと争い、王位を簒奪したヘンリーⅣ世(在位1399-1413)が反乱に頭を悩ましていた。フランスでは、やはり幼くしてシャルルⅥ世最愛王(在位1380-1422)が即位。親政を開始するも数年で精神病を発した(1392)。また、ブルギニョン派とアルマニャック派が政権とパリを巡って激しい内乱を展開した。

■模式図によるイングランドのフランス国内領の推移

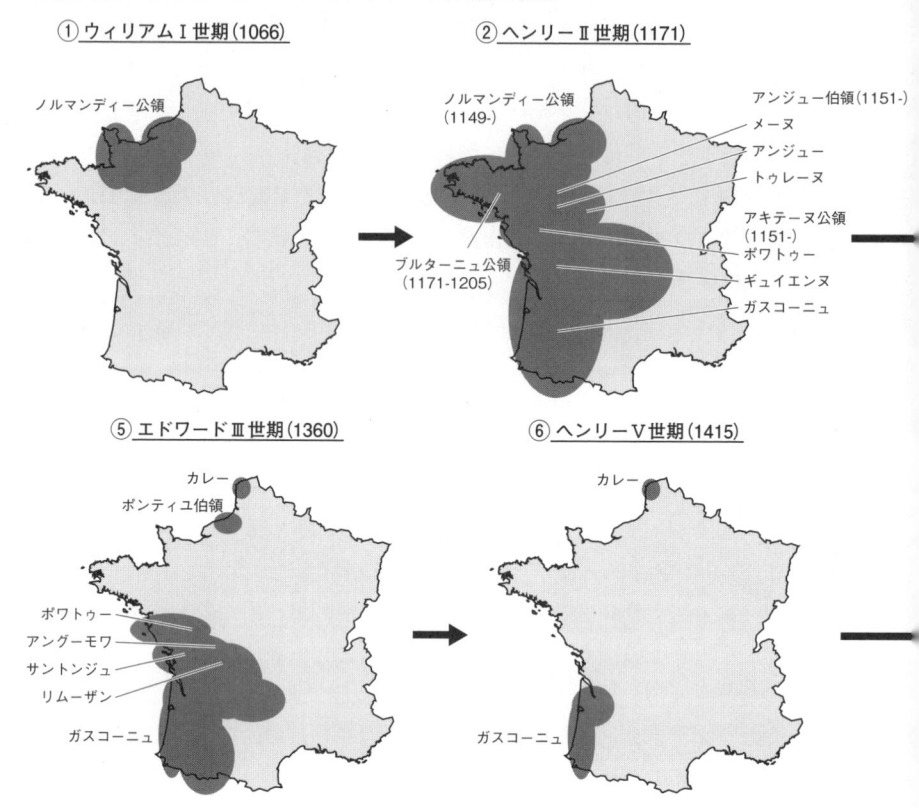

①ウィリアムⅠ世期(1066)

ノルマンディー公領

②ヘンリーⅡ世期(1171)

ノルマンディー公領(1149-)
アンジュー伯領(1151-)
メーヌ
アンジュー
トゥレーヌ
アキテーヌ公領(1151-)
ポワトゥー
ギュイエンヌ
ガスコーニュ
ブルターニュ公領(1171-1205)

⑤エドワードⅢ世期(1360)

カレー
ポンティユ伯領
ポワトゥー
アングーモワ
サントンジュ
リムーザン
ガスコーニュ

⑥ヘンリーⅤ世期(1415)

カレー
ガスコーニュ

④1415〜1422年　ヘンリーⅤ世の攻勢と最大領土の獲得

　ヘンリーⅤ世(在位1413-1422)が即位すると、政治情勢はイングランドに傾く。内乱を繰り広げるフランスのブルギニョン派とアルマニャック派の2派は、近くの敵より遠くの敵ということで、イングランドの新王にすり寄ろうとする。賢王との評価を今日受けるヘンリーはこれにつけ込み、シャルルⅥ世の王女との縁談話を契機に、失った領土と王位継承権を要求。さらに取り損なっていたジャンⅡ世の莫大な身代金の支払いも求めるなど、強気一辺倒の姿勢を示した。要求が拒否されるとさっそく北仏へと遠征し、アジャンクールの戦い(1415)で大勝する。再度の遠征(1417-1420)ではノルマンディー地方を次々と制圧していき、セーヌ川下流のルーアンを占領(1419)。また、アルマニャック派に代わって

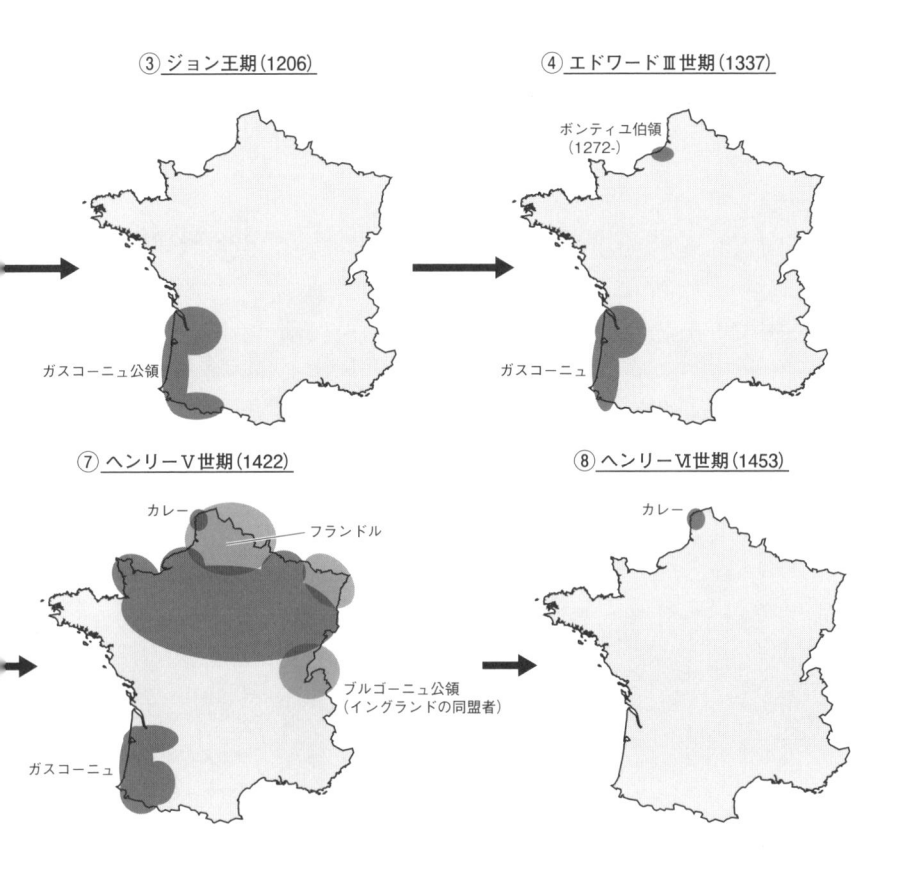

③ ジョン王期(1206)　　　　　④ エドワードⅢ世期(1337)

ポンティユ伯領
(1272-)

ガスコーニュ公領　　　　　　ガスコーニュ

⑦ ヘンリーⅤ世期(1422)　　　⑧ ヘンリーⅥ世期(1453)

カレー　　　　　　　　　　　カレー
　　　フランドル

　　　　　　　ブルゴーニュ公領
　　　　　　　（イングランドの同盟者）

ガスコーニュ

　パリを手中にしたブルギニョン派の頭目ブルゴーニュ公とも同盟した。これらの情勢の下でトロワ条約(1420)が結ばれ、ブルゴーニュ公領を含めれば、フランスのほぼ半分がイングランド勢力地となった。さらに、王太子シャルル（のちのⅦ世王）が廃嫡されて、現国王シャルルⅥ世の後継者であることが認められた。ヘンリーとイングランドの全面的な勝利といっていい。実際にはアルマニャック派諸侯がまったく認めずに抵抗を示し、3度目の遠征がオルレアン地方などに行われた(1421-1422)。ヘンリーはまだ35歳であり、そのまま進めば全フランスを手にすることになったかもしれない。だがヘンリーは、この遠征で病没。新国王にはわずか生後9か月のヘンリーⅥ世（在位1422-1461・1470-1471）が即位することになる。戦争は後事を託された叔父（Ⅴ世の弟）であるベドフォード公

■百年戦争期の主要事件

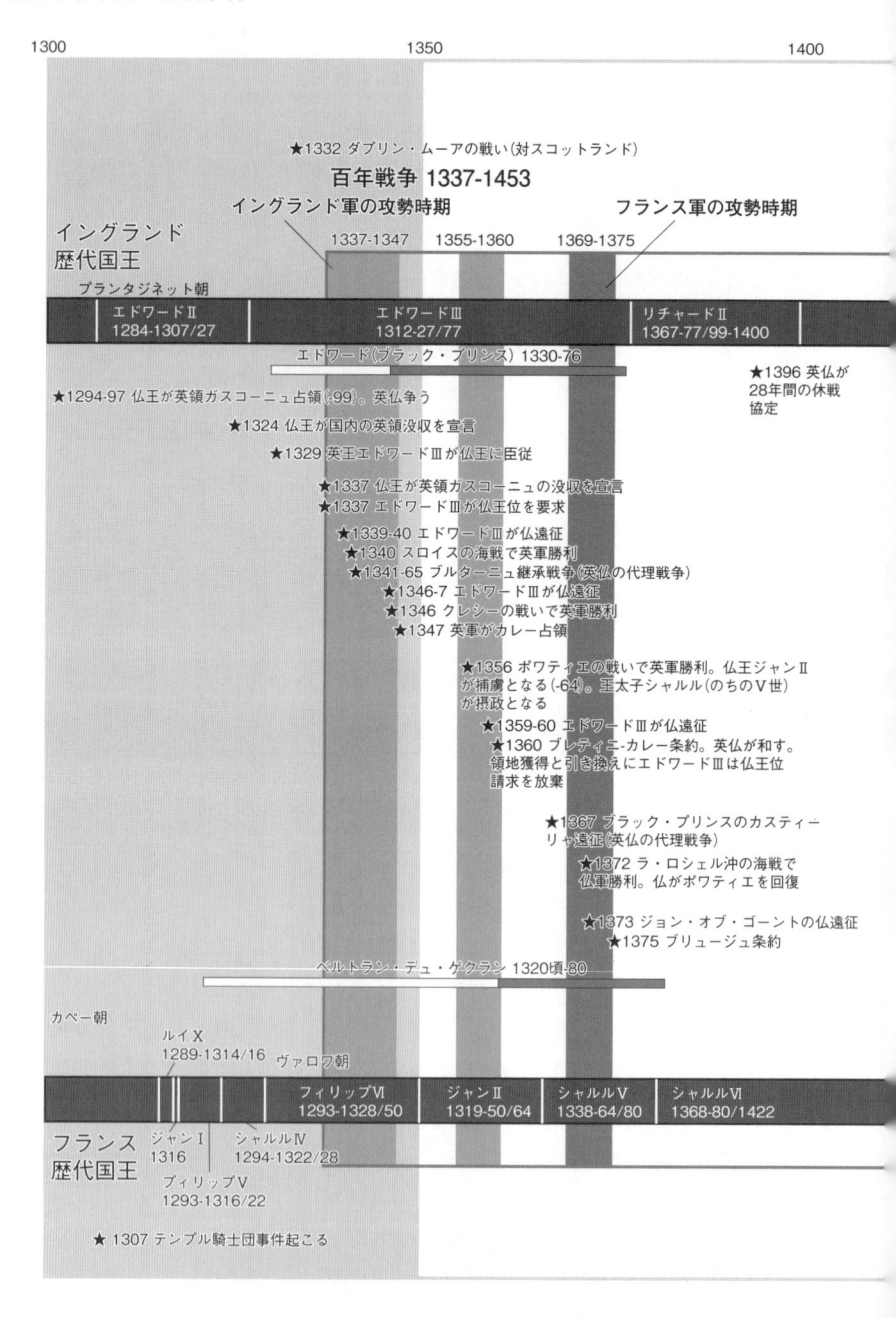

```
    1300                    1350                        1400
```

百年戦争 1337-1453

イングランド軍の攻勢時期　　　フランス軍の攻勢時期
1337-1347　1355-1360　1369-1375

★1332 ダプリン・ムーアの戦い(対スコットランド)

イングランド歴代国王

プランタジネット朝

エドワードⅡ	エドワードⅢ	リチャードⅡ
1284-1307/27	1312-27/77	1367-77/99-1400

エドワード(ブラック・プリンス) 1330-76

- ★1294-97 仏王が英領ガスコーニュ占領(-99)。英仏争う
- ★1324 仏王が国内の英領没収を宣言
- ★1329 英王エドワードⅢが仏王に臣従
- ★1337 仏王が英領ガスコーニュの没収を宣言
- ★1337 エドワードⅢが仏王位を要求
- ★1339-40 エドワードⅢが仏遠征
- ★1340 スロイスの海戦で英軍勝利
- ★1341-65 ブルターニュ継承戦争(英仏の代理戦争)
- ★1346-7 エドワードⅢが仏遠征
- ★1346 クレシーの戦いで英軍勝利
- ★1347 英軍がカレー占領
- ★1356 ポワティエの戦いで英軍勝利。仏王ジャンⅡが捕虜となる(-64)。王太子シャルル(のちのⅤ世)が摂政となる
- ★1359-60 エドワードⅢが仏遠征
- ★1360 ブレティニ-カレー条約。英仏が和す。領地獲得と引き換えにエドワードⅢは仏王位請求を放棄
- ★1367 ブラック・プリンスのカスティーリャ遠征(英仏の代理戦争)
- ★1372 ラ・ロシェル沖の海戦で仏軍勝利。仏がポワティエを回復
- ★1373 ジョン・オブ・ゴーントの仏遠征
- ★1375 ブリュージュ条約
- ★1396 英仏が28年間の休戦協定

ベルトラン・デュ・ゲクラン 1320頃-80

フランス歴代国王

カペー朝　　ヴァロワ朝

ルイⅩ	ジャンⅠ	フィリップⅤ	シャルルⅣ	フィリップⅥ	ジャンⅡ	シャルルⅤ	シャルルⅥ
1289-1314/16	1316	1293-1316/22	1294-1322/28	1293-1328/50	1319-50/64	1338-64/80	1368-80/1422

★1307 テンプル騎士団事件起こる

第5章 封建騎士団の凋落

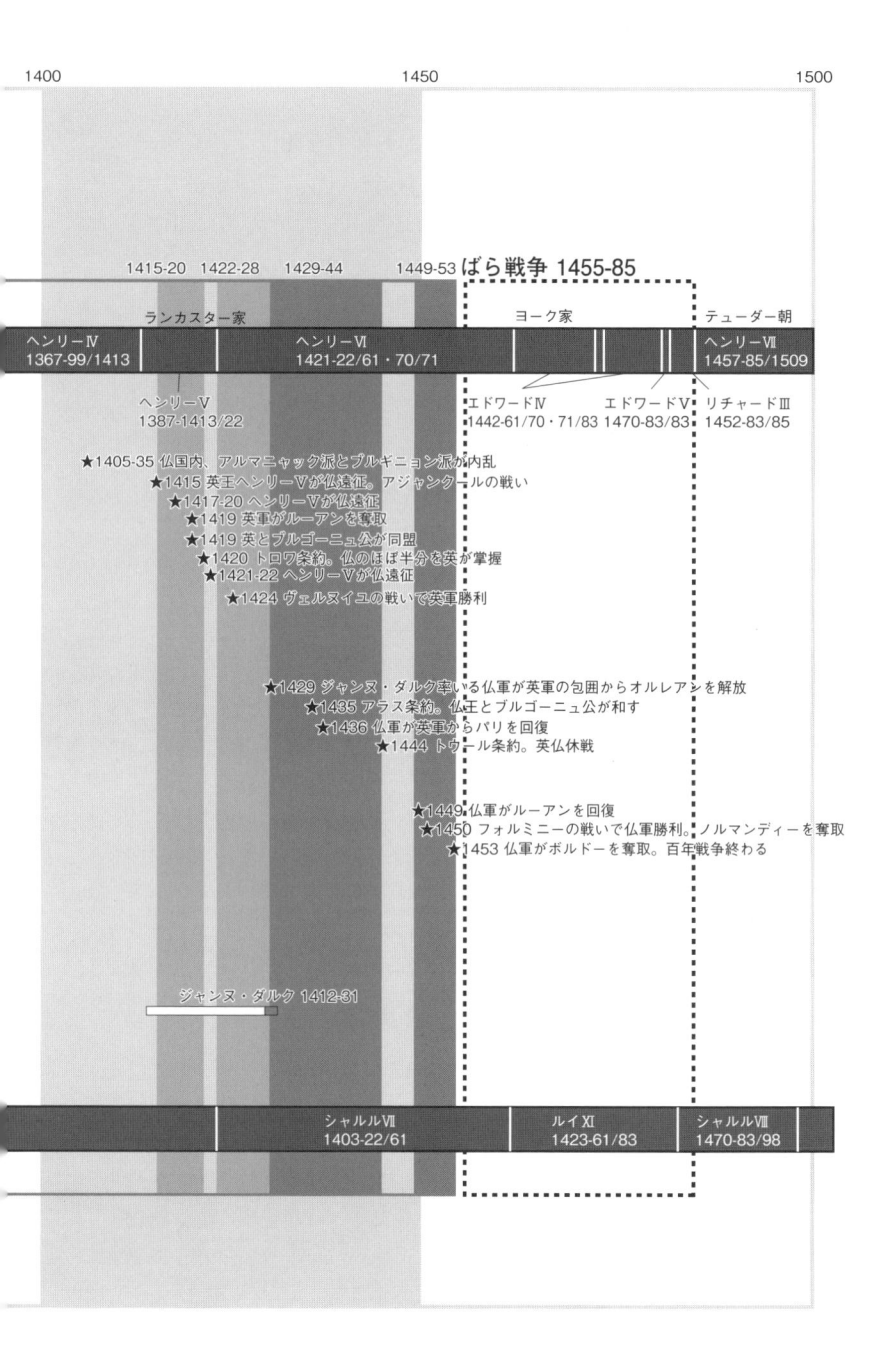

1400　　　　　　　　　　1450　　　　　　　　　　1500

1415-20　1422-28　1429-44　　1449-53　ばら戦争 1455-85

ランカスター家　　　　　　　　　　　ヨーク家　　　　　テューダー朝

ヘンリーIV
1367-99/1413

ヘンリーVI
1421-22/61・70/71

ヘンリーVII
1457-85/1509

ヘンリーV
1387-1413/22

エドワードIV
1442-61/70・71/83

エドワードV
1470-83/83

リチャードIII
1452-83/85

★1405-35 仏国内、アルマニャック派とブルギニョン派が内乱
★1415 英王ヘンリーVが仏遠征。アジャンクールの戦い
★1417-20 ヘンリーVが仏遠征
★1419 英軍がルーアンを奪取
★1419 英とブルゴーニュ公が同盟
★1420 トロワ条約。仏のほぼ半分を英が掌握
★1421-22 ヘンリーVが仏遠征
★1424 ヴェルヌイユの戦いで英軍勝利

★1429 ジャンヌ・ダルク率いる仏軍が英軍の包囲からオルレアンを解放
★1435 アラス条約。仏王とブルゴーニュ公が和す
★1436 仏軍が英軍からパリを回復
★1444 トゥール条約。英仏休戦

★1449 仏軍がルーアンを回復
★1450 フォルミニーの戦いで仏軍勝利。ノルマンディーを奪取
★1453 仏軍がボルドーを奪取。百年戦争終わる

ジャンヌ・ダルク 1412-31

シャルルVII
1403-22/61

ルイXI
1423-61/83

シャルルVIII
1470-83/98

ジョン(1389-1435)によって続けられていくが、厭戦気分が広がりつつあるなか、作戦行動は停滞していく。

⑤1429〜1453年　シャルルⅦ世がイングランド勢力を撃退

　ヘンリーⅤ世が没して2か月と経たないうちにシャルルⅥ世が没した。アルマニャック派の頭目となっていた王太子シャルルはただちに即位を宣言。このシャルルⅦ世勝利王(在位1422-1461)が最終的な勝利を得て百年戦争が終わる。劣勢だった立場が大きく変わるのは、ジャンヌ・ダルク(1412-1431)が現れてからのことだ。

　ジャンヌはどこにでもいる村娘だったが、違っていたのはフランスを救えとの神の啓示を受けたという(主張をしている)点であった。言葉だけでなく自ら軍勢の先頭に立つべく、シノンにいたシャルルⅦ世との面会へと旅立つ(1429.2)。そして、戦意高揚のシンボルとなってイングランド軍の包囲を受けていた(1428.10)オルレアンを解放することに成功した(1429.5)。解放したといっても、市街を取り巻く城塞に立て籠もるイングランド軍の総兵力は1,000名程度だったともされるから、単一の戦いとしては大きな勝利ではなかった。もっとも、その勝利すらフランス軍はできずにいたのだから、ジャンヌの功は大きい。それ以上に政治的な意味は大きかった。フランス国王戴冠の伝統の地ランス巡幸の道が開けたシャルルはランスで戴冠。威勢は自ずと上がった(1429.7)。出遅れたヘンリーⅥ世も慌ててイングランド王の戴冠をすませ(1429.11)、パリに渡ってフランス王の戴冠をしたが(1430.12)、比べればどうしても見劣りのする戴冠だった。その後のジャンヌはというと、イングランド軍相手の戦いを続けるが、オルレアン解放の1年後にブルゴーニュ軍に捕らえられてイングランドへと身柄を渡され、さらにその1年後にはイングランド支配下のルーアンで火刑とされる。フランスを救うことまではできなかったが、やがて戦争に勝利するシャルルⅦ世を救うことにはなった。

　戴冠後のシャルルは、まだ時間はかかったが、ほぼ順風のなかにいたといえるだろう。ブルゴーニュ公とも和睦し(1435)、パリを回復(1436)、国王としての内政上の権力を強化していった。短いイングランドとの休戦期間には軍事的なテコ入れも行ってルーアンを奪い返し(1449)、イングランド領を次々と奪還していき、とうとうカレーだけが

イングランドに残されて百年戦争が終結する(1453)。

クレシーの戦い　フランス大封建騎士団の敗北

　クレシーの戦い(1346.8)は、それまで歩兵をおもな相手としてきた長弓戦術が、初めて本格的な騎士軍団を相手にした戦いだった。しかも、騎士戦術の本家本元ともいえたフランス封建騎士団が相手だ。スコットランドで得られた経験と戦術の真価が問われる。

　当時の両国戦力を比べると、騎兵戦力、総兵力ともにフランス軍のほうが圧倒的に多い。総面積も耕地面積も、そこからくる人口数もフランスのほうがずっと多いのだから仕方ない。同じ騎士戦術で戦えば、まず間違いなくイングランドの敗北だ。エドワードⅢ世自身がそのことは十分に承知しており、もし長弓戦術がなかったなら、積極的な遠征を行えたかどうかわからない。それでも大軍の騎士団との戦いには慎重にならざるを得なかった。

　クレシーの戦いに至る1346年の遠征は、リスクが高い割には戦略効果が不明瞭だった。そのためか、エドワードⅢ世にとっては薄氷を踏む思いの遠征となった。

　イングランドと縁あるノルマンディーを奪取すべくコタンタン半島に上陸したエドワードⅢ世軍は(1346.7)、艦隊の支援を受けてカーン市を襲撃した。しかし、そこから遠く離れた同盟地フランドル地方へと陸路で向かい、敵地のなかで迷走に近い行軍を行うことになる。騎行による示威行動ではあるが、一説によれば、艦隊が王の命令を誤解して帰還してしまったために孤立し、やむなく敵地を縦断することになったともいう。フランドルに至るには、まずセーヌ川を渡らなければならない。セーヌ北岸の都市ルーアン近くの対岸まできたエドワードであったが、橋が壊されていたために、渡河地点を求めて東へと大きく進まなければならなかった。このときの迷走状態を経てセーヌを渡り終えたのは、フランスに上陸してからひと月後のことだった。その間には、フランス王が大軍を動員し終えつつあった。セーヌから北上するエドワードは、今度はやはり橋を破壊されていたソンム川を渡らなければならなかった。

　エドワードにとって、両川間を行軍する10日間ほどが最も危険な状態だったといえる。敵軍を迎え撃てるであろう長弓戦術を引き下げての遠

征ではあったが、もし敗れれば敵地奥深くからの逃亡は至難の業だ。降伏すれば命は助かるには違いないものの、莫大な身代金と大陸領を失うことにはなっただろう。彼の遠征は、セーヌ川に達したあたりから事実上の撤退戦になっていた。捕捉すればフランス軍の勝ち、逃げ切ればイングランド軍の勝ちといった具合だ。

　幸いなことにエドワードはソンム川を渡り、自領であるポンティユ伯領に到達できた。フランス軍はなおも追跡してきている。恐らく、逃げられてはならないとの焦りが増していただろう。自勢力地に入ったエドワードは、敗北につきまとうリスクが軽減したことに安堵したに違いない。有利な戦場を選べるだけの情報もあり、フランス軍を迎え撃つことにした。

　イングランド王が選んだ場所は、クレシー村とワディクール村に挟まれた緩やかな丘陵地だった。布陣は長弓戦術の布陣そのものだ。その準備万端のところへ、フランス軍の前衛部隊が到着した。なおも断続的に後続部隊が続いてくる。もし到着してくる部隊が、よく計画された入場式のようにそのまま整然と配置に着き、布陣を終えたあとで戦いを始めたなら、様相もまた違ったものになっただろう。だが、まだ一部の部隊が到着しただけなのに、フランス軍前衛部隊は攻撃を始めてしまう。後続部隊に長弓の射程内へと押し出されたために戦わざるを得なかったとも、また後続部隊に先を越されそうになったために攻撃を始めたともいわれる。あるいは、戦闘隊形を組もうと混乱しているところを攻撃されるのを恐れたものか。少なくとも合理的な判断ではなく、ハプニング的な、心理的何かが働いての攻撃開始だったようだ。

　戦場に到着した後続部隊は、すでに戦闘が始まっていることに焦った。そこそこに隊形を整えると、彼らもまたあとに続く部隊を待つことなく騎馬突撃を開始した。昼過ぎに始まった戦闘は夜まで続き、その間に騎馬突撃は十数度行われたという。フランス軍部隊のなかには戦闘が終わった頃に到着した部隊もあったというから、十数度というのは、新たに部隊が到着するたびに、断続的に突撃を繰り返したものだろう。

　クレシーでのフランス軍の敗北は、そうした騎兵戦力の逐次投入におもな原因があったとされている。突き詰めれば、自尊心が強い諸侯や騎士たちを統制することの困難さが表れた一例だといえるだろう。

　部隊を率いる諸侯や騎士たちは焦っていた。イングランド軍に逃げら

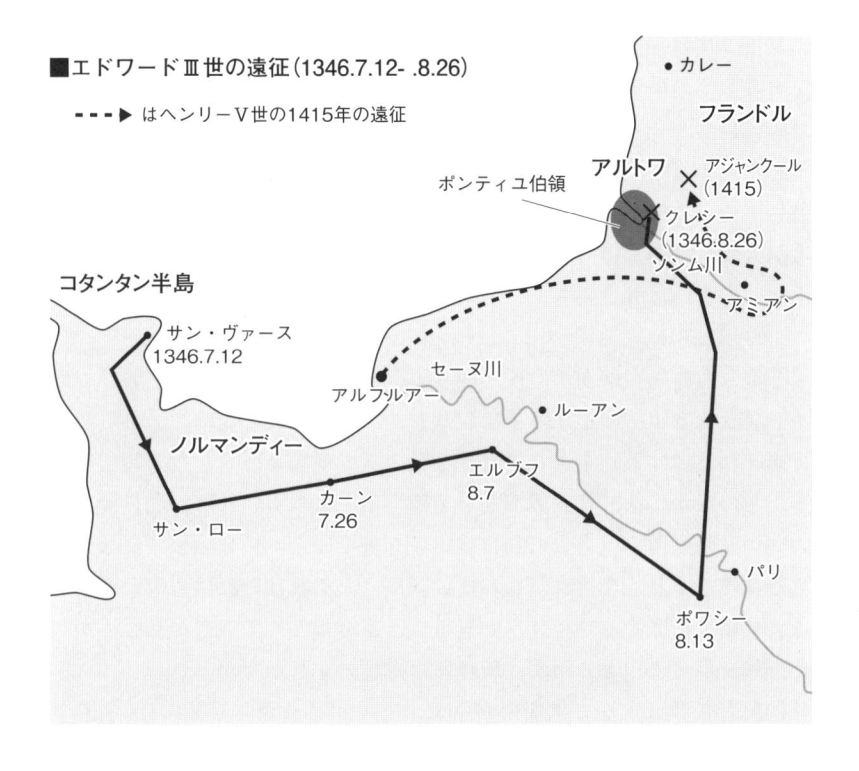

■エドワードⅢ世の遠征（1346.7.12-.8.26）

----▶ はヘンリーⅤ世の1415年の遠征

・カレー
フランドル
アルトワ
ポンティユ伯領
×アジャンクール（1415）
×クレシー（1346.8.26）
ソンム川
アミアン
コタンタン半島
サン・ヴァース 1346.7.12
セーヌ川
アルフルアー
ルーアン
ノルマンディー
サン・ロー
カーン 7.26
エルブフ 8.7
パリ
ポワシー 8.13

れるのを恐れ、出遅れて手柄を失うことを恐れていた。

　これに対して、冷静に自分の役割を果たそうとしたのがイタリアのジェノヴァ人傭兵団だった。彼らは傭兵団長たちの下に集まり、まとめてクロスボウ兵として雇われていた。前衛部隊と同じ頃に戦場へ到着した傭兵団は、さすがにプロらしく最前列に隊列を整えた。攻撃の開始は彼らの射撃で始まったが、射程が長く速射性もある長弓の敵ではない。数度の射撃のあとに後退を始めたのは、賢明な判断だったといえるだろう。ところが、これを臆病風に吹かれたと見た前衛部隊指揮官は、後退しているなか攻撃に打って出た。傭兵たちを蹴散らしながらの騎馬突撃は、整えていた騎馬部隊の隊列を乱すことになった。突撃に巻き込まれなかったクロスボウ兵たちは突撃のあとに続いて再び前進したとも思われるが、開始早々からいきなり混乱したなかでの戦いとなった。整然と務めを果たそうとした傭兵団が、血気に逸る封建騎士団の動転ぶりに巻き込まれたと見ることもできるだろう。

フランス騎士団の突撃を矢の雨が襲う。騎馬突撃の矛先は、イングランド戦闘団の中央に布陣した装甲兵士たちに向けられた。矢から離れるために自然とそうなったのではなく、装甲兵士たちの甲冑姿や戦旗を目指したためだろう。名誉も身代金もそこにしかなかった。長弓部隊を蹴散らすことこそが自軍勝利への近道ではあったろうが、歩兵を攻撃しても個人的には何も得られないのが中世の戦争だ。どうせ戦うなら一流選手と、あるいは大金持ちと、というのが封建騎士たちの習性だった。

　そうした騎馬突撃が十数度と繰り返されたわけだが、騎士団の多くはイングランド軍に肉迫する前に脱落した。長弓の矢を受けて、あるいは目端の利く者は不利を悟り、自軍を見限って戦場を離脱した。諸侯や騎士たちのなかには、猪武者ぶりを発揮する者も多くいれば、動員令に従いつつも戦意薄く、自分の利に聡い者も多くいた。領邦国家の半ば独立した諸侯をまとめなければならない国王は、それはそれは苦労だったろう。戦場で指揮するフィリップⅥ世は、軍をまとめて何とか数を活かした打撃を与えようとしたが、最後には逃げ出すしかなかった。

　戦死者の数は定かではないが、およそイングランド軍側が100名、フランス側は1,500名程度ということになっている。予備として控えていたエドワードⅢ世率いる中央（第2線）軍団は、わずかな兵士を求めに応じてブラック・プリンスの下へ派遣しただけで、戦闘中はほとんど動かなかったというから、楽勝の展開だったといっていいかもしれない。救援を求めたブラック・プリンスはこのときわずかに17歳で、まだ後年ほどの激しい指揮官ぶりを示せる年齢ではなかった。しかし、多くのフランス軍が彼の指揮する左翼に集中し、最大の激戦が展開されていたのだから仕方ない。敵が集中したのは、戦場に到着したフランス軍部隊がそのまま近い側へと攻撃したためといわれている。作戦も何もあったものではない。

　クレシーの戦いは、大袈裟にいうなら大陸での騎士戦術が大きく見直され、封建騎士団が軍事的な凋落へと歩みを始める契機になった戦いだったといえる。すでにクールトレでの騎士軍団の敗北（1302）があるにはあったが、フランスの誇り高い貴族階級が民兵たちの歩兵戦術を真似するわけもなく、本気で自らの騎士戦術を見直す気にもならなかっただろう。しかし、イングランドの同じ貴族階級がクレシーで歩兵戦術を取っ

■クレシーの戦い（1346.8.26）

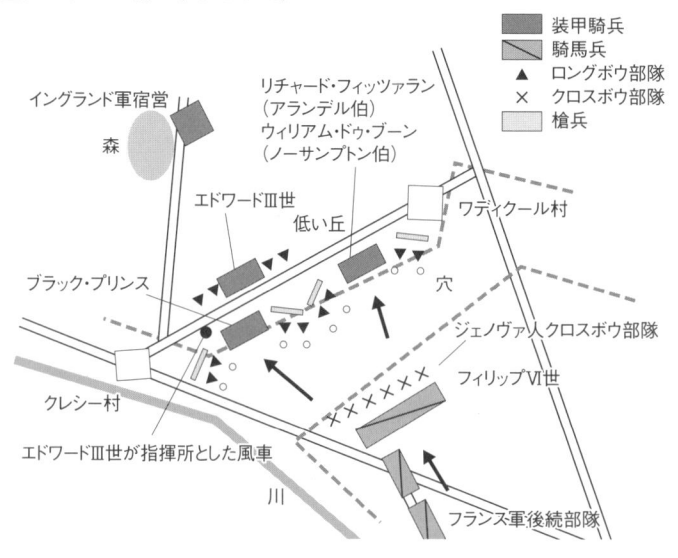

| 装甲騎兵 |
| 騎馬兵 |
| ▲ ロングボウ部隊 |
| × クロスボウ部隊 |
| 槍兵 |

- イングランド軍宿営
- 森
- リチャード・フィッツァラン（アランデル伯）
- ウィリアム・ドゥ・ブーン（ノーサンプトン伯）
- エドワードⅢ世
- 低い丘
- ワディクール村
- ブラック・プリンス
- 穴
- ジェノヴァ人クロスボウ部隊
- フィリップⅥ世
- クレシー村
- エドワードⅢ世が指揮所とした風車
- 川
- フランス軍後続部隊

たことには、何らかの対応を取るべきだと考えることになる。

　後年のポワティエの戦い（1356）では、フランス軍は騎馬突撃ではなく、歩行によって騎士・装甲騎兵を突撃させた（P.303参照）。クレシーで多くの騎馬が長弓の矢によって傷つき、倒されたことに対応した作戦であったろう。しかし、重装甲の兵士が徒歩で近づくことは、疲労するとともに、長弓の矢を受ける時間もより長くなることを意味した。騎馬を用いなくても、騎士団が突撃する騎士戦術には変わりがなかった。問題の本質は固い防御陣を敷いた大量の飛び道具をどうするかであって、騎士団対騎士団の正面対決と力比べを想定している限りは、結果にそう変わりはなかった。だが、しばらくのあいだは、装甲を増した歩行兵士同士の戦いのなかに活路を見いだすしかなかったのも確かだ。

　クレシー当時、またはそれ以後の騎士の武装は、次ページ図2のようにずいぶんと装甲が増やされていた。

　図1はそれより以前、長弓戦術の黎明期だった頃の武装で、スコットランド王ロバート・ブルースを再現したものだが、比較してみると重装甲化がわかる。

　ブルースの武装は、基本的にはそれ以前の鎖鎧姿と変わらず、腕には手甲、脚には膝当・脛当・甲当（鉄靴）が装着されていた。脚部の装甲強

■騎士の装甲

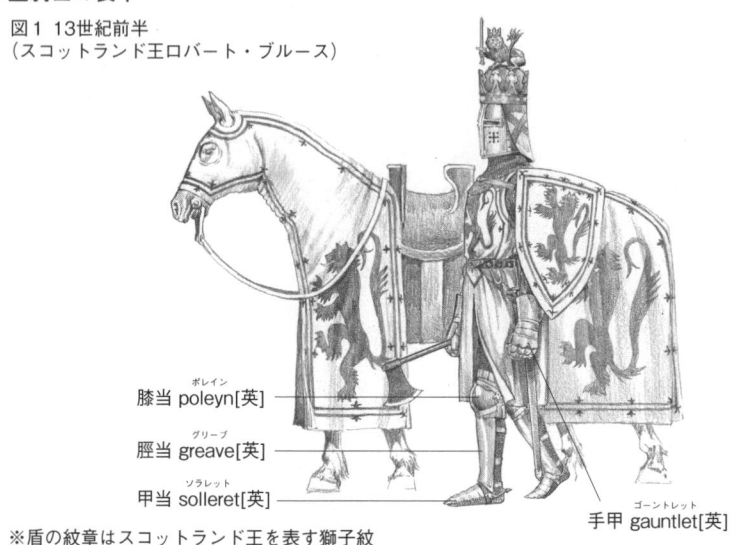

図1 13世紀前半
（スコットランド王ロバート・ブルース）

膝当 poleyn[英]（ポレイン）
脛当 greave[英]（グリーブ）
甲当 solleret[英]（ソラレット）
手甲 gauntlet[英]（ゴーントレット）

※盾の紋章はスコットランド王を表す獅子紋

図2 14世紀前半
（ブラック・プリンス）

肩甲 pauldron[英]（ポールドロン）
上腕甲 rerebrace[英]（リアブレイス）
肘当 couter[英]（クーター）
前腕甲 vambrace[英]（ヴァンブレイス）
腿当 cuisse[英]（クウィス）

※サーコートには、イングランドの獅子紋とフランスの百合紋を合わせたイングランド王の新しい盾紋が描かれている。この盾紋はフランス王位を要求することの正当性を示すためにエドワードⅢ世が定めたもの。その上に描かれたEの文字が横になったように見える印は長子を表す紋章記号。

有田満弘画
市川定春著『武器甲冑図鑑』（新紀元社発行）より

化は、盾がノルマン式の凧型から、現代ではアイロン型と呼ぶ短いものに変わった(12世紀後半)ことに対応している。

　図2はブラック・プリンスの墓像を基に再現したもので、ブルース時代に比べて、肩甲・上腕甲・肘当(ひじあて)・前腕甲が腕に、脚には腿当(ももあて)が追加されている。さらに図には見えないが、鎖鎧の上に十数枚に分かれた鉄板を布でくるんだ胴着もしくは胴鎧(コート・オブ・プレーツ)を着込んでいる。その上にサーコートを着ているが、裾の長さは短くなり、より歩行向きになっている。より堅固になった装甲は、比例して機動性を失わせたものの、受け身で戦う防御陣向けにはなっていた。この鎧姿がさらに重装甲化されて、板金のなかに人間が収まったような兵装となるのは、百年戦争の後期になってからとなる。

傭兵団　封建軍の補完物

　ヨーロッパ中世の封建軍が持っていた欠点は明らかだ。本来、封臣は定められた人員を封主に提供する義務を負っているのだが、国王に専制的な権威と実力がないと、何かと理屈をつけては出征を拒む。あるいは定められた人数を連れていくこともせず、義務を全うしたとしても従軍日数は限られ、それを超えれば金銭的な保証をして何とか引き止めなければならなかった。

　彼らの言い分にももっともな点はある。領主として、領地経営や領内の治安維持に努めなければ自身の没落を招くことにもなるからだ。

　封建制のいい点は、全国土を統治する余裕も制度も持たない君主が、分割した土地を丸投げ状態で封臣に管理させることにある。それでいて、必要なときに必要な兵力と資金を集める。手間暇かけずに得たいものだけ得られるのだから、君主としては素晴らしい限りだ。実際には領主たちの半独立化が進んで理想とはかけ離れていき、切ない思いをすることになっていくのだが、歴史の流れのなかでは、封建制度と封建軍は十分に役割を果たしてきたといえるだろう。しかし時代は違った段階へと進みつつあった。

　一番大きな変化は、商業活動と通貨の流通の進展だ。まだ自給自足・物々交換的な生活をしていた頃とは違い、金銭によって多くのことができるようになっていた。王権が力を回復し、地方役人制度もある程度保

持できていれば、回収困難になるかもしれない大幅な特権つきでの領地授与でなくとも、金銭支払いだけで兵を大量に動員できた。すでに土地や住民がもたらす納入物や収入の金銭化、あるいは年金による騎士封というものもあったが、封ではなく期限を限っての金銭支払いによる兵士の臨時雇用が、可能かつ都合のいいものとなっていた。そこで登場してきたのが、傭兵団(カンパニー/コンパニー)だった。

　傭兵団のリーダーは、期間・報酬・人数・兵種などを定めた契約を雇い主と交わす。契約がまとまれば配下の兵士を連れ、不足であれば必要な人数を新たに募集して従軍した。契約期間が終われば、雇い主と傭兵団の関係はまったくなくなる。雇い主にとっては都合がいい。しかし庶民にとっては極めて迷惑な存在だった。戦争が終われば傭兵団は失業する。解散してそれぞれに故郷にでも帰ってくれればいいのだが、彼らはなかなかそうせず、次の雇い主を探した。新たな戦争にありつけるまでは無法者の集団である。農民たちの土地や財物を荒らし、犯罪行為を行った。もともと契約期間中でもやることは同じで、食糧・戦利品を農村に求めて住民たちの安全を脅かした。

　雇い主たちにとっても無関係ではないのだが、見て見ぬ振りをすることもできたし、どうにかしようにも、軍隊なのでおいそれとは制圧できない。最もいい方策は、別の国か別の地方への戦争へと彼らを駆り立てることだった。ベルトラン・デュ・ゲクランは、イングランドとの休戦中には彼らを率いてスペインへと遠征していった。デュ・ゲクラン自身が傭兵団の頭目のような存在だったので、自然のことといえばそうだったかもしれない。

　こうした傭兵団の活用は、フランス、ドイツ、イタリアにおいて盛んに行われるようになる。イングランドもこれを用いたが、おもに大陸においてだった。イングランド本国では、封建軍は保護と被保護の関係に基づく領臣(リテイナー)制による軍隊へと変わっていった。この仕組みは、年金や日常業務を与えられた在地の領民が、諸侯との利益共同体的な徒党を組むもので、地域的な勢力となって軍事的にも結集したものだった。ジェントリー(紳士階級)やヨーマン(自由農民)層が成長していたイングランドならではの仕組みだった。ばら戦争は諸侯をリーダーとしたそうした地域的な徒党の争いであったために、長く容赦のない戦いが続くことになった。傭兵団、領臣軍ともに、封建軍から国民軍へと移行

するまでのつなぎの役割を担うことになる。

アジャンクールの戦い　騎士道なき戦い

　百年戦争の後半戦で最大の会戦となるアジャンクール（アジンコート）の戦い（1415.10.25）は、勝利したイングランド人に誇りを与え、輝ける栄光として長く記憶される特別なものとなった。

　4倍とも5倍とも、またそれ以上ともされる兵力差を跳ね返して勝利したことが、その第一の理由には違いない。また、フランス王位と広大な領土をイングランドにもたらした戦いという位置づけも、もちろんある。しかし、それを共通の誇りとするに至ったのには、イングランド人の国民意識が醸成されつつあったことが背景にある。百年戦争自体がイングランド人の国民意識と国家意識を醸成させた戦争だったともいわれている。

　エドワードⅢ世の戦争遂行を可能にしたのは、貴族階級ばかりでなく平民階級までもが持った戦争熱のおかげだった。エドワードが長く続いてきたフランス王との封建関係を清算しようとした戦いは、緒戦で勝利を得たことによって、イングランド人がそれまでフランスに対して持っていた文化・政治的な気後れと劣等感を払いのけた。また、物的に得られたものも多かった。黒死病によって国内住民の3分の1、またはそれ以上が失われたにもかかわらず、議会と人民はエドワードに資金を与え、戦争を支え続けた。

　その後の長い戦争の継続は、辛く長く気の晴れないものとなり、戦争熱もずいぶんとしぼんでしまったが、フランス人に対する敵対意識だけは増していった。それに応じて、自国に対する意識も以前より増していったことと思われる。

　百年戦争後半のヘンリーⅤ世の戦争のときには敵対意識も相当なものであったと想像されるが、久々に戦争に勝利する見込みが出たことで再び戦争熱は加熱した。同時に、国民意識も再び高まりを見せることになった。およそ国民意識や国家意識が戦意に燃えて高まるのは、有能で強硬な指導者を得たときと決まっている。強硬さがたまたま幸運に恵まれた指導者というのもいるが、誤った判断でのちに痛い目を見ることはあっても、イケルと踏んだときにはイケイケドンドンとなるものらしい。

しかし、その意気軒昂なイングランド人が栄光あるものとしてとらえたアジャンクールの戦いは、数ある戦いのなかでも特に過酷さに満ちた、かつ非道な戦いだった。この戦いが起きるに至ったのも、そこで行われたことも、たどり着いた結末も、すべてヘンリーⅤ世の個人的な資質によるものだったと考えられる。

ヘンリーⅤ世がイングランド軍久々の攻勢に出るべく上陸したのは、セーヌ河口に近いアルフルアーだった(P.257の図参照)。ヘンリーはここの攻囲戦に手間取り、兵力の多くを失う。失ったといっても戦闘ではなく、ほとんど熱病によるものだったらしい。この時点でヘンリーの遠征は中止状態となったのだが、艦隊による撤退ではなく、エドワードⅢ世の1346年の遠征同様に、陸路による自勢力地、このときにはカレーへの撤退または転進を行うことにした。アルフルアーに残す守備隊をさらに差し引けば、敵地への行軍へと旅立つ総兵力は6,000名。うち装甲騎兵は900名ほど、残りが長弓兵だったという。せめて守備隊など置かず全員で出発すればよかったとも思うが、そうはしなかった。

ヘンリーは最初の近代的戦略家だともいわれる。のちに行われたノルマンディー地方の掌握を狙った第2次遠征では、敵側の都市や城塞をひとつひとつ攻略していき、広域的な進出拠点を確保していく。

中世における広域支配とは、敵味方が入り組んだ状態での、あるいは封主・上長として従属姿勢を得た状態での支配が一般的だった。情勢次第では容易に反乱や離反が起こり得る一時的な支配の持続だったといっていい。もし支配を永続させたければ、一度敵勢力をほぼ完全に放逐し、守備隊名目で駐留軍隊を要所に配置して、実効支配をしなければならない。しかもあまり距離を置かずに、編み目状に配置して監視と威圧をし続ける。さらに植民政策を進めればなおいい。

だが、それをするには多くの兵と資金、時間と労力の投入が必要となる。中世にはそんなことはできなかったし、しようとする発想もなかった。遠征は掠奪と示威を基本としたもので、突然の侵入と速やかな撤退からなる騎行(シュヴォーシェ)で行われた。領主間で行われたこの遠征方法が、国レベルでも行われていた。攻城戦そのものが巨額の投資を必要とするものだったが、それを行い陥落させても永続維持のための自軍守備隊を置かず、置いたとしても重要拠点に配置するだけでよしとした。総じて支配されていればよく、反乱が起これがそのたびに鎮圧するとい

うのが、中世における仕方のない広域支配だった。ドイツ騎士団がプロイセン支配において自城塞の新たな建設と植民を地道に行ったのは、珍しい例といえるだろう。一方でプロイセン以東の頑強な抵抗地帯への進出は、掠奪行である軍旅（ライザ）を行うのがせいぜいだった。

　エドワードⅢ世が行った遠征もまた大がかりではあったものの、中世流の騎行だった。彼は宗主権を得るか、フランス王に宗主権を放棄させるかによって、名目における支配を得ようとした。そのうえでの中世流の不安定な実効支配の確立だ。ヘンリーⅤ世はその逆で、初めに実効支配をし、そのうえで名目的な支配権をも得ようというものだった。

　ヘンリーがカレーへの撤退または騎行しがてらの撤退を決め守備隊を残したのには、彼のそうした意図があったとも考えられる。もっとも守備隊兵力を連れていったとしても、兵力はさして変わらなかった。また、敵に捕捉される前に安全地帯へと素早く逃げ込むためには、火砲などの重荷や傷病者を置いていく必要があった。ヘンリーとしては、そちらのほうがより大きな動機だったかもしれない。

　ヘンリーⅤ世の撤退行は、エドワードⅢ世の1346年の遠征とよく似た

■アジャンクールの戦い（1415.10.25）その1

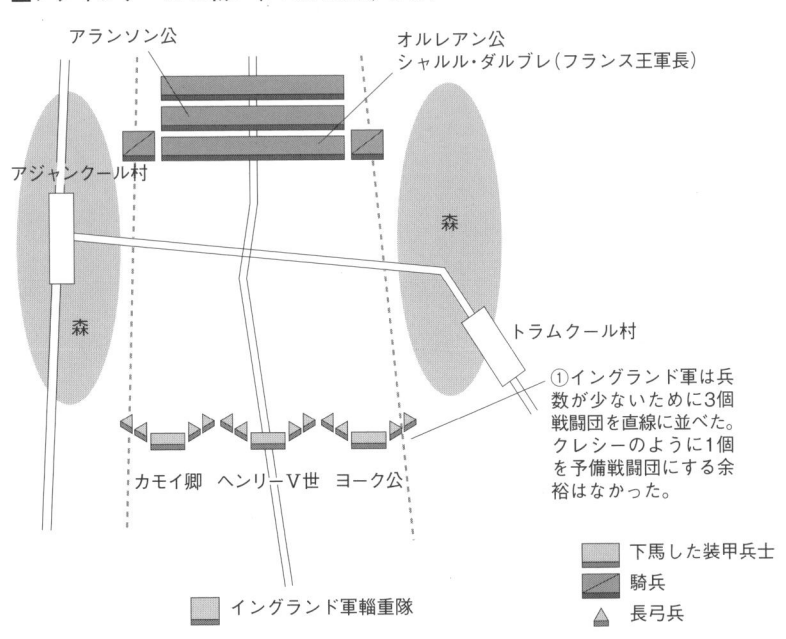

①イングランド軍は兵数が少ないために3個戦闘団を直線に並べた。クレシーのように1個を予備戦闘団にする余裕はなかった。

第5章　封建騎士団の凋落

状況となった。橋が破壊されたことで渡河が困難となり、またこのときは季節がら、雨による増水が浅瀬の横断を妨げた。70年の時を超えて、ふたりの王は同じく渡河地点を求めて大きく移動した。そして兵力に優るフランス軍が同じく餌食にしようとあとを追っていた。両軍がほぼ接近したとき、大きな違いが起こった。エドワードのときと違い、ヘンリーのときは主導権をフランス軍が握っていた。追いつく形ではなく、先回りして進路を妨げる形で、自ら地形を選んで待ち構えることに成功した。

　長弓戦術の要は防御的布陣と受け身による戦闘開始だ。従って、攻撃しなければならない立場になったとき、すなわち自ら敵に接近していかなければならないときには、優位性がずいぶんと薄れてしまう。カレーへと逃げ込むためには、ヘンリーは進路を塞ぐフランス軍を是非とも打ち破らなければならず、もし敵が攻撃してこなければ、自ら攻撃を仕かけなければならなかった。ヘンリーはおよそ1,000mの距離を取って布陣した。

　しかし、フランス軍に攻撃してくる様子はなかった。兵力は定かではないが、戦いを解説した本ではフランス軍が4万、イングランド軍が6,000という数字をよく見かける。恐らくクレシーのときよりも敵は多く、味方は少ないという状況であったろう。しかもクレシーでは、フランス軍の集結がなされていないなかで、長時間に渡りはしたがフランス総兵力の一部を相手にすればよかった。アジャンクールではフランス軍全軍が布陣に就いていた。フランス軍は3線に陣を敷き、第1、第2線はポワティエの戦いと同じく下馬した装甲兵士で構成されていた。第3線は騎兵と歩兵の混成だったとされ、別に両翼に騎馬部隊が配されていた。フランス軍が攻撃をしてくればポワティエの二の舞になった可能性は高い。しかし攻撃はなされなかった。

　ヘンリーⅤ世は前進することを決める。攻撃ではなく前進だ。敵陣を注視しながらしずしずと、戦列を組んだまま前進した。敵前での移動は、よく訓練された兵士集団でなければ隙を与えることになる。

　およそ400m進むと、敵が攻撃準備に移るのが見て取れた。ヘンリーは、一部の長弓兵がかついできた長さ1.8mほどの丸太の杭を、地面に突き刺すよう命じる。杭の先端は尖らせており、地面に刺すとちょうど馬の胸あたりにくる。長篠の戦い(1575)の馬防柵のように完全に騎馬の

前進を防ぐものではないが、突進速度を弱めることができ、杭の背後にいる長弓兵は正面からの衝突を避けることができた。馬が右に回り込もうとすれば反対方向の左側に身を避け、甲冑でさえ貫ける至近距離からの直射を騎手や乗馬に浴びせる余裕が、ぎりぎりまで持てた。馬防柵が線による部隊のための障害物であるなら、杭は点による個人または数名のための障害物であり、それが密に設置されるほど、線となって部隊全体の安全を高めることになる。

　敵が迫ってこようというなかでの陣地構築だったが、このときはそれをできるだけの時間的余裕があった。連日の雨のために地面がひどくぬかるんでおり、フランス軍の前進をひどくゆっくりとしたものにしていた。

　フランス軍の最初の攻撃は、両翼の騎馬部隊によって行われた。300mくらいまで接近してきたとき、一部の長弓兵はまだ杭の設置に忙しかったかもしれないが、長弓の曲射が始まった。騎馬部隊のほとんどは、イングランド軍までたどり着くことができなかったという。

　フランス軍の主力は下馬した装甲兵士たちだった。彼らもまた泥土に

■アジャンクールの戦い　その2

④フランス軍の攻撃は両翼の騎馬部隊の攻撃で始まり、続いて第1線の装甲兵士からなる歩兵が攻撃に向かう。

アジャンクール村
森
森
カモイ卿　ヘンリーⅤ世　ヨーク公
トラムクール村

②フランス軍が攻撃してこないために、ヘンリーⅤ世は戦列を前進させる。

③フランス軍が攻撃してくる兆候を見て取ったヘンリーⅤ世は、簡易な陣地構築を行う。

イングランド軍輜重隊
下馬した装甲兵士
騎兵
長弓兵

第5章　封建騎士団の凋落

脚を取られながら、ゆっくりと前進してくる。逃げ戻ってくる騎兵と乗り手を失った馬が、さらに速度を緩めた。重い鎧が彼らを疲労させる。それでも多くの装甲兵がイングランド軍にまでたどり着いた。戦闘は白兵戦となり、長弓兵も斧などの武器を持って加わった。元気な装甲兵が軽装の長弓兵と戦えば、分は装甲兵側にある。しかし疲労して身動きがままならず、泥土に転げれば容易に起き上がれないとなれば、身の軽い側の有利となる。長弓兵たちは斧を力任せに何度も打ちつけ、転倒した装甲兵の兜を引き剥がしてとどめを刺した。泥中での格闘戦は互いに過酷なものとなった。とりわけ重く呼吸のしづらい甲冑に身を固めた者には辛いものだったろう。この戦いで戦死したイングランド右翼戦闘団の司令官、第2代ヨーク公エドワード（1373?-1415）には何ら外傷がなく、死因は過労と呼吸困難によるものだったとされている。

　フランス軍第1線を退けたヘンリーⅤ世は、攻撃しようとしてくる第2線に向けて部隊を前進させた。敵に落ち着きを与えず、文字通り泥試合のなかで戦うことで勝機を得ようとしたものらしい。このぶつかり合いは第1線との戦いほど激戦ではなかったとされ、ヘンリー軍は第2線も撃退した。残る第3線との戦いに移ろうとしたとき、後方のイングランド輜重隊が襲撃されたとの知らせが入った。この攻撃はフランス軍指揮によるものではなく、地元の騎士と民兵が財宝を狙って襲撃したものらしく、目的を果たした襲撃者は早々に引き上げたという。しかしヘンリーにはそこまでの詳細がわからない。輜重隊を襲われた場合、取る道はふたつにひとつ。輜重隊の救援に向かうか、速やかに戦闘に勝利するかだ。兵力差と疲労、移動の困難な状況といった点を考えれば、救援を向かわせることはできなかった。何とか優勢に進めている戦いも、輜重隊襲撃のフランス軍部隊が後方から攻撃してくれば、ずいぶんと危険なことになる。ヘンリーは捕虜たちを警備する兵士たちを戦闘に従事させようと、捕虜の殺害を命じた。頭を強く叩いて昏倒させることを命じたのかもしれないが、木槌などで頭を強く叩けば多くの者が命を失うことになる。殺害命令と同じだ。

　中世の戦いでは、これまで繰り返し述べてきたように身代金を見込める捕虜、それは騎士階級以上の貴族に限られたが、捕虜そのものが一財産だったために、生命までを奪うことはしない。殺し合いをしても最後に降伏すれば生命は助かるというのが、騎士階級以上の一種の紳士協定

だった。騎士道としては、互いに死力を尽くしたあとは、互いに敬意を払った振る舞いをするということになる。捕虜を殺害すれば儲けはなくなるし、次に自分が降伏したときには生命が危ないのだから、紳士協定が維持されてきたといえるだろう。しかしヘンリーはその協定を破った。ただし、捕虜のなかにはオルレアン公のように生き残った者もいたことはいた。特別な計らいか、あるいは命令が行き届かなかったのかは知らないが。

　ヘンリーの行為を弁護するひとつの理解は、戦闘状況とヘンリーにまったく余裕がなかったということだ。捕虜を確保していられるのは戦闘に余裕がある場合に限られるのは確かで、このときのヘンリー軍はぎりぎりの状態にあった。また、捕虜の殺害は以前にもなかったわけではないだろう。しかしそれは、多くは反逆者と認定した者たちに対して行われたり、戦闘後に処刑したりという形で行われたことだろう。戦闘中に、足手まといになるからと、まとめて殺害するというのは滅多にあるまい。

　ヘンリーの命令への非難はともあれ、命令には彼が持っていた合理的

■アジャンクールの戦い　その3

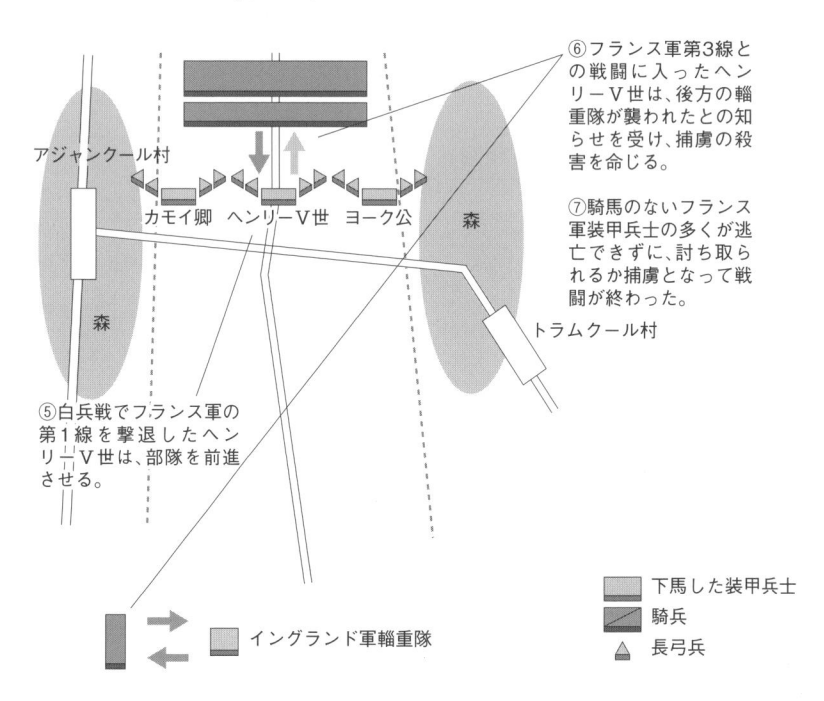

⑥フランス軍第3線との戦闘に入ったヘンリーⅤ世は、後方の輜重隊が襲われたとの知らせを受け、捕虜の殺害を命じる。

⑦騎馬のないフランス軍装甲兵士の多くが逃亡できずに、討ち取られるか捕虜となって戦闘が終わった。

アジャンクール村
カモイ卿　ヘンリーⅤ世　ヨーク公
森
森
トラムクール村

⑤白兵戦でフランス軍の第1線を撃退したヘンリーⅤ世は、部隊を前進させる。

イングランド軍輜重隊

下馬した装甲兵士
騎兵
長弓兵

第5章　封建騎士団の凋落

精神が働いていたことは確かなように思える。勝利することが最大の目的であり、捕虜は二の次。大利の前には小利を棄てる。残虐行為は憎しみや嗜好のために行われるのも確かだが、近代的な合理的精神によって行われるのも確かだ。騎士道のような不合理で遊戯性に富んだ精神は、アジャンクールにおいて決定的に否定された、あるいは馬脚を露わしたように思える。それはすなわち、騎士団が持とうとしていた騎士道精神の精神的解体ではなかっただろうか。

　ヘンリーの合理精神は、突然変異のようにして生まれたわけではないだろう。近代には遠く及ばないものの、時代に芽生えてきた精神だった。まだ精神と呼ぶほど確かなものでもないのだが。

　中世盛期は何事であれ貴族階級中心の時代だった。戦争は貴族階級のための、貴族階級自身による戦争だったといえる。自由民らはそれに巻き込まれ、あるいは荷担したといえるだろう。

　ところが戦争には、貴族階級以下のより積極的な参加が必要な時代となっていた。すると最早、捕虜の取り扱いを含めて貴族階級の戦場ルールが適用しなくなってくる。これは、高貴で紳士的な精神を持たない庶民が軍隊の大部を占めるようになったからではない。戦争が次第に総力戦へと近づいてきており、あらゆる点で余裕がなくなり、我慢もなくなってきたためだ。

　戦闘は敵を殺すために行われるのではない。敵の戦闘能力を奪うために行われる。敵が負傷して戦闘継続が困難になればよし、戦意を失って手をあげればそれでいい。しかし最も確実なのはことごとく殺害することだと考えれば、戦闘は殺戮以外の何ものでなくなる。確かに合理的には違いあるまい。しかし道理に反することではある。

　騎士団とは軍事エリートからなる一団ではあったが、騎士道という道理に従うことが美しいと考えていた一団でもある。道理を失えばただの軍事機械でしかない。

ばら戦争と騎士団

ばら戦争　　イングランドの内戦

　百年戦争が終結(1453)して間もなく、イングランド王国内ではおよそ30年に渡る長期の内戦が引き起こされた。

　この戦争は王統に連なるふたつの家系、すなわちランカスター公家とヨーク公家をそれぞれに担いだ2派勢力が争ったもので、今日では「ばら戦争」(1455-1485)と呼ばれている。ばら戦争の名は、両家が赤と白の色違いのばらを徽章として用いていたことから、後世になってそう呼ばれるようになった。

　どちらの公家も、遡ればエドワードⅢ世の息子たちに行き着く(P.276の家系図参照)。赤ばらを用いたランカスター家は、四男のジョン・オブ・ゴーントの子孫たち。他方、白ばらのヨーク家は五男のエドマンド・オブ・ラングレイの子孫であり、婚姻によって三男のライオネル・オブ・アントワープの血筋と結びついていた。

　エドワードⅢ世が没してから100年弱のあいだに、イングランドでは国王の暴力的な交代劇が4度行われており、すべてエドワードの息子たちの家系による争いがもととなっている。国王の数は8名に上り、長命だったエドワードがひとりで50年間在位したのとはずいぶんと違う。ちなみにフランスではこの期間に王だったのが4名だから、イングランドはやはり多い。もし長男のブラック・プリンスが父王よりも先に没せず、順当に王位を継承していればずいぶんと違う歴史をたどったとも思うのだが、わずかな期間を除いて1世紀のあいだというもの、武力を用いるにしろ政争にしろ、争いは絶えなかった。ばら戦争期には内3度の交代劇が集中している。

　ばら戦争は王位を巡る争いという形で行われていくが、もともとは生後8か月ほどで即位したヘンリーⅥ世(在位1422-1461・1470-1471)を支えなければならない大人たちが、主戦派と和平派に分かれて争い始めたことに始まる。それぞれの派の頭目と呼べる人物は、主戦派がグロスター

公ハンフリー(1390-1447)、和平派がウィンチェスター司教ヘンリー・ボーフォート(1376-1447)。どちらもジョン・オブ・ゴーントの子孫であり、ランカスター家の縁者による身内の争いだったといっていい。この時点では内戦にまで発展しなかったものの、主戦派の頭目として第3代ヨーク公リチャード(1411-1460)が現れ、またヘンリーⅥ世がたびたび心神喪失状態に陥る病を発したために、王位継承権を巡る内乱へと発展していった。

ばら戦争の経過は、次の3期に分けると理解しやすい。

①1455～1465年　二転三転する勝者

　セント・オールバーンズの戦い(1455.5)から、ばら戦争が始まる(同名の戦いは2回ある)。挙兵したヨーク公率いるヨーク派が、この戦いでランカスター派の首魁サマーセット公エドマンド・ボーフォート(?-1455)を敗死させて勝利を得た。しかし、その後の情勢は目まぐるしく二転三転する。ランカスター派が巻き返すと、ヨーク公らは海外へと亡命(ラドフォード・ブリッジの戦い〈1459.10〉)。ところがすぐにヨーク派が帰還して勝利し、ヘンリーⅥ世を捕虜とする(ノーサンプトン〈1460.7〉)。これで決着したかと思いきや、半年と経たずにランカスター派がヨーク公を敗死させる(ウェイクフィールド〈1460.12〉)。今度はヨーク派壊滅かと思いきや、戦いはひとりの旗頭・首魁がいなくなったくらいでは終わらない。その1か月半後には敗死したヨーク公の長子エドワード(のちの国王エドワードⅣ世〈在位1461-1470・1471-1483〉)がランカスター軍を大敗させる(モーティマーズ・クロス〈1461.2〉)。ランカスター派も負けてはおらず、2週間後には勝利してヘンリーⅥ世を奪還した(2回目のセント・オールバーンズの戦い〈1461.2〉)。それでも即位を宣言したヨーク公エドワードが大勝(タウトン〈1461.3〉)し、情勢はヨーク派に大きく傾いた。やや動きが小さくなったもののランカスター派の巻き返しへの努力はやまず、ヘンリーⅥ世が再び捕らえられてやっと勝負は着いたかのようだった(ヘクサム〈1465.5〉)。

　ばら戦争前半の15年間、何人もの重要人物はいたが、両派最大のキーマンといえば国王でもヨーク公でもなく、ランカスター派ではヘンリーⅥ世妃マーガレット(在位1444-1482)、ヨーク派ではウォーリック伯の

■ばら戦争（1455-1485）

第5章　封建騎士団の凋落

| | 1455 | 1465 | 1475 | 1485 |

ヘンリー・テューダー リッチモンド伯

ヘンリーⅥ
1421-22/61-70/71

ヘンリーⅦ
1457-85/1509

エドワード・オブ・ウエストミンスター 1453-1471

マーガレット・オブ・アンジュー 1429-82

- Y セント・オールバーンズ1回目(55.5.22)：ばら戦争始まる。ランカスター派の指導者サマーセット公敗死
- Y ブロアー・ヒス(59.9.23)
- L ラドフォード・ブリッジ(59.10.12)：敗れたヨーク公とウォーリック伯(キングメイカー)がそれぞれアイルランドとカレーに逃れる
- Y ノーサンプトン(60.7.10)：ウォーリック伯が国王ヘンリーⅥを捕らえる。王妃マーガレットはパーシー一族の元へ逃れる
- L ウェイクフィールド(60.12.30)：ヨーク公リチャード第2子のエドマンドが敗死。ヨーク派ソールズベリー伯(キングメイカーの父)断頭
- Y モーティマーズ・クロス(61.2.2)：新ヨーク公エドワード(のちの国王エドワードⅣ)が大勝
- L セント・オールバーンズ2回目(61.2.17)：ランカスター派が国王ヘンリーⅥを奪還
- Y タウトン(61.3.29)：即位を宣言した新国王エドワードⅣが大勝
- Y ヘッジリー・ムーア(64.4.25)
- Y ヘクサム(65.5.15)
- 65.7 ヘンリーⅥ捕らえられる
- L ボスワース・フィールド(85.8.22)：国王リチャードⅢ戦死。ヘンリー・テューダー(ヘンリーⅦ)即位

ランカスター派
ヨーク派

リチャード・ネヴィル(キングメイカー)
ヴォーリック伯
1428-71

- Y テュークスベリー(71.5.4)：王太子エドワード戦死。ヘンリーⅥと王妃マーガレット捕虜となる
- バーネット(71.4.14)：ランカスター派についたウォーリック伯敗死
- 70.10-71.3 エドワードⅣがブルゴーニュに亡命
- 70.3-.9 ウォーリックらフランスに亡命
- 69.8-.9 エドワードⅣが一時ウォーリックに捕らえられる
- L エッジコート(69.7.26)
- 69 ウォーリック伯の離反と反乱
- 67 エドワードⅣがネヴィル一族の力を抑えつけようとし始める

リチャード・ネヴィル
ソールズベリー伯
1400-1460

シセリー・ネヴィル †1495
ウエストモーランド伯
ラルフ・ネヴィルの娘
ランカスター公ジョン・オブ・ゴーントの孫娘

エドワード
マーチ伯/
第4代ヨーク公

イングランド国王
(エドワードⅣ)
1442-61/70-71/83

エドワードⅤ
イングランド国王
1470-83.4/.6

エドマンド
ラットランド伯 †1460

ジョージ
クラレンス公 1449-78

リチャード グロスター公

リチャードⅢ
1452-83/85

リチャード・プランタジネット
第3代ヨーク公/
マーチ伯/
アルスター伯
1411-60

※会戦名の先頭にあるアルファベットは勝者。Yはヨーク派、Lはランカスター派。

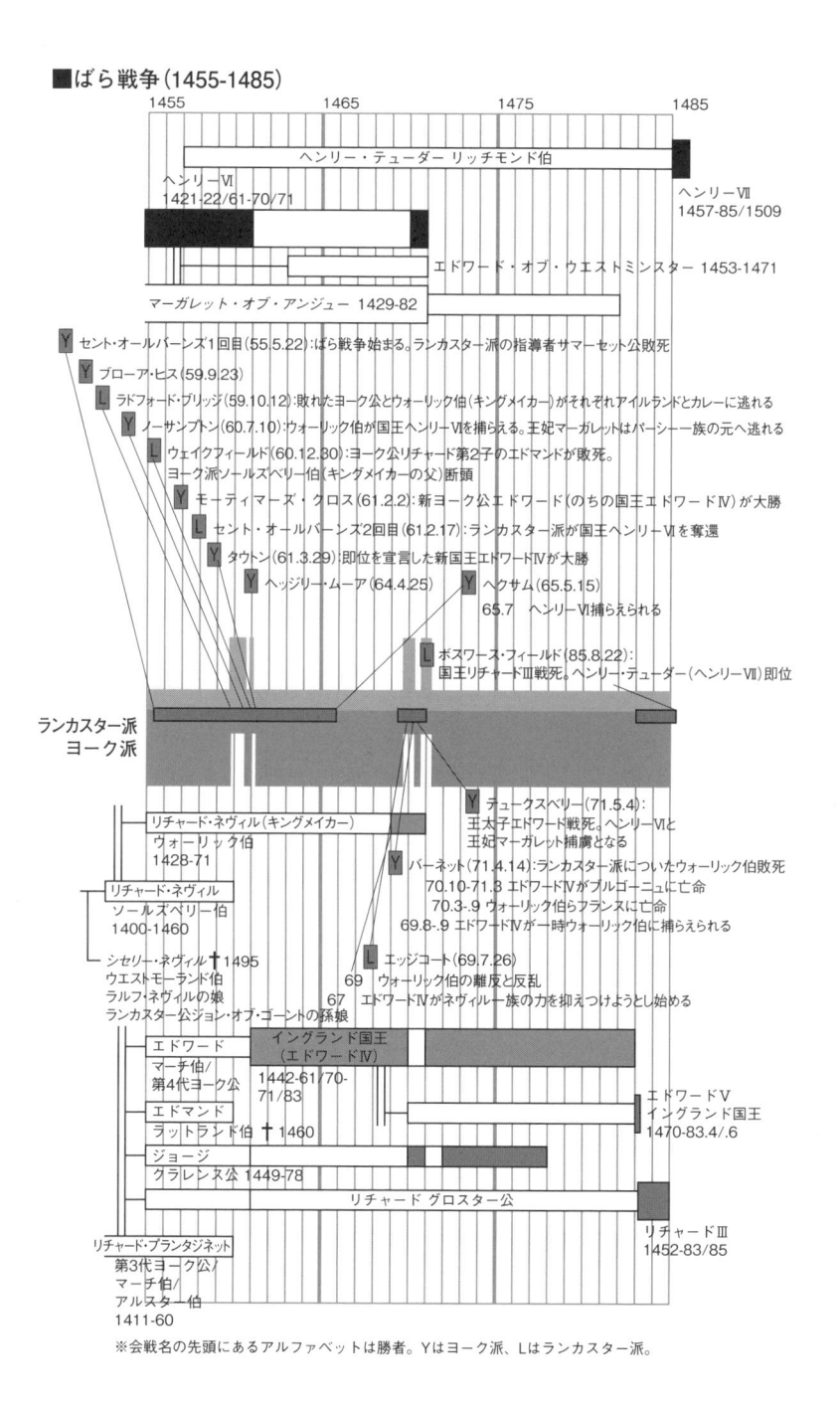

リチャード・ネヴィル(1428-1471)であろう。

　マーガレットは、ヘンリーⅥ世の叔父ベドフォード公ジョンが没して(1435)、いよいよ百年戦争におけるイングランドの劣勢が顕著だった時期に、和平派の主導によってフランスのアンジュー伯家から嫁いできた。この結婚は主戦派には歓迎されず、和平派もやむを得ない譲歩の果てのものであり、マーガレットにとっては辛い環境のなかへの嫁入りだった。しかし相当に心の強い女性だったらしく、病となったヘンリーⅥ世、またヨーク派の捕虜となったヘンリーⅥ世に代わってランカスター派を維持し、戦いを継続していく。両派の血みどろの抗争がなかなか決着を見なかったのは、マーガレットの個性に大きくよっている。

　一方のリチャード・ネヴィルはヨーク派最大の功労者で、亡命先のカレーから帰還して直後のノーサンプトンの戦いでヘンリーⅥ世を捕らえている。ネヴィルの家系はパーシー家同様にイングランド北部で力を蓄えてきた一族で、リチャードの祖父であるラルフ(1364-1425)の代に頭角を現した。ラルフの妻はジョン・オブ・ゴーントの娘ジョアン・ボーフォート(?-1440)であり、この時点ではランカスター家に近かったといえるが、娘のシセリー(?-1495)を第3代ヨーク公リチャードに嫁がせていた。この時期のネヴィル家は婚姻によって大きく勢力を拡大していった典型的な一族で、ラルフの息子でリチャードの同名の父はソールズベリー伯モンターギュ家の女子相続人と結婚し、リチャード自身もウォーリック伯ビーチャム家の女子相続人と結婚して、自身の娘をあからさまな政略結婚に用いてもいる。一旦終息に向かうかのように思えたランカスターとヨークの戦争は、このウォーリック伯がランカスター派に寝返ったことで再び激しさを増す。

②1469～1471年　ウォーリック伯の寝返り

　当然予想される事態ではあったが、国王となったエドワードⅣ世は、自身の勝利に最大の功労者であったと同時に、その実力ゆえに今となっては最大の目の上の瘤であるウォーリック伯リチャードを抑えようとした。そのため両者の関係は険悪になり、ウォーリック伯は反旗を翻した。短期間ながらエドワードⅣ世はフランスへと逃れ、ヘンリーⅥ世が復位する事態となった。リチャードが味方した側が国王となったことから、のちに彼は「国王製造人(キングメイカー)」の異名を与えられる。

しかし、帰還したエドワードに敗れてウォーリック伯は戦死し（バーネットの戦い〈1471.4〉）、1か月後にはヘンリーⅥ世と王妃マーガレットが捕らえられ、ふたりの子である王太子エドワードが戦死した（テュークスベリー〈1471.5〉）。これで完全に両派の抗争は決着した（はずであった）。のちにヘンリーⅥ世は幽閉されたロンドン塔で殺されたと思われ、マーガレットはフランスへと帰される。

③1483〜1485年　リチャードⅢ世の王位簒奪とヘンリーⅦ世

　エドワードⅣ世が没するまでのその後の12年間は、イングランドにもひさびさの平穏が訪れる。しかし、エドワードが没すると再び雲行きが怪しくなった。後継王には少年のエドワードⅤ世（在位1483.4-.6）が就いたが、叔父のグロスター公リチャードが王位を簒奪し、リチャードⅢ世（在位1483-1485）となる。年少の国王が立つと叔父が足を引っ張るというのは、最早伝統となったかのようだ。エドワードⅤ世と弟のヨーク公のふたりの少年はロンドン塔で消息を絶ち、殺されたのはまず間違いない。このリチャードⅢ世の王位簒奪は、ランカスター派の息を吹き返させた。ジョン・オブ・ゴーントの子孫ではあるが、法的な王位継承権者としては疑問が大いにあるヘンリー・テューダーがランカスター派に担

■ネヴィル一族
※斜体文字は女性。

ジョアン・ボーフォート　＝　ラルフ・ネヴィル
ランカスター公ジョン・　　　ウエストモーランド伯
オブ・ゴーントの娘　　　　　1364-1425
†1440

ウィリアム・ネヴィル
ファーコンバーグ卿
†1463

ソールズベリー伯家

アリス・モンタギュー　＝　リチャード・ネヴィル　　シセリー・ネヴィル　＝　リチャード・
ソールズベリー伯　　　　　ソールズベリー伯　　　　†1495　　　　　　　　　プランタジネット
トーマス・モンタギュー　　1400-1460　　　　　　　　　　　　　　　　　　　　第3代ヨーク公
の女子相続人　　　　　　　　　　　　　　　　　　　　　　　　　　　　　　　　1411-60

ヨーク公家

ウォーリック伯家

アン・ビーチャム　　　リチャード・　　　　　　ジョージ・　　　　　　　エドワード
ウォーリック伯　　　　ネヴィル　　　　　　　　ネヴィル　　　　　　　　（エドワードⅣ）
リチャード・ビー　　　（キングメイカー）　　　ヨーク司教　　　　　　　第4代ヨーク公／
チャムの女子相続人　　ウォーリック伯／　　　　1433?-76　　　　　　　　イングランド国王
　　　　　　　　　　　ソールズベリー伯
　　　　　　　　　　　1428-71

ジョン・ネヴィル　　　トーマス・ネヴィル
モンタギュー侯　　　　†1460
†1471

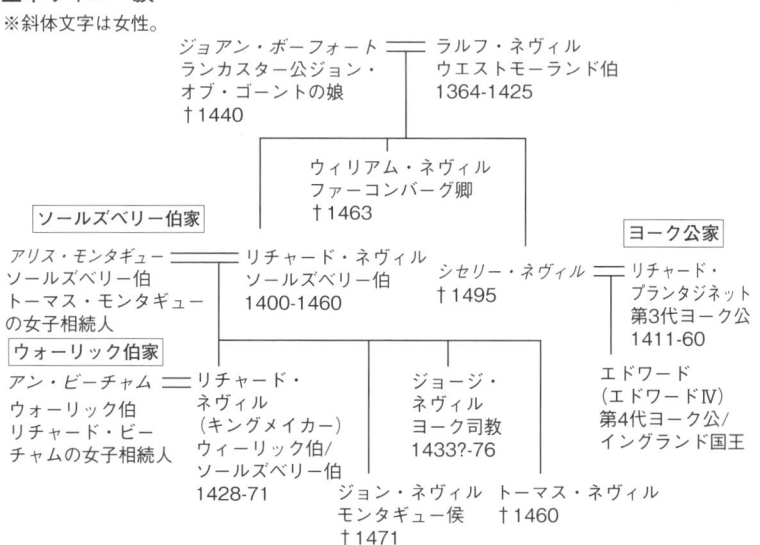

■エドワードⅢ世の5嫡子および子孫による王位争奪戦

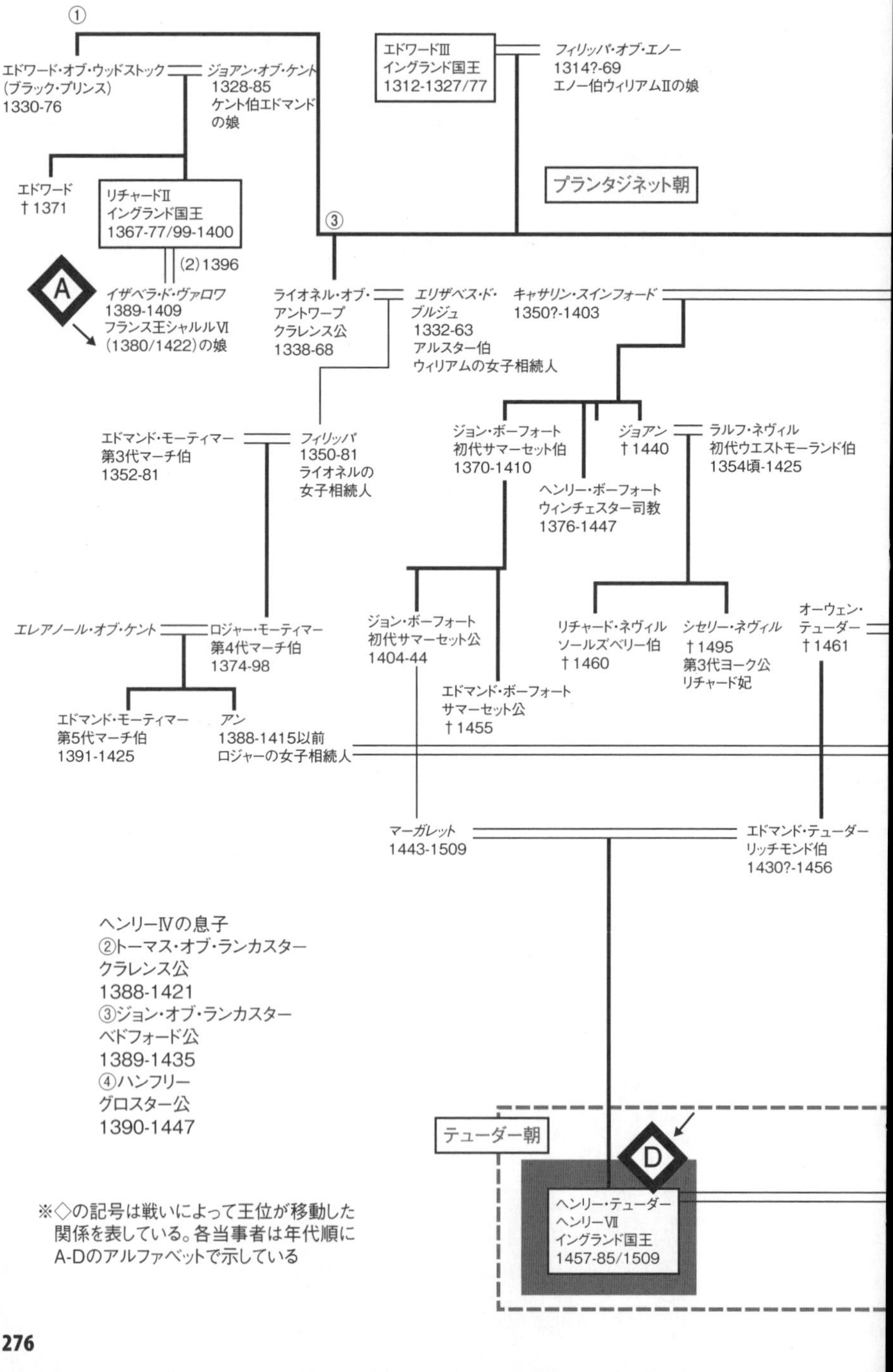

①
エドワード・オブ・ウッドストック
(ブラック・プリンス)
1330-76
ジョアン・オブ・ケント
1328-85
ケント伯エドマンドの娘
エドワードⅢ
イングランド国王
1312-1327/77
フィリッパ・オブ・エノー
1314?-69
エノー伯ウィリアムⅡの娘
プランタジネット朝
エドワード
†1371
リチャードⅡ
イングランド国王
1367-77/99-1400
(2)1396
A
イザベラ・ド・ヴァロワ
1389-1409
フランス王シャルルⅥ
(1380/1422)の娘
③
ライオネル・オブ・アントワープ
クラレンス公
1338-68
エリザベス・ド・ブルジュ
1332-63
アルスター伯
ウィリアムの女子相続人
キャサリン・スインフォード
1350?-1403
エドマンド・モーティマー
第3代マーチ伯
1352-81
フィリッパ
1350-81
ライオネルの
女子相続人
ジョン・ボーフォート
初代サマーセット伯
1370-1410
ヘンリー・ボーフォート
ウィンチェスター司教
1376-1447
ジョアン
†1440
ラルフ・ネヴィル
初代ウエストモーランド伯
1354頃-1425
エレアノール・オブ・ケント
ロジャー・モーティマー
第4代マーチ伯
1374-98
ジョン・ボーフォート
初代サマーセット公
1404-44
エドマンド・ボーフォート
サマーセット公
†1455
リチャード・ネヴィル
ソールズベリー伯
†1460
シセリー・ネヴィル
†1495
第3代ヨーク公
リチャード妃
オーウェン・テューダー
†1461
エドマンド・モーティマー
第5代マーチ伯
1391-1425
アン
1388-1415以前
ロジャーの女子相続人
マーガレット
1443-1509
エドマンド・テューダー
リッチモンド伯
1430?-1456
ヘンリーⅣの息子
②トーマス・オブ・ランカスター
クラレンス公
1388-1421
③ジョン・オブ・ランカスター
ベドフォード公
1389-1435
④ハンフリー
グロスター公
1390-1447
テューダー朝
D
ヘンリー・テューダー
ヘンリーⅦ
イングランド国王
1457-85/1509

※◇の記号は戦いによって王位が移動した関係を表している。各当事者は年代順にA-Dのアルファベットで示している

第5章 封建騎士団の凋落

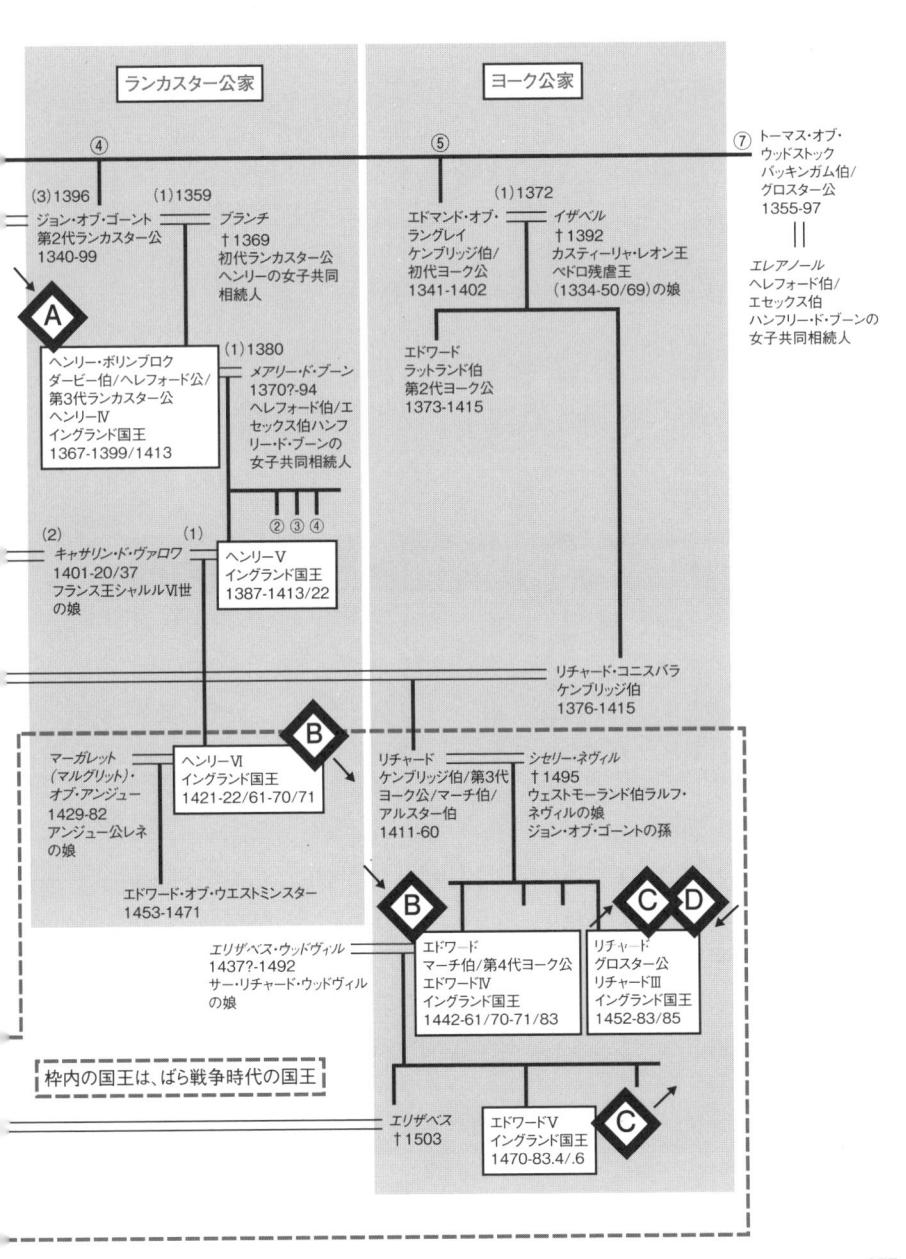

家系図：ランカスター公家・ヨーク公家

ランカスター公家

- ④
- (3)1396 ジョン・オブ・ゴーント 第2代ランカスター公 1340-99
- (1)1359 ブランチ †1369 初代ランカスター公ヘンリーの女子共同相続人

A ヘンリー・ボリンブロク ダービー伯/ヘレフォード公/第3代ランカスター公 ヘンリーⅣ イングランド国王 1367-1399/1413

- (1)1380 メアリー・ド・ブーン 1370?-94 ヘレフォード伯/エセックス伯ハンフリー・ド・ブーンの女子共同相続人
- (2) キャサリン・ド・ヴァロワ 1401-20/37 フランス王シャルルⅥ世の娘
- (1) ヘンリーⅤ イングランド国王 1387-1413/22
- ② ③ ④

B ヘンリーⅥ イングランド国王 1421-22/61-70/71

- マーガレット（マルグリット）・オブ・アンジュー 1429-82 アンジュー公レネの娘
- エドワード・オブ・ウエストミンスター 1453-1471

ヨーク公家

- ⑤
- (1)1372 エドマンド・オブ・ラングレイ ケンブリッジ伯/初代ヨーク公 1341-1402
- イザベル †1392 カスティーリャ・レオン王ペドロ残虐王（1334-50/69）の娘
- エドワード ラットランド伯 第2代ヨーク公 1373-1415
- リチャード・コニスバラ ケンブリッジ伯 1376-1415

リチャード ケンブリッジ伯/第3代ヨーク公/マーチ伯/アルスター伯 1411-60

シセリー・ネヴィル †1495 ウェストモーランド伯ラルフ・ネヴィルの娘 ジョン・オブ・ゴーントの孫

B エドワード マーチ伯/第4代ヨーク公 エドワードⅣ イングランド国王 1442-61/70-71/83

- エリザベス・ウッドヴィル 1437?-1492 サー・リチャード・ウッドヴィルの娘

C D リチャード グロスター公 リチャードⅢ イングランド国王 1452-83/85

エリザベス †1503

C エドワードⅤ イングランド国王 1470-83.4/.6

⑦ トーマス・オブ・ウッドストック バッキンガム伯/グロスター公 1355-97
= エレアノール ヘレフォード伯/エセックス伯ハンフリー・ド・ブーンの女子共同相続人

枠内の国王は、ばら戦争時代の国王

がれて挙兵する。彼はリチャードⅢ世を敗死させて(ボズワース・フィールドの戦い〈1485.8〉)、ヘンリーⅦ世(在位1485-1509)として王位に就いた。これによりプランタジネット朝は絶え、新たな王朝テューダー朝の世となった。ヘンリーはエドワードⅣ世の娘エリザベス(?-1503)を王妃に迎えることで両家、両派を統一し、テューダー朝は1603年まで続いていく。

　ばら戦争は、イングランド貴族にとっては最悪の戦争だった。捕虜や敗者は騎士のルールが適用されていた時代と異なり、断頭刑に処されて命を奪われた。どちらの敗者も名目としては一方に対する反逆者であり、敗者の領地は国内であるために容易に勝者が取り込めもした。何よりも、妥協的な問題解決ではなく、敵対者を一層して問題そのものをなくそうという意志が働いていたように思える。この点についてはヘンリーⅥ世妃マーガレットの個性が強く働いたとされる。ばら戦争は全身を装甲したいわゆる白銀の騎士たちが戦った戦争だったが、騎士道も騎士団もあったものではない。

領臣団の戦争　　長弓戦術同士の戦い

　ばら戦争の軍隊を支えたのは、郷士、ジェントリー、ヨーマンらを中心とした諸侯の領臣団だった。彼らは平民階級であり、年金や問題が起こったときの保護を受けて、諸侯の家臣として働く人々だ。最早、戦争は騎士階級以上の貴族たちのものではなく、平民も専業兵士として勝敗を左右する役割を担っていたので、戦時でも領臣たちが大きく働いた。

　彼らは所属する諸侯の徽章を身につけ、あるいは諸侯の紋章や徽章を描いたタバードと呼ばれる裾の短い上衣を鎧の上に着用したりした。この時代には騎士クラス以上も最早、裾が長く歩行の邪魔となるかつてのサーコートを着用していない。

　騎士クラスの武装は、完全に板金の鎧で身を覆うというものになっている。部品が大きくなるとともに、装飾を兼ねて刃を流す工夫なども行われ、造形は美しくなっていた。

　ばら戦争はイングランドの内戦であるために、戦う両軍がともに長弓戦術を用いるというおもしろい事態が生じた。

　するとどうなるか。もし数に優劣がなければ、どちらも戦術的な優位

さがないために肉弾戦で勝敗を決することになった。互いに矢の雨に長くさらされていれば、互いに数が減っていくだけだ。さっさと肉弾戦になったほうが、より犠牲は少ないともいえた。もっといいのは、正面対決を避けて、用意の整っていない敵を急襲することだった。それには騎兵戦力が重要となる。一旦は一方の歩兵戦術によって影が薄くなった騎兵戦術も、双方が歩兵戦術を用いる場合には、やはり重要な戦力として再び浮かび上がることになった。

 だが、その騎兵戦力は最早騎士団ではない。領臣騎兵団だ。最も見栄えのいい全身装甲の鎧時代、封建騎士団はあらゆる意味ですでに凋落しており、火器の広まりによって白銀の甲冑が姿を消していくのと歩調を合わせ、やがて完全に姿を消すことになる。

■ばら戦争期の全身装甲騎士

有田満弘画
市川定春著『武器甲冑図鑑』
(新紀元社発行)より

第6章
勲爵士騎士団

数多いる封建騎士のなかから
特に選ばれた騎士たち。
彼らは、王侯を助ける実力者として
特別の名誉を与えられ
勲爵士団の一員とされた。

騎士道精神を重んじる
ガーター騎士団

勲爵士団　名誉と遊戯心から創られた騎士団

　騎士団と呼ばれるもののなかには、戦闘集団としての中身をまったく持たないものがある。ガーター騎士団に代表される、名誉を与えるための騎士団、すなわち勲爵士団である。

　これらの騎士団を構成するメンバーは、確かに王侯と騎士たちであり、すべて騎士資格を有するには違いなかった。しかし、宗教騎士団のように特別な目的を持つ結社でもなく、軍事的にもそれぞれのメンバーは、ほかの団員以外の騎士たちと同じく、王侯軍中の割り振られた部署で通常の軍役を果たすだけであった。騎士団員が、特殊・特別部隊のような一軍を結成して軍事作戦を展開することなどまったくない。騎士団員であることは、あくまでもその人物の個人的な名誉と勲功にかかわることで、今日に連なる受勲制度のはしりだった。

　この軍事的実体のない勲爵士団の結成には、12世紀から広まった中世騎士物語文学と騎士道の登場の影響があったことが指摘されている。勲爵士団の初めといわれているイングランドのガーター騎士団は、アーサー王の円卓の騎士団に刺激されて創設されたとされる。

　それまで、貴族身分である王侯たちは、決して自分たちを軍事戦闘員である騎士とは同一視しなかった。ところが騎士なるものがただの戦闘員ではなく、特別な道徳心と気高さと勇気を兼ね備えた存在と喧伝されるにつれて、貴族たちは王侯の身分とは別の次元において自らを優れた騎士のひとりと見なし、見なされることを望むようになっていった。中世騎士物語中で展開されたロマンあふれる騎士道の世界が、貴族たちの心を大きく動かしたことは間違いない。オランダの歴史家ホイジンガー（1872-1945）は、人間の歴史的事象には実用のみならずその時代の遊戯精神と嗜好も働いたことを説いており、勲爵士団をその一例として取りあげている。

ガーター騎士団　円卓の騎士を真似て

　ガーター騎士団は、イングランド王エドワードⅢ世（在位1327-1377）によって14世紀中頃に創設された勲爵士団である（1348.8）。エドワードは、フランス王位を求めて英仏百年戦争（1337-1453）を始めたことで知られる武闘派国王。歴代イングランド王のなかでも知名度の高い王のひとりだ。

　創設にあたっての動機と事情ははっきりしていない。しかし、旧敵ともいえるフランス相手の大軍事行動に欠かせない封建諸侯と騎士たちを賞し、結束を強める狙いがあったには違いない。時期的には2年ほど前にクレシーでフランス騎士軍に勝利し（1346.8）、その後にイングランドとの海上連絡を保つのに重要な北フランスの港湾都市カレーを占領（1347）していたばかりであった。ペストの流行などの痛手をこうむった時期でもあったのだが、イングランドは国を上げての戦勝ムードにあり、百年戦争初期の優勢を宣伝、祝賀し、結束を固めるには、騎士団創設はなかなかのアイデアだったといえる。騎士団はブルー・ガーターともいわれるが、この青(ブルー)はフランス王室の盾紋の地色である青だとされ、であるならば抜かりなく自分の立場と百年戦争の正当性も宣伝していることになる。

　アイデアの出所は、エドワード自身がかねてから寄せていた騎士道と中世騎士物語への関心だったといわれている。

　騎士団創設以前の1344年、エドワードはウィンザーで行われた壮大な武芸大会(トーナメント)で、大会の趣向ながら出場騎士たちを集めてアーサー王物語に登場する「円卓の騎士団」を形作ったことがある。この頃の武芸試合は、敵味方に分かれた集団が広い田園地帯で入り乱れて戦うかつての模擬戦闘から、見せ物としての趣向を凝らした祭典めいたものになっていた。円卓の騎士は人気の演出テーマで、出場者がその種の扮装をしたり、芝居仕立ての演出をしたりして大会を盛り上げていた。茶番めいたお遊びはどうあれ、理想的な騎士像が貴族・騎士階級のみならず広く世間に価値を認められていた時代だった。

　ガーターの名は文字通り、脚からずり落ちないように靴下を留める帯状の靴下留めのことだ。言葉自体にほかの特別な意味があるわけではない。和訳すれば「靴下留め騎士団」とか「靴下留め勲位」となる。いさ

さか騎士のイメージとは合致しない団名である。しかし言い伝えによれば、ある舞踏会での騎士道的なエピソードがその名の由来となった。

　占領した直後のカレーで行われた戦勝祝賀の舞踏会でのこと。絶世の美女として知られ「ケントの麗人」と謳われていたジョアン・オブ・ケント(1328-1385)が、脚に着けていた靴下留めを衆人集まるなかで床に落とした。靴下留めは下着と同じようなものだったので、顔を赤らめるほどの恥ずかしさ、失態だったといっていい。

　ジョアンは美女だというだけでなく、その生い立ちを含めて当時最も注目を集めていた貴婦人だった。

　彼女の祖父は賢王として知られる先々代国王エドワードⅠ世(在位1272-1307)。父のエドマンド(?-1330)は、その祖父が2度目の結婚で得た息子で、異母兄弟となる先代国王エドワードⅡ世(在位1307-1327)によってケント伯に叙されていた。しかしⅡ世が、王妃イザベル(1292-1358)とその愛人ロジャー・ド・モーティマー(?-1330)によって廃位・惨殺されると、若き国王エドワードⅢ世を飾り物にして実権を握った彼らと激しく対立。エドマンドは先王の救出・復位を図ったとして断頭刑にされてしまう(1330)。幼いジョアン・オブ・ケントも幽閉された。しかし、無断でこの処置を取ったふたりに怒った当代国王エドワードⅢ世が親政を行うべく立ち上がり、母后を幽閉、ロジャーを絞首刑にした。ケ

●ガーター騎士団員章(ガーター勲章)
①靴下留め章。②竜退治で知られる聖ジョージが中央に描かれているレッサー・ジョージ。モットーの描かれた靴下留めで縁取られている。

ント伯の名誉は回復され(1330)、ジョアンもまた幽閉の身を解かれた。ジョアンの境遇に同情したⅢ世妃フィリッパ(1314?-1369)は彼女を引き取り、王家の領地で子供時代を過ごした彼女は、王妃のお気に入りとなった。名門出、不幸な出来事、王家の寵愛、そして美人なのだから、まるで大河ドラマのヒロインである。貴族たちが常に注目していたとしても仕方がない。

さて、そのジョアンが貴婦人としてはおよそ考えられぬ失態を演じてしまった。会場の諸侯、騎士、貴婦人は静まり返り、息を飲んで事の行方を見守っていた。哀れジョアンはうろたえるばかりだ。そこへ国王エドワードⅢ世が歩み寄り、床から靴下留めを拾うと自分の膝に着けた。ただの破廉恥な振る舞いなのか、何かの意図があるのか。王の心を酌みかねてざわめく一同。周りを見回した王は泰然としていい放った。

「邪なる思い抱く者に禍あれ(オニ・ソワ・キ・マル・イ・パンセ)」
(Honi soit qui mal y pense)

より注目を浴びる者がより奇異な振る舞いをしたことで人々の注目は国王へと移り、ジョアンは窮地を脱した。

そして、エドワードのこの振る舞いは騎士道精神に満ちたものとして受け入れられ、騎士中の騎士の集まりである騎士団にも、シンボリックな名としてガーターが採用されたのである。騎士団員の徽章である勲章にもガーターが用いられて、左膝に着けることになった。騎士団のモットー(標句)には舞踏会でのエドワードのセリフがそのまま採用され、勲章にも記されることになった。のちになって靴下留め(ガーター)以外にも、頸章(首飾り〈カラー〉)、星章(星形バッジ〈スター〉)、綬(肩からかける帯)留めのブローチ〈レッサー・ジョージ〉が徽章として授与されるようになるが、それらにもこのモットーが記されている。

このようにして、ジョアン・オブ・ケントはガーター騎士団とかかわり深い人物となった。しかし、彼女と騎士団の縁はそれだけではない。ジョアンは騎士団創設メンバーのなかの3人と結婚している。

最初の結婚相手は若き騎士トーマス・ホランド(1320頃-1360)。そのときトーマスは19歳、ジョアンは11歳。かたや特に名家出身でもない下

■ジョアン・オブ・ケント関連家系図
※斜体文字は女性。★はガーター騎士団創設者のエドワードⅢ世。■は創設メンバー。

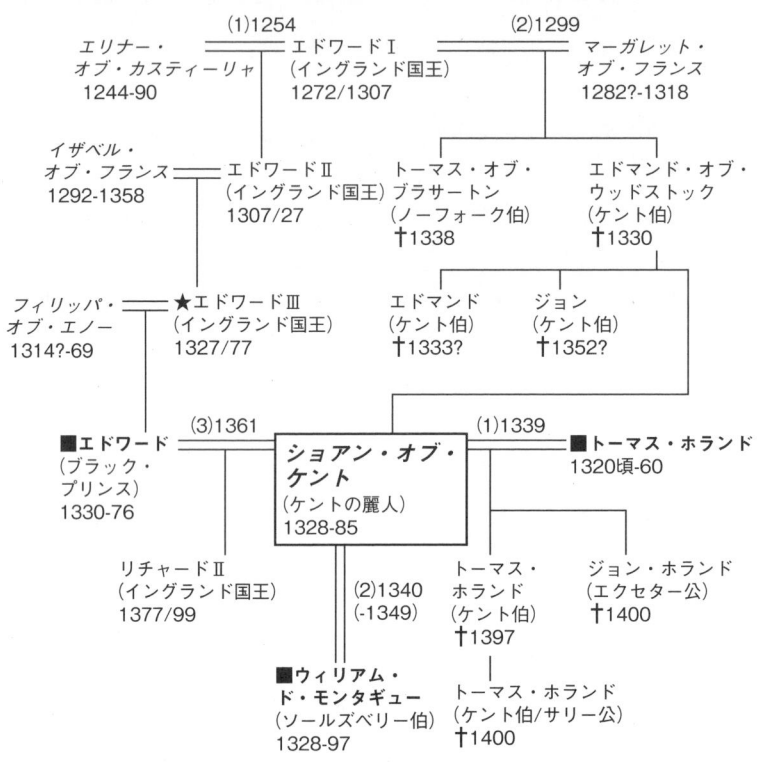

```
                        (1)1254                              (2)1299
  エリナー・       ══ エドワードⅠ ══════════════════════ マーガレット・
  オブ・カスティーリャ   （イングランド国王）                       オブ・フランス
  1244-90            1272/1307                              1282?-1318
         │                                           │              │
  イザベル・    ══ エドワードⅡ                    トーマス・オブ・    エドマンド・オブ・
  オブ・フランス    （イングランド国王）              ブラザートン      ウッドストック
  1292-1358        1307/27                       （ノーフォーク伯）  （ケント伯）
         │                                        †1338           †1330
         │                                                     │
  フィリッパ・ ══ ★エドワードⅢ                              エドマンド      ジョン
  オブ・エノー     （イングランド国王）                       （ケント伯）   （ケント伯）
  1314?-69        1327/77                                 †1333?       †1352?
         │                │                                     │
         │         (3)1361│                       (1)1339       │
  ■エドワード ═══════════ ショアン・オブ・ ═══════════ ■トーマス・ホランド
  （ブラック・              ケント                              1320頃-60
  プリンス）              （ケントの麗人）                           │
  1330-76                1328-85                                │
         │                    │                                │
   リチャードⅡ           (2)1340                      トーマス・      ジョン・ホランド
   （イングランド国王）     (-1349)                      ホランド       （エクセター公）
   1377/99                   │                       （ケント伯）     †1400
                             │                        †1397          │
                      ■ウィリアム・                                   │
                      ド・モンタギュー                         トーマス・ホランド
                      （ソールズベリー伯）                    （ケント伯／サリー公）
                      1328-97                                †1400
```

級貴族、かたや名家の令嬢。ふたりがどういう経緯で結婚したかはまったく想像がつかない。打算的な大人としては、ジョアンが騙されたとしか思えない。しかしトーマスはプロイセンでの十字軍活動のために大陸へ出陣。ふたりの結婚（1339）は婚約といったものだったらしく、あとに残されたジョアンはウィリアム・ド・モンタギュー（1328-1397）と結婚した（1340）。トーマスとの婚約は、それほど曖昧で後ろ盾のないものだったのだろう。ウィリアムは同名のソールズベリー伯（1301-1344）の息子で相続人。こちらとの結婚は十分に納得できる。ジョアンが舞踏会で靴下留めを落としたときには父の跡を継いで伯となっていた。従ってジョアンもその時点ではソールズベリー伯夫人である。

さて自分がいないあいだに婚約者を奪われた、あるいは失ったトーマスのほうが、ふたりの結婚に納得するはずもなく、自分の結婚が有効

であることを主張した。そしてローマ教皇にまで訴え出た。彼の主張が認められたのは、ガーター騎士団が創設されて間もなくのこと(1349)。ウィリアムとジョアンの結婚はなかったことになり、ジョアンは改めてトーマスの夫人となった。ふたりの結婚はトーマスが没するまで(1360)続き、生まれた息子のトーマス(?-1397)は、母ジョアンからケント伯を継承することになる。

　トーマスが没すると、ジョアンは3度目の結婚をする(1361)。相手は国王の後継者である王太子(プリンス・オブ・ウェールズ)のエドワード(ブラック・プリンス)(1330-1376)。ふたりのあいだに生まれた子が、のちの国王リチャードⅡ世(在位1377-1399)である。

　以上のように、どこまでもガーター騎士団と縁深いジョアン・オブ・ケントであった。

　ガーター騎士団の創設メンバーは、イングランド王国の君主である国王と、25名の諸侯・騎士たち(王太子を含む)。合わせて総勢26名である。この数はその後も定員とされ、厳しく守られて超えることはない。

　団員は終身であるために、死没したときのみ新メンバーが補充され定数が満たされる。いわば空席待ちである以上、おいそれとは騎士団員になれないわけだが、戦闘員の団体だけに戦死したり、遠征中に疫病死したりすることもあり(ペストが流行した時代でもあった)、それほど固定されていたわけでもなかった。創設からエドワードⅢ世が没するまでのおよそ29年間には、37名が補充されている。平均すれば年に約1.28人の新規入団者がいたことになる。

　団員には、現国王と将来の国王である王太子が必ず加わっている。外国人の騎士が正規の団員とされることもあり、創設メンバーのなかにも、イングランドの同盟者として軍事的に貢献したフランス人騎士がひとり加えられていた(後述)。女性が団員とされることもあるが、それは客員である名誉団員であって、正規の団員ではない。同様に今日では外国の元首が名誉団員とされることがあり、日本国天皇もそうである。しかしあくまで儀礼的なことであり、イギリス国王の配下になることではない。

　創設時の団員はいずれも優れた武人である。騎士団に軍事集団としての実体がなく、また名誉をまとうための団体だったとしても、団員それぞれは軍事的実力によって選ばれたメンバーだ。爵位(当時は伯以上)を持つ大領主は少なく、lord(ロード)の敬称つきで呼ばれる上級貴族ではあるが、

その末端にある中領主、あるいはより多くがsir（サー）の敬称を持って呼ばれる下級貴族の騎士階級（小領主）だった。当時は爵位の数が減っていたとはいえ、初期の騎士団員がエドワードとの親疎を考慮しつつ、軍事的実力によって選ばれたことは確かなように思える。

　叙勲された者たちは王軍の精鋭騎士であり、あるいは将来を嘱望された騎士であった。ガーター騎士となれば、貴族の位階では平騎士たちを指揮する旗騎士（バナレット）よりも上位となり、軍司令官・部隊指揮官として王軍のそれぞれの持ち場で活躍することになる。彼らは紛れもな

■エドワードⅢ世が叙したおもなガーター騎士団員（1348～1377）

斜体字の称号は騎士団員となってからのちに得た称号。実線で囲んだ人物は伯以上の貴族
※1　エドワードⅢ世の三男
※2　同四男
※3　同五男
※4　ベドフォード伯（1366）。エドワードⅢ世の長女の夫
※5　エドワードⅢ世の五女マーガレットの夫
※6　エドワードⅢ世の四女メアリーの夫

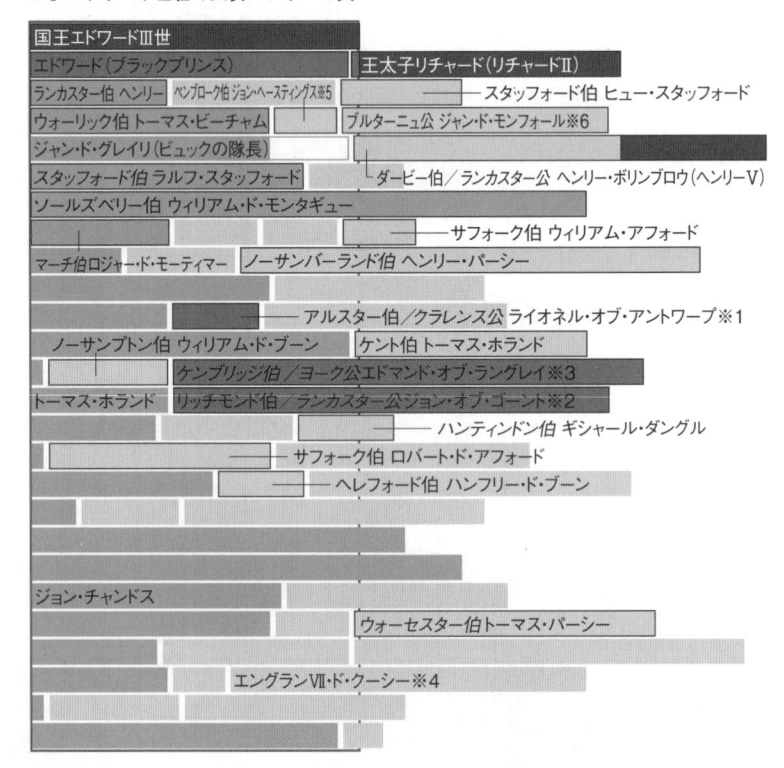

| 国王エドワードⅢ世 |
| エドワード（ブラックプリンス） |
| 王太子リチャード（リチャードⅡ） |
| ランカスター伯 ヘンリー |
| ペンブローク伯 ジョン・ヘースティングス※5 |
| スタッフォード伯 ヒュー・スタッフォード |
| ウォーリック伯 トマス・ビーチャム |
| ブルターニュ公 ジャン・ド・モンフォール※6 |
| ジャン・ド・グレイリ（ビュックの隊長） |
| スタッフォード伯 ラルフ・スタッフォード |
| ダービー伯／ランカスター公 ヘンリー・ボリンブロウ（ヘンリーⅣ） |
| ソールズベリー伯 ウィリアム・ド・モンタギュー |
| サフォーク伯 ウィリアム・アフォード |
| マーチ伯 ロジャー・ド・モーティマー |
| ノーサンバーランド伯 ヘンリー・パーシー |
| アルスター伯／クラレンス公 ライオネル・オブ・アントワープ※1 |
| ノーサンプトン伯 ウィリアム・ド・ブーン |
| ケント伯 トマス・ホランド |
| ケンブリッジ伯／ヨーク公 エドマンド・オブ・ラングレイ※3 |
| トマス・ホランド |
| リッチモンド伯／ランカスター公 ジョン・オブ・ゴーント※2 |
| ハンティンドン伯 ギシャール・ダングル |
| サフォーク伯 ロバート・ド・アフォード |
| ヘレフォード伯 ハンフリー・ド・ブーン |
| ジョン・チャンドス |
| ウォーセスター伯 トマス・パーシー |
| エングランⅦ・ド・クーシー※4 |

く、国王エドワードが自らの戦争遂行に必要とした人材たちには違いあるまい。

　主立った人物を何人かあげておこう。人名のあとに添えたカッコ内の記号は「K」が国王組、「P」が王太子組に属することを示す。団員たちは、国王と王太子がそれぞれ率いる組に同人数が振り分けられて2組を構成した。この組は、トーナメント競技で対抗するための組分けにならったもので、必ずしも実際の戦争での配属先を意味するものではない。

●ランカスター伯ヘンリー（1300頃-1360）[K]
　祖父はエドワードⅠ世の弟でランカスター伯だったエドマンド（クラッチバック）(1245-1296)。父は、騎士道精神で知られる同名のランカスター伯ヘンリー（?-1345）。
　若くから軍務で働き、ダービー伯とされる（1337）。百年戦争当初のスロイスの海戦（1340）で活躍。海戦といっても、当時の戦い方は船上での

■ランカスター伯ヘンリー（初代ランカスター公）関連家系図
※斜体文字は女性。★はガーター騎士団創設者のエドワードⅢ世。■は創設メンバー。

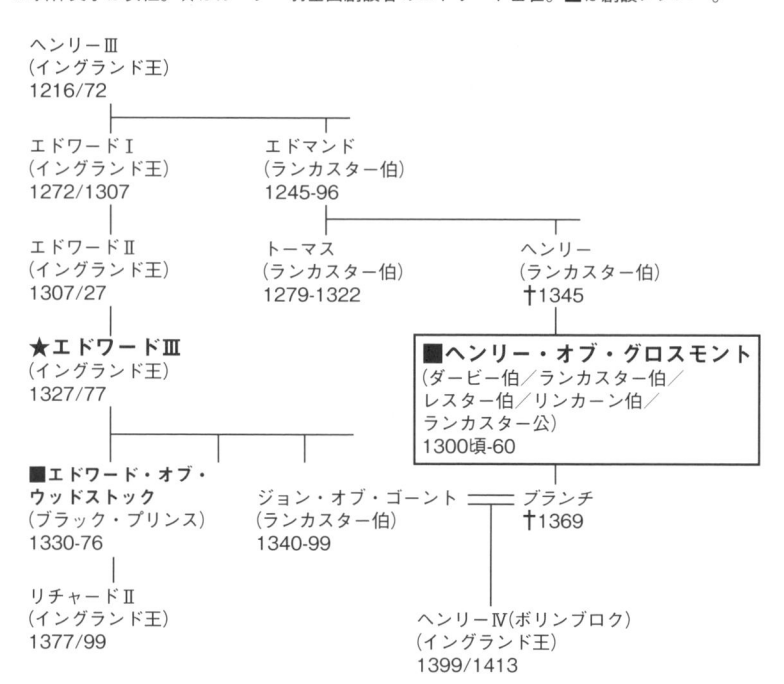

```
ヘンリーⅢ
（イングランド王）
1216/72
  │
  ├─────────────────┐
エドワードⅠ              エドマンド
（イングランド王）         （ランカスター伯）
1272/1307                1245-96
  │                       │
エドワードⅡ              ┌──────────┐
（イングランド王）         トーマス      ヘンリー
1307/27                  （ランカスター伯）（ランカスター伯）
  │                      1279-1322    †1345
★エドワードⅢ                              │
（イングランド王）                         ■ヘンリー・オブ・グロスモント
1327/77                                  （ダービー伯／ランカスター伯／
  │                                      レスター伯／リンカーン伯／
  ├──────┬──────┐                       ランカスター公）
■エドワード・オブ・  ジョン・オブ・ゴーント ═══ ブランチ
  ウッドストック    （ランカスター伯）        †1369
（ブラック・プリンス） 1340-99                │
1330-76                                    ヘンリーⅣ（ボリンブロク）
  │                                        （イングランド王）
リチャードⅡ                                  1399/1413
（イングランド王）
1377/99
```

陸上戦といっていいものだったので、海や船の専門家だったわけではない。やがて、父の死によりランカスター伯、またレスター伯(1345)となる。家柄、領地の広大さだけでなく、教養、人格のうえからも当時第一級の人物とされる。エドワードⅢ世の信頼も篤く、百年戦争ではノルマンディー地方の方面軍司令官として働いた。ガーター騎士団では王太子に次ぐ第2位の席次であり、また国王組の筆頭席次であるから、国王エドワードの右腕だったといっていいだろう。エドワードはその功を賞することを忘れず、新たにリンカーン伯(1349)、また公位を与えて初代のランカスター公に叙した(1351)。軍功のうち、フランスを支援したカスティーリャ海軍を相手にして勝利した「海の上のスペイン人(レゼスパニョール・シュル・メル、またはウィンチェルシーの海戦)」(1350)では、沈没寸前の軍船からブラック・プリンスと、その弟で当時10歳だったジョン・オブ・ゴーントを救い出し、王子たちが海の藻屑と消えるのを防いだことは特に知られている。

プロイセンへの十字軍行に出かけたこともあり、その旅の途中でブラウンシュヴァイク伯に辱めを受けたとして決闘を申し込んだことがある。伯は申し込みを受けず、仲裁役としてフランス国王までもが登場したが、ヘンリーは我が身のことではなくイングランドとその国王が辱められたのだと、断固として決闘を求めた。フランス王はその騎士的振る舞いを賞して多くの品を贈ることを申し出たが、ヘンリーはそのなかの冠の棘ただひとつだけを受け取り、事を決着させている。

イングランドだけでなく外国でも一目置かれていた彼は男子を残すことなく没し(1360)、公位は娘ブランチ(?-1369)を通してその結婚相手に継承された。その人物こそ、ヘンリーがかつて沈没寸前の船から救出したジョン・オブ・ゴーントであった。ふたりのあいだに生まれたヘンリー・ボリンブロク(1367-1413)は、のちに国王ヘンリーⅣ世(在位1399-1413)となる。

●ウォーリック伯トーマス・ビーチャム(?-1369)[P]

ウォーリック伯だったガイ(1271頃-1315)の息子。騎士団第3位の席次は王太子組の筆頭であり、ブラック・プリンスはじめ王子たちの軍事における目付役兼指導役だった。

ウォーリック伯の称号が設けられたのは、征服王ウィリアムⅠ世(在

位1066-1087)がイングランド最初の土地台帳「ドームズデイ・ブック」を作成(1085)したあとあたりのことだからずいぶんと古く、イングランド封建貴族中最古参の称号のひとつである。ビーチャム家自体が同伯位を継承するようになったのは、トーマスの祖父ウィリアムが13世紀中頃に伯父から引き継いでのこと。その後も家系が変わることはあっても、時々のウォーリック伯が諸侯勢力の雄としてイングランド政界に与えた影響は小さくない。

　トーマス・ビーチャム自身はエドワードⅢ世により騎士に叙任され(1329)、Ⅲ世王に従ってスコットランド戦役、大陸遠征に従軍した。クレシー戦、カレー攻略戦においてはブラック・プリンス付きの指揮官として名を馳せ、王太子の軍事的能力の成長と初期の功績は、トーマスの指導・補助によるところが大きいとされる。

　その後も、ブラック・プリンスのフランス西南部ガスコーニュ地方への遠征にも同行し、ポワティエの戦い(1356.9)では全軍を指導するとともに、自ら前衛を指揮して大勝利を飾った。ジョン・オブ・ゴーントの仏遠征にも従軍したが、カレーにて伝染病で没する(1369)。

●ビュックの隊長ジャン・ド・グレイリ(?-1369)[K]

　ガーター騎士団最初の外国人団員にして、正規の団員でもある。彼が持つ称号にCaptal de Buch(カプタル・ド・ビュック)があるが、それが何を表すかは詳細不明。Captalは古いガスコーニュ方言で、英語でいうならcaptain(首領/隊長)であり、恐らくは封建関係ではなく傭兵として働き、勢力を張った武装集団のボスというところであったろう。フランス西南部ガスコーニュ地方の名家出身とも、カスティヨンの子爵ともされるが、プロ戦士として頭角を現した人物である。

　ガスコーニュ地方は、もともと南フランスの大諸侯アキテーヌ公の領地だったが、女子相続人のエレオノール(1122?-1204)と結婚(1152)したアンジュー伯家のアンリ(1133-1189)がイングランド国王(ヘンリーⅡ世〈在位1154-1189〉)となって以来、イングランド王家の家領となっていた。この地方を、ヴァロワ朝初代のフランス国王フィリップⅥ世(在位1328-1350)が没収しようとしたことが、百年戦争の直接の契機になった。フランス国内の領地に関する限り、エドワードはフランス国王の封臣であり、フィリップは封主にあたる。従って忠誠義務違反でフィリップは

没収することができたので、没収する法的根拠がある。ただし実効性があるかはまた別の問題である。

ジャン・ド・グレイリは、ガスコーニュ人領主として当地の大諸侯であるエドワードⅢ世に従い、イングランド軍に加わってフランス相手に戦った。相当の金銭的報酬も得たことだろう。傭兵隊を率いての前線での戦いぶりは頼もしくあり、ブラック・プリンスがガスコーニュ人騎士のなかで最も信頼していた人物だという。

グレイリの戦功でよく知られているものは2例あり、ひとつはポワティエの戦いでのもの。それまで守備的に戦っていたブラック・プリンスが、最終局面での決戦を行うべく初めて攻勢に出たとき、王太子に命じられて、グレイリがフランス国王率いるフランス軍本隊の背後に回り込んだ。その手勢はわずかではあったが、挟撃されたフランス軍主力部隊はこれにより浮き足立って敗走し、フランス国王のジャンⅡ世善良王（在位1350-1364）ほか多くの大諸侯が捕虜となった。

もうひとつは、北フランスで起こった農民一揆「ジャックリーの乱」（1358）での情け容赦ない鎮圧ぶりがあげられる。Jacquesは、貧しくて粗末な短胴衣Jaqueを着用していた貧困農民に対して、当時用いられた蔑称。日本での「田吾作」に相当する。その普通でさえ貧しい農民たちは、百年戦争が始まると、英仏の両遠征軍に略奪・徴発されるのは諦めるとしても、自分たちの領主までから捕虜解放のための身代金をきつく取り立てられる窮状に陥っていた。いよいよ身の置き場所がなくなった彼らは蜂起し、一揆はイル・ド・フランス（パリを中心とした地方）からほかの地方にまで拡大し、襲撃が行われた。パリに近いモー市も一揆勢に攻囲され、数百人の貴婦人が立て籠もって救出を待つという有り様となった。その状況に出くわしたのが、プロイセンへの十字軍行から帰還の途中にあったグレイリだった。彼はフォワ伯らとともに150名ほどをもって突撃。粗末な武装の農民相手ではあったが人数では明らかに不利。しかし狭い橋の上での戦いとなったことで農民軍数百名を殺害して勝利した。さらに逃散した農民たちを追撃して数千名を虐殺し、村々をも襲撃して徹底的に鎮圧したとされる。

●ラルフ・スタッフォード卿(1301-1372)［P］
　エドワードⅢ世が国王となる以前の1325年から軍務に就き、国王と

なった1327年に騎士たちを指揮する旗騎士になったベテラン騎士。フランスとの開戦前には10年以上もスコットランド戦で働き続け、エドワード・ベイリオル(?-1363)、ヘンリー・ボーモント(?-1340)ら「廃嫡者」たちのスコットランド侵攻にも同行し、イングランド軍の戦術転換の大きな契機となったダプリン・ムーアの戦い(1332)に参加している。この戦いでは圧倒的に数に勝っていたスコットランド軍の槍兵隊が、イングランド軍防御陣と長弓兵の前に立ち往生し、ぎゅうぎゅう詰め状態に陥って壊滅した。武器で死ぬ者よりも圧死する者のほうが多かったという。下馬した騎士や装甲兵を指揮していたスタッフォードは、その状況を見て取り、胸を正対させて斬り合うのではなく、斜めに構えて肩で敵を押し返すよう指示した。そこから戦闘技術に熟達し、戦場での機を見るに優れた熟練戦士の姿が浮かんでくる。

百年戦争ではスロイスの海戦(1340)などに参加、捕虜になったこともあったが、その後もスコットランドに派遣されたり、アキテーヌを防衛したりと多忙だった。エドワードⅢ世は功に報いるべくスタッフォード伯を創設し、初代伯に叙している(1350)。

●ソールズベリー伯ウィリアム・ド・モンタギュー(1328-1397)[K]

同名のソールズベリー伯(1301-1344)の子で相続人。すでに紹介したように、ジョアン・オブ・ケントの2番目の夫。

騎士に叙任されたのは百年戦争が始まってから。ガーター騎士団創設メンバーとなったときでも20歳であるから、輝くばかりの青年将校だったといえる。クレシーの戦い(1346)では、予備隊としてエドワードⅢ世のそばに控えた。その後も「海のスペイン人」海戦(1350)、ブラック・プリンスの南仏遠征などに参加。ポワティエの戦い(1356)では、右翼部隊をベテランの老騎士サフォーク伯ロバート・ド・アフォード(?-1369)とともに指揮した。ちなみにこの老サフォーク伯も、騎士団創設の翌年(1349)に欠員によりガーター騎士となっている。

●ロジャー・ド・モーティマー卿(1328-1360)[P]

ウィグモアのモーティマー卿。ウィリアム・ド・モンタギューと同年の生まれであり、彼もまた将来を嘱望された青年将校だったといえる。

モーティマー家はウィリアムⅠ世とともに海を渡ってきたノルマン貴

族。祖父はエドワードⅡ世王妃イザベルの愛人で、共謀してⅡ世を廃位し惨殺した同名の初代マーチ伯(ウェールズ辺境伯)ロジャー・ド・モーティマー。この祖父が、エドワードⅢ世によって絞首刑にされた(1330)ことはすでに述べた通りだ。14世紀からのイングランドでは、国王・宮廷派貴族と諸侯の対立を軸とした政治的混乱によって、しばしば諸侯・貴族が処刑されている。ちなみに貴族の処刑方法は断頭によるもので、絞首刑などの刑はよほど憎まれた者に対してなされた。初代マーチ伯の遺体は2日間吊るされたままでさらされていたという。しかし、それでも一般に罪が子孫にまで及ぶことはなく、国王に忠節を励めば家勢回復の道は残されていた。ロジャーも没収された祖父の領地を回復し(1346)、騎士団創設後には第2代マーチ伯となっている。戦功で特に目立ったものやことさらの武勇談はないが、クレシーなどで常に国王やブラック・プリンスを支え続けた。

●サー・トーマス・ホランド(1320頃-1360) [P]
　下級の平騎士(バチェラー)から戦争で成り上がったプロ戦士。前述したジョアン・オブ・ケントの最初の結婚相手(1339)。当時、青年騎士のなかでも家領の少ない者や、次男以下であるために家領を相続できない者にとって、地位と財産を得る方法はふた通りあった。ひとつは、自分の器量で目立った功績を立てるとともに、高い身代金を得られる重要人物を捕虜にすること。すなわち彼は戦士なので、戦争でこれを実現しようとする。もうひとつは、領地の相続権を持つ女子相続人と結婚する方法である。サー・トーマスは、このふたつの方法によって財産を築いた典型だといえる。

　人物としては自我が強く、騎士道向きに頑固な勇気と誇りを持ち合わせていたようである。百年戦争開戦前にウィンザー城の宮廷で誓われた「アオサギ(ヘロン)の誓い」(1337)にも加わっている。騎士道に基づいたこの誓約は、フランス国王フィリップⅥ世の義兄弟ロベール・ダルトワがエドワードⅢ世にフランス侵攻を勧めた際に、イングランドの諸侯・騎士・貴婦人たちが行ったもの。これにより開戦の運びになったともされている。ロベールは、カペー朝の傍系であるヴァロワ家のフィリップⅥ世がフランス王となることに功績のあった人物とされているが、領地を手に入れるために伯母を毒殺したとしてフィリップに追放され、このときにはイ

ングランドに亡命していた。フィリップⅥ世が不忠・反逆を名分にエドワードからガスコーニュを没収したのには、エドワードがロベールに領地などを与えて手厚く保護したことが根拠のひとつとされている。そのロベールがフィリップへの復讐に思いを巡らしているとき、鷹狩りの鷹が1羽のアオサギをもたらした。これを復讐の予兆と見なした彼は、その大きな鳥のすべてを料理してエドワードの宮廷に持ち込んだ。そしてアジ演説を行って、国王はじめ居並ぶイングランド人たちを挑発した。最も憶病な鳥であるアオサギはエドワードにこそふさわしい。なぜなら王はフランス国王となる権利があるにもかかわらず、それを主張しないどころかフィリップになされるがままだ…と。そういわれたエドワードはフランス王座を手にすることをアオサギにかけて誓った。居並ぶ戦士貴族たちもこれに従った。

　この種の誓約は、騎士が騎士としての勇敢な振る舞いや目的を達成するために行われたもので、一般には意志を貫徹する姿勢と誓約に拘束されていることを示すために、一目でわかる印、例えば鎖などを身に着ける。このときには、ソールズベリー伯ウィリアム（ジョアンと結婚したウィリアムは息子）が、フランスに一撃を与えるまでは片目を覆ったまま使わないとの誓いを立てた。戦闘員が片目であることは不利以外の何ものでもない。後述するジョン・チャンドスも、片目を失明していたために戦死したようなものだ。愚かとしかいいようもないが、こうしたゲルマン風な自己顕示が当時の騎士の真骨頂であった。

　トーマス・ホランドもまた同じ誓いを立てた。騎士らしい戦功を立てるまでは、布で片目を覆って外さないと誓ったのである。彼がその誓いを果たしたのはノルマンディーのカーンを攻略したとき（1346）。同じ誓いを立てた者のなかでは、最後に目の覆いを外したという。

　彼の頑固さはジョアンとの結婚においても発揮されている。大陸での騎士修行中にウィリアム・ド・モンタギューにさらわれたジョアンを取り戻すべくローマ教皇にまで直訴。9年越しの努力の甲斐あってジョアンとの結婚を認めさせた（1349）。この結婚によって彼は妻の領地を管理する立場となり、大領主の仲間入りをした。ケント伯位はジョアンから長男のトーマス（?-1397）へと継承され、さらにその子のトーマス（?-1400）へと受け継がれていく。ジョアンとのあいだに生まれた次男のジョン・ホランド（?-1400）は、父親の違う兄弟である国王リチャードⅡ

第6章　勲爵士騎士団

世からエクセター公を授けられたが、同じくサリー公を授けられた甥のケント伯トーマスとともに、ジョン・オブ・ゴーントの子で王位簒奪者となったヘンリー・ボリンブロク（ヘンリーⅣ世）に敗れて断頭に処された。なお兄弟のオットー（?-1359）もまた騎士団創設メンバーのひとりである。

●サー・ジョン・チャンドス（?-1370）[K]

　ジョン・チャンドスは、エドワードⅢ世が最も信頼を寄せた指揮官のひとり。今日でいえば師団・旅団長クラスの地区司令官といったところか。騎士階級出身だが、先祖は側近戦士として征服王ウィリアムⅠ世に仕えたというから、由緒正しい騎士一族の出である。初陣は百年戦争開戦年の北フランスであり（1337）、クレシー戦（1346）にも参加した。フランスとスペインで軍務に一生を捧げた人物である。ポワティエ戦（1357）ではブラック・プリンスに突撃を進言し、戦術家としての評価も高い。

　彼の戦功としてしばしば取り上げられるのは、ブルターニュ継承戦争（1341-1365）のなかで行われたオレーの戦い（1364）での勝利だ。ブルターニュ半島は、民族大移動期のアングロ・サクソン族のブリテン島侵入によって逃げてきたケルト人一派が住み着いた土地。以来、公国として独立した政治的地位と独自の文化を維持してきた。それが可能だった大きな理由には、フランス国内の辺境に位置していたことがあげられる。しかし西ヨーロッパ全域に視野を広げると、未だ沿岸航法に頼る時代では、北部・南部間の海上連絡・輸送を扼す重要な位置を占めていた。半島を拠点とした海賊行為や攻撃行動はローマ時代にも大きな問題となったことがあり、中世期においてもブルターニュの地政上の意味はほとんど変わらなかった。とりわけ南フランスに所領を持つイングランドにとって、ブルターニュが敵方か味方かは本国および南フランスとの連絡・貿易（葡萄酒など）を大きく左右するものであった。逆の意味でフランスもまた大きな関心を寄せていた。このブルターニュの公であるジャンⅢ世（?-1341）が子を持たずに没したことから、大きく2派に分かれての継承権争いが起こった。イングランドはモンフォール家（ジャン公の異母弟）派を支援し、フランスはパンティエーヴル家（ジャン公の姪）派を支援した。

　ジョン・チャンドスはモンフォールを支援するべく派遣され、両派の

争いを決定づけることになるオレーの戦いを勝利に導いた。戦いは壮絶だったらしく、弓兵も弓をかなぐり捨てて白兵戦に参加するという、激しいガチンコ勝負だったという。戦いに先立つ部署決めでは、予備部隊である後衛の指揮を委ねたサー・ヒュー・カルヴァリ(?-1393)が血気盛んにも敵により近い重要な持ち場を望んだとき、チャンドスはどの持ち場も等しく重要であることを諭したと伝えられている。この予備部隊による新鮮な戦力の前線投入が勝敗の帰趨を決したともいわれており、チャンドスの冷静な戦術家ぶりをよく表すエピソードとなっている。オレーではパンティエーヴル派の領袖であるシャルル・ド・ブロワが戦死し、翌年の協定によるモンフォール家の公位継承と戦争終結を導き出すことになった。またオレーでは叩き上げの戦士・傭兵隊長として名高いのちのフランス王国王軍長（王軍総司令官）ベルトラン・デュ・ゲクラン(1320頃-1380)を捕虜としている。

　大枚の身代金と引き換えに解放されたデュ・ゲクランとチャンドスとの因縁はその後も続き、スペインでのナーヘラ(1367.4)の戦いでも対戦することになる。

　この戦いは、カスティーリャ王国の国王で残虐な統治を行ったペドロ残虐王（在位1350-1369）が異母弟のエンリケ（在位1366・1369-1379）によって追放され、これにブラック・プリンスが介入したことから起こった。

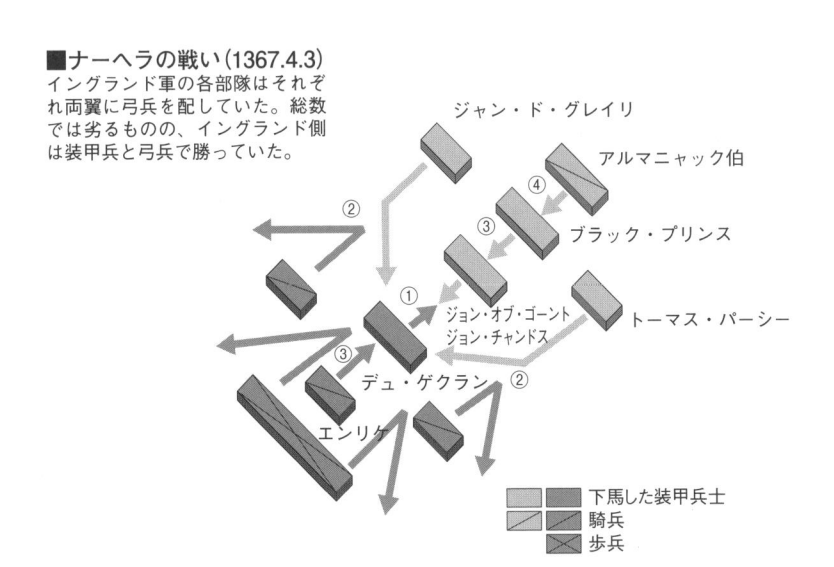

■ナーヘラの戦い(1367.4.3)
イングランド軍の各部隊はそれぞれ両翼に弓兵を配していた。総数では劣るものの、イングランド側は装甲兵と弓兵で勝っていた。

第6章　勲爵士騎士団

ブラック・プリンスはペドロを支援するためにガスコーニュからピレネー山脈を越え、チャンドスはその遠征軍に加わった。一方のデュ・ゲクランは同盟フランス騎士たちとともにエンリケの軍陣にあり、戦いではエンリケ軍の前衛部隊司令官の立場にあった。チャンドスもまた前衛部隊にあり、実質的な部隊司令官としての立場にあった。名目的な部隊司令官は、ブラック・プリンスの実弟でありランカスター公位を継承していたジョン・オブ・ゴーントである。しかしこのときのジョンは、それまでに大きな戦いに参加したことはあっても父王や兄のそばにつき従っていただけだといってよく、年齢はそれなりの青年騎士ではあっても大部隊の指揮は未経験に近かった。そのため歴戦の強者であり、このとき前衛部隊の3分の1以上を占めていたベテラン傭兵を指揮するチャンドスが、実質的な部隊司令官だったといっていい。

　どちらの前衛部隊とも下馬した装甲騎士と装甲兵士からなり、エンリケ軍はそれに弩兵が、イングランド側には装甲兵と同数の3,000名の弓兵が、ともに両翼に配されていた。戦闘は装甲兵同士のぶつかり合いとなり、数には劣っていたもののエンリケ軍側がやや押し気味の展開となった。チャンドスも危うく命を落としかけたという。ところが前衛部隊の両翼でエンリケ軍の騎兵を一掃した左翼・右翼イングランド部隊がこれに加わり（右翼を指揮していたのはビュックの隊長ド・グレイリ）、ブラック・プリンス直属の中軍部隊も押し出してきたことで状況が逆転。エンリケ軍も、エンリケ率いる騎兵と後衛2万名の歩兵部隊が加わったものの、歩兵部隊は長弓の餌食となり、最後にイングランド軍後衛の同盟騎兵部隊が参戦したことで敗走に移った。デュ・ゲクランは最後まで部下とともに前衛で踏みとどまっていたものの、スペイン兵の敗走が止まらぬと見るや、やむなく降伏した。彼自身、下馬して戦っている以上は逃げようにも逃げることはできなかった。かくてデュ・ゲクランは、またしてもチャンドスの捕虜となったのである。

　なお、このカスティーリャ遠征は戦いには勝利したものの、遠征自体は無益なものとなった。ペドロ王は、一旦は玉座を取り戻したもののすぐにエンリケに殺され、報酬もなく、行軍と戦闘により多くの兵が失われただけとなった。このカスティーリャ遠征に対する今日の評価はよろしくない。

　ジョン・チャンドスが戦死したのは1370年のことだった。ポワトゥー

地方のリュサックで、300名ほどの部隊を率いてフランス軍と衝突したときのことだ。このときもまた、全身を装甲で固めたまま下馬しての戦いとなったが、チャンドスはどうしたことか、兜の面頰を上げていた。それがいけなかった。濡れた草に脚を取られた彼は体勢を崩して倒れかかり、横から近づいてきた敵兵の突き出す槍に顔面を貫かれてしまった。敵が近づいてきたのは狩猟事故で失明していた目の側からだったために死角となって、接近そのものに気づかなかったことがそもそもの不幸だったかもしれない。チャンドスの死をデュ・ゲクランは悼み、騎士中の騎士の死としてひどく惜しんだという。2度も惜敗して捕虜となっただけに、好敵手として認めていたのだろう。デュ・ゲクランだけでなく、フランス騎士の多くもまた同様の感想を持ったともいわれる。敵味方の区別なく高い評価と好意を持たれていた戦士の死であった。

　以上のような騎士たちとは別に、聖職者も騎士団にかかわっている。こちらは団員ではなく、騎士団員が集まって行われる宗教儀式の執行役、あるいは事務方としての関与である。
　ウィンチェスター司教は聖職者として総会への出席資格を持ち、礼拝などを司った。オックスフォード司教が書記官として騎士団の印璽を保管した。
　聖ベルナールが初期十字軍活動のなかで提唱した神と戦闘員との関係は、換骨奪胎されてはいても、この頃には騎士道の常識となっていた。騎士は神への奉仕を行うために戦う。ガーター騎士団は騎士道のための団体であるとともに、神への奉仕を掲げた団体だった。彼らがその保護下に置かれたいと掲げた名は、聖母マリア、聖ジョージ、聖エドワード（証誓王）である。とりわけ聖ジョージはキリスト教圏の全戦闘員の守護聖人であり、イングランドの守護聖者でもある。そのため騎士団のシンボルとされ、聖ジョージを表す赤い十字や竜退治の騎馬像がガーター勲章の意匠に用いられている。
　騎士団の本拠が置かれたのは、エドワードⅢ世が王室の軍事的本拠としたウィンザー城であり、そのなかの礼拝堂であった。この堂にも聖ジョージの名が冠されている。

各地で生まれた勲爵士団

星章騎士団　王権への忠誠を求めて

　ガーター騎士団が創設されると、それに相対するようにして、フランスでも国王ジャンⅡ世(在位1350-1364)によって騎士団が創設された。名を「星章騎士団(オルドル・ド・レトワール)」という。しかし、印象としてブルー・ガーターとはずいぶんと異なる。

　星章騎士団が創設されたのは1352年頃とされるから、ガーター騎士団創設のすぐあとといっていい。フランスにだって立派な騎士はいるぞ…ということだろうか、すぐに創られた。しかも、イングランドよりもたくさんいるぞ…ということだろうか、団員数がやたらと多く、定員なしの500名である。

　対抗心は別にして、現実的には国土も人口もフランスのほうが圧倒的に多いのだから、団員数が多いのは当たり前なのかもしれない。しかし、英仏の王権を取り巻く政治環境が、人数の違いに表れたといったほうがいいだろう。

　フランス王権は、12世紀前半から比べればはるかに強くなってはいた。しかし相変わらず国内諸侯の特権維持の熱意は高く、地域独自の利害意識も根強く存在していた。王権が少しでも弱体化すれば、たちまち大諸侯の不満が浮上し、対立化へと向かう。

　ジャンⅡ世が王座に就いたとき、フランスの王権は弱っていた。先王フィリップⅥ世(在位1328-1350)の対イングランド政策とそれによって起こされた戦争は、王国の財政を圧迫していた。フランス王が大諸侯を従えて国内完全統一を果たすためには、最大諸侯のひとりであるイングランド王を屈服させなければならない。だから、強硬な政策自体は必要だった。それはフィリップ個人だけでなく、歴代フランス王の政策でもあった。しかし戦争は敗北するばかりで、領土も失っていく。戦争には金がかかり、領土を失えば収入も細くなる。財政の悪化は軍事力の弱体化そのものを意味していた。

ジャンⅡ世がすべきことは、財政の再建と軍事の強化だった。その点を考慮するなら、星章騎士団の創設も軍事強化と王権の威信回復の一環だったことは間違いない。大げさにいうなら、大諸侯が動員した騎士軍に頼るのではなく、王が動員した騎士軍こそが王権の確立への道だと思っていたのかもしれない。

そうした事情であれば、王と大貴族の違いを見せるためにも、延いては王権の軍事強化のためにも、団員数が多いほどいいことになる。

王権を軍事力によって強化したいという望みは、騎士団のモットーに表れている。

「星々は王の道を照らす（道案内をする）」
（MONSTRANT REGIBUS ASTRA VIAM）

星々とは団員騎士たちのことであろう。騎士たちに王権に奉仕することを説諭しているようでもあり、また騎士あっての王権と機嫌を取っているようでもあり、モットーとして優雅さに欠けることは否めない。団員にはこのモットーを記した星章が与えられ、それがそのまま騎士団名となった。

どうやら騎士団創設の切迫度は、国王の立場を確立していたエドワードⅢ世とはずいぶんと違うようだ。常勝の王ともいえたエドワードは、勝利のあとで功労賞を与えるごとくガーター騎士を叙し、さらなる勝利を目指した。ガーター騎士団の本質は、少人数に限った勲章制度である。それに対して、星章騎士団は一種の近衛士官制度といえるだろうか。ジャンは目先の勝利をとにかく得るべく、騎士たちに近衛士官としての心がけを植えつけようとした。名誉には違いない。ただし星章騎士団員に与えられるのは、功ある受勲者としての名誉ではなく、制度的な軍事エリートとしての名誉である。この点において、ガーターのような勲爵士団というよりも、スペインにあった近衛・親衛隊的な世俗騎士団に近い。

カスティーリャ・レオン王アルフォンソⅪ世が1332年に創設したというスカーフ（バンダナ）騎士団は、王と王国を守ることを誓った騎士たちで、先に触れたスペインのナーヘラの戦いでは、エンリケ軍にその旗幟が見えたという。スペインの騎士団はスペインで創設された宗教騎士団

を含めて、王と王国を騎士団単位で守る実戦部隊であった（第4章イベリア半島の騎士団参照）。

　冷たくいうなら、敗北続きのフランス騎士たちは、ガーターのような勲爵士団を結成する資格を欠いていた。ジャンも星章騎士団員たちも、未だ王として騎士としてなすべき武功を立ててはいなかった。だから星々の輝きは未来にしかなかった。しかもはなはだ雲行きの怪しい未来に、である。創設時点では、その意気込みをよしとするしかない。

　騎士団は、案の定というべきか期待外れというべきか、創設からわずか4年にして事実上の壊滅となる。

　ポワティエの戦い（1356）で、フランスの名立たる諸侯と騎士が、大量に捕虜となるか戦死してしまった。国王ジャンⅡ世までもが捕虜になったのだから、歴史的な敗北だった。フランスの星々は輝きを見せる前に天から地へと引きずり落とされた。

　ジャンはエドワードⅢ世と同様に騎士道に深い関心を寄せていた。一方で彼はエドワードほどの軍事能力を身につけていない。経験の差ともいえるだろう。そのためか、騎士道について夢想家めいた生真面目さがあったようだ。エドワードは騎士道を装いとし、道具とし、建前と本音を使い分ける。騎士道を現実に優先させることはない。ジャンはそれを上手にできなかった。

　ジャンはポワティエで自軍が総崩れとなるなか、最後まで踏みとどまって戦った。勇敢ではあった。しかし降伏し捕虜となった王は、ブレティニー・カレーの条約（1360）において領土的な譲歩のみならず、エキュ金貨300万リーヴル・トゥールノワを身代金として支払わなければならなくなる。高額であるために支払いは7回の分割とされ、初回金として40万エキュ金貨を払って解放された。本当なら60万のところを、減額してもらっての解放だった。ジャンは解放されるにあたり、約定を守る証しとして、息子でのちのアンジュー公ルイら多くの重要人物を身代わりに置いてきた。本人としては約定を守るつもりだったので、それだけの人質を置いてきてもいいと思ったに違いない。誇り高く大見得を切ったのである。ところが人質となったルイはいい迷惑で、父王の騎士道趣味につき合う気はなかった。ルイは脱出して逃げ帰り、身代わりとなることを拒んだ。ジャン王はこの振る舞いに怒りはしたが、もともとは我が身から出た錆である。彼は約定を守るべく捕囚の身へと戻り、ロンドン

■ポワティエの戦い (1356.9.19)

いつもながらの防御的戦術で迎え撃つイングランド軍8,000に対し、フランス軍1万6,000は騎士たちを下馬させて攻撃した。しかし騎兵と弩兵からなる第1線、シャルル王太子率いる第2線は壊滅（図中①）。王弟オルレアン公率いる第3線はそれを見て逃走（②）。第4線のジャンⅡ世だけが残った。ブラック・プリンスは予備としていた中央部隊を率いて全軍を突撃させた（④）。同時に「ビュックの隊長」ことジャン・ド・グレイリに騎兵・弓兵からなる少数部隊で背後を突かせた（⑤）。最後は長弓兵までもが加わって激烈な白兵戦が展開された。

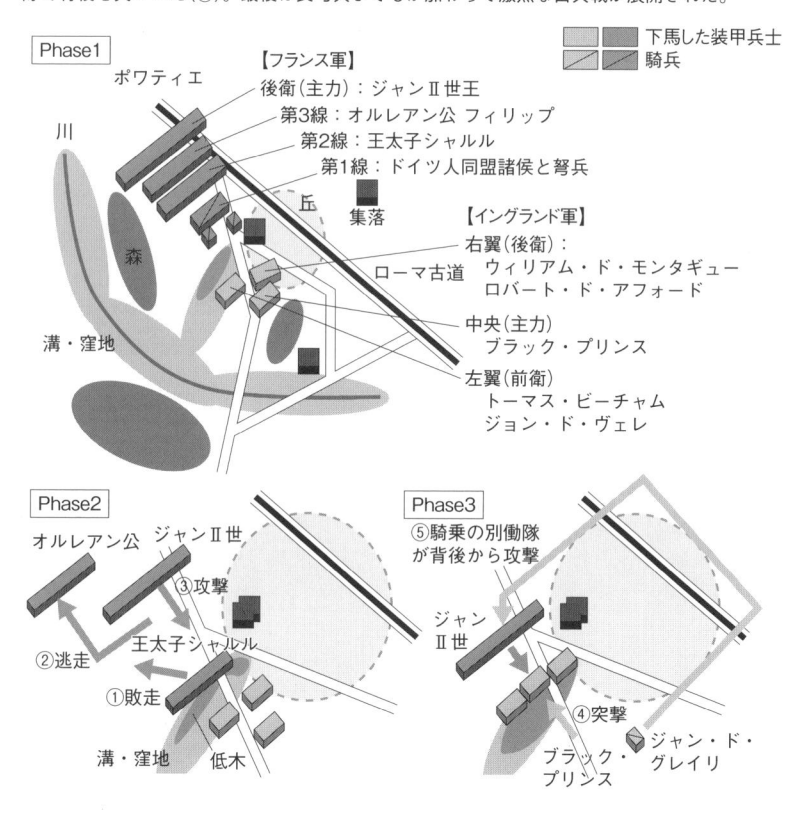

【フランス軍】
後衛(主力)：ジャンⅡ世王
第3線：オルレアン公 フィリップ
第2線：王太子シャルル
第1線：ドイツ人同盟諸侯と弩兵

【イングランド軍】
右翼(後衛)：
ウィリアム・ド・モンタギュー
ロバート・ド・アフォード
中央(主力)
ブラック・プリンス
左翼(前衛)
トーマス・ビーチャム
ジョン・ド・ヴェレ

下馬した装甲兵士
騎兵

Phase1
ポワティエ
川
森
溝・窪地
丘
集落
ローマ古道

Phase2
オルレアン公　ジャンⅡ世
③攻撃
②逃走　王太子シャルル
①敗走
溝・窪地　低木

Phase3
⑤騎乗の別働隊が背後から攻撃
ジャンⅡ世
④突撃
ブラック・プリンス
ジャン・ド・グレイリ

で病没した（1364）。

　騎士団の団員騎士として知られている人物にジェフリ・ド・シャルニ（?-1356）がいる。この人物はジャンⅡ世がフランス王位に就く前からジャンに仕え、主に劣らず騎士道好きぶりを見せた。

　ポワティエでは、王国軍旗オリフラムが立った。「黄金の炎」の意味を持つこの旗は、赤い地に黄金の炎が描かれ、何本かの吹き流しを持つ。平素はパリ近郊のサン・ドニ修道院の宝物庫に保管されているが、ここ一番というときに限って王の手に渡され、戦場に持ち出される。だから、オリフラムの旗手とされることは武人の最高の名誉とされていた。

その旗手とされたのがド・シャルニだった。その名誉の騎士が、ポワティエで両軍が激突する前に、互いに代表者100名を出して戦い合わせ、それで勝敗を決めてはどうかと王に提案したとされる。このときはフランス軍が数的に勝っていた。にもかかわらず、あえて同人数にして正々堂々とゲームのようにして戦おうというのである。こうした決闘方式による決着はあながち騎士道呆けしているとはいい切れず、無用の流血を避け、また神意を得る選択肢としてはあったようなのだが、実施も結果もうまく運ぶものではなかった。このときもド・シャルニの提案は、より大きな武功と身代金を見込む同僚騎士たちに拒まれている。理念先行の現実離れぶりは、星章騎士団と同様だったのである。

バース騎士団　もうひとつのイングランド勲爵士団

　ガーター騎士団が創設されたイングランドでは、その50年ほどのちにもうひとつの勲爵士団が新たに創設された（1399）。バース騎士団という。創設したのはイングランド国王ヘンリーⅣ世（在位1399-1413）。彼自身の戴冠式の日に46名の従騎士をバース騎士としたのが始まりである。
　バース（bath）とは「風呂」のこと。「風呂」騎士団とは、ガーターに劣らず奇妙な団名だ。もう少しらしく訳すなら、風呂ではなく「沐浴」騎士団である。入団式（叙勲式）前日に身を清めるために沐浴したことから、その名がついたとされている。沐浴は、そもそも騎士叙任の際に行われていたもので、従騎士を騎士となして初めてバース騎士となし得たことから叙勲式とセットになり、団名の由来にもなったのであろう。
　バース騎士の勲位としての格は、従騎士を対象としたことからもわかるように、すでに騎士だった者を叙勲したガーター騎士団よりは下位になる（今日の勲位制度でも同じ）。当時の騎士の序列では以下の通り。

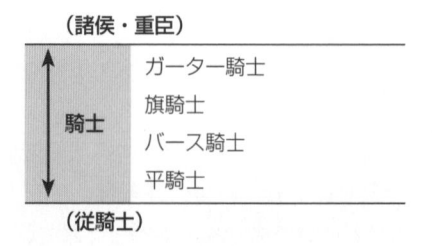

```
　　　　　　　（諸侯・重臣）
　　　　　　┌─────────┐
　　　　↑　│ ガーター騎士　│
　　　　│　│ 旗騎士　　　　│
　　騎士│　│ バース騎士　　│
　　　　↓　│ 平騎士　　　　│
　　　　　　└─────────┘
　　　　　　　（従騎士）
```

すなわち、平騎士たちを率いる旗騎士よりは下位にあるが、その配下に組み入れられる平騎士たちのなかでは最上位にあたる。ただしこれはあくまでも階級上・指揮権上の格の話である。傑出した武功を持つゆえにバース騎士にされたのだと考えれば、一個の騎士戦闘員として、何らガーター騎士に見劣りするものではない。何せほかの従騎士を差し置いて騎士に取り立てられ、さらに古参の平騎士を追い抜いてその上位に置かれるのだから、かなりの武功の持ち主ということになる。

　ヘンリーⅣ世が戴冠式の折にバース騎士とした従騎士たちは、いずれもヘンリーの即位に功のあった者たちだったと考えられている。

　戴冠式のときに騎士叙任が行われるのは特別なことではない。もともとの騎士叙任は当事者と若干の立会人がいればよく、いついかなるときにでも可能だった。戦場で武功を立てた直後に叙任されることもあった。ところが騎士道がもてはやされ、教会の関与も深まるにつれて、叙任の作法と式典は豪奢で複雑となり、かかる費用も上昇して、手軽には行えなくなっていく。かといって、今さら質素に戻して叙任のありがたみを減じるわけにもいかず、祝賀祭典の折に人数をまとめて行われるようになっていった。騎士は自然減だけでなく戦死による減少もあるため、一定数を常に確保することは重要である。新国王の戴冠式での叙任は、治世に向けての大量補充と、彼らが奉仕すべき新国王の恩恵をアピールする機会でもあった。そこで叙任されるのは、それまでの功績や経験を考慮された従騎士たちである。彼らは王国や即位前の新国王に奉仕してきた者たちなのだが、それは総じての功績と貢献であって、ヘンリーⅣ世がバース騎士とした者たちのように、彼が王となることに直接に貢献したというのは珍しい。しかもただ騎士とするのではなく、その上位に位置するバース騎士としてことさらに恩典を与えて権威を強調したのだから、即位にはそうするだけの事情があったと考えるべきだろう。

　確かに事情はあった。ヘンリーは武力クーデターによって従兄弟である前王リチャードⅡ世を廃位に追い込み、代わって玉座に就いていた。それだけでなく、王位継承の正当性にも疑問があり、王位簒奪者と見られていた。長くはなるが、王位争奪戦の例としても興味深いものなので、そのへんの事情を説明しておこう。

　即位前の名をヘンリー・ボリンブロクと呼ぶ彼は、エドワードⅢ世の四男であるジョン・オブ・ゴーントの長子である。子沢山のエドワー

ドは王妃フイリッパ・オブ・エノー（1314?-1369〈在位1328-1369〉）とのあいだに7男5女をもうけていた。男子のうち次男・六男の2名は若死にし、以下の5子が成長していた。

① 長男　エドワード・オブ・ウッドストック（ブラック・プリンス）
　　　　（1330-1376）
　　　　コーンウォール公(1337)、ウェールズ大公(王太子)(1343)
③ 三男　ライオネル・オブ・アントワープ(1338-1368)
　　　　アルスター伯(1352)、クラレンス公(1362)
④ 四男　ジョン・オブ・ゴーント(1340-1399)
　　　　リッチモンド伯(1342)、ランカスター公(1362)
⑤ 五男　エドマンド・オブ・ラングレイ(1341-1402)
　　　　ケンブリッジ伯(1362)、ヨーク公(1385)
⑦ 七男　トーマス・オブ・ウッドストック(1355-1397)
　　　　バッキンガム伯(1378)、グロスター公(1385)

　エドワードⅢ世の後継者は①のブラック・プリンス(黒太子)の綽名を持つ王太子エドワードである。長子相続の原則だけでなく、百年戦争における武功によって名実ともに次期国王と見なされていた。父王エドワードⅢ世は歴代国王のなかでも珍しく後継者に恵まれたといってよく、イングランドもまた2代続けての武勇に優れた君主を持つはずだった。ところが、ブラック・プリンスは王太子のまま遠征中に病に倒れ、没してしまう。最早老人であった父王の嘆きは相当であったと思われ、老エドワード王もその翌年には没してしまう。そこで国王となったのが、ブラック・プリンスの長子であるリチャードⅡ世だった。年齢はわずかに10歳。イングランドは急転直下、途端のうちに統治能力者を失ってしまった。しかしながら新国王には、父ブラック・プリンスの弟たち、すなわち叔父たちがいた。リチャードが国王に即位したときには③クラレンス公ライオネルはすでにこの世にはなく、存命していたのは④ランカスター公ジョン、⑤ケンブリッジ伯エドマンド、⑦トーマスの3名であった。これら3名の叔父が盛り立てればまた話は変わっていたのだろうが、甥のリチャードを支えようとしたのは⑤エドマンドだけだったとされる。しかし如何せん彼には実力がない。

叔父たちのうち実力があったのは、妻の権利からランカスター公を名乗り、イングランド最大諸侯となっていた④ジョン・オブ・ゴーントであるが、彼は早々に王位継承者を決めておくべきだと、まだ子のいないリチャード王に迫った。後継者の定まっていないときに起こされる紛争を避けるためではあるが、リチャードはまだ10代の若者であり、まだこれから実子がいくらでも生まれる可能性があった。無茶である。しかも王位継承者はジョン自身の息子のダービー伯ヘンリー・ボリンブロク（のちのヘンリーⅣ世）とするように迫っていたのだから、ジョンには下心ありである。しかし、先王であった祖父と、その後継者でありながら王位に就くことがなかった父の立て続けの死を盾にされれば、最大実力者の叔父の圧力を無視し続けることは難しかっただろう。

　こうした自身の立場の弱さを痛感していたリチャードは、軍事費補填のために議会が行った人頭税徴収に反対して起こされたワット・タイラーの一揆（1381）を鎮圧すると、親政を目指して宮廷内に側近グループを形作っていく。彼らを重用し、過度とも思える叙爵を行った寵臣政治の始まりである。だがこのことは、当然のごとく宮廷外にある諸侯との関係を悪化させていった。一方でふたりの叔父の⑤エドマンドと⑦トーマスにはそれぞれにヨーク公、グロスター公の公位を授けて機嫌を取った。この公位授与は④ジョンに対抗する意味もあり、さらにジョンが執拗に要求していた王位継承者指名には③故クラレンス公ライオネルの娘の子である、マーチ伯でアルスター伯のロジャー・モーティマー（1374-1398）の指名をもって応じた。③ライオネルは父の次弟で最年長の叔父ではあるが、すでに故人。そしてロジャーはその子ではなく孫、さらに女系の相続人である。一方④ジョンは存命中の叔父のなかでは最年長。そしてヘンリー・ボリンブロクは孫ではなく子である。さらに父の末弟である⑦トーマスという叔父自身が王位に望みを持っていたというからややこしい。長子相続の原則はこの時代にはすでに伝統となっていたが、長子の家系が絶えた場合の継承順位といった決まりはなかった。

　そんななか、④ジョンは2度目の結婚でカスティーリャ王だったペドロ残虐王の娘を妻にしていたことから、王位継承権を主張してカスティーリャへと遠征していった（1386-1389）。この主張は、ふたりのあいだに生まれた娘をエンリケⅢ世（在位1390-1406）の妃としただけで、望

第6章　勲爵士騎士団

みはかなわず帰還することになる。その不在中に、にわかに登場してきたのが⑦グロスター公トーマスである。彼と諸侯数名は宮廷派貴族を告発し、リチャードⅡ世に認めさせてこれを放逐するのに成功した(1386-1388)。この告発に加わった諸侯を告発諸侯と呼んでいる。だが⑦トーマスが望んだ王の廃位までには至らなかった。一度は譲歩したリチャードであったが、再び新たな寵臣を重用して諸侯との対立を強めていった。王が力を回復するのには、トーマスの野心を抑えようとしていたランカスター公親子の存在が大きかったと思われる。告発諸侯に加わったにもかかわらずヘンリー・ボリンブロクをヘレフォード公に叙している。実力がなかったせいか、とかく叙爵することの多かった王である。

　およそ10年を経て両派の抗争は再び表面化する。今度はリチャードが勝利し、告発諸侯は追放されるか処刑された。叔父である⑦トーマスも逮捕され、護送中に殺害されたという(1397)。さらにリチャードは王権をより確かなものとするために、目の上の瘤だったランカスター公親子の排除を目指した。息子のヘレフォード公ヘンリー・ボリンブロクを反逆の理由で追放し、父親の④ランカスター公ジョンにも圧力をかけた。ジョンが没すると(1399.2)、ヘンリーから相続権を取り上げてランカスター公家の廃絶を図った。

　怒ったヘンリー・ボリンブロクは、リチャードⅡ世のアイルランド遠征中にイングランドに上陸した(1399.7)。その時点での兵力はわずかな近習者だけだったが、たちまちのうちにリチャードに不満を抱く諸侯が加わり、膨れ上がっていった。⑦トーマスらの反宮廷派諸侯の粛正を行ってからというもの、リチャードは自己の軍事力を増大して権力を確固とすることに急ぎ過ぎたらしい。諸侯たちの既得権益を侵し、怒りを買っていた。そうした諸侯が、粛正に遭った告発諸侯派一族とともにヘンリー軍に加わった。ノーサンバーランドにあってスコットランド諸侯と対峙してきたパーシー一族や、ウエストモーランド伯ラルフ・ネヴィル(1364-1425)らがそれである。味方する者は10万に達したともいわれ、結局のところリチャードはろくな抵抗もできずに降伏。リチャードの名の下にヘンリーが招集した議会によって廃位され(1399.9)、翌1400年の1月か2月には、獄中で餓死に追い込まれたという。

　ヘンリーは、リチャードを廃位した議会において王位に就くことを

承認され、ヘンリーⅣ世の名で国王となった。諸侯・国民に選ばれての国王就任である。それはゲルマン以来の伝統において正式な手続きであった。しかし古い方法であり、血統順位と先王の指名に基づく継承が定着していた当時の手続きを欠いていた。それどころか、先王を追って王座を我が物とした王位簒奪者には違いない。王位継承者には、すでに先王リチャードⅡ世の指名により第4代マーチ伯ロジャー・モーティマーがいた。新しい手続きでは、こちらがより正当となる。しかしヘンリーにとって幸いだったことに、アイルランドのアルスター伯でもあったこのロジャーは、ヘンリーの蜂起直前にアイルランドで戦死していた(1398)。なおかつ翌年のリチャードⅡ世のアイルランド遠征はその弔い合戦のようなもので、その不在中にヘンリーは上陸・蜂起する好機を得ることにもなったのである。王位継承者の権利、あるいはそれを主張する権利は、マーチ／アルスター伯位とともに相続原理によって、ロジャーの息子エドマンド(1391-1425)に移った。しかし彼はまだ幼く、ヘンリーに対抗するのは無理だった。その後エドマンドは子供がないままに没し、王位継承権は相続権とともに姉のアン(1388-1415以前)が、⑤ヨーク公エドマンド・オブ・ラングレイの次男ケンブリッジ伯リチャード・コニスバラ(1376-1415)との結婚で生んだ第3代ヨーク公リチャード(1411-1460)に渡った。これにより、ヨーク家の王位継承権の主張とばら戦争(1455-1485)の勃発へとつながっていく。

　諸侯の助力を得て玉座を得たヘンリーⅣ世ではあったが、彼の地位は盤石ではなかった。諸侯はリチャードⅡ世の暴君とも映った専制ぶりへの不満からヘンリーに手を貸したのである。リチャードとそれにかかわる者を排除しようとすれば、王とするにはヘンリーしかいなかったに過ぎない。事実として、ヘンリーの治世の半分は反乱との戦いであった。
　まず王となって半年も過ぎないうちにエクセター公ジョンと、サリー公トーマスのホランド一族による、リチャードⅡ世復位を図った陰謀が露見した(1400)。復位させようとしたリチャードはすでに獄死していたともいわれるが、まだ生死も定かには知られていない時期のことだ。このホランド家は、ブラック・プリンス妃だったジョアン・オブ・ケントとその前夫との子供たちの一族で、ジョンとトーマスはリチャードⅡ世とは父親の異なる兄と甥にあたる。しかし彼らは大きな勢力ではなく、

| 1325年 | 30 | 40 | 50 | 60 | 70 |

■リチャードⅡ世治世期における主要敵対関係とその推移

エドワードⅢ 1312-1327/77
フィリッパ・オブ・エノー 1314?-28/69 エノー伯ウィリアムⅡの娘

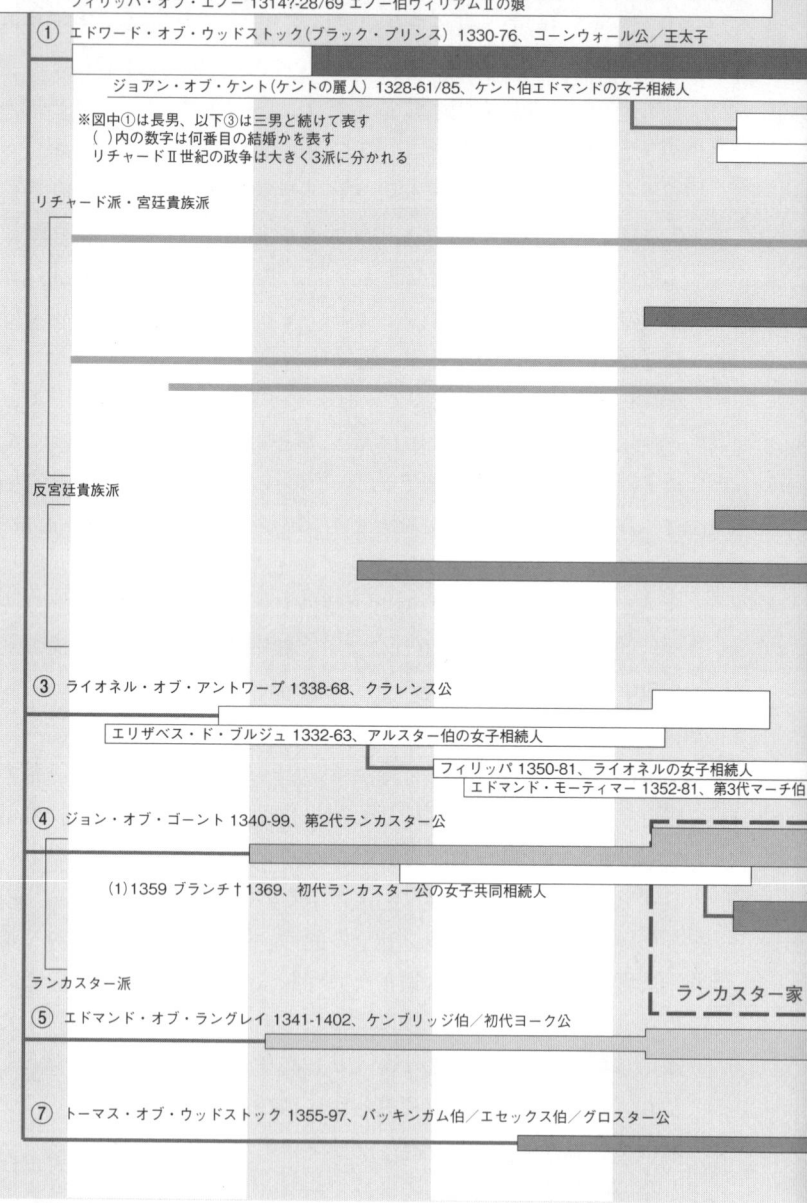

① エドワード・オブ・ウッドストック(ブラック・プリンス) 1330-76、コーンウォール公／王太子
ジョアン・オブ・ケント(ケントの麗人) 1328-61/85、ケント伯エドマンドの女子相続人

※図中①は長男、以下③は三男と続けて表す
　( )内の数字は何番目の結婚かを表す
　リチャードⅡ世紀の政争は大きく3派に分かれる

リチャード派・宮廷貴族派

反宮廷貴族派

③ ライオネル・オブ・アントワープ 1338-68、クラレンス公
エリザベス・ド・ブルジュ 1332-63、アルスター伯の女子相続人
フィリッパ 1350-81、ライオネルの女子相続人
エドマンド・モーティマー 1352-81、第3代マーチ伯

④ ジョン・オブ・ゴーント 1340-99、第2代ランカスター公
(1)1359 ブランチ†1369、初代ランカスター公の女子共同相続人

ランカスター派

ランカスター家

⑤ エドマンド・オブ・ラングレイ 1341-1402、ケンブリッジ伯／初代ヨーク公

⑦ トーマス・オブ・ウッドストック 1355-97、バッキンガム伯／エセックス伯／グロスター公

第6章 勲爵士騎士団

| 70 | 80 | 90 | 1400 | 10 | 15 |

ブラック・プリンス、エドワードⅢ世が続けて没し、リチャードⅡ世が10歳で即位

廃位・幽閉　継子なし

リチャード・オブ・ボルドー　リチャードⅡ 1367-77/99-1400

(1) アン・オブ・ボヘミア 1366-82/94 神聖ローマ皇帝カールⅣ(1316-47/78)の娘

(2) イザベル・オブ・ヴァロワ 1389-96/1409 フランス王シャルルⅥの娘

マイケル・ド・ラ・ポール 1330?-89、サフォーク伯

ロバート・ド・ヴェレ 1362-92、オックスフォード伯／アイルランド公　逃亡 1387

ジョン・ビーチャム 1319頃-88

サイモン・バーリ 1336-88

リチャードⅡ世＋宮廷派貴族との抗争に告発諸侯が勝利(1386-88)

ワット・タイラーの一揆(1381)

リチャードⅡ世が告発貴族に報復(1397)

トーマス・モーブレイ 1366-99、ノッティンガム伯／ノーフォーク公　逮捕・赦免・叙爵・追放

トーマス・ビーチャム†1401、ウォーリック伯　追放

リチャード・フィッツアラン 1346-97、アランデル伯　処刑

ロジャー・モーティマーを王位継承者とし、諸侯に爵位を多数授与

ヘンリー・ボリンブロクの決起(1399)

ロジャー・モーティマー 1374-98、第4代マーチ伯／アルスター伯

エドマンド・モーティマー 1391-1425、第5代マーチ伯(継子なし)

アン 1388-1415以前

息子のヘンリー・ボリンブロクをリチャードⅡの王位継承者にしろ！　追放 1398

ヘンリー・ボリンブロク 1367-1413、ダービー伯／ヘレフォード公／ランカスター公　**ヘンリーⅣ 1399/1413**

(1) メアリー・ド・ブーン 1370?-80/94、ヘレフォード伯／エセックス伯ハンフリー・ド・ブーンの女子共同相続人

ヘンリーⅤ 1387-1413/22

何とか甥のリチャードⅡを支えたいが力が及ばない

ヨーク家

エドワード 1373-1415、ラットランド伯／第2代ヨーク公

諸侯をないがしろにしている暴君のリチャードⅡを廃位し、自分を国王に！　逮捕・獄死

エレアノール、ヘレフォード伯／エセックス伯ハンフリー・ド・ブーンの女子共同相続人

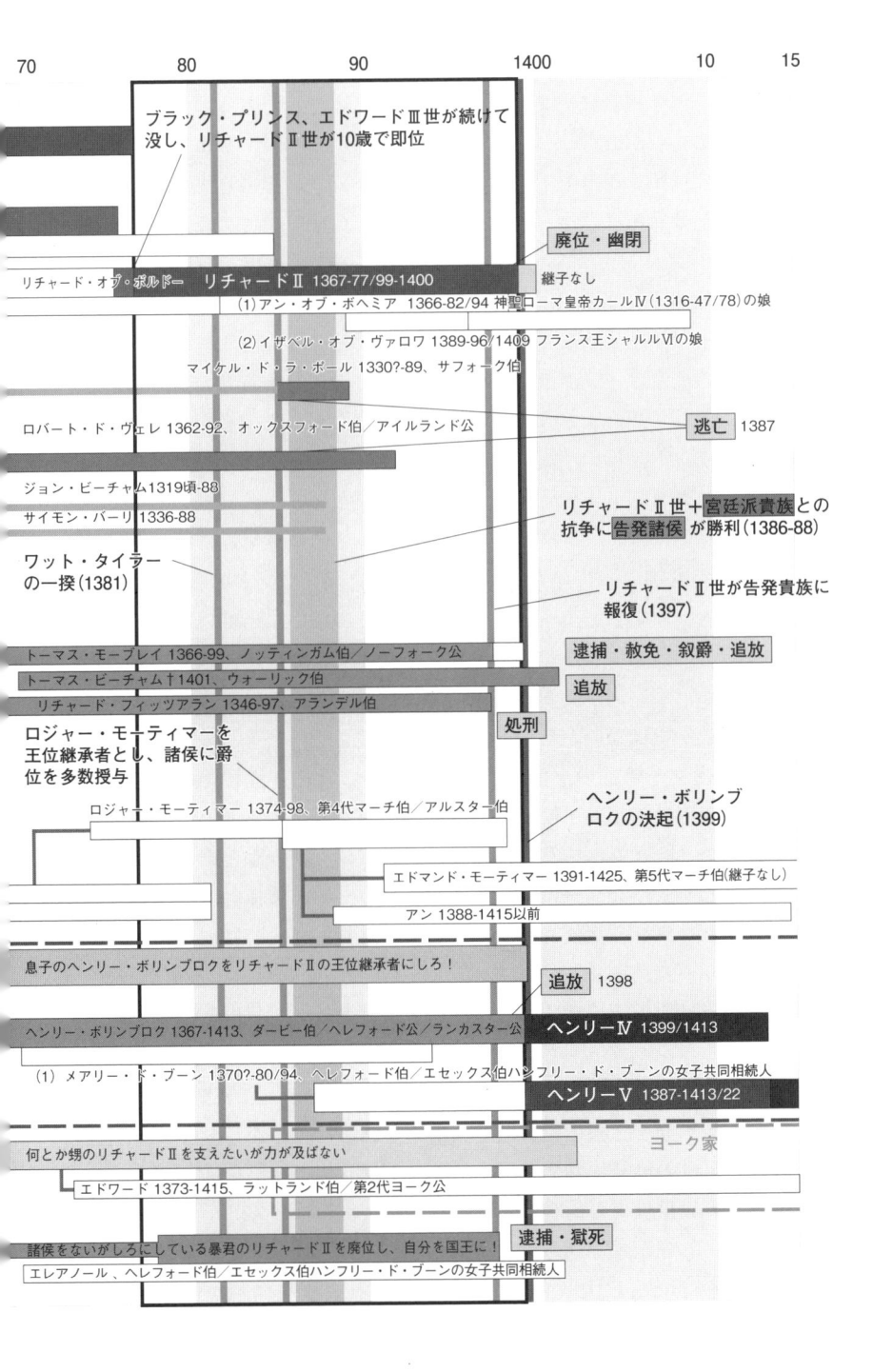

また陰謀の段階で目を摘み取ることができたので、ヘンリーとしてはまんまと邪魔者を消す機会に恵まれたといったところだったろう。

また同じ年の9月にはウェールズ北東部で反乱が起こる。ケルト系のウェールズ人は、イングランドに服してはいたが独立回復の意志は衰えておらず、蜂起は次第に全域へと広がっていった(1403)。この反乱の首魁をオウェン・グリンドゥル(1354頃-1416頃)という。オウェンは正面戦を避けてゲリラ戦を展開し、決定的勝利を得られない一方で反乱を継続し、ヘンリーは鎮圧するまでに10年以上を要することになる(1412)。

ウェールズの反乱はイングランドの支配そのものに対するもので、ヘンリーが国王として適格かどうかを争うものではなかった。しかしオウェンがイングランド諸侯の不満分子と結びつこうとしたことで、ヘンリーの王位とイングランド王の王権にかかわる問題となった。

蜂起の鎮圧行動には、イングランドとウェールズの境界付近に領地を持つマーチ伯勢も加わっていた。第5代マーチ伯エドマンドの叔父で、同名のサー・エドマンド・モーティマーもそれらの戦いに出ていた。その彼がオウェンの捕虜になる(1402)。捕らえたオウェンは、この人物を気に入ったのか、イングランドの国内情勢に揺さぶりをかけようとしたのか、理由は定かではないが自分の娘を彼と結婚させた。そしてサー・エドマンドの甥マーチ伯の王位継承に助力することを宣言したのである。マーチ伯自身は隣接領主同士レベルの争いが沈静化することは歓迎できたが、ヘンリーと対決することになる誘いにはうかうかと乗ることはなかった。しかしヘンリーに対抗するべくオウェンと積極的に連携しようとしたイングランド諸侯もいる。かつてヘンリーの決起に加わった北方の雄パーシーである。

パーシー一族は北方辺境地にあって長くスコットランド諸侯と戦ってきた。スコットランドからの侵入を防ぐ防波堤だったといってもよく、イングランドの王権は平素のスコットランド対策を、彼ら北方諸侯の領主としての防衛本能と拡張欲にお任せの部分があった。しかし、ウェールズの大規模反乱の勃発に触発されたスコットランドの進出を抑えるために、ヘンリーIV世は自ら何らかの手を打つ必要に迫られる。

その頃、パーシーは侵入してきたスコットランド軍をホミルドン・ヒルでマーチ伯とともに大敗させ(1402.9)、第4代ダグラス伯アーチバルド(1372?-1424)を捕虜にしていた。ヘンリーIV世はスコットランド対

策の取り引き材料とするために、このダグラス伯の身柄を渡すよう求めた。

　ダグラス一族とパーシー一族は、長く鉾を交えてきた宿敵といっていい。特にノーサンバーランド伯ヘンリー・パーシー(1342-1408)の跡継ぎで、「短気者(ホットスパー)」と綽名される同名のヘンリー(1364-1403)にとっては、敵意が遺恨にまで達していたといってもいい。かつてヘンリー・ホットスパーは、オッターバンの戦い(1346)で屈辱を味わっていた。第2代ダグラス伯ジェームス(1358頃-1388)率いる侵入部隊を迎え撃ったホットスパーは、緒戦の小競り合いで騎槍(ランス)の穂先に取りつけていた小旗(槍旗〈ペノン〉)を引きちぎられ、スコットランド勢はこれ見よがしにそれを打ち振るって気勢を上げたという。そんなことをされてじっとしていられる短気者(ホットスパー)ではない。復讐に燃えてスコットランド軍宿営地に奇襲を敢行した。しかし寝込みを襲ったにもかかわらず、態勢を立て直した敵に打ち負かされてしまった。ダグラス伯ジェームスを乱戦のうちに戦死させたものの、負けは負けである。

　それから10数年。代は変わっていてもダグラス伯を捕虜とすることができた。かつての恨み分を上乗せして身代金を請求したいところである。その肝心の人質をヘンリーⅣ世が渡すように求めてきた。中世騎士の軍法では、国王への反逆者でもない限り、捕虜の身柄は捕虜とした人物のものとなっている。煮ようが焼こうが勝手といってもいいが、そんなことをしても益はないので、一般的には助命金(いわゆる身代金)を引き換えに得て釈放し合うのが無言のルールとなっていた。捕虜は戦利品と同義だったといってもいい。それを国王は引き渡すように要求してきたのである。誇り高い短気者としては、やっとのことで得た報復の機会ということでもあるし、獲物を横からさらわれるようで、おもしろいはずがない。こうした場合には、国王からそれ相応の見返りがあってよさそうなものだが、この場合にはどうであったか。パーシー家とヘンリーⅣ世の関係は、このときには冷え切っていたらしい。王位簒奪に協力したにもかかわらず、取り立てて厚遇されることもなく、同じ北方の領主であるネヴィル家がヘンリーⅣ世にすり寄っていたこともあって、パーシー一族の国王への不信感は募っていた。北辺の領主として、長年に渡って

スコットランド勢相手に戦ってきた自分たちの権益も誇りも、ないがしろにされていると考えても不思議はなかった。

ヘンリーに牙をむき(1403)、ウェールズの反乱勢力と手を結んだパーシー一族であったが、ホットスパーと叔父のウスター伯トーマス(1344?-1403)は、シュローズベリの戦い(1403.7)で数に勝る国王軍との血みどろの戦いの末に戦死した。パーシーの反乱はその後も細々と続き、ホットスパーの父ノーサンバーランド伯ヘンリーが戦死して、反乱は鎮圧される(1408)。

こうした反乱が示すように、ヘンリーⅣ世の治世当初は極めて不安定だった。そのことはヘンリー自身もよくわかっていて、かといって弱腰になることなく、自身の立場を断固として示し、立場の強化を図っていった。戴冠式で行われたバース騎士団の創設もそのひとつといっていい。

騎士クラスの叙勲制度は、すでにガーター騎士団があった。これに対抗するように新しく設ける必要はない。国王であるということは、過去の国王の事績の継承者でもある。簒奪者とされる身であれば、なおさら継承者であることを示さなければならない。エドワードⅢ世の残した遺制をそのまま受け継いでおけばいいだけだ。

従騎士クラスを対象とした叙勲(騎士団の創設)が行われた背景には、イングランドでは従騎士クラスおよびそれに準じる兵士たちが、軍事や行政で大きな役割を担っていたことが考えられる。従騎士というのは騎士となる前段階の従者(または盾持ち)のことではあるが、貴族の名門子弟が小姓を経てなる騎士候補生ばかりではなく、土地を広く所有し、諸侯・騎士に代々仕えた古い家系や、役人を経験した上層平民出身者も含んでいる。そのなかには、おもに経済的事情によって、騎士階級から平民階級へとかつて下降した家系もあっただろう。彼らは社会階層としてはジェントリーの上位にあり、通例では郷士と和訳される階層である。

時代を経て、騎士を貴族の一員だと考える風潮が出てくると、騎士となる資格として、先祖が騎士であることが求められるようになっていった。大陸の国々においてその傾向は強いが、一方で土地や金銭に富み、実務能力もある自由農民層(農業経営者としたほうがいいかもしれない)や商人が騎士とされることもあった。イングランドでは大陸よりも騎士階級がより下層の階級に開かれていたといってよく、比較的富裕な平民が、階級ではより下位にあっても、騎士と同等の軍事能力を持つ従騎士

として軍事や行政にかかわることができただけでなく、十分な自身の武装と随行兵士を揃えられるだけの財産があれば、騎士となることもできたのである。今日でもナイトの称号が、1代限りではあっても出身を問わず社会的功績者に贈られているが、その下地は11世紀頃から十分にあったことになる。

　郷士・ジェントリー層の社会的進出はその後も進んでいくが、すでに社会や軍事の中核となっており、王位簒奪者ヘンリーⅣ世としては古い上級貴族や騎士たちの支持が確かでない以上、社会上昇の意識が高く現実的にもそれに見合う能力を持ち、役割も果たしていた従騎士階級以下の支持を得ようとしたとも考えられる。

　こうした推測はさておき、ヘンリーⅣ世がバース騎士団の創設にあたって、その叙勲を自分の立場を確たるものにするひとつの材料としようとしたことは、騎士団章のバッジデザインを見れば明白なように思える。

　騎士団章の中央には3つ又の植物を象ったような杖があり、それぞれの枝先には、まるで花が開くようにして王冠が生えている。イングランド王位を象徴する3つの王冠である。さらに向かって右にはスコットランドの花であるアザミが、左にはイングランドを表すバラが配されている。あからさまに国王や王国の存在と権威が主張されているのである。これに比べれば、ガーター騎士団章に見られるガーターや聖ジョージ像は、ずっとのどかで騎士道の文化と精神にあふれている。

　周囲に配されたモットーもずいぶんと違う。

「3つはひとつ(のなかで結びつく)」
TRIA JUNCTA IN UNO

　国王への忠誠と団結を求める政治的スローガンのようではないか。この点でフランスの星章騎士団に似ている。ガーター勲位では個々の騎士道精神を軸とした人的結びつきがあり、その意味で騎士仲間集団または騎士団であると認めることもできるが、バース勲位では、国王や国家から与えられた勲位の持ち主という以外に、個々の人格にかかわる結びつきは感じられない。バース騎士団は創設時点においても、バース勲位といい表すだけにしたほうがいいように思える。

　新国王戴冠式の折にバース騎士に叙勲するという伝統は17世紀後半のチャールズⅡ世(在位1660-1685)の戴冠式まで続いていくが、その後は

第6章　勲爵士騎士団

315

■ヘンリーⅣ世の王位簒奪劇と治世期の反乱

```
1365年        70              80              90
```

① エドワードⅢ 1312-1327/77
　フィリッパ †1369
　エドワード・オブ・ウッドストック（ブラックプリンス）1330-76
　　リチャード・オブ・ボルドー
　　リチャードⅡ 1367-77/99-1400
　ジョアン・オブ・ケント（ケントの麗人）1328-61/85、ケント伯エドマンドの女子相続人
　　トーマス・ホランド †1397、ケント伯
　　ホランド一族
　　　トーマス・ホランド †1400、ケント伯／サリー公
　　ジョン・ホランド †1400、ハンティンドン伯／エクセター公
　トーマス・ホランド 1320頃-60

パーシー一族
　ヘンリー・ド・パーシー 1322-68
　　トーマス・パーシー 1344?-1403、ウォースター伯
　　ヘンリー・パーシー 1342-1408、ノーサンバーランド伯
　　　ヘンリー・パーシー（ホットスパー）1364-1403
　　　エリザベス 1371-1444?
　　　　ロジャー・モーティマー 1374-98、第4代マーチ伯／アルスター伯
　エリザベス・ド・ブルジュ 1332-63
　　　エドマンド・モーティマー 1376-1409
　　フィリッパ 1350-81、ライオネルの女子相続人
　　エドマンド・モーティマー 1352-81、第3代マーチ伯
③ ライオネル・オブ・アントワープ 1338-68、クラレンス公

ランカスター家
　ヘンリー・ボリンブロク 1367-1413、ダービー伯／ヘレフォード公／第3代ランカスター公
　　(1) メアリー・ド・ブーン 1370?-80/94
(1) ブランチ †1369
④ ジョン・オブ・ゴーント 1340-99、第2代ランカスター公
　(3) キャサリン・スインフォード 1350?-1403
　　ジョン・ボーフォート 1370-1410、初代サマーセット伯
　　ジョアン †1440
　　ラルフ・ネヴィル 1354頃-1425、初代ウエストモーランド伯

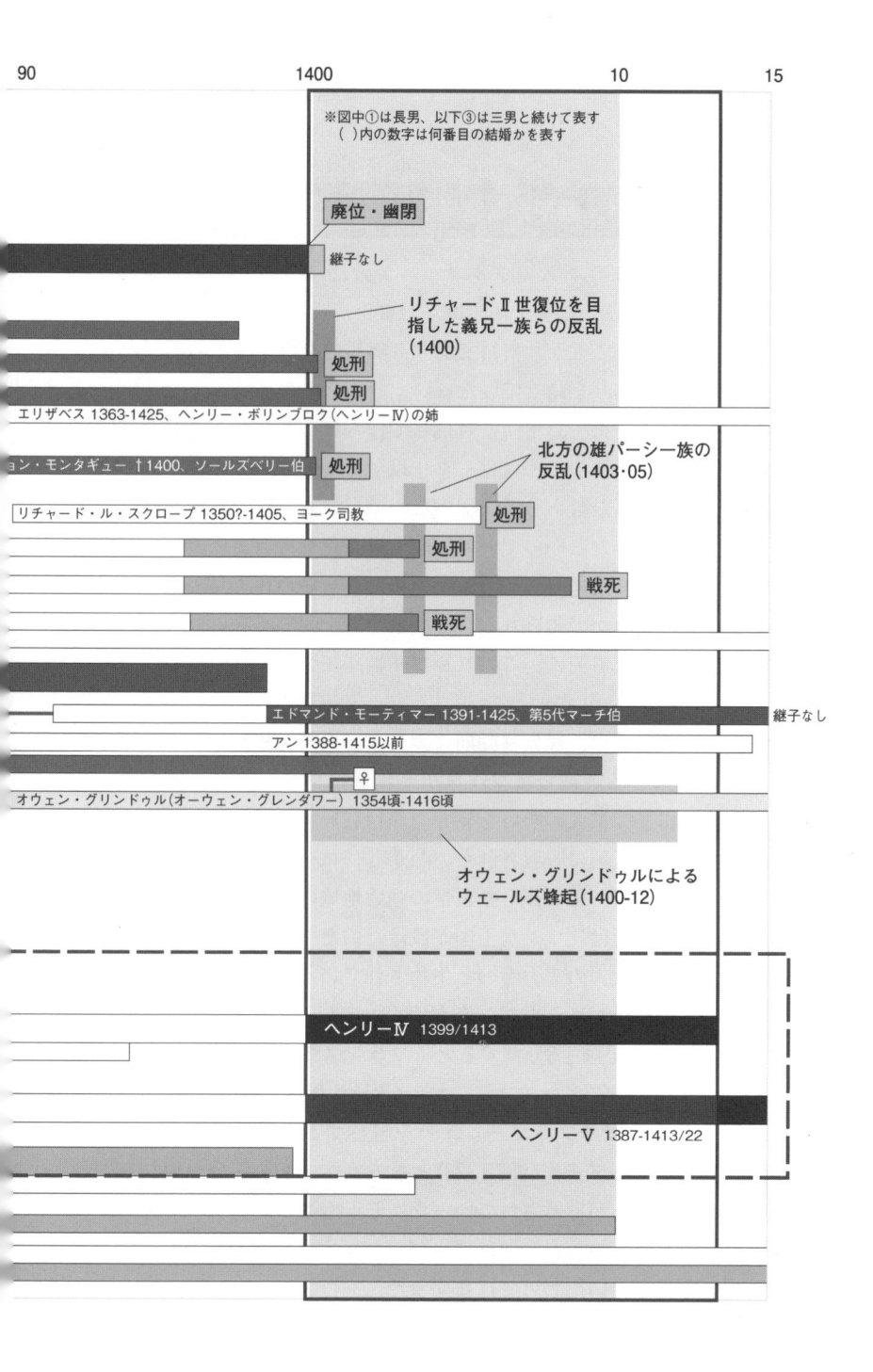

※図中①は長男、以下③は三男と続けて表す
（　）内の数字は何番目の結婚かを表す

廃位・幽閉

継子なし

リチャードⅡ世復位を目
指した義兄一族の反乱
（1400）

処刑

処刑

エリザベス 1363-1425、ヘンリー・ボリンブロク（ヘンリーⅣ）の姉

ン・モンタギュー †1400、ソールズベリー伯

処刑

北方の雄パーシー一族の
反乱（1403・05）

リチャード・ル・スクロープ 1350?-1405、ヨーク司教

処刑

処刑

戦死

戦死

エドマンド・モーティマー 1391-1425、第5代マーチ伯   継子なし

アン 1388-1415以前

♀

オウェン・グリンドゥル（オーウェン・グレンダワー）1354頃-1416頃

オウェン・グリンドゥルによる
ウェールズ蜂起（1400-12）

ヘンリーⅣ 1399/1413

ヘンリーⅤ 1387-1413/22

戴冠式とは無関係に叙勲されるようになり、また武官と文官の区別がなされて叙勲されるに至っている。

金羊毛騎士団　華やかな宮廷騎士団

　金羊毛騎士団は、フランスのブルゴーニュ公だったフィリップ善公（在位1419-1467）が創設した騎士団である（1430）。その当時の公領はいくつもの伯領を加えて広大かつ富裕であり、実質的なフランスの王国内公国ともいえる隆盛ぶりを見せていた。

　金羊毛騎士団はガーター騎士団に対抗して作られたとされる。騎士道を美化・誇張し思い入れることはガーター以上であった。悪い言い方をするなら、王侯が作った数ある騎士団のなかで、最も貴族のお遊びめいた騎士団のひとつだったといっていい。騎士道文化や宮廷文化の行き着いた先の例として、また当時最も繁栄を極めたともいわれるブルゴーニュの豪勢さに触れるなかで語られることの多い騎士団である。

　金羊毛騎士団に触れる前に、このブルゴーニュ「公国」そのものについて知っておいたほうがいい。

　ブルゴーニュの名前は、民族移動期にガリア南東部に移動してきたブルグント族に由来する。彼らはローヌ川上流域にブルグント王国を築き、地中海地域にまで拡大の勢いを見せたが（443）、6世紀中頃にはメロヴィング朝フランク王国に吸収された。しかし、ローヌ川上流域はブルゴーニュの名とともに、その後も独自性の強い地域のひとつとしてあり続けていく。旧王国領はフランク王国が設けた伯たちによって細かく統治されたが、次第に数人の実力者へと集約されていった。

　カロリング朝時代のヴェルダン条約（843）でルイⅠ世敬虔王（在位814-840）の遺子3名が王国を3分割すると、フランス領のブルゴーニュとのちの神聖ローマ帝国領ブルグントに大きく2分される。9世紀には、フランスに残された地域でブルゴーニュ公を自称する者も現れたが、10世紀中頃に次のフランス王家（987-1328）となるカペー家から公が現れると、同家によって公位が継承されていった。しかしこの時代は、有力諸侯には違いなかったものの、公領はブルゴーニュ本領程度のもので、抜きん出た実力を持っていたわけではなかった。

　ブルゴーニュ公家が大きく発展したのは、カペー系の公が断絶し、当

■ブルゴーニュ公領（1476年頃）

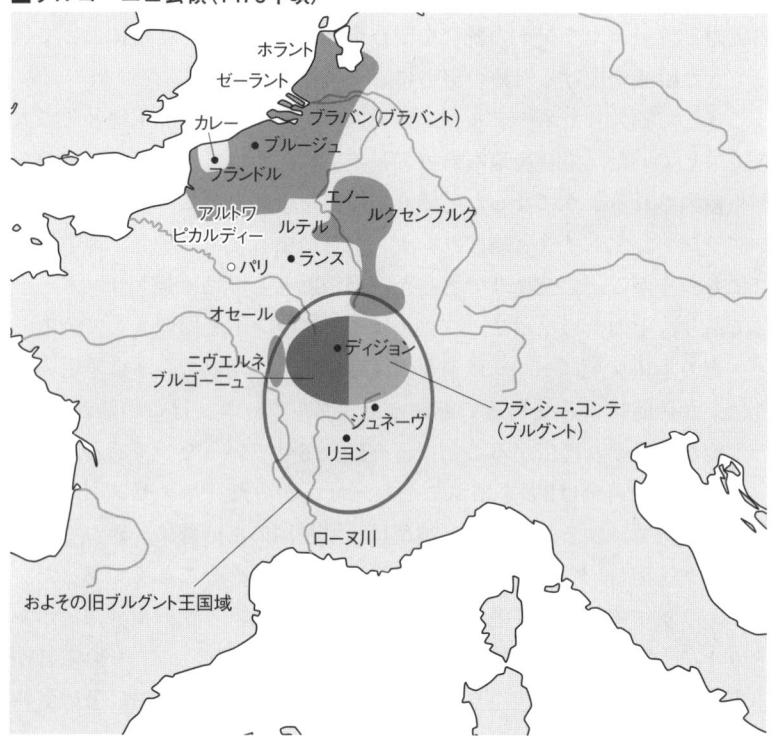

ホラント
ゼーラント
カレー
ブラバン（ブラバント）
ブルージュ
フランドル
アルトワ
エノー
ルクセンブルク
ピカルディー
ルテル
パリ
ランス
オセール
ディジョン
ニヴェルネ
ブルゴーニュ
フランシュ・コンテ
（ブルグント）
ジュネーヴ
リヨン
ローヌ川

およその旧ブルグント王国域

　時のフランス王家ヴァロワ家から公が出てからのことになる。ヴァロワ朝第2代の国王ジャンⅡ世が末の男子フィリップをブルゴーニュ公とした（在位1363-1404）。このフィリップは、百年戦争でのイングランド軍相手の戦いぶりから大胆公の名で呼ばれるようになる猛将ではあったが、公としての最大の大仕事は、フランドル伯の娘マルグリット（1350-1405〈在位1369-1405〉）との結婚だった。この結婚は、ブルゴーニュ本領の数倍となる領地獲得のきっかけとなった。フランドル伯が没すると（1384）、フランドル伯を兼ねるとともにアルトワ伯領、ルテル伯領、本領ブルゴーニュ近隣のヌベール伯領（ニヴェルネ地方）、オセール伯領を獲得、また皇帝から、本領ブルゴーニュと隣接する神聖ローマ帝国領ブルグント伯領（フランシュ・コンテ）も得ている。

　第3代フィリップ善公の代になると、フランドル近隣のベルギー方面での領地が増えた。ブラバン（ブラバント）公領、ホーラント伯領、ゼー

第6章　勲爵士騎士団

319

ラント伯領、エノー伯領である。これらの領地は、フランドル伯としての実力とネーデルラントの統合を望む現地住民、そして結婚によって行ってきた縁戚を広げるための努力による獲得であった。

こうして拡大したネーデルラント領は、毛織物製造・加工地として大きく栄えていた。染料産地もあって、羊毛に代わってイングランドから多く輸入されるようになった毛織りの粗布を染め上げていた。航路はイングランド、北ドイツと結ばれ、ナントを経由してスペイン、地中海までにもつながる一大交易地であった。経済圏としてはイングランドと一体であり、そのためフィリップ善公はイングランドと同盟もしている。

一方の本領ブルゴーニュは葡萄の産地であり、ニヴェルネは羊毛の産地、また陸路による交易地でもあった。ブルゴーニュはこの離れた2領の土地がそれぞれに広がることで富を拡大させていったのである。

フィリップ善公は2領を結ぶことも忘れなかった。ルクセンブルク公領などを得て、フランス王国と神聖ローマ帝国のあいだに、かつての中フランク王国(ロタリンギア)を再建しようとするかのごとくであった。

フィリップ善公が金羊毛騎士団を創設したのは、イザベル・ド・ポルトガル(1397-1471)との結婚を記念してのことだった。エノー伯領ほかの実質的支配権をネーデルラントに得ていた頃のことである。公の気持ちとしては、彼の「公国」はフランスやイングランドと同等であり、自前でガーター以上の騎士団を作りたかったのだろうと思われる。そうした気持ちは、ガーター騎士団への入団を断ったことにも表れているようだ。

騎士団の名である「金羊毛」は、ギリシア神話の英雄イアソン率いるアルゴ探検隊が、地の果てにある金色の羊毛を求めて苦難の探求を行ったことにちなんだといわれている。ブルゴーニュにふさわしく豪華な名であるだけでなく、遍歴と探求の騎士道にふさわしいともいえるのだが、イアソンがメディアとの誓約を破ったことから、別に聖書のなかに登場する金羊毛に由来を求めたともされている。確かに誓約を破ることは騎士道にふさわしくはない。正直なところ、騎士団名の由来ははっきりとしているわけではない。しかし金羊毛の大きな像が騎士団員に与えられる頸章にぶら下げられていた。

騎士団員には外国の君公もいたが、多くはブルゴーニュ公に従う騎士

たちだった。フィリップ善公の私生児であるアントワーヌ・ド・ブルゴーニュ（1421-1504）もそのひとりだ。彼は騎馬槍試合の名人ともいわれるが、イングランドでアンソニー・ウッドヴィル（1442頃-1483）と試合をしたときには相手の装備に文句をつけたりと、いささか試合作法に関する不平不満が目立つ。

　ブルゴーニュは儀礼と作法が発達していたとされる。それは宮廷文化を整備したことによる。善公は学芸の奨励にも熱を入れ、秩序と整備を求めた探求心が宮廷を満たした。探求心は火砲などの軍事技術の分野にも及び、大砲の新兵器が数多く作られもした。

　騎士団員はときおり宮廷に招集されて会議に参加したが、騎士の義務だった助言を儀式化したようなものだった。公の左右に詰めた騎士団員は、皆揃いの衣装を着て会議に与（あずか）った。それほど大きな問題が議題となったわけでもないが、一度は十字軍の企画もされている。イタリア方面への進出欲もあってか、一同は神の戦士として十字軍へ出発することを誓った。しかしこの十字軍が出発することはなかった。このこともあっ

■ブルゴーニュ公家（ヴァロワ系）家系図
※斜体文字は女性。

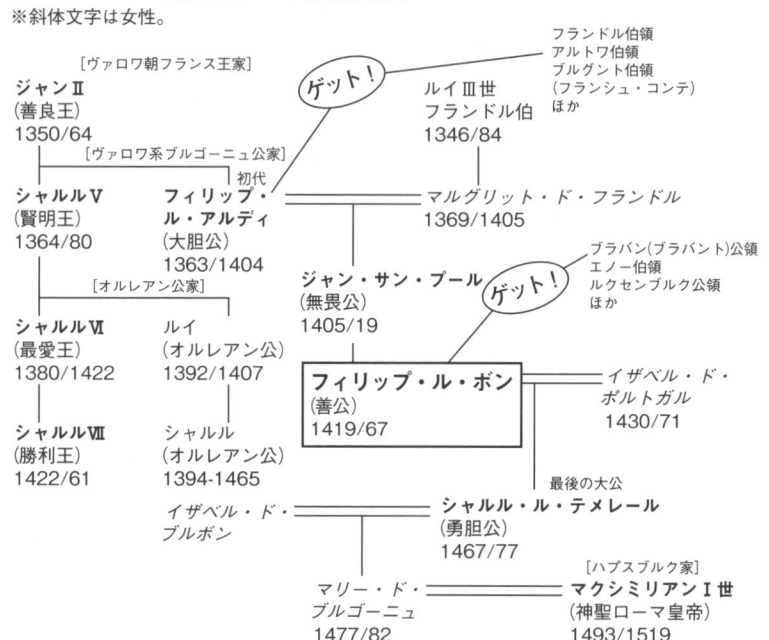

[ヴァロワ朝フランス王家]

ジャンⅡ（善良王）1350/64

ゲット！

ルイⅢ世 フランドル伯 1346/84 — フランドル伯領／アルトワ伯領／ブルグント伯領（フランシュ・コンテ）ほか

[ヴァロワ系ブルゴーニュ公家] 初代

シャルルⅤ（賢明王）1364/80 — フィリップ・ル・アルディ（大胆公）1363/1404 ＝ マルグリット・ド・フランドル 1369/1405

[オルレアン公家]

シャルルⅥ（最愛王）1380/1422 — ルイ（オルレアン公）1392/1407 — ジャン・サン・プール（無畏公）1405/19

ゲット！ — ブラバン（ブラバント）公領／エノー伯領／ルクセンブルク公領ほか

フィリップ・ル・ボン（善公）1419/67 ＝ イザベル・ド・ポルトガル 1430/71

シャルルⅦ（勝利王）1422/61 — シャルル（オルレアン公）1394-1465

最後の大公

イザベル・ド・ブルボン ＝ シャルル・ル・テメレール（勇胆公）1467/77

[ハプスブルク家]

マリー・ド・ブルゴーニュ 1477/82 ＝ マクシミリアンⅠ世（神聖ローマ皇帝）1493/1519

て金羊毛騎士団はただのお遊びと評されたりもするのだが、騎士団がブルゴーニュの威勢を高めたことは確かなように思える。

　フィリップ善公が没すると、「公国」と騎士団はシャルル勇胆（豪胆）公（在位1467-1477）が継承し、ブルゴーニュは最盛期を迎えた。しかしシャルルがスイス方面への進出を図り、スイス傭兵の手にかかって死んだことで、一挙に「公国」は消滅する。騎士団は娘の嫁ぎ先であるハプスブルク家の手に渡った。

アザミ騎士団と聖パトリック騎士団　騎士団ではなく勲章

　勲爵士騎士団のなかには、創設当初からまったくの勲章と呼んでいいものもある。名誉革命（1688）で廃位されたステュアート朝のジェームズⅡ世（1633-1701〈在位1685-1688〉）が創設したスコットランドの勲位アザミ勲位（騎士団）（1687）などだ。

　ステュアート朝最後の王であるアン女王（1665-1714〈在位1702-1714〉）の時代に整理されて今日まで続く勲章の図柄には、スコットランドの国の守護聖人である聖アンドリューのシンボルであるX字形の十字が記されている。この十字は聖アンドリューが磔にされて殉教したときの架台を象ったもので、広く聖アンドリュー十字と呼ばれるようになったもの。言い伝えによれば、この十字をスコットランド戦士が戦旗などに記すようになったのは9世紀の初め、819年にイングランド軍と戦ったときにX字形の雲が現れ大勝してからだとされている。それが踏襲されて勲章に記されることとなった。勲位名にある「アザミ」もまたスコットランドを表す植物で、国花とされている。葉に棘のあるこのキク科の植物がスコットランドのシンボルとされるようになったのも、だいたい同じ時代のことだとされており、夜襲をかけようとしたデーン人ヴァイキングのひとりがアザミの葉の棘を踏んで思わず悲鳴を上げたことから、スコットランド人たちが襲撃を知り、打ち負かしたことに由来するともいわれている。勲章にも葉の形などが採用されている。モットーは次の通り。

　「咎められることなしに我を苦しめるものなし」
　　（NEMO ME IMPUNE LACESSIT）

　また、アイルランドでジョージⅢ世（1738-1820〈在位1760-1820〉）のと

きに設けられた聖パトリック勲位も同様に勲章である(1783)。聖パトリックはアイルランドの守護聖人だ。

索引

ア

『アーサー王の死』……………………… 63
アーチバルド……………………… 312,313
アイバク……………………………… 177
アヴィス騎士団……………… 201,205〜207
アウグストゥス………………………… 14
アサシン教団………………………… 116
アザミ騎士団…………………… 322,323
アジャンクールの戦い…………… 263〜270
アジンクールの戦い →アジャンクールの戦い
アデマール………………… 109,110,121
アフォンソ・エンリケス →アフォンソⅠ世
アフォンソⅠ世……………………… 205
アモーリ……………………………… 144
アラリクスⅡ世………………………… 36
アル・アフダル……………………… 117
アルカンタラ騎士団………… 198,201,204
アルスーフの戦い………………… 154,155
アルフォンソⅠ世……………………… 205
アルフォンソⅡ世(アストゥリアス王)… 194,195
アルフォンソⅡ世(アラゴン王)………… 201
アルフォンソⅦ世……………………… 201
アルフォンソⅧ世……………………… 201
アルフォンソⅨ世……………………… 204
アルフォンソⅪ世……………………… 301
アルフレッド…………………………… 74
アルフレッド大王……………………… 71
アル・ムスダズヒル………………… 117
アレキサンドルⅣ世…………………… 138
アレキサンドロⅣ世 →アレキサンデルⅣ世
アレグサンダーⅢ世…………………… 229
アレクサンデルⅢ世………… 201,203,204
アレクサンドロス大王………………… 85
アレクシウスⅠ世………………… 107,115
アン…………………………………… 309
アン女王……………………………… 322
アンソニー・ウッドヴィル…………… 321
アンティオキア攻囲戦…………… 119〜121
アンドラーシュⅡ世…………………… 161
アントワーヌ・ド・ブルゴーニュ……… 321
アンナ・コムネナ…………………… 115
アンリ →ヘンリーⅡ世

イ

イーディス……………………………… 74
イェシース……………………………… 76
イェルサレム攻囲戦…………… 121〜123
イェルサレムの聖母マリアドイツ病院
…………………………………… 158,159
イェルサレムの聖ヨハネ看護修道会
………………………… 127,128,130,131
イェルサレムのテンプル騎士修道会…… 128
イザベル・オブ・フランス…… 245,284,294
イザベル・ド・ポルトガル…………… 320
隠者ピエール…………………… 111〜113

ア(右)

インノケンティウスⅢ世……… 103,159,206
インノケンティウスⅧ世……………… 202

ウ

ヴァスコ・ダ・ガマ…………………… 207
ウィリアムⅠ世… 66〜68,76,78,79,81〜84,
91〜100,110,222,224,245,290,293,296
ウィリアムⅡ世………………… 109,110,125
ウィリアム・ウォーレス………… 230〜232
ウイリアム獅子王……………………… 229
ウィリアム征服王 →ウィリアムⅠ世
ウィリアム・ド・ビーチャム…………… 227
ウィリアム・ド・モンタギュー
……………………… 286,287,293,295
ウースタス…………………………… 110
ウェイス……………………………… 63
ウルバヌスⅡ世………… 107〜111,127,129

エ

エイマー・ド・ヴァランス…………… 233
エヴォラ騎士団………………… 205〜207
エウゲニウスⅢ世………………… 138,141
エウゼニオⅢ世 →エウゲニウスⅢ世
エオルル……………………………… 77
エセルレッドⅡ世………………… 71〜74
エティエンヌ……………………… 110,125
エドウィン…………………………… 80
エドマンドⅡ世………………………… 73
エドマンド・オブ・ウッドストック…… 284
エドマンド・オブ・ラングレイ
……………………… 271,306,307,309
エドマンド(クラッチバック)………… 289
エドマンド・ボーフォート…………… 272
エドマンド・モーティマー…………… 226
エドマンド・モーティマー(マーチ伯)
…………………………………… 309,312
エドワード…………………………… 268
エドワードⅠ世………… 226,227,229〜233,
237,238,284,289
エドワードⅡ世… 233,234,236,237,284,294
エドワードⅢ世… 48,226,237,238,242〜245,
248,249,255,256,258,263〜266,271,283〜
285,287〜296,299,301,302,305,306,314
エドワードⅣ世………… 272,274,275,278
エドワードⅤ世……………………… 275
エドワード・オブ・ウッドストック
→ブラック・プリンス
エドワード証誓王…68,71,73〜75,83,91,299
エドワード・ベイリオル… 238,242,243,293
エリザベス…………………………… 278
エレオノール………………………… 291
円卓の騎士団………………… 6,7,63,282,283
エンドレⅡ世 →アンドラーシュⅡ世
エンマ…………………………… 72,74
エンリケ………………… 203,297,298,301

索引

エンリケⅢ世……………………………307
エンリケ航海王子……………………207

オ

オウェン・グリンドゥル…………226,312
王軍長……………………………………46
オットー・ホランド……………………296
オド…………………………………95〜97
オドアケル………………………………33
オリヴィエ………………………………62
オルドル・ド・レトワール →星章騎士団
オレウィン・ブリッジの戦い…………226

カ

ガーター騎士団……6,7,282〜301,302,304,
　314,315,318,320
カールⅠ世　　　　　　→シャルルマーニュ
ガイ・ド・ビーチャム…………………290
家士………………………………52〜54
カヌートⅡ世　　　　　　→クヌートⅡ世
ガヌロン……………………………61,62
カラーウーン……………………………177
カラトラーバ騎士団………197,200〜206
カルブーカ…………………………117,119
カルルⅠ世　　　　　　→シャルルマーニュ
カルル大帝　　　　　　→シャルルマーニュ
カルル・マルテル…………49,50,52,191
家令………………………………………46

キ

ギー・ド・リュジニャン…146〜151,153,154
騎士修道会………………………103,104
キャンバスケネス・ブリッジの戦い
　　　　→スターリング・ブリッジの戦い
宮房長……………………………………45
ギヨーム　　　　　　　　→ウィリアムⅠ世
キリスト騎士団…………………………207
キリスト教………………………37〜39
金羊毛騎士団……………………318〜322

ク

クールトレの戦い………………212〜217
クヌートⅡ世………………………69,73,74
クリスティアン…………………………168
クルチ・アルスランⅠ世……114,116,118
クレシーの戦い…………………255〜261
クレチャン・ド・トロワ………………63
クレメンスⅢ世………………………153
クローヴィス………………36,37,39,41〜43
クロタールⅠ世…………………………43
黒太子　　　　　　　　→ブラック・プリンス

コ

公…………………………………………48
ゴーティエ・サンザヴォワール………112

ゴドウィン……………………68,69,74,75
ゴドフロワ・ド・サントメール………128
ゴドフロワ・ド・ブイヨン
　　　　　　　　110,118,119,123,124
ゴメス……………………………………204
コンウェイの戦い………………………227
コンスタンス……………………………145
コンラート(司祭)………………………158
コンラート(マゾフシェ公)……164,169,170
コンラートⅢ世…………………………141

サ

サラーフッ・ディーン　　　　　→サラディン
サラディン…139,144〜151,153,156,172,177
サンタ・マリア・デ・エヴォラ信心会……205
サンチョⅢ世(カスティーリャ王)………201
サンチョⅢ世(ナバーラ王)……………192
サンティアーゴ騎士団……198,202〜205
サン・フリアン・デル・ペレイロ騎士団…204

シ

シヴァルト………………………………75
シェークスピア…………………………228
ジェームス………………………………313
ジェームズⅡ世…………………………322
ジェフリー・オブ・モンマス…………63
ジェフリ・ド・シャルニ…………303,304
ジェラール………………………………127
ジェラール・ド・リドフォール
　　　　　　　　　147,149,150,151
侍従長……………………………………47
司酒長……………………………………47
シセリー・ネヴィル……………………274
子伯………………………………………49
シビュラ…………………………………146
シモン・ド・モンフォール…………225,226
シャグリウス……………………………36
ジャック・ド・マイエ…………………147
ジャラール・アル・ムルク…………117
シャルル…………………………………245
シャルルⅣ世………………………244,245
シャルルⅤ世……………………………249
シャルルⅥ世………………………249〜251,254
シャルルⅦ世………………………251,254
シャルル・ド・ブロワ…………………297
シャルルマーニュ……49,60〜62,93,158,192
シャルル勇胆(豪胆)公…………………322
ジャンⅡ世……249,250,292,300〜303,319
ジャンⅢ世………………………………296
ジャン・ド・グレイリ……291,292,298
ジャンヌ・ダルク………………………254
従騎士……………………………………304
従士………………………………29〜32
十二人衆…………………………………63
酒甕長……………………………………45

325

主膳長……………………………………44
主馬長……………………………………45
ジョアン・オブ・ケント
　……………284～287,293～295,309
ジョアン・ボーフォート……………274
尚書長………………………………45,47
小ピピン　　　　　　→ピピンⅢ世
ジョージⅢ世…………………………322
諸侯…………………………………………49
ジョン……………………………254,274
ジョン(欠地)王……………154,156,224
ジョン・オブ・ゴーント…271,272,274,275,
　290,291,296,298,305～308
ジョン・カミン……………………232,233
ジョン・ジファール…………………226
ジョン・チャンドス………………295～299
ジョン・ド・ヴァレンヌ…………230,231
ジョン・ベイリオル………229,230,232,238
ジョン・ホランド…………………295,309
シルクーフ………………………………144
神殿騎士団　　　　　→テンプル騎士団

ス

スアレス…………………………………204
スウェイン…………………………………74
スヴェンⅠ世………………………71～73
スヴェンⅡ世………………………………99
スカーフ騎士団…………………………301
スターリング・ブリッジの戦い……230,231
スタンフォード・ブリッジの戦い……80,81
スティーヴン・ハーディング………128
スレイマン………………………………114
スレイマンⅠ世……………………182,184

セ

星章騎士団……………………300～304,315
聖パトリック騎士団…………………322,323
聖ペテロ…………………………………38
聖ベルナール………128～130,141,164,299
聖ベルナルドゥス　　　　　→聖ベルナール
聖ヤコブ…………………………194,195,203
聖ヨハネ騎士修道会　　　　→聖ヨハネ騎士団
聖ヨハネ騎士団……6,7,104,126～132,134,
　136～140,143,147,150,151,157,159,161,
　173～175,179～184,199,200,203,205,207
セイン……………………………………76
ゼンギー………………………………141
セント・オールバーンズの戦い……272

ソ

ソロモン王……………………………104

タ

ダーニシュメンド……………………116,118
ターリク・イブン・ズィヤード………190

大ヤコブ　　　　　　　→聖ヤコブ
タイユフェール……………………92～96
大ルウェリン　→ルウェリン・アプ・ヨーワース
ダヴィズ………………………………224,225
タキトゥス………………………………21,30
ダズピアーズ　　　　　　→十二人衆
ダブリン・ムーアの戦い……237～239,242,
　243,293
ダマスクス攻囲…………………………142
ダンカンⅠ世……………………………227
タンクレード………………………111,125
男爵………………………………………49

チ

チェオルル………………………………77
チャールズⅡ世…………………………315
チャールズ・オーマン………………84
チャカ…………………………………116
中ピピン…………………………………49
チンギス・ハーン……………………177

テ

デイヴィッドⅡ世……………………237,243
ディエゴ・ベラスケス………………201
ディニス………………………………203,207
テオドリクス……………………………33
テュートン騎士団　　　　　→ドイツ騎士団
テンプル騎士修道会　　　　→テンプル騎士団
テンプル騎士団……47,104,126～133,136～
　140,142,143,147～151,159,161,173～176,
　179～182,184,199,200,202,205,207

ト

ドイツ騎士修道会　　　　　→ドイツ騎士団
ドイツ騎士団……104,157～171,173～175,
　179～181,184,185,265
トゥール・ポワティエの戦い…………50
ドゥカーク……………………………117
刀剣騎士団……………………………168
トゥラーン・シャー…………………177
トーマス………………………………314
トーマス・オブ・ウッドストック…306～308
トーマス・ビーチャム………………290,291
トーマス・ホランド………285～287,294,295
トーマス・ホランド(ケント伯)……287,295
トーマス・ホランド(ケント伯、サリー公)
　…………………………………………295,309
トスティイ…………………………68,69,79,80
トマス・マロリー………………………63
ドリュラエウムの戦い………………118,119

ナ

ナーヘラの戦い………………………297,298
ナポレオン・ボナパルト……………184

ニ

『ニーベルンゲンの歌』……………… 60

ヌ

ヌールッ・ディーン……… 141,142,144,145

ネ

ネヴィルズ・クロスの戦い……………… 243

ノ

ノラディン　　　　→ヌールッ・ディーン

ハ

『パーシヴァルまたは聖杯の物語』…… 63
バース騎士団………………………… 304〜318
ハーラル Ⅲ 世………………………… 68,79,80
バイバルス Ⅰ 世……………………………… 177
バイバルス Ⅱ 世……………………………… 139
ハインリヒ Ⅳ 世…………………………… 109,110
ハインリヒ Ⅴ 世……………………………… 109
ハインリヒ Ⅵ 世…………………………… 159,175
ハインリヒ獅子公…………………………… 164
伯……………………………………………… 48
ハスカール…………………………………… 76
パスカリス Ⅱ 世…………………………… 127
旗騎士……………………………………… 304
ハッティンの戦い……………………… 144〜153
バノックバーンの戦い………………… 232〜237
パラディン………………………………… 62
ハリドン・ヒルの戦い…………………… 242
ハリール…………………………………… 177
バルギャールク…………………………… 117
ハルデクヌート…………………………… 74
ハロルド Ⅱ 世……… 67〜69,74〜76,78〜84,91〜93,98
ハロルド・ゴドウィンソン　　→ハロルド Ⅱ 世
バンダナ騎士団………　　→スカーフ騎士団
ハンフリー………………………………… 272

ヒ

ピエール・ド・ギャヴスタン……………… 233
ピピン Ⅲ 世……………………………… 49,52
ヒュー・カルヴァリ……………………… 297
ビュックの隊長　　→ジャン・ド・グレイリ
平騎士……………………………………… 304

フ

ファブリツィオ・デル・カレット……… 183
フィリッパ・オブ・エノー……………… 285,306
フィリップ Ⅰ 世………………………… 109,110
フィリップ Ⅱ 世………………………… 153,154,156
フィリップ Ⅳ 世………………………… 180,245
フィリップ Ⅵ 世……… 244,245,248,258,291,294,295,300
フィリップ善公………………………… 318〜322

フィリップ・ル・アルディ……………… 319
フーラーグ……………………………………… 177
フェルナンド Ⅱ 世……………………… 202,204
フォルカークの戦い…………………… 231,232
副伯……………………………………………… 49
フュルド……………………………………… 77
ブラック・プリンス… 48,248,249,258,260,261,271,287,290〜294,296〜298,306
フランス騎士団………………………………… 6,7
ブランチ……………………………………… 290
フリードリヒ(シュヴァーベン公)……… 158
フリードリヒ(ハプスブルク家)……… 217
フリードリヒ Ⅰ 世……………………… 154,157,159
フリードリヒ Ⅱ 世……………………… 161,169,174
『ブリテン列王史』………………………… 63
『ブリュ物語』……………………………… 63
ブルー・ガーター　　　→ガーター騎士団
プルタルコス……………………………… 17
ブルヒャルト……………………………… 158

ヘ

ヘースティングズの戦い……… 82〜98,213
ペドロ(残虐)王………………… 203,297,298,307
ベルチーテ騎士団………………………… 205
ベルトラン・デュ・ゲクラン… 249,262,297〜299
ベルナール・ド・クレルヴォー→聖ベルナール
ヘルマン・フォン・ザルツァ… 159〜161,164,168〜170
辺境侯……………………………………… 48
辺境伯……………………………………… 48
ヘンリー Ⅰ 世……………………………… 125
ヘンリー Ⅱ 世………………… 153,223,224,245,291
ヘンリー Ⅲ 世……………………………… 224,225
ヘンリー Ⅳ 世……… 238,249,290,296,304,305,307〜309,312〜317
ヘンリー Ⅴ 世……… 250,251,254,263〜266,268〜270
ヘンリー Ⅵ 世……… 251,254,271,272,274,275
ヘンリー Ⅶ 世…………………………… 275,278
ヘンリー・オブ・グロスモント…… 289,290
ヘンリー・テューダー　　　→ヘンリー Ⅶ 世
ヘンリー・パーシー……………………… 313,314
ヘンリー・ボーフォート………………… 272
ヘンリー・ボーモント…………………… 293
ヘンリー・ホットスパー……………… 313,314
ヘンリー・ボリンブロク　　→ヘンリー Ⅳ 世

ホ

ホイジンガー……………………………… 282
ボエモン Ⅳ 世…………………………… 145
ボエモン・ド・タラント… 111,118〜121,123,125
ボードゥアン Ⅰ 世……………………… 110,121,124
ボードゥアン Ⅱ 世……………………… 110,124,128
ボードゥアン Ⅳ 世……………………… 144,146

327

ボードゥアンⅤ世……………………… 146
ボードゥアン・ド・ブール→ボードゥアンⅡ世
ボードゥアン・ド・ブローニュ→ボードゥアンⅠ世
ボードゥアン・ド・ルテル→ボードゥアンⅡ世
ボールドウィン・ド・ブローニュ
　　　　　　　　　　→ボードゥアンⅠ世
ホスピタル騎士団　→聖ヨハネ騎士団
ホノリウスⅡ世…………………………… 128
ボヘモンド・ド・タラント
　　　　　→ボエモン・ド・タラント
ポワティエの戦い……………………… 302〜304

マ

マーガレット……………………………… 229
マーガレット・オブ・アンジュー
　　　　　　　　　 272,274,275,278
マクベス…………………………………… 228
マドッグ・アプ・ルウェリン………… 227
マヌエルⅠ世……………………………… 145
マリク・シャー…………………………… 115
マルカムⅢ世……………………………… 99
マルグリット・ド・フランドル……… 319
マルシル………………………………… 61,62
マルタ騎士団……………………… 182,184

ム

ムーサー・イブン・ヌサイル…… 189〜191
ムハンマド………………………………… 104

メ

メフメットⅡ世…………………………… 182

モ

モルガルテンの戦い………………… 217〜219
モルケア…………………………………… 80
モンレアル・デル・カンポ騎士団…… 205

ヤ

ヤギ・シャーン…………………………… 116

ユ

ユーグ……………………………………… 110
ユーグ・ド・シャンパーニュ………… 128
ユーグ・ド・パイヤン… 127,128,130,202
ユリウス・カエサル(シーザー)… 14,21,30

ラ

ライオネル・オブ・アントワープ… 271,306,307
ライムンド………………………………… 201
ラウドン・ヒルの戦い………………… 233
ラテン人のための聖母マリア病院… 126,127
ラルフ・スタッフォード…………… 292,293
ラルフ・ネヴィル…………………… 274,308
『ランスロットまたは荷車の騎士』……… 63

リ

リチャードⅠ世………… 154,156,157,224
リチャードⅡ世…… 249,287,295,305〜309
リチャードⅢ世……………………… 275,278
リチャード・コニスバラ………………… 309
リチャード・ネヴィル…………………… 274
リチャード・プランタジネット
　　　　　　　　　　　 272,274,309
リドワーン………………………………… 117

ル

ルイ…………………………………………… 302
ルイⅠ世…………………………………… 318
ルイⅦ世…………………………………… 141
ルイⅨ世…………………………………… 176,177
ルイⅩ世…………………………………… 245
ルウェリン・アプ・グリフィッズ… 225,226
ルウェリン・アプ・ヨーワース…… 224,225
ルードヴィヒⅣ世………………………… 217
ルノー・ド・シャティヨン… 144〜147,149,151

レ

レーモン・ド・トゥールーズ
　　　　　　→レーモン・ド・サン・ジル
レーモンⅡ世……………………………… 139
レーモンⅢ世……………………… 146〜151,153
レーモン・ド・サン・ジル … 110,121,123,125
レーモン・ド・ピュイ……………… 127,130
レーモン・ド・ポワティエ……………… 145
レオフリック…………………………… 75,99
レオポルト…………………………… 217,219

ロ

ロードス騎士団…………………………… 182
ローマ・カトリック教会……………… 37〜39
ローラン………………………………… 61,62
『ローランの歌』…………… 60〜63,92,93
ロジェ・ド・ムーラン…………………… 147
ロジャー・ド・モーティマー……… 284,294
ロジャー・ド・モーティマー卿…… 293,294
ロジャー・モーティマー…………… 307,309
ロドリーゴ…………………………… 189,190
ロバートⅠ世………… 232〜238,259〜261
ロバート・ド・アフォード……………… 293
ロバート・ド・ブルース………………… 232
ロバート・ブルース　　　→ロバートⅠ世
ロベール……………………………… 213〜215
ロベールⅡ世……………………………… 110
ロベール・ギスカール…………………… 111
ロベール・クールト・ウーズ… 110,124,125
ロベール・ダルトワ………………… 294,295

あとがき

　ある事件や出来事は歴史という長い灰色の線の上の一点でしかない。突然に起こったり現れたりしたように見える事象も歴史の因果律に沿っている。

　歴史的な出来事を見たとき、「BはCだ」だけではまったくおもしろみを私は感じない。「BはAだったからCだ」でこそ歴史のおもしろさが湧いてくるのだと思っている。言い替えるなら人の営みのドラマとしてのおもしろさやロマンがこの因果律と時間の連続性のなかにあるのだと思っている。つまり背景となる時間の流れこそを重視している。

　本書はヨーロッパ中世期の「騎士団」を扱った書籍だ。そのくせ中世以前や騎士登場以前の話が長い。実はもっと長かったのだが企画趣旨に合わなさ過ぎるので泣く泣く削ってしまった。中世期を扱った章でも「Aだったから」ばかりが長く「BはCだ」が少ない。それもこれも私が何を重視しているかによるものだ。

　また大きく種類が4つあるとした騎士団のうち、文学中の騎士団についてはほとんど触れていない。元々が創作された事柄なので、現実に存在したほかの騎士団と同じに扱うことはできなかった。

　そのような本書ではあるが、騎士と中世のイメージを膨らませることにいくばくかでも役立ったなら幸いというほかはない。

　巻末ながら、執筆に際してご助力をいただいた市川定春氏と、すばらしい人物イラストを提供してくださった有田満弘氏に深く感謝いたします。

　　　　　　　　　　　　　　　　　　　　2007年9月吉日　著者敬白

参考文献

本書に書かれた内容についてさらに詳細な知識・見識を得ることに役立つであろう著作を以下に挙げておく。これらのなかには本書を執筆するにあたり著者が多くを啓発され、また参考・参照させていただいた著作が含まれている。

軍事関連についてはサー＝チャールズ＝オーマンの著作を最初に挙げておきたい。

A History of The Art of War in Middle Age／Sir Charles Oman／1924
A History of The Art of War in the Sixteenth Century／Sir Charles Oman／1937
Naval Warfare under Oars, 4th to 16th Centuries／William Ledyard Rodgers／1940
火器の誕生とヨーロッパの戦争／バート.S.ホール著／市場泰男訳／平凡社／1999
武器甲冑図鑑／市川定春著／新紀元社／2004

十字軍と宗教騎士団関連については、橋口倫介氏の著作・訳書など以下のものがある。
「アラブが見た十字軍」はイスラム世界側に立った視点で書かれた著作の数少ない和訳である。

十字軍／ルネ・グレッセ著／橋口倫介訳／白水社文庫クセジュ／1954
十字軍／橋口倫介著／教育社歴史新書／1980
騎士団／橋口倫介著／近藤出版社世界歴史双書④／1971
十字軍の歴史／S.ランシマン著／和田廣訳／河出書房新社／1989
十字軍,ヨーロッパとイスラム対立の原点／ジョルジュ＝タート著／池上俊一監修／創元社知の再発見双書／1993
アラブが見た十字軍／アミン＝マアルーフ著／牟田口義郎・新川雅子訳／筑摩書房ちくま学芸文庫／2001
モンゴルVS西欧VSイスラム／伊藤敏樹著／講談社選書メチエ／2004
聖堂騎士団／篠田雄次郎著／中央公論社中公新書／1976
テンプル騎士団の謎／レジーヌ＝ペルヌー著／池上俊一監修・南條郁子訳／創元社知の再発見双書／2002
レコンキスタ,中世スペインの国土回復運動／D.W.ローマックス著／林邦夫訳／刀水書房刀水歴史全書39／1996
レコンキスタの歴史／フィリップ＝コンラ著／有田忠郎訳／白水社文庫クセジュ／2000
北の十字軍／山内進著／講談社選書メチエ／1997
ロードス島攻防記／塩野七生著／新潮社新潮文庫／1985
Military Religious Orders of The Middle Ages／Woodhouse／1990

ドイツ騎士団およびドイツ中世史については阿部謹也氏の以下の著作ほかがある。

ドイツ中世後期の世界／阿部謹也著／未来社／1974
中世の星の下で／阿部謹也著／筑摩書房ちくま学芸文庫／1986

中世の歴史・人物史・法制史・社会史・文学・史書・騎士と騎士道に関する著作は次の通り。

封建社会／マルク＝ブロック著／堀米庸三監訳／岩波書店／1995
世界歴史大系,イギリス史1／青山吉信編／山川出版社／1991
英国王室史話(上)(下)／森護著／中央公論新社中公文庫／2000
イングランド憲法史／F.W.メイトランド著／小山貞夫訳／創文社／1981
世界歴史大系,フランス史1／柴田三千雄・樺山紘一・福井憲彦編／山川出版社／1995